智能网联汽车关键技术及应用丛书

INTELLIGENT CONNECTED VEHICLE

智能网联汽车决策控制技术

赵冬斌 张启超 朱圆恒 李 栋 著

U0371863

人民交通出版社股份有限公司
北 京

内 容 提 要

本书是“智能网联汽车关键技术及应用丛书”之一。本书主要介绍深度强化学习方法与智能驾驶决策控制结合的相关技术，共8章。第一部分介绍智能驾驶常用仿真器及深度强化学习算法，包括第1~2章。第二部分主要介绍基于强化学习的自动驾驶辅助系统控制算法，涉及自适应巡航、车队自适应巡航和车道保持控制，包括第3~5章。第三部分介绍基于深度强化学习的智能驾驶决策控制算法，涉及变道超车、路口通行和多场景通行，包括第6~8章。

本书为人工智能与智能驾驶相关专业背景、希望了解和学习深度强化学习方法在智能驾驶决策控制中应用的读者准备，希望借此推动深度强化学习算法在智能驾驶决策控制中的进一步发展。

图书在版编目(CIP)数据

智能网联汽车决策控制技术/赵冬斌等著.—北京：人民交通出版社股份有限公司，2023.3(2024.12重印)

ISBN 978-7-114-18483-3

Ⅰ.①智… Ⅱ.①赵… Ⅲ.①汽车—智能通信网—控制 Ⅳ.①U463.67

中国版本图书馆CIP数据核字(2022)第256687号

Zhineng Wanglian Qiche Juece Kongzhi Jishu

书　　名：智能网联汽车决策控制技术
著 作 者：赵冬斌　张启超　朱圆恒　李　栋
责任编辑：钟　伟　张越垚
责任校对：孙国靖　魏佳宁
责任印制：刘高彤
出版发行：人民交通出版社股份有限公司
地　　址：(100011)北京市朝阳区安定门外外馆斜街3号
网　　址：http://www.ccpcl.com.cn
销售电话：(010)85285911
总 经 销：人民交通出版社股份有限公司发行部
经　　销：各地新华书店
印　　刷：北京虎彩文化传播有限公司
开　　本：787×1092　1/16
印　　张：12.5
字　　数：296千
版　　次：2023年3月　第1版
印　　次：2024年12月　第2次印刷
书　　号：ISBN 978-7-114-18483-3
定　　价：88.00元

智能网联汽车关键技术及应用丛书

编审委员会

（按姓氏拼音排序）

丁能根(北京航空航天大学)
龚建伟(北京理工大学)
谷远利(北京交通大学)
胡旭东(合肥工业大学)
柯南极(国家新能源汽车技术创新中心)
李志恒(清华大学深圳国际研究生院)
廖亚萍(北京航空航天大学)
马育林(安徽工程大学)
潘定海(国家新能源汽车技术创新中心)
谈东奎(合肥工业大学)
王朋成(北京航空航天大学)
王章宇(北京航空航天大学)
吴新开(北京航空航天大学)
余冰雁(中国信息通信研究院)
余贵珍(北京航空航天大学)
张　凯(清华大学深圳国际研究生院)
张启超(中国科学院自动化研究所)
赵冬斌(中国科学院自动化研究所)
周　彬(北京航空航天大学)
朱　波(合肥工业大学)
朱海龙(北京邮电大学)
朱圆恒(中国科学院自动化研究所)

FOREWORD | 丛书前言

当今，在以智能化、网联化为重要特征的全球新一轮科技革命和产业变革的推动下，汽车产业已迈入工业4.0时代。智能网联汽车已成为全球汽车产业发展的战略方向。近年来，我国各部委及地方政府通过法规出台和标准制修订、开放道路测试、打造创新平台、鼓励示范应用等方式不断推动智能网联汽车行业创新发展。《交通强国建设纲要》《新能源汽车产业发展规划(2021—2035)》(国办发〔2020〕39号)、《智能汽车创新发展战略》(发改产业〔2020〕202号)、《车联网(智能网联汽车)产业发展行动计划》(工信部科〔2018〕283号)以及《节能与新能源汽车技术路线图2.0》等一系列顶层规划文件的发布，明确了我国智能网联汽车的发展方向和路径。智能网联汽车与交通系统、能源体系、城市运行和社会生活紧密结合，是一项集智慧城市、智慧交通和智能服务于一体的国家级重大系统工程，承载了我国经济战略转型、重点突破和构建未来创新型社会的重要使命。

为及时向科研界、产业界及社会公众传播最新的科研成果，进一步促进智能网联汽车行业创新发展，对智能网联汽车领域的前沿与关键技术进行系统性、高质量总结尤为必要。人民交通出版社股份有限公司作为以交通为特色的国家级科技图书出版机构，立足于“服务交通、服务社会”的宗旨，长期与两院院士以及交通和汽车行业知名学者、专家、教授在内的高素质作者队伍开展图书出版与知识服务合作，聚合了行业优质的作者资源，瞄准新一代信息通信技术、人工智能、智能制造等世界科技前沿，与国家新能源汽车技术创新中心合作，策划了本套“智能网联汽车关键技术及应用丛书”，目前包括以下9个分册：

(1)《智能网联汽车环境感知技术》；

(2)《智能网联汽车车载网络技术》；

(3)《智能网联汽车无线通信技术》；

(4)《智能网联汽车高精度定位技术》；

(5)《智能网联汽车交通大数据处理与分析技术》;

(6)《智能网联汽车决策控制技术》;

(7)《智能网联汽车信息安全技术》;

(8)《智能网联汽车测试与评价技术》;

(9)《智能网联汽车高级别自动驾驶技术应用》。

本丛书依据智能网联汽车“三横两纵”技术架构①进行体系设计,涵盖了智能网联汽车领域一系列关键技术与应用,作为高端学术著作,将充分反映智能网联汽车领域的前沿技术和最新成果。另外,本丛书编审成员均为国内知名科研单位和高等院校的专家学者和一线科研人员,均具有较强的学术造诣和丰富的科研经验,并掌握大量的最新技术资料,将确保本丛书的高学术价值。

希望本丛书的出版能够助推新一代移动通信技术、互联网、大数据、云平台、人工智能等先进技术与汽车产业和交通行业深度融合,为我国相关企业、科研单位和高等院校智能网联汽车相关科研人员、工程技术人员提供强有力的智力支持,进而有效推动我国智能网联汽车产业的高质量发展,助力交通强国和汽车强国建设。

诚望广大读者对本丛书提出宝贵的改进意见和建议,随后我们将持续关注智能网联汽车相关技术的发展,不断修订和完善本丛书。

智能网联汽车关键技术及应用丛书编审委员会
2022 年 7 月

---

① 在智能网联汽车“三横两纵”技术架构中:“三横”是指智能网联汽车主要涉及的车辆关键技术、信息交互关键技术和基础支撑关键技术;“两纵”是指支撑智能网联汽车发展的车载平台和基础设施。

PREFACE | 前 言

自2004年第一届DARPA自动驾驶挑战赛起至今，智能驾驶技术研究蓬勃发展，受到了国内外的广泛关注。作为未来颠覆人类出行方式和变革汽车产业格局的新兴科技，智能驾驶在降低交通事故率、提高驾驶安全性、缓解城市交通拥堵、拉动行业经济增长等多个方面均具有重大意义。目前，对于L2或L3级辅助驾驶，国内外均已有相对成熟的方案和众多量产化产品。对于特定场景下的L4级无人驾驶，一些行业领军企业如Waymo、百度以及众多无人驾驶初创公司也进行了大量的探索和初步应用。然而，从2018年至今，福特、Uber、特斯拉、Waymo及苹果无人驾驶路测先后发生多起碰撞事故，这也反映了当前业界领先的智能驾驶系统在安全性方面仍存在较大的不足，特别是在复杂交互场景下的智能决策控制能力方面，仍有较大的优化空间。

与此同时，深度学习和强化学习等人工智能（Artificial Intelligence，AI）方法快速发展。2016年，大卫·席尔瓦（David Silver）等人提出了基于深度强化学习和蒙特卡罗树搜索的围棋算法AlphaGo，先以5:0的比分战胜了欧洲围棋冠军樊麾，2017年又以4:1的比分战胜了超一流围棋选手李世石，随后的AlphaGo系列工作使围棋AI水平达到了一个前所未有的高度。2019年，针对星际争霸Ⅱ游戏，DeepMind公司又提出了AlphaStar算法，超过了宗师级水平。2020年的Muzero算法、2021年的Go-Explore算法，在提升算法的泛化性和探索性方面做出了原创性贡献。随着人工智能的快速发展，业界围绕深度强化学习算法与智能驾驶决策控制的结合开展了许多有益的工作。2016年，NVIDIA公司设计了采用模仿学习算法的车道保持策略；2018年，Wayve公司直接在实车上训练基于深度强化学习算法的车道保持策略；2020年，Waymo公司引入了多智能体仿真器，以更准确地模拟车辆间的互动行为；2022年2月，Sony公司开发的基于深度强化学习算法的赛车人工智能程序，完美地击败了人类顶级赛车选手，相关论文发表在*Nature*上。

深度强化学习方法在智能驾驶领域的应用受到了广泛关注，并取得了初步研究成果。然而，关于智能驾驶决策控制方法的著作却寥寥可数。鉴于此，著者意在整理所在团队近几年在深度强化学习与智能驾驶决策控制方向的研究工作分享给大家，抛砖引玉。

本书素材包括团队毕业生的博士学位论文、团队成员发表的国内外期刊会议文章等。同时,本书给出了部分章节的相关开源代码①,包括变道超车、路口通行测试场景和基线算法等。由于深度强化学习和智能驾驶领域的成果日新月异,本书主要是团队研究工作成果分享,写作的内容和风格难以满足各种不同需求,相关开源代码也可能会出现各种不足和错误,还请读者包涵,也欢迎提出各种宝贵意见,我们愿意不断迭代改进。由于封面对著者数量限制,不能把所有著者全部列出,下面列出本书的章名和相关主要贡献人。

绪论:张启超等;

第1章　智能驾驶开源仿真器:高胤峰、李栋等;

第2章　深度强化学习算法基础:张启超、朱圆恒等;

第3章　智能驾驶的自适应巡航控制:夏中谱、王滨、张启超等;

第4章　车队协同自适应巡航控制:朱圆恒等;

第5章　智能驾驶的车道保持控制:李栋等;

第6章　智能驾驶的变道超车策略:王俊杰等;

第7章　智能驾驶的路口通行策略:刘育琦等;

第8章　智能驾驶的多场景通行策略:郭又天、张启超等。

最后,本书的编辑排版工作得到了丁子豪、高鸿飞、高胤峰、郭又天、李丁、刘莎莎、刘育琦、张启超、张屹康(按姓氏拼音排序)等人的帮助,事无巨细,感谢他们的辛勤付出。感谢北京市科技计划、国家自然科学基金项目等的支持。

作　者

2022年4月

① 开源网址:https://github.com/DRL-CASIA/ICV-book。

CONTENTS | 目　录

绪论 …… 001

0.1　智能驾驶决策控制研究背景 …… 001
0.2　智能驾驶决策控制研究现状 …… 003
0.3　未来发展趋势与展望 …… 005

第 1 章　智能驾驶开源仿真器 …… 011

1.1　TORCS 仿真器 …… 011
1.2　SUMO 仿真器 …… 013
1.3　CARLA 仿真器 …… 014
1.4　SMARTS 仿真器 …… 017
1.5　智能驾驶仿真器对比 …… 018

第 2 章　深度强化学习算法基础 …… 020

2.1　强化学习基础 …… 020
2.2　基于价值函数的强化学习算法 …… 032
2.3　基于策略梯度的强化学习算法 …… 033

第 3 章　智能驾驶的自适应巡航控制 …… 037

3.1　自适应巡航控制系统 …… 037
3.2　基于监督式自适应动态规划的自适应巡航控制 …… 045
3.3　考虑驾驶习惯的无模型强化学习自适应巡航控制 …… 061

第 4 章 车队协同自适应巡航控制 …… 080
4.1 考虑固定时延的自适应动态规划 CACC 控制器设计 …… 080
4.2 基于线性矩阵不等式的 CACC 控制器设计方法 …… 095

第 5 章 智能驾驶的车道保持控制 …… 107
5.1 基于受扰高斯过程的车辆横向控制 …… 107
5.2 面向视觉场景下的多任务学习-强化学习车辆横向控制 …… 123

第 6 章 智能驾驶的变道超车策略 …… 139
6.1 基于强化学习与规则约束的变道超车方法 …… 139
6.2 基于注意力机制的状态表征方法 …… 148
6.3 面向变道超车场景的测试评价体系 …… 151

第 7 章 智能驾驶的路口通行策略 …… 156
7.1 基于安全强化学习的动作修正方法 …… 157
7.2 基于注意力机制的重要交互车辆选取模块 …… 158
7.3 基于多任务架构的强化学习训练框架 …… 160
7.4 路口通行仿真试验及结果分析 …… 160

第 8 章 智能驾驶的多场景通行策略 …… 176
8.1 分层强化学习原理 …… 176
8.2 基于分层框架的多风格驾驶策略切换 …… 178
8.3 多场景通行仿真试验及结果分析 …… 182

参考文献 …… 186

绪　论

近年来,汽车的智能化发展受到了社会各界的广泛关注。作为智能汽车的核心功能模块之一,决策规划与控制是十分重要的研究内容。目前,产业界和学术界对于决策控制技术有着比较多样的技术路线,不同的技术路线也都具备各自的优势和不足。本章首先介绍了智能驾驶决策控制的研究背景,然后分别从决策规划和控制领域综述了目前的研究现状,最后梳理了对高级别自动驾驶未来的发展趋势和展望。

0.1 智能驾驶决策控制研究背景

据2021年联合国最新数据统计,全球每年约有130万人因道路交通事故丧生,近5000万人因道路交通事故受伤。随着人们日常生活对车辆的需求越来越大,城市的交通拥堵和交通事故问题也愈发严重。智能驾驶技术作为未来颠覆人类出行方式和变革汽车产业格局的新兴科技,可以有效提高驾驶的安全性,降低交通事故率,缓解交通拥堵,将驾驶人从紧张的驾驶工作中解脱出来。2015年5月,国务院印发的《中国制造2025》将自动驾驶汽车作为汽车产业未来升级的重要方向之一。2020年2月,国家发展改革委、国家互联网信息办公室、工业和信息化部等11部委联合发布《智能汽车创新发展战略》,该战略指明了2025年实现有条件智能汽车规模化生产,2035年中国标准智能汽车体系全面建成的愿景。汽车的电动化、智能化、网联化、共享化("新四化")已成为目前被普遍认可的汽车行业发展趋势,汽车"新四化"也被认为是国家新一轮科技革命与制造业转型升级的重要环节。

目前,智能电动汽车在传统汽车行业和造车新势力的大力支持下,取得了快速的发展。根据国际汽车工程学会SAE自动驾驶分级,对于L2和L2+级辅助驾驶,国内外均已有相对可行的技术方案和众多量产化产品。对于特定场景下可实现"脱手-脱脚-脱眼"且责任方不再为驾驶人的L3级自动驾驶,众多智能汽车公司也进行了大量的探索和初步应用,其中2021年12月奔驰获德国联邦汽车运输管理局批准,成为世界上首个被允许L3级自动驾驶汽车上路的汽车公司。对于面向复杂城市场景下的L4~L5级自动驾驶,目前具有代表性的公司有百度、Waymo等,其中百度于2019年1月9日发布了全球首个全面的智能驾驶商业化解决方案Apollo Enterprise,可实现城市道路的自动驾驶,并于2021年12月发布了自动驾驶汽车的开源全栈软件解决方案Apollo7.0,推出了业界首个规划控制强化学习模型训练与仿真评测平台ApolloRL,具有数据真实、评测标准全面、架构可扩展等多重优势;而Waymo于2019年1月22日宣布将在美国密歇根州建立全球第一个L4级自动驾驶汽车大规模生产工厂,并将已在亚利桑那州试点运营的自动驾驶出租汽车服务扩展到了旧金山等地,2021 年 10 月,Waymo 宣布在凤凰城向公众开放没有安全员的无人驾驶出租汽车服务,紧接着 2022 年 3 月,Waymo 开始向其旧金山员工开放无安全员的自动驾驶出租车服务。

自动驾驶系统通常包含环境感知、高精定位、决策规划和控制执行等模块,其中控制执行模块是整个自动驾驶系统的最后一环,其通过控制车辆执行机构,例如转向盘和加速/制动踏板等,实现无人车的控制过程,最终使车辆的位置、姿态、速度、加速度等重要参数达到既定的控制目标。传统的汽车控制方法包括线性二次型调节器和模型预测控制器等,这些方法首先要对车辆进行系统建模,再通过构建优化目标、解线性优化问题得到控制的最优解。然而,汽车系统作为一种由多个复杂零部件组合而成的系统,由于各个零部件自身的复杂性、强非线性和零部件之间协同工作的特性,使得对汽车系统进行精确建模比较困难;而汽车驾驶环境的复杂性和多变性也对驾驶场景的建模带来了巨大的挑战。此外,传统车辆控制方法在开始工作之前需要针对每一辆汽车调整控制器参数,这一过程需要耗费巨大的人力物力,而且在整车生命周期中,由于机械电子部件的老化,系统模型会发生变化,导致初始设计的控制器性能退化。鉴于上述原因,近些年来基于数据的机器学习方法成为研究的热点。强化学习(Reinforcement Learning,RL)作为一种模拟生物进化的机器学习方法,通过试错的方式与环境交互,从环境的反馈中评估和改进自身策略,最终学习到最优或近似最优策略。作为一种自适应学习方法,强化学习可用于处理复杂非线性系统控制问题,目前已在智能驾驶自适应巡航控制、机器人控制、游戏人工智能等领域得到了初步应用。

此外,针对自动驾驶系统的决策规划模块,目前大多数厂商的解决方案是采取基于场景划分和有限状态机等以规则为主的方法。这是由于决策规划问题往往难以用一个单纯的数学模型描述,同时也难以穷举出所有相应的规则,因此,基于规则的方法缺乏对不确定复杂交互场景的泛化能力,会对复杂交互场景的自动驾驶带来不可避免的安全隐患。当前国内外城市环境下的自动驾驶的一大难点为复杂交互场景下的智能决策,根据美国国家公路交通安全管理局碰撞事故场景分析报告可知,当前城市路况下的交通事故频发场景主要包括前车急停、变道超车、路口交互(有信号灯路口、无信号灯路口)等,这同样也是城市路况下无人车需要人为接管最频繁的场景。2018 年,福特、Uber、特斯拉、Waymo 及苹果自动驾驶路测先后发生碰撞事故,通过场景分析发现绝大多数事故都发生在超车、会车、路口等场景。由于其路权参与者行为存在不确定性,这类复杂城市交互场景下的决策问题成为了研究热点。2019 年,由亚马逊、Waymo 和 Uber 共同赞助的 CARLA 自动驾驶挑战赛,根据 NHTSA 场景分析报告构建了 12 种仿真交互场景,以推进复杂城市交互场景下智能决策的发展。图灵奖得主杨立昆也在 2019 国际表征学习大会 ICLR 的论文中,提出了在基于真实数据的仿真复杂交互场景下进行智能决策的方法和挑战;Waymo 在 2021 国际计算机视觉与模式识别会议 CVPR 上,宣布公开大规模数据集来加速智能驾驶技术的发展;而百度发布的城市自动驾驶解决方案 Apollo Enterprise,通过人为划分场景的方式提升智能驾驶汽车在复杂交互场景下的决策规划能力。可见,现有的智能驾驶技术还未能很好地解决复杂城市场景下交互决策任务,且尚处于基础研究阶段,亟待引入人工智能方法来提升决策规划模块的智能性、安全性和鲁棒性,这也是智能驾驶领域在发展中面临的挑战性问题。

0.2 智能驾驶决策控制研究现状

1977 年,日本筑波工程研究实验室开发了第一辆基于摄像机的智能驾驶汽车。1984 年,卡耐基梅隆大学通过改装一辆雪佛兰货车,研发了世界第一辆真正意义的智能驾驶车辆 Navlab 1,后续又在此基础上研制了 Navlab 5。进入 21 世纪后,美国国防部先进研究项目局举办了 DARPA 挑战赛,掀起了自动驾驶技术研发的热潮,这一阶段代表性的智能驾驶汽车包括斯坦福大学的 Junior 和卡耐基梅隆大学的 Boss。2009 年,谷歌完成了多款智能驾驶样车设计,并实现了近 100 万 km 的实际道路测试。此后,NVIDIA 公司发布了智能驾驶硬件计算平台 DrivePX 系列产品,提升了车载计算平台的计算能力。众多互联网公司,如百度、Uber,以及一些传统的汽车制造商,如奔驰、宝马、通用等,纷纷建立了智能驾驶研究部门。从 2016 年起,智能驾驶初创公司如雨后春笋般成立,在全球范围内掀起了智能驾驶研究与产业化的热潮。本书内容主要涉及智能驾驶的决策和控制,下面详细介绍这两方面的研究现状。

0.2.1 智能驾驶决策规划现状

如前文所述,智能驾驶系统主要由环境感知模块、高精定位模块、决策规划模块和控制执行模块 4 部分组成,其中决策规划模块被认为是自动驾驶的“大脑”,是衡量和评价复杂城市场景下自动驾驶能力的核心模块之一。传统架构中的决策规划输入主要包括传感器数据处理后的感知和定位信息、高精度地图信息、环境中动态障碍物的预测信息以及导航模块提供的导航路径信息,最终输出智能汽车控制模块需要跟踪的轨迹。决策规划又可分为行为决策和运动规划两大部分内容,其中行为决策用于输出智能汽车在当前环境下合理的高层行为动作如跟车、换道、减速、避让等,基于行为决策的高层行为一方面可以缩小搜索空间,另一方面可将可行驶区域内的运动规划对应的非凸优化问题分解成多个凸优化问题,进而更高效地生成安全舒适的轨迹。运动规划一般是基于决策规划输入和行为决策动作,考虑安全性、舒适性等指标及交通规则与车辆运动约束,基于采样、搜索或优化的方案进行路径和速度规划,生成一条带速度信息的轨迹。运动规划需要在横向位置、纵向位置和速度三维空间下优化求解,计算量较大,通常也可以解耦成路径规划和速度决策两个步骤,在路径规划时考虑静态和低速障碍物,在速度决策时考虑与动态障碍物的合理交互来规划轨迹,比如百度基于通过动态规划和二次规划的方法进行路径和速度规划,提出了 EM Planner 规划器,并应用于 Apollo 自动驾驶系统中[1]。本书中涉及的决策相关的部分主要包括第 6 章的行为决策及第 7 章的速度决策。

现有的智能驾驶行为决策方法可分为基于规则的方法和基于学习的方法两大类。早期国内外工业界对于智能驾驶的决策规划大都是利用软件工程的方案来设计一些规则系统,利用规则引擎和行为建模来决定智能汽车的驾驶行为,如在 DARPA 挑战赛中,斯坦福大学的智能驾驶汽车 Junior 利用预设规则和有限状态机来计算无人车的轨迹和操控指令,卡耐基梅隆大学的智能驾驶汽车 Boss 按照规则和预设阈值实现换道。Chris Urmson 对基于碰撞时间的规则方案进行了改进,采用手工设计的状态机处理十字路口通行问题。这类方法虽然具有清晰的逻辑和系统运行流程，但需要根据人工经验设定多种驾驶场景，在不同场景下又需要设定一系列驾驶操作规则，这不仅提高了系统的维护成本，增加了系统在未知场景中的风险性，同时也降低了系统的容错性和鲁棒性，缺乏对未知驾驶场景的泛化能力。

随着机器学习方法的快速发展，基于学习的智能驾驶决策方法受到学术界和产业界的广泛关注，其中深度强化学习被逐渐应用于智能驾驶系统的决策任务中。深度强化学习结合了深度学习在特征提取和强化学习在决策优化方面的优势，适用于解决高维复杂环境下的决策优化问题。深度强化学习的早期方法是由 DeepMind 提出的深度 Q 网络[2]（Deep Q-Network，DQN），DQN 首次在 Atari 视频游戏达到乃至超过了职业玩家水平，成为一类先进的人工智能研究方法。针对变道超车场景，中国科学院自动化所深度强化学习团队结合 DQN 和规则约束实现了安全的变道超车行为决策[3]，并显示出比有限状态机行为决策方法更好的性能。2019 年，商汤等提出一种基于逆强化学习算法选择目标点的高层行为决策方法[4]。2021 年，中国科学院自动化所深度强化学习团队设计并开源了针对路口通行任务可用于深度强化学习训练和测试的复杂城市十字路口通行场景集[5]。清华大学的李升波教授针对路口通行场景，也提出了一系列基于深度强化学习的路口规划与速度决策的方法，并基于虚实融合的驾驶系统完成了实车测试试验[6]。2022 年，百度发布了基于真实交通场景数据的强化学习决策规划平台 ApolloRL[7]，并提出了一种基于强化学习的轨迹生成方法。尽管目前学习类方法在智能驾驶决策规划中成功的应用实例并不多，但针对复杂城市交互场景下的智能驾驶决策问题，深度强化学习技术已经开始展现出较大的潜力。

0.2.2 智能驾驶控制现状

传统的控制执行模块基于决策规划提供的跟踪轨迹，采用线性二次型调节器（Linear Quadratic Regulator，LQR）、模型预测控制（Model Prediction Control，MPC）等控制算法输出期望速度和角速度，最终通过执行系统实现对车辆的实时控制。一般来讲，传统的控制算法需要依赖系统的动力学模型，然而由于非线性特性，建立精准的汽车动力学模型并不容易。随着深度学习和强化学习的进一步发展，出现了一种基于端到端学习的控制方案，即直接基于视觉输入，利用深度强化学习或模仿学习算法以黑箱的形式同时完成决策和控制，直接输出当前环境下车辆的控制动作，这种方案因其可直接基于传感器原始数据且不再依赖系统动力学模型而受到了广泛关注。根据是否直接将图像输入映射至控制动作，这类研究可分为端到端视觉控制方法和多阶段视觉控制方法。其中，端到端视觉控制方法又可根据所采用方法的不同分为基于模仿学习的视觉控制方法和基于深度强化学习的视觉控制方法。

基于模仿学习的视觉控制方法以车载摄像机图像为输入，采用监督学习方式直接将图像映射至转向盘转角及期望速度等控制动作。然而，模仿学习方法普遍具有复合误差问题，即当测试时策略输出的控制动作为 Out-of-Distribution（OOD）动作时，所产生轨迹的累计误差与时间的平方成正比，使得智能汽车遇到训练过程中从未见过的新状态，进而导致测试分布与训练分布产生漂移，这种分布漂移使得模仿学习在自动驾驶决策控制任务中存在较大的安全性隐患。针对该问题，NVIDIA 研究人员[8]以左、中、右三路摄像机的数据为输入，提出了数据增广端到端学习训练方法，采用深度神经网络预测连续的转向盘转角控制量，在典型场景下的小范围结构化道路上展现了良好的控制性能；在此基础上，Waymo 研究人员[9]综合了障碍物轨迹、可行驶区域检测等多种视觉感知的结果，提出了 ChauffeurNet 模仿学习算法来预测本车未来轨迹点，在大规模智能驾驶实车数据集上取得了良好的控制效果。

基于深度强化学习的视觉控制方法在端到端的学习方式下与模仿学习方法类似，也以车载摄像机图像为输入，输出转向盘转角和加速、制动等控制动作，但其采用强化学习方法而非监督学习方法来学习视觉控制策略。Mnih 基于异步并行 A3C(Asynchronous Advantage Actor-Critic)方法[10]，在 TORCS 赛车模拟器上实现了从视觉图像到转向盘转角和加速度的端到端映射，控制车辆快速行驶的同时避免与其他车辆发生碰撞。深度强化学习方法虽然不依赖于系统模型，但其学习过程非常漫长，需要智能体与仿真环境进行大量的交互才能够学习到可行的控制策略。2018 年，Wayve 公司利用深度强化学习，在不使用人类知识的条件下，借助仿真技术，只用了 20min 即可使智能驾驶汽车实现完全基于视觉的车道保持控制[11]。在深度强化学习方法中，虽然智能体可以通过与环境进行大量交互采样到丰富的驾驶场景数据，但由于少数极端驾驶场景出现频率低、样本量小，可能无法对控制策略实现持续有效的更新。

虽然上述端到端学习方法在智能驾驶视觉控制问题上取得了一定的成果，但由于其直接将输入图像映射至控制动作，因此通过这类方法学到的控制策略可解释性和鲁棒性较差，强化学习算法本身的泛化性也仍有待进一步研究；同时，智能驾驶作为一种安全第一的系统，需要考虑在基于学习的视觉控制方法基础上结合驾驶规则，限制输出的动作，以提升其安全性，而端到端方法的不可解释性增加了相关规则的制定难度。此外，多阶段视觉控制方法由于能够判断每一阶段的输出是否合理有效，逐渐受到了人们的关注。多阶段视觉控制方法可粗略分为视觉感知和决策控制两个阶段。在视觉感知阶段，通过车载摄像头和基于深度神经网络的感知算法对周围交通环境进行检测识别，输出危险障碍物的位置、速度，以及可行驶区域和交通标志等感知结果；决策控制阶段根据这些感知结果计算最优控制动作，完成控制任务。基于分阶段的工作模式，支持在感知和控制阶段分别采用深度学习方法和强化学习方法，在保证系统鲁棒性和智能性的同时，只需保证各阶段的输入输出一致，即可实现不同算法的热切换，整合适用于不同场景的算法来提升整体的控制效果。

0.3 未来发展趋势与展望

自动驾驶的研究热潮始于美国国防部高级研究计划局在 2004—2007 年举办的 3 届自动驾驶挑战赛，发展至今自动驾驶技术已经取得了较大的进展，然而 L4 级无人自动驾驶产品的量产化目前仍面临着较大的困难。在此，本书也对高级别自动驾驶未来的发展趋势和展望做了如下思考。

(1)基于学习方式的决策算法：通过规则或专家知识的决策系统存在着明显的不足和瓶颈，将数据驱动的学习类方法引入决策规划模块，是高级别自动驾驶系统必然的发展趋势。对于引入何种学习类算法以及如何引入，目前国内外均进行了一定程度的探索，但真正实现落地应用并在路测中性能超越现有方法仍然面临诸多挑战。

(2)轨迹预测与决策规划算法融合：移动障碍物的轨迹预测和自动驾驶车辆的轨迹规划紧密相关的，特别是在强交互场景中，两者之间的相互耦合体现的愈发明显，利用学习类算法更好地建模自动驾驶车辆与移动障碍物之间的交互推理关系，需要对轨迹预测和决策规划进行深度融合处理，这也是高级别自动驾驶车辆能够更好地处理复杂交互场景的关键之一。

(3)轻地图的自动驾驶模式：目前 L3 级以上的自动驾驶系统均严重依赖高精度地图，然而由于高精度地图的实时更新存在较大困难，这将对自动驾驶系统的量产应用带来极大的挑战。未来轻地图的自动驾驶模式将会成为科研界和产业界关注的重点。

(4)高级别自动驾驶系统的测试体系：为了降低路测的时间和金钱成本，构建一套由仿真到路测完整链条的高级别自动驾驶测试体系，确保系统满足功能安全和预期功能安全要求，加速决策控制算法的升级迭代是未来一个重要的发展趋势。目前业界普遍认可仿真测试场景库的方案，为了构建海量真实场景和危险场景，利用算法自动生成和筛选场景将是一个重要的研究方向。

为了帮助读者更加直观地理解本书的内容，本书对重要数学符号和强化学习相关术语进行约定，见表 0-1 和表 0-2。

基础符号　　表 0-1

符号	含义	符号	含义
$\boldsymbol{R}$	实数集	a_0	最小减速度
$E[\ ]$	随机变量的期望	d	两车距离
D	数据集	$d_0=\frac{\Delta v}{2a_0}$	制动距离/静止距离
D_0	初始状态的分布	$d_{\mathrm{d}}=d_0+v_{\mathrm{p}}\times\tau$	期望距离
D_{KL}	两个概率分布的 KL 散度	$\Delta d=d-d_{\mathrm{d}}$	相对距离
$N(',\chi)$	噪声过程	d_{safe}	安全距离
$GP(m_0,k(y,y'))$	高斯过程，m_0 为先验期望，$k(\cdot)$ 为协方差函数	TTC	碰撞时间
$\boldsymbol{K}$	协方差矩阵	p_i	车队中第 i 辆车的位置
$\boldsymbol{x}$	字典向量	ρ_i	车队中第 i 辆车的执行器延迟
u	控制量	l	车队中车车通信通信模块固定延迟
v_{P}	前车速度	ψ_t	车辆当前偏航角
v_{h}	本车速度	d_t	车辆与车道线当前距离
Δv	相对速度	c_t	车辆所处当前车道朝向类别
τ	车头时距	χ	噪声控制的方差
a_{d}	期望加速度		

强化学习符号　　表 0-2

符号	含义	符号	含义
$\boldsymbol{S}$	MDP 状态集	$\boldsymbol{P}$	状态转移矩阵
$\boldsymbol{A}$	MDP 有限动作集	γ	折扣因子
R	奖赏函数	s,s'	状态

续上表

符　号	含　义	符　号	含　义
a	动作	$Q_\pi(s,a)$	状态-动作价值函数执行动作后在策略 π 的期望回报
r	奖赏	$A_\pi(s,a)$	对状态 s 和动作 a 在策略 π 的优势估计函数
G_t	回报	$V_*(s)$	最优状态价值函数
$G_t^{(n)}$	n 步回报	$Q_*(s,a)$	最优状态-动作价值函数
G_t^λ	λ-回报	$\pi_*(s)$	最优策略
$V(s)$	值函数/状态价值函数	$\mathcal{T}$	价值迭代算子
$Q(s,a)$	状态-动作价值函数	δ_t	TD 误差
$A(s,a)$	优势函数	ϵ	根据 ϵ-greedy 策略，执行随机动作的概率
$\pi(s)$	策略	$\boldsymbol{\theta}$	当前网络的参数
$V_\pi(s)$	状态价值函数在策略 π 下的期望回报	$\boldsymbol{\theta}^-$	目标网络的参数

此外，本书涉及一些英文术语，对每一章英文术语及其缩略词进行约定，见表0-3。

英文缩略词　　表0-3

章　节	英文全称	英文简称	中　文
绪论	Reinforcement Learning	RL	强化学习
	National Highway Traffic Safety Administration	NHTSA	美国高速公路安全管理局
	Defense Advanced Research Projects Agency	DARPA	美国国防部高级研究计划局
	Linear Quadratic Regulator	LQR	线性二次型调节器
	Model Predictive Control	MPC	模型预测控制
	Out-Of-Distribution	OOD	超出分布
	Asynchronous Advantage Actor-Critic	A3C	异步优势执行器-评价器
第1章	Deep-Q Network	DQN	深度 Q 网络
	Atari	—	雅达利
	Automotive Simulation Models	ASM	汽车仿真模型
	Adaptive Cruise Control	ACC	自适应巡航控制
	OpenStreetMap	OSM	开放街景地图格式
	The Open Racing Car Simulator	TORCS	TORCS 仿真器
	Simulation of Urban Mobility	SUMO	SUMO 仿真器
	Car Learning to Act	CARLA	CARLA 仿真器
	Simulator for Urban Driving in Massive Mixed Traffic	SUMMIT	SUMMIT 仿真器
	Scalable Multi-Agent RL Training School	SMARTS	SMARTS 仿真器
	Social Agent Zoo	—	社会智能体动物园

续上表

章节	英文全称	英文简称	中文
第 2 章	Markov Process	MP	马尔可夫过程
	Markov Reward Process	MRP	马尔可夫奖赏过程
	Markov Decision Process	MDP	马尔可夫决策过程
	Temporal Difference	TD	时间差分
	Action	—	动作
	Critic	—	评价器
	Actor	—	执行器
	Actor-Critic	AC	执行器-评价器
	Adaptive Dynamic Programming	ADP	自适应动态规划
	Heuristic Dynamic Programming	HDP	启发式动态规划
	Dual Heuristic Programming	DHP	双启发式动态规划
	Globalized Dual Heuristic Programming	GDHP	全局双启发式动态规划
	Action-Dependent HDP	ADHDP	动作依赖的启发式动态规划
	Off-policy	—	异策略
	On-policy	—	同策略
	Double Deep Q Network	Double DQN	双重深度 Q 网络
	Advantage Learning	—	优势学习
	Dueling Deep Q Network	Dueling DQN	竞争架构的深度 Q 网络
	Prioritized Experience Replay	PER	优先级经验回放
	Rainbow	—	彩虹
	Determinstic Policy Gradient	DPG	确定性策略梯度
	Deep Determinstic Policy Gradient	DDPG	深度确定性策略梯度
	Twin Delayed Deep Deterministic Policy Gradients	TD3	双重延迟深度确定性策略梯度
	Trust Region Policy Optimization	TRPO	信任域策略优化
	Kullback-Leibler	KL	库尔贝克-莱布勒
	Proximal Policy Optimization	PPO	近端策略优化
第 3 章	Time-To-Collision	TTC	碰撞时间
	Controller Area Network	CAN	控制器总线协议
	Supervised Adaptive Dynamic Programming	SADP	监督式自适应动态规划
	Uniformly Ultimately Bounded	UUB	一致最终有界
	Supervisor	—	导师
	Proportion Integration Differentiation	PID	比例-积分-微分

续上表

章　节	英文全称	英文简称	中　文
第3章	headway time	—	车头时距
	Looming effect	—	视觉冲击
	Hamilton-Jacobi-Bellman	HJB	哈密顿-雅可比-贝尔曼
	Model-free Optimal Control	MFOC	无模型最优控制
第4章	Cooperative Adaptive Cruise Control	CACC	协同自适应巡航控制
	Vehicle-to-Infrastructure	V2I	车对基础设施
	Vehicle-to-Vehicle	V2V	车对车
	String Stability	SS	队列的稳定性
	Linear Matrix Inequalities	LMIs	线性矩阵不等式
	Accelaration feedforward	AF	加速前馈
	Control feedforward	CF	控制前馈
	Urban Dynamometer Driving Schedule	UDDS	城市道路循环
第5章	Model-based	—	基于模型
	Model-free	—	无模型
	Gaussian Process	GP	高斯过程
	Dictionary Vector	—	字典向量
	Approximate Linear Dependency	ALD	近似线性相关
	Perturbed Gaussian Process	PGP	受扰高斯过程
	Perturbed Gaussian Process chunk	PGP-chunk	块数据输入的受扰高斯过程
	Radial Basis Function	RBF	径向基核函数
	Kernal Regression Least Square-ALD	KRLS-ALD	核回归最小二乘
	Kernal Regression Least Square-Tracking	KRLS-T	核回归最小二乘追踪
	Perturbed Gaussian Process Reinforcement Learning	PGPRL	基于受扰高斯过程的强化学习
	Multi-task Learning	MTL	多任务学习
第6章	bird's-eye view	BEV	鸟瞰图
	self-attention	—	自注意力
	Multi-Layer Perception	MLP	多层感知机
	ego-attention	—	自我注意力
	non-local block	—	非局部块
	Receptive Field	—	感受野
第7章	Intelligent Driver Model	IDM	智能驾驶员模型
	State of The Art	SOTA	最先进的

续上表

章　节	英文全称	英文简称	中　文
第 7 章	Automaticem ergency braking	AEB	自动紧急刹车
	Ornstein-Uhlenbeck process	OU process	奥恩斯坦-乌伦贝克过程
	Stochastic Differential Equation	SDE	随机差分方程
	Ordinary Differential Equation	ODE	常微分方程
第 8 章	Semi-Markov-Decision-Process	SMDP	半马尔可夫决策过程
	Option-Critic	OC	选项-评价器
	Distributed Artifical Intelligence	DAI	分布式人工智能

CHAPTER 1

第1章 智能驾驶开源仿真器

智能驾驶仿真在算法开发、测试验证、数据收集与性能评估等方面均有着举足轻重的作用。根据《2020 中国智能驾驶仿真》，目前智能驾驶算法测试约有 90% 通过仿真平台来完成，9% 通过封闭测试场完成，剩余 1% 通过实际道路测试完成。随着仿真技术水平的不断提高，期望 99.9% 的测试由仿真器完成，以实现更加高效经济的研发与测试。

一般而言，一款仿真器主要包含车辆动力学仿真、车载传感器仿真、静态场景仿真、动态场景仿真等功能，以实现对感知、决策和控制等关键驾驶模块的训练和测试。其中，车辆动力学仿真主要模拟车辆模型在运动过程中的受力和位姿变化；车载传感器仿真主要模拟摄像头、雷达等实际感知设备的运作过程；静态场景仿真主要负责还原车辆运行的道路地图、光照条件和天气条件；动态场景仿真主要负责生成其他的交通参与者，模拟现实世界中不同交通参与者之间的交互行为。不同的仿真器依据各自的设计目标，在仿真程度上也有所侧重，例如仿真器若以训练测试智能驾驶算法的决策性能为主，那么它可能更倾向于提高动态场景的仿真程度，而在车辆动力学和车载传感器等方面的仿真做简化处理。接下来，本章将对现有的主流驾驶仿真器做简要介绍，同时，由于目前尚没有统一规范的场景构建方法和系统完备的测试评价体系，相关内容探索也将在后续章节中分别给出。

1.1 TORCS 仿真器①

TORCS[12]，全称 The Open Racing Car Simulator，是一款支持多平台（Windows、Linux、FreeBSD）的赛车模拟器，可用于学习类智能驾驶决策控制算法的开发。该仿真器采用离散时间模拟，时间间隔为 0.02s，支持基本的车辆动力学仿真（质量、转动惯量等），支持不同车辆悬架特性差异、不同轮胎以及地面的摩擦特性，甚至包含了简单的空气动力学模型。

在 TORCS 中，赛车竞赛中的参与者被称为机器人，它们作为 TORCS 的外部模块被加载进入比赛，这意味着可以利用人工智能技术独立地对游戏中的机器人进行开发，只需要满足机器人代码的基本应用程序接口要求即可。目前存在大量的 TORCS 专用机器人，其中一些机器人在游戏中的运行水平超过了人类的表现，因此，它们构成了一个具有挑战性的指标，任何新算法都可以据此进行评估。在每场比赛之前，每个机器人都可以收集并处理赛道的几何形状和表面信息等宏观静态场景信息，这些信息的使用程度由用户决定。机器人每 0.02s 与仿真器进行一次交互，通过仿真器默认的底层程序接口，机器人可以获得向量形式

① http://www.torcs.org。

的状态信息,包括赛车当前准确位置、赛车距离赛道边缘的距离、其他赛车的位置等;机器人也可以使用驾驶人视角的摄像头,获得高维的图像形式状态信息,这可用于研究基于视觉输入的困难决策控制问题。TORCS 游戏画面如图 1-1 所示。

图 1-1　TORCS 游戏画面

现在围绕 TORCS 有大量的软件,如在线软件交互轨迹发生器。此外,现有 github 项目有多个分支,其中的 pyTorcs 项目包含多种 TORCS 到 Python 的端口,取代了许多标准模块并且是完全开源的。目前已经有诸多研究论文以 TORCS 作为仿真实验平台。

在 TORCS 的基础上,本书著者团队设计了 VTORCS(Visual TORCS)①仿真环境[13]。与 TORCS 相比,VTORCS 通过增广 TORCS 仿真器底层代码、对 TORCS 仿真器的接口做二次封装的方式,构建了一套符合强化学习训练标准的环境,可以提供多样的驾驶场景,为强化学习算法在 TORCS 环境下的部署提供支持。VTORCS 可提供的场景如图 1-2 所示,具体而言,VTORCS 在以下方面与 TORCS 有所区别。

图 1-2　VTORCS 驾驶场景示意图

(1)方便的仿真器引擎:原始 TORCS 仿真器中的控制频率被固定为 5Hz,较低的控制频率会导致控制命令延迟生效,造成赛车偏离车道的事故。VTORCS 通过增广 TORCS 仿真器的底层配置代码,增加了自定义设置控制频率的功能。同时,VTORCS 还在仿真器引擎中提供了一个初始车辆供研究者使用,使研究者可以专注于算法本身的开发。

(2)丰富的传感器:在原始 TORCS 中,摄像头传感器的分辨率被固定为 64 × 64,而在

① https://github.com/DRL-CASIA/ICV-book/tree/main/Chapter_5/Open-RL-Torcs。

VTORCS 中,摄像头传感器的分辨率可以被任意设定,如 320×280 或 640×480,更高分辨率的图像可以提供更丰富的细节,有助于基于视觉的算法提取图像中的特征;此外,VTORCS 还提供了如横纵向速度传感器、里程计、计时器以及车轮转速计等多样的传感器供研究者使用。

(3)强化学习封装:遵循强化学习中流行的 OpenAI Gym 形式,VTORCS 设计了一套接口专门用于强化学习算法的开发,这套接口主要包含四个功能,即状态生成、奖赏定义、控制命令处理和行驶信息收集,这可以支持强化学习智能体方便地进行算法的训练,并提供车辆运行时间和驾驶距离等有用的统计信息。

1.2 SUMO 仿真器

1.2.1 SUMO 仿真器①

SUMO[14],全称 Simulation of Urban MObility,由德国航空航天中心运输系统研究所的员工开发,是一款开源、轻量、微观的交通模拟仿真器,也可以作为研究驾驶决策控制问题的仿真器,它配有大量的工具来创建驾驶场景,支持导入 OpenDRIVE 以及 OpenStreetMap(OSM)数据格式的地图。SUMO 仿真器可以根据给定的需求模拟具体的动态交通场景,包括对单个车辆在路网中的道路轨迹进行设置,这可以认为是一种微观的驾驶行为,即每辆车都被明确地建模,有自己的行驶路线,并在路网中单独移动。车流模拟在默认情况下是确定性的,但仿真器同样支持多种设置来引入随机性。自 2001 年以来,SUMO 工具包已被用于多个国家和国际研究项目,其应用领域包括交通信号灯的优化控制、导航路线的选择与调整、交通监控方法的评估、车载通信仿真、交通流量预测等。SUMO 仿真器可视化界面如图 1-3 所示。

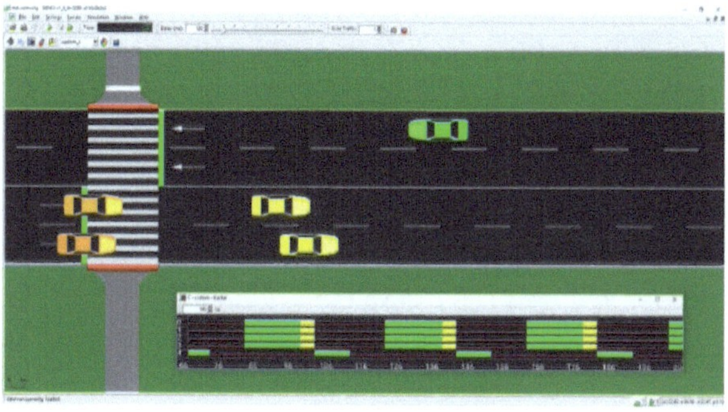

图 1-3 SUMO 仿真器可视化界面

SUMO 中交通车流可选择多种跟驰模型以及换道模型,比如在 SUMO 论文中曾经介绍过一种扩展 Gipps 模型,被控车根据前方车辆速度计算得到一个可避免未来碰撞的安全期望速度,再根据一定概率决定是否达到该期望速度;SUMO 在路口场景还能提供交通信号灯模拟。SUMO 仿真器提供两种不同类型的状态信息:第一种是所谓的"原始"状态信息,涵盖了所有边(街道)和所有车道以及行驶在其上的车辆,车辆的状态包含他们的位置和速度等,

① http://www.eclipse.org/sumo/。

这种完整的状态信息可以作为后续智能驾驶决策控制算法的输入;第二种是基于探测器的状态信息,即将探测器设置在特定道路的特定位置,通过循环记录过往车辆信息,来统计车流量,车道平均速度和其他交互信息,这些记录结果最终会保存为独立的 CSV 文件。

1.2.2 基于 SUMO 的 FLOW 仿真器①

FLOW[15]是基于 SUMO 仿真器的二次开发项目,由 UC Berkeley 的 Bayen 教授团队开发,主要通过在 SUMO 自带的 TraCI 接口上进行二次封装,增加了异构微观交通流的相关研究内容;同时为了方便基于深度强化学习的算法开发与训练,FLOW 将 SUMO 仿真器的接口封装成了符合强化学习通用训练标准的 OpenAI Gym 形式,并继承了 Ray RLlib 训练框架来提供基线算法的测试以及并行训练相关内容。具体来说,FLOW 仿真器主要对下述模块进行了二次封装。

(1)道路网络:描述指定物理道路的布局,例如道路类型、道路连接情况、车道序号、车道长度、拓扑形状以及额外的属性。

(2)交通参与者:描述仿真驾驶场景中的被控物理实体。与智能算法生成的交通流不同,在实际驾驶场景中,通常有许多与智能驾驶车辆交互的物理实体,他们产生的不确定性行为会给智能驾驶车辆的决策以及交通流的流畅运行带来挑战;FLOW 以混合自治为重点,具体以车辆作为主要研究的被控物理实体。其他可能的物理实体包括行人、自行车、信号灯、道路标志和收费站等。

(3)状态观测:描述交通参与者可从仿真器中获取的、与决策控制任务相关的全局或局部状态信息,如车辆的位置、速度、加速度等物理量,以及车辆所处车道和路口排队的速度和长度等统计量。

(4)行为控制:描述交通参与者的行为逻辑,是从状态观测到控制动作的函数。所有交通参与者都有自己的行为控制模块,可以是预先设计的,也可以是基于学习方法得到的;通过对行为控制模块进行参数共享,多个交通参与者可以遵循相同的行为逻辑。

(5)动态:描述场景变化的内在机理,由多个子模块组合完成,包括车辆路线、需求、随机性、交通规则(例如路口的优先通行权)和安全约束等。

(6)评价指标:描述衡量任务效能的不同指标。强化学习中的奖赏信号可以看作这些指标的函数,例如所有车辆的平均速度以及制动次数。

(7)初始化配置:描述环境开始时的初始配置。例如根据不同的概率分布来设置车辆初始位置以及初始速度等。

1.3 CARLA 仿真器

1.3.1 CARLA 仿真器②

CARLA[16],全称 Car Learning to Act,是一款开源多平台的智能驾驶仿真器,主要提供城

① https://flow-project.github.io/index.html。

② http://carla.org/。

市环境下的智能驾驶三维仿真,支持导入 OpenDRIVE 数据格式的地图。CARLA 由英特尔、丰田研发中心等机构基于虚幻 4(Unreal 4)引擎开发,并使用 OpenDRIVE 标准定义道路和城市场景。现有的开源仿真器如 TORCS 只能提供赛道仿真,并不能提供城市级别的智能驾驶仿真(如无法提供行人、路口、交通标识等)。相比之下,CARLA 专门针对城市环境下的智能驾驶仿真,可以支持深度强化学习训练,也可作为感知、决策、控制等多种驾驶模块的测试验证平台。CARLA 是一个开放的平台,免费提供由专业数字艺术家团队创建的城市环境内容,包括城市布局、车辆模型、建筑物、行人、路牌等,可用于构建算法训练和测试的驾驶场景。仿真器支持灵活设置的车载传感器套件,并提供相应的数据信号,如 GPS(Global Positioning System,全球定位系统)坐标、车辆速度、加速度,以及关于碰撞和其他的违规行为详细数据,不同传感器的可视化效果如图 1-4 所示。此外,用户可以通过配置天气、时间和光线等参数,调整模拟器的环境条件。CARLA 借助虚幻 4 引擎可实现高质量的视觉渲染,并提供了更真实的车辆动力学模型、基本的交通参与者决策底层逻辑以及丰富的插件生态系统,使得未来在此基础上进一步的扩展开发变得非常方便。CARLA 模拟了一个动态世界,并在世界和智能体之间提供了一个简单的接口,通过设计算法使得智能体与世界互动。为了支持这一功能,CARLA 被设计成一个服务端-客户端系统,其中服务器运行模拟并渲染场景,客户端应用程序接口由 Python 实现,通过 socket 实现智能体和服务器之间的沟通交互。客户端向服务器发送控制命令和元命令,并接收传感器读数作为返回值,其中控制车辆的命令包括转向、加速和制动,元命令控制服务器的行为并用于重置仿真器,更改环境或传感器套件的属性。

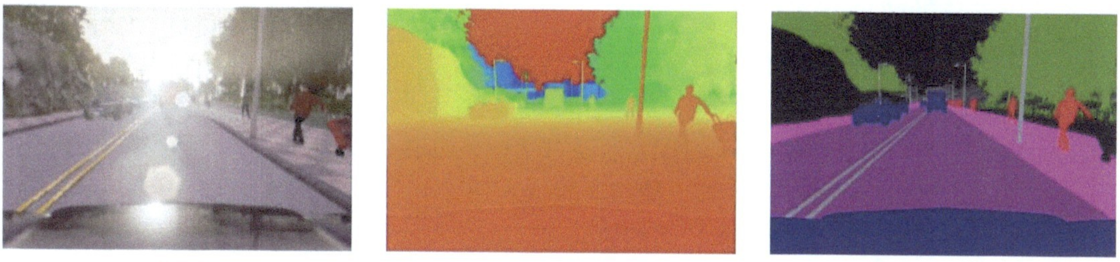

a)摄像头　　b)深度真值传感器　　c)语义真值传感器

图 1-4　CARLA 中不同传感器可视化效果

在 CARLA 仿真器的发展过程中遇到的挑战之一是环境车辆与行人的行为设置,这对于仿真场景的构建非常重要。CARLA 中的环境车辆模型基于虚幻 4 引擎中的车辆模型(PhysXVehicles),通过调整运动学参数来实现较为逼真的车辆运动;在环境车辆的行为控制方面,CARLA 中利用一套基本的决策控制逻辑来控制环境车辆的行为:车辆可以在当前车道进行车道保持,当有红灯出现时会减速停车,在经过路口时会随机选择转弯或直行,并避免与其他车辆发生碰撞。CARLA 中的行人会根据特定城镇的导航地图在街道上行走,通过导航地图标注的目标位置成本,鼓励行人沿着人行道行走或者在有标记的十字路口区域内行走,并尽量避免他们在其他任何地方横穿马路;行人在移动的同时会避免互相碰撞并尽量避开车辆。如果汽车与行人发生碰撞,则该行人将从仿真器中被删除,在经过短暂时间间隔后,一个新的行人将在不同地点重新生成。CARLA 仿真器目前被科研工作人员广泛采用。

1.3.2 基于 CARLA 的 SUMMIT 仿真器①

SUMMIT[17]，全称 A Simulator for Urban Driving in Massive Mixed Traffic，由新加坡国立大学的 Hsu 教授团队开发，其可以看作在 CARLA 基础上的扩展开发，在 CARLA 的基础上，不仅增加了对 OSM 格式地图的支持，并且可以在复杂的真实城市地图上生成高保真、交互式的密集交通流。SUMMIT 使用从网上获取的真实世界地图来提供虚拟复杂的地图环境，通过构建车辆的车道网络和行人的人行道网络两个拓扑图，形成道路环境的表征；通过利用 Context-GAMMA 行为模型，以道路语义特征作为输入，从几何和拓扑两方面指导交通行为；在微观层面，Context-GAMMA 使用速度空间优化来生成复杂的、满足约束的交通参与者行为。SUMMIT 的底层结构以 CARLA 为基础，保留其可取的特质，如高保真物理模型、逼真渲染、天气控制，还有丰富的传感器，又增强了仿真场景的真实程度。图 1-5 为 SUMMIT 仿真器仿真流程框架的示意图。

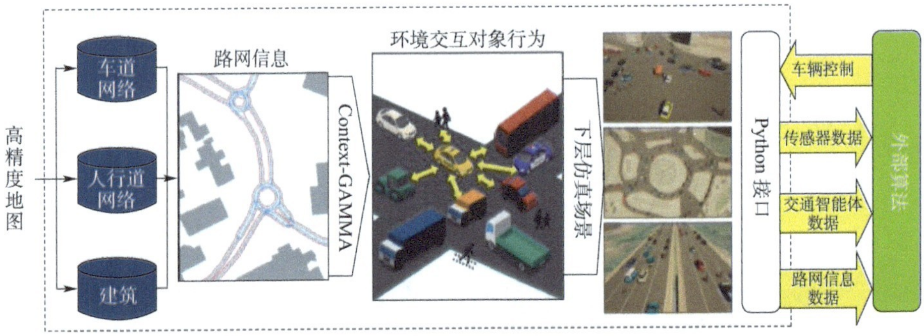

图 1-5 SUMMIT 仿真器的整体框架

SUMMIT 中使用的 Context-GAMMA 行为模型，其将交通参与者的行为建模为速度空间内的受限几何优化问题，假设每个参与者都会根据自己的导航目标来优化其速度，并且优化过程同时受到运动学约束和几何约束。图 1-6a）展示了原始的 GAMMA 算法，其主要以避撞为目的定义速度空间的几何约束。对于一个交通智能体 A，以 K_A 表示满足运动学约束的速度集合，以 G_A^τ 表示在时间 τ 内满足几何约束的速度集合，两者的交集在图 1-6a）中以黄色区域表示，智能体在黄色区域内选择最接近导航目标推荐速度的速度，作为实际执行的行为。在原始 GAMMA 计算模型的几何约束中，只考虑了避撞，并没有考虑到道路结构的影响，因此直接将其用于城市交通流仿真还存在很大问题，例如智能体会径直朝向导航目标点行进而忽略了可行驶道路区域的限制。因此 Context-GAMMA 在 GAMMA 基础上进一步考虑了道路的结构、形状等因素对速度空间的几何约束，图 1-6b）、图 1-6c）表示考虑对向车道以及人行道的情况下，对速度空间进行进一步约束；最终图 1-6d）中的黄色区域，代表 Context-GAMMA 在额外考虑了道路几何约束的情况下，得到的满足新约束的速度空间。

① https://github.com/AdaCompNUS/summit。

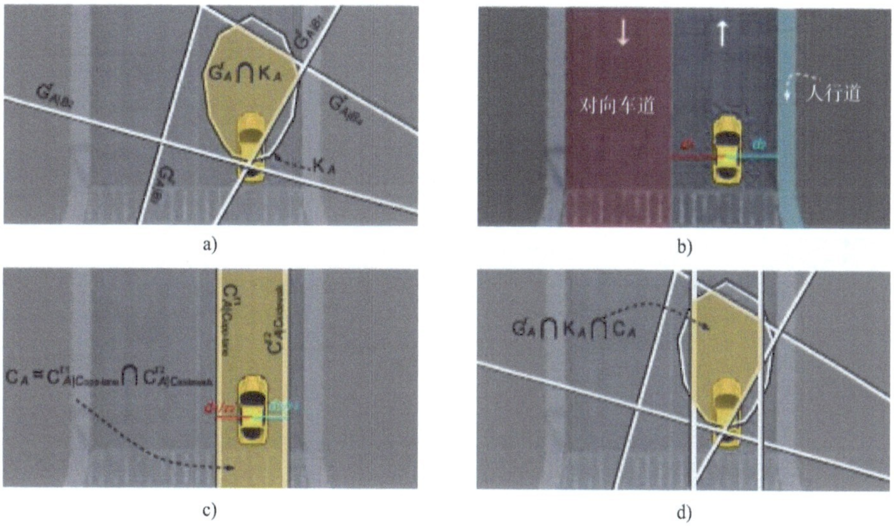

图 1-6 Context-GAMMA 考虑道路形状对速度区间的约束

1.4 SMARTS 仿真器①

SMARTS[18],全称 Scalable Multi-Agent RL Training School,是由上海交通大学和华为诺亚方舟实验室等联合开发的一款开源智能驾驶仿真器,相比其他现有驾驶仿真器,该仿真器更加注重于多智能体的训练与测试。SMARTS 支持导入 OSM 数据格式的地图。对比 CARLA 和 SUMO,甚至是明确设计用于强化学习和多智能体研究的 FLOW,SMARTS 设计了更为高效的多智能体研究框架。SMARTS 的核心涵盖了交通参与者行为模型、车辆物理模型、不同道路结构、背景交通流等方面,并支持持续扩展,以满足多样化的交互场景。从多智能体的角度来看,这种持续扩展的关键是如图 1-7 所示的引导策略,其核心是社会智能体动物园(Social Agent Zoo),它收集了 SMARTS 仿真模拟中丰富的车辆行为模型,这些行为模型可以用于实现自我博弈训练或基于种群的训练。为了让社会智能体动物园的行为模型更接近真实驾驶人的行为,有一部分行为模型是基于真实世界的驾驶数据或领域知识而设计的。社会智能体动物园通过迭代的方式进行扩展升级,在保障行为逼真性的前提下,不断提高智能体行为模型的驾驶能力;同时,随着动物园的发展,SMARTS 将能够模拟越来越复杂得多智能体交互行为。为了减小计算负担,SMARTS 还引入名为“气泡(bubble)区域”的机制,气泡区域可以理解为一个预先设定好范围的邻域区域,只有进入此邻域区域的社会车辆才会接入复杂的决策控制模型,这样可以更好地兼顾仿真场景的真实性与高效性。

在 SMARTS 中,一个智能体的观察空间被指定为可用传感器类型的可配置子集,包括动态对象列表、鸟瞰视图、栅格地图、RGB 图像、车辆状态及道路结构等。为了更容易地使用深度强化学习模型,SMARTS 还提供了内置的适配接口来将传感器数据转换为张量作为神经网络模型的输入。智能体的行为空间由控制器类型决定,仿真器提供了四种类型的控制器,其

① https://github.com/huawei-noah/SMARTS。

中两种为连续控制动作，一种为连续离散混合控制动作，另一种则以目标轨迹作为控制器输出。为了方便强化学习智能体训练，SMARTS 还集成了三种流行的强化学习训练库——RLlib、Py-MARL 以及 MALib，通过这些框架提供的基线算法可以更加方便地进行算法的对比测试。

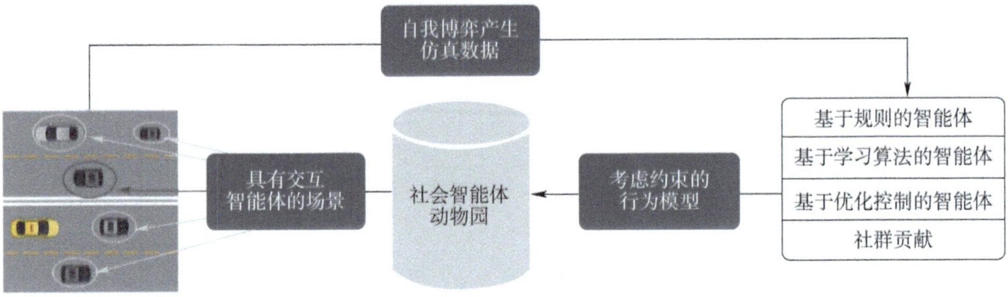

图 1-7　SMARTS 仿真器以自举方式实现交互真实性和多样性

1.5 智能驾驶仿真器对比

除了本章所介绍的常见智能驾驶仿真器，相关领域还有各种独具特色的仿真器可供研究者使用，如针对强化学习设计的轻量化 2D 仿真器 Highway-env[19]，以及类似 CARLA 的针对城市驾驶场景的高保真仿真器 Airsim[20] 和 Udacity 仿真器[21] 等。一个智能驾驶仿真器对研究或工程任务的适配程度，应该从以下几个方面进行判断：①是否提供真实车辆动态，这主要根据仿真器对车辆的建模方式判断，如果在建模过程中将仿真车辆简化为两轮模型，认为不提供真实动态；如果在建模过程中考虑了车辆的真实四轮物理模型，则认为提供真实动态；②是否提供真实传感器，即研究者能否在仿真器中使用摄像头、激光雷达等在实际的智能驾驶任务中必不可少的感知设备；③地图来源，主要有两类，一类是人工设计的虚拟地图，另一类是真实世界地图，若使用者能通过使用仿真器自带的工具，将真实世界的道路拓扑结构迁移至仿真器内使用，则可认为仿真地图来源于真实世界；④交通流生成方式，现在大多数仿真器都给交通参与者设计了基于规则的行为准则，并以此自动生成交通流，但也有一部分仿真器可以通过回放真实的驾驶数据生成交通流；⑤是否支持自定义场景设计，即能否利用仿真器自带的工具，通过设定交通参与者的行为和初始位置速度参数，创建出特殊的驾驶场景。对于本章所介绍的几种仿真器，用表 1-1 来对它们的特性进行简单的对比展示。

智能驾驶仿真器对比　　表 1-1

智能驾驶仿真器	真实动态	真实传感器	地图来源		交通流生成方式		场景生成
			人工设计	真实世界	基于规则	真实回放	
TORCS	√	√	√	×	√	×	×
SUMO	×	×	√	√	√	×	√
FLOW	×	×	√	√	√	×	√
CARLA	√	√	√	×	√	×	√
SUMMIT	√	√	√	√	√	×	×
SMARTS	×	×	√	×	√	√	√

在接下来各个章节的研究中，本书使用了一部分上述仿真器作为所提算法的验证环境。具体而言，在介绍第 3 章的自适应巡航控制算法时，主要考虑了硬件在环的向量输入纵向驾驶任务，选择了使用底层动力学模型更精确的商业版汽车驾驶仿真 dSPACE 作为仿真平台；在第 4 章介绍基于强化学习的车队自适应巡航控制时，选择了基于 MATLAB Simulink 搭建的多车队仿真环境；在第 5 章介绍基于图像输入的深度强化学习车道保持算法时，考虑到赛车任务相比其他驾驶任务在道路结构上更加多样，选择了 VTORCS 仿真器；在第 6 章介绍变道超车算法时，使用了 CARLA 和 Udacity 仿真器以提供更真实的汽车模型和驾驶情景；对于第 7 章介绍的路口场景通行算法，考虑到该任务本身对算法交互性的挑战以及路口结构的特殊性，分别使用提供高密度交通流的 SUMO 仿真器以及具有拟真城市路口环境的 CARLA 仿真器，来对所提算法做验证；在第 8 章介绍多场景通行算法时，则使用了 SMARTS 仿真器以获得更多样、更具挑战的驾驶场景，为验证算法性能提供更具说服力的平台。

CHAPTER 2

第2章 深度强化学习算法基础

深度强化学习结合了深度神经网络和强化学习各自的优势,可用于解决智能体在复杂高维状态空间中的感知决策问题。在不同应用领域中,如棋类游戏、视频游戏、调度优化等,深度强化学习已经取得了突破性进展,并在自动驾驶决策控制领域展现出较好的应用前景。本章首先介绍强化学习基础,进一步分别介绍基于价值函数和基于策略梯度的强化学习和深度强化学习算法。

2.1 强化学习基础①

2.1.1 马尔可夫决策过程与最优理论

2.1.1.1 马尔可夫过程

马尔可夫过程(Markov Process,MP)是一个无记忆的随机过程,即一组具有马尔可夫性的随机状态序列,代表了智能体从初始时刻到未来无穷时刻在运行过程中所能产生的一组状态序列,该状态序列有时也被称为马尔可夫链。

马尔可夫性是指给定当前状态及所有历史状态,智能体未来状态的条件概率分布仅依赖于当前状态,即在给定当前状态时,未来状态与过去状态是条件独立的,一旦当前状态确定,历史状态都可以丢弃,当前状态足以决定未来状态。以彩票中奖序列为例,该序列的生成就可以描述为一个马尔可夫过程,即在一期双色球摇号过程,每摇出一个号码,下一个号码的概率分布只和现在存在的号码序列有关,而与过去存在过的号码序列无关。

马尔可夫性是由状态来描述的,智能体通过状态反映真实的环境/模型的信息,这种信息可分为两种:一种为完全观测信息,另一种为部分可观测信息。完全观测信息是指智能体的观测量和环境全部的内在状态完全等价,部分可观测信息是指智能体的观测量和环境的全部状态不相同。在一些场景中,智能体不能完全获得环境和模型的全部状态信息,只能通过观测获取观测量。如牌类游戏,状态包括游戏玩家当前的牌面、其他玩家当前的牌面和未发出来的牌面,游戏玩家只能观察到自身的牌面,而无法观测到其他玩家和未发出的牌面,因此其他玩家的牌面和未发出的牌面属于不可观测到的信息。

一个马尔可夫过程可以用二元组 $<\boldsymbol{S},\boldsymbol{P}>$ 表示,其中,$\boldsymbol{S}$ 是状态集,$\boldsymbol{P}$ 是状态转移概率矩

① 本节内容参考 David Sliver 的强化学习课程“Lectures on Reinforcement Learning”,网址:https://www.davidsilver.uk/teaching/。

阵。现实中，不同状态之间的转移有些是确定的，如在一个有摩擦力的平面上，给物体一个初始速度，由于摩擦力反方向的作用，物体必然最终停止；而有些状态转移是随机的，如彩票号码购买可能会中奖，也可能不中奖。由于状态与状态之间的转移是一个概率事件，因此可以对状态转移进行数学描述，对于一个马尔可夫状态 s 和后继状态 s'，状态转移概率定义为：

$$P_{ss'} = P[s_{t+1} = s' \mid s_t = s] \tag{2-1}$$

状态转移矩阵 $\boldsymbol{P}$ 定义从所有状态 s 到所有后继状态 s' 的转移概率：

$$\boldsymbol{P} = \begin{bmatrix} P_{11} & \cdots & P_{1n} \\ \vdots & \ddots & \vdots \\ P_{n1} & \cdots & P_{nn} \end{bmatrix} \tag{2-2}$$

矩阵每行元素的和等于 1，即 $\sum_i P_{*i} = 1$。

图 2-1 为一个滑雪运动员在每天生活中可能出现的各种状态的变化，可将其描述为马尔可夫过程，每一个节点表示一个状态，分别有哲学课、生物课、语言课、物理课、媒体运营、滑雪和跑步，连接节点的边代表了箭头起始节点到目标节点的状态转移概率。根据状态转移矩阵的定义，整个转移过程的概率分布可描述为图 2-2，该状态转移矩阵行方向为前一个状态，列方向为后一个状态，矩阵中的值为从该行方向的状态到该列方向的状态的概率。通过对上述马尔可夫过程的描述，可以得到滑雪运动员一天内可能的不同轨迹，通过状态转移矩阵可以计算出该滑雪运动员完成某一指定轨迹的概率为多少。

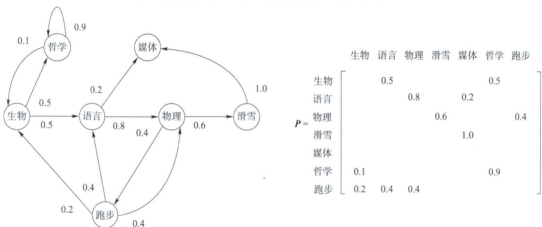

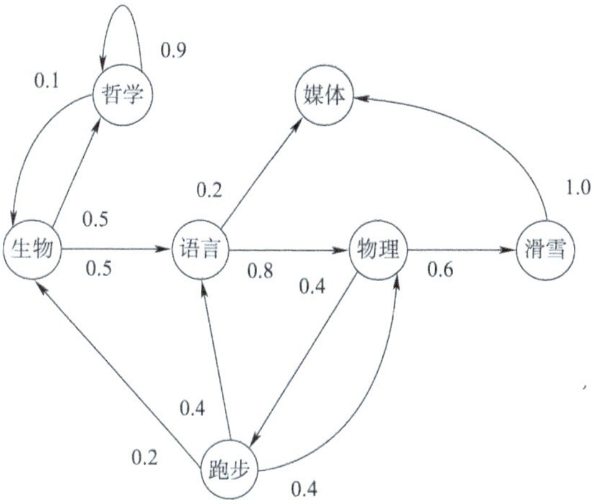

图 2-1 滑雪运动员马尔可夫过程

$\boldsymbol{P} =$

	生物	语言	物理	滑雪	媒体	哲学	跑步
生物		0.5				0.5	
语言			0.8		0.2		
物理				0.6			0.4
滑雪					1.0		
媒体							
哲学	0.1					0.9	
跑步	0.2	0.4	0.4				

图 2-2 概率分布描述

2.1.1.2 马尔可夫奖赏过程

马尔可夫奖赏过程（Markov Reward Process，MRP）是由马尔可夫过程加上奖赏得来的。马尔可夫奖赏过程可由四元组 $<\boldsymbol{S},\boldsymbol{P},R,\gamma>$ 定义，其中 $\boldsymbol{S}$ 为一组有限状态集，$\boldsymbol{P}$ 为状态转移概率矩阵，R 为奖赏，用来描述智能体在每个状态下所达到的效果的一个反馈，即 $R_s = R(s) = E[r_{t+1} \mid s_t = s]$。$\gamma$ 为折扣因子，它的选择范围为 $[0,1]$，通过调整折扣因子权衡未来奖赏的重要程度，并在连续马尔可夫奖赏过程中避免无穷回报，使得奖赏问题更加合理。然而，γ 也不可过低，以避免在之后的马尔可夫决策过程中，学到的策略过于短视，或难以完成稀疏奖赏问题。

对于前面介绍的滑雪运动员马尔可夫过程，加上奖赏后，可描述为图2-3。

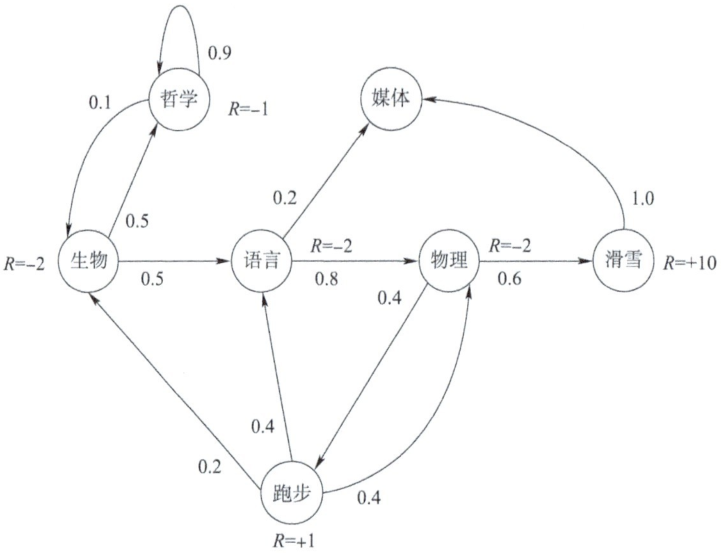

图2-3　滑雪运动员马尔可夫奖赏过程

图2-3中奖赏最高的状态为滑雪，其奖赏为10；为了到达滑雪状态必须经过生物课状态、语言课状态和物理课状态，而这三个状态的奖赏均为−2；哲学课状态的奖赏为−1，媒体运营状态的奖赏为0，跑步状态的奖赏为1。

对于智能体在马尔可夫奖赏过程中经历的除最终状态外的每个状态，都存在一个由其后续所有状态产生的奖赏所定义的回报 G_t。具体而言，马尔可夫奖赏过程的回报 G_t 是指智能体在 t 时刻之后一条具体轨迹的累计折扣奖赏：

$$G_t = r_{t+1} + \gamma r_{t+2} + \cdots = \sum_{k=0}^{\infty} \gamma^k r_{t+k+1} \tag{2-3}$$

定义马尔可夫奖赏过程的状态价值函数 $V(s)$ 为从状态 s 出发的期望回报：

$$V(s) = E[G_t \mid s_t = s] \tag{2-4}$$

回报对应的是某一具体的轨迹，而价值函数代表的是所有轨迹的期望回报。针对图2-3所示的马尔可夫奖赏过程，设 $\gamma = 1/2$，可以通过回报定义来计算该马尔可夫奖赏过程在某一初始状态下可能的回报。例如以生物课作为初始状态，可能的轨迹与回报有如下四种。

轨迹一：生物、语言、物理、滑雪、媒体；

轨迹二：生物、哲学、哲学、生物、语言、媒体；

轨迹三：生物、语言、物理、跑步、语言、物理、滑雪、媒体；

轨迹四：生物、哲学、哲学、生物、语言、物理、跑步、生物、哲学、哲学、哲学、生物、语言、物理、跑步、语言、媒体。

回报计算过程如下。

轨迹一：$G_1 = -2 - 2 \times \frac{1}{2} - 2 \times \frac{1}{4} + 10 \times \frac{1}{8} = -2.25$；

轨迹二：$G_2 = -2 - 1 \times \frac{1}{2} - 1 \times \frac{1}{4} - 2 \times \frac{1}{8} - 2 \times \frac{1}{16} = -3.125$；

轨迹三：$G_3=-2-2\times\frac{1}{2}-2\times\frac{1}{4}+1\times\frac{1}{8}-2\times\frac{1}{16}\cdots=-3.41$；

轨迹四：$G_4=-2-1\times\frac{1}{2}-1\times\frac{1}{4}-2\times\frac{1}{8}-2\times\frac{1}{16}\cdots=-3.20$。

从上图滑雪运动员马尔可夫奖赏过程当中，可以计算每一个状态的状态价值函数。

若令 $\gamma=0$，则滑雪运动员马尔可夫奖赏过程中的状态价值函数为 $V_{哲学}=-1, V_{生物}=-2, V_{语言}=-2, V_{物理}=-2, V_{滑雪}=10, V_{跑步}=1, V_{媒体}=0$。

令 $\gamma=0.9$，则滑雪运动员马尔可夫奖赏过程中状态价值函数为 $V_{哲学}=-7.6, V_{生物}=-5, V_{语言}=0.9, V_{物理}=4.1, V_{滑雪}=10, V_{跑步}=1.9, V_{媒体}=0$。

令 $\gamma=1$，则滑雪运动员马尔可夫奖赏过程中状态价值函数为 $V_{哲学}=-23, V_{生物}=-13, V_{语言}=1.5, V_{物理}=4.3, V_{滑雪}=10, V_{跑步}=0.8, V_{媒体}=0$。

下面对马尔可夫奖赏过程的贝尔曼方程进行推导。根据马尔可夫奖赏过程中状态价值函数的定义式(2-4)，将回报 $G_t=r_{t+1}+\gamma r_{t+2}+\cdots=\sum_{k=0}^{\infty}\gamma^k r_{t+k+1}$ 代入，并将 γ 提取出来，则有：

$$V(s)=E[r_{t+1}+\gamma(r_{t+2}+\gamma r_{t+3}+\cdots)\mid s_t=s]$$

将状态价值函数拆分成瞬间奖赏 r_{t+1} 和后继状态的折扣价值函数 $\gamma V(s_{t+1})$ 两部分，则有：

$$V(s)=E[r_{t+1}+\gamma V(s_{t+1})\mid s_t=s]=R(s)+\gamma\sum P_{ss'}V(s')$$

对 $\boldsymbol{S}$ 中的所有状态 $\{s_1,\cdots,s_n\}$，可以将贝尔曼方程写成如下矩阵形式：

$$\boldsymbol{V}=\boldsymbol{R}+\gamma\boldsymbol{P}\boldsymbol{V}$$

$$\begin{bmatrix}V(s_1)\\ \vdots\\ V(s_n)\end{bmatrix}=\begin{bmatrix}R(s_1)\\ \vdots\\ R(s_n)\end{bmatrix}+\gamma\begin{bmatrix}P_{s_1s_1} & \cdots & P_{s_1s_n}\\ \vdots & \ddots & \vdots\\ P_{s_ns_1} & \cdots & P_{s_ns_n}\end{bmatrix}\begin{bmatrix}V(s_1)\\ \vdots\\ V(s_n)\end{bmatrix}$$

该贝尔曼方程是线性方程，可通过如下公式直接求解状态价值函数：

$$\begin{cases}\boldsymbol{V}=\boldsymbol{R}+\gamma\boldsymbol{P}\boldsymbol{V}\\ (\boldsymbol{I}-\gamma\boldsymbol{P})\boldsymbol{V}=\boldsymbol{R}\\ \boldsymbol{V}=(\boldsymbol{I}-\gamma\boldsymbol{P})^{-1}\boldsymbol{R}\end{cases}\tag{2-5}$$

由于在 n 个状态下直接求解法的计算复杂度为 $o(n^3)$，其只适用于状态空间较小的马尔可夫奖赏过程；对于大规模马尔可夫奖赏过程，可以使用迭代法或基于数据的方法，如动态规划、蒙特卡罗估计和时间差分学习等来求解状态价值函数。

2.1.1.3 马尔可夫决策过程

马尔可夫决策过程(Markov Decision Process，MDP)是马尔可夫奖赏过程与智能体决策的组合。从定义上，一个马尔可夫决策过程由 $<\boldsymbol{S},\boldsymbol{A},\boldsymbol{P},R,\gamma>$ 构成，其中 $\boldsymbol{S}$ 是有限状态集，$\boldsymbol{A}$ 是有限动作集，$\boldsymbol{P}$ 是状态转移概率矩阵，R 是奖赏，γ 是折扣因子。与马尔可夫奖赏过程相比，马尔可夫决策过程的一个区别是增加了动作集 $\boldsymbol{A}$ 的定义，另一个区别是状态转移概率矩阵不仅包含当前状态与后继状态，还包括有限动作集中的动作 a，即状态 s 与动作 a 均影响下一个时刻状态的概率分布。通过将动作引入马尔可夫决策过程，智能体就可以选择不同的动作跳转至未来状态，这增加了智能体对于状态转移的一个介入手段，对整个 MDP 过程非常重要。

图 2-4 为一个扫地机器人清扫房间的 MDP 例子。扫地机器人初始状态在中间，其中最左边的 s_1 为充电区域，抵达该区域能够获得的奖赏为 +1；最右边 s_7 上有一团废纸，扫地机器人抵达该区域后可以获得的奖赏为 +10；其他位置奖赏为 0。扫地机器人可以选择向左或者向右移动两个动作，且由于机械精度原因，扫地机器人选择的动作只有 80% 的可能正确执行，10% 的可能保持不动，10% 的可能向反方向移动，其中超出边界的动作 90% 概率留在边界，10% 概率反向移动。该环境的马尔可夫决策过程可描述为：

$$\boldsymbol{S}:\{s_1,s_2,\cdots,s_7\}$$

$$\boldsymbol{A}:\{a_l,a_r\}$$

$$R:\{R(s_1)=+1,R(s_7)=+10,R(s_i)=0,i=2,\cdots,6\}$$

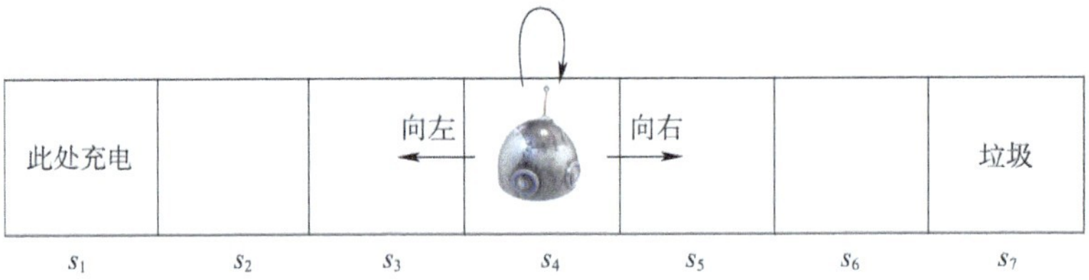

图 2-4　扫地机器人马尔可夫决策过程

若当前状态不为充电区或垃圾区，即当前状态为 $s_i(i=2,\cdots,6)$，则该机器人状态转移概率如下：

$$P_{ss'}^{a}=\begin{cases}0.8(a=a_l,s'=s_{i-1})\ \|\ (a=a_r,s'=s_{i+1})\\0.1(s'=s)\\0.1(a=a_l,s'=s_{i+1})\ \|\ (a=a_r,s'=s_{i-1})\end{cases}$$

对于充电区状态 s_1 而言：

$$P_{s_1,s_1}^{a_l}=0.9,P_{s_1,s_2}^{a_l}=0.1$$

$$P_{s_1,s_1}^{a_r}=0.2,P_{s_1,s_2}^{a_r}=0.8$$

对于垃圾区状态为 s_7 而言：

$$P_{s_7,s_6}^{a_l}=0.8,P_{s_7,s_7}^{a_l}=0.2$$

$$P_{s_7,s_6}^{a_r}=0.1,P_{s_7,s_7}^{a_r}=0.9$$

马尔可夫决策过程的策略 π 是指状态到动作的分布：

$$\pi(a|s)=P[a_t=a|s_t=s] \tag{2-6}$$

一个策略定义了一个智能体的行为，这个行为可以是确定性的，即 $\pi(\cdot|s)$ 只在某一个动作下概率是 1，其他动作概率是 0，即 $\pi(s)=a$；也可以是随机性的，在多个动作下概率都大于 0。

给定一个马尔可夫决策过程 $<\boldsymbol{S},\boldsymbol{A},\boldsymbol{P},R,\gamma>$ 和策略 π，其中状态转移与奖赏均受策略影响，即当前时刻状态到下一个时刻状态的状态转移概率为策略乘上每一个动作的状态转移概率的累加和，状态 s 的期望奖赏为策略乘上每一个动作的奖赏的累加和：

$$
\begin{cases} P_{ss'}^{\pi} = \sum_{a \in A} \pi(a \mid s) P_{ss'}^{a} \\ R_s^{\pi} = \sum_{a \in A} \pi(a \mid s) R_s^{a} \end{cases} \tag{2-7}
$$

马尔可夫决策过程的状态价值函数 V 定义为智能体从状态 s 出发,在策略 π 作用下的期望回报:

$$
V_{\pi}(s) = E_{\pi}[G_t \mid s_t = s] \tag{2-8}
$$

马尔可夫决策过程的状态-动作价值函数 Q 定义为智能体从状态 s 出发,执行动作 a 后,在策略 π 作用下的期望回报:

$$
Q_{\pi}(s,a) = E_{\pi}[G_t \mid s_t = s, a_t = a] \tag{2-9}
$$

当前状态价值函数 V 可用当前状态-动作价值函数 Q 表示:

$$
V_{\pi}(s) = \sum_{a \in A} \pi(a \mid s) Q_{\pi}(s,a) \tag{2-10}
$$

当前状态-动作价值函数 Q 也可用当前状态价值函数 V 表示:

$$
Q_{\pi}(s,a) = R_s^a + \gamma \sum_{s' \in S} P_{ss'}^a V_{\pi}(s') \tag{2-11}
$$

将状态-动作价值函数式(2-11)代入状态价值函数式(2-10)中,就变成了只有状态价值函数 V 的贝尔曼方程,其含义是智能体在给定状态 s 下,按照策略 π 来决定自己动作的概率分布,按概率乘以每个动作对应的状态-动作价值函数,就得到了期望状态价值函数:

$$
V_{\pi}(s) = \sum_{a \in A} \pi(a \mid s) \left(R_s^a + \gamma \sum_{s' \in S} P_{ss'}^a V_{\pi}(s') \right) \tag{2-12}
$$

同样,将状态价值函数式(2-10)代入状态-动作价值函数式(2-11)中,得到只含状态-动作价值函数 Q 的贝尔曼方程:

$$
Q_{\pi}(s,a) = R_s^a + \gamma \sum_{s' \in S} P_{ss'}^a \sum_{a' \in A} \pi(a' \mid s') Q_{\pi}(s',a') \tag{2-13}
$$

在策略给定的情况下,马尔可夫决策过程可看作一个马尔可夫奖赏过程,其贝尔曼方程的矩阵形式为:

$$
\boldsymbol{V}_{\pi} = \boldsymbol{R}^{\pi} + \gamma \boldsymbol{P}^{\pi}(\boldsymbol{V}_{\pi}) \tag{2-14}
$$

通过线性变换可以直接求解该价值函数的解:

$$
\boldsymbol{V}_{\pi} = (\boldsymbol{I} - \gamma \boldsymbol{P}^{\pi})^{-1} \boldsymbol{R}^{\pi} \tag{2-15}
$$

在所有策略中,使得期望回报在所有状态都最大的策略叫最优策略,其对应的状态价值函数被称为最优状态价值函数 V_*,代表智能体在最优策略下能获得的最大期望累加折扣奖赏:

$$
V_*(s) = \max_{\pi} V_{\pi}(s) \tag{2-16}
$$

同样,最优策略对应的状态-动作价值函数被称为最优状态-动作价值函数 Q_*:

$$
Q_*(s,a) = \max_{\pi} Q_{\pi}(s,a) \tag{2-17}
$$

强化学习目标就是要找到最优策略。智能体可以根据找到的最优策略,在任意状态下,选择最优的动作,作出最优的决策。

定理 2.1 对任意马尔可夫决策过程,总是存在一个最优策略 π_* 优于或至少等于其他所有策略,即 $\pi_* \geqslant \pi, \forall \pi$。所有的最优策略的状态价值函数都是相同的,并且等于最优价值函数,即 $V_{\pi*}(s) = V_*(s)$。所有的最优策略的状态-动作价值函数都是相同的,并且等于最优状态-动作价值函数,即 $Q_{\pi*}(s,a) = Q_*(s,a)$。

2.1.1.4 最优化原理

最优策略具有如下性质：对于一个最优策略而言，不论问题的初始状态和初始决策如何，余下的决策依然是余下问题的最优策略。通过定理 2.1 可知，最优策略可以通过最优状态价值函数来表示。通过最优状态价值函数来推导贝尔曼最优方程，其数学形式如下：

$$\begin{cases} V_*(s_0)=E\left[\max\limits_{a_0,a_1,\cdots}(r_1+\gamma r_2+\gamma^2 r_3+\cdots)\right] \\ V_*(s_0)=\max\limits_{a_0}(R(s_0,a_0)+\gamma\sum\limits_{s_1}P_{s_0 s_1}^{a_0}V_*(s_1)) \end{cases} \tag{2-18}$$

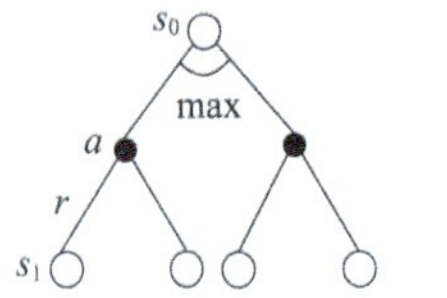

图 2-5　最优状态价值函数 V_* 的回溯图

该公式以图形化的方式所表示的回溯图如图 2-5 所示。

通过最优状态-动作价值函数可以推导出最优状态价值函数：

$$V_*(s)=\max_a Q_*(s,a) \tag{2-19}$$

也可通过最优状态价值函数推导出最优状态-动作价值函数：

$$Q_*(s,a)=R_s^a+\gamma\sum_{s'\in S}P_{ss'}^a V_*(s') \tag{2-20}$$

将式(2-19)、式(2-20)合并，只留下状态-动作价值函数，可得出当前时刻与下一时刻最优状态-动作价值函数的贝尔曼方程：

$$Q_*(s,a)=R_s^a+\gamma\sum_{s'\in S}P_{ss'}^a\max_{a'}Q_*(s',a') \tag{2-21}$$

智能体可以基于最优状态价值函数和状态转移概率模型计算某一状态下的最优动作，即最优策略，也可以通过最优状态-动作价值函数直接得到最优策略。

对于某一状态，假如存在两个动作，同时得到最大化状态-动作价值函数：

$$Q_*(s,a_1)=Q_*(s,a_2)\geqslant Q_*(s,a),\ \forall a\in\boldsymbol{A} \tag{2-22}$$

取任意从 0～1 的概率值 p，构造出一个策略：

$$\pi_p(s)=\begin{cases} a_1,p \\ a_2,1-p \end{cases}$$

$$\sum_a\pi_p(a\mid s)Q_*(s,a)=pQ_*(s,a_1)+(1-p)Q_*(s,a_2)=V_*(s)$$

可见，无论概率值 p 取多少，最终得到的都是最优策略，原因在于这两个动作的状态-动作价值函数是相等的。这也就是为什么最优策略不是唯一的，但最优价值函数是唯一的。为了方便，通常智能体都选择一个确定性的最优策略。

因此，求解最优策略一共有两种方案，一种是通过求解最优状态价值函数的贝尔曼最优方程来获得最优策略：

$$\begin{cases} V_*(s)=\max\limits_a(R_s^a+\gamma\sum\limits_{s'}P_{ss'}^a V_*(s')) \\ \pi_*(s)=\arg\max\limits_a(R_s^a+\gamma\sum\limits_{s'}P_{ss'}^a V_*(s')) \end{cases} \tag{2-23}$$

另外一种是通过求解最优状态-动作价值函数的贝尔曼最优方程来获得最优策略：

$$\begin{cases} Q_*(s,a)=R_s^a+\gamma\sum\limits_{s'}P_{ss'}^a\max\limits_{a'}Q_*(s',a') \\ \pi_*(s)=\arg\max\limits_a Q_*(s,a) \end{cases} \tag{2-24}$$

这两种求解方式虽然不同，但都是使用了贝尔曼最优方程来求解最优策略，都包含非线性算子 max，求解该非线性方程要比线性方程困难。通过上述公式可知，在求解最优方程时需要保存所有的状态或状态-动作价值函数才能计算出最优价值函数，通过最优价值函数才能获取到最优策略，因此需要有足够的空间存储最优价值函数；此外，在计算的过程中还要求状态转移概率模型已知，这是整个贝尔曼最优方程的核心，也是前提条件。

2.1.2 强化学习算法

2.1.2.1 价值迭代

求解贝尔曼最优方程(2-23)的难点在于：第一，要求解的最优价值函数同时存在于等式的左右两侧；第二，等式右侧存在一个非线性算子 max，这导致无法同求线性方程一样，通过矩阵的逆进行求解。价值迭代是动态规划中的一种典型迭代方法，基本思路为：对 V_* 定义一个估计函数 V，将估计函数带入贝尔曼最优方程的等式右侧，得到一个新的价值函数 $\hat{V}$：

$$\hat{V}(s)=\max_a(R_s^a+\gamma\sum_{s'}P_{ss'}^aV(s')) \tag{2-25}$$

由于 $\hat{V}$ 是由 V 演变得来，且使用了真实的奖赏对值作修正，因此可以认为 $\hat{V}$ 相比于 V 更接近于 V_*，即 $\hat{V}$ 是对 V_* 更为准确的估计；再将 $\hat{V}$ 带入贝尔曼最优方程的右侧，可得到比 $\hat{V}$ 更为准确的价值函数估计，以此类推，新得到的价值函数总是对 V_* 的更准确估计，经过若干次迭代，估计函数就有可能收敛于最优函数 V_*。

下面将证明，当 k 值趋向于无穷时，V_k 收敛于 V_*。

算法 2.1 价值迭代

1：初始化一个函数 V_1 （如 $V_1(s)=0,\forall s\in \boldsymbol{S}$）

2：Loop

3：根据已知的 V_k 计算一个新的函数

$$V_{k+1}(s)=\max_{a\in \boldsymbol{A}}(R_s^a+\gamma\sum_{s'\in \boldsymbol{S}}P_{ss'}^aV_k(s')),\forall s\in \boldsymbol{S}$$

4：$k\leftarrow k+1$

5：End Loop

证明：为了证明价值迭代的收敛性，首先定义一个以函数作为输入的价值迭代算子 $\mathcal{T}$，对给定的函数 V_k 计算新的函数，则价值迭代的更新公式可以写成如下形式：

$$V_{k+1}(s)=[\mathcal{T}(V_k)](s)=\max_a(R_s^a+\gamma\sum_{s'}P_{ss'}^aV_k(s'))$$

同样，贝尔曼最优方程可以写为用价值迭代算子进行描述的形式，即将最优的价值函数作为迭代算子的输入：

$$V_*(s)=[\mathcal{T}(V_*)](s)=\max_a(R_s^a+\gamma\sum_{s'}P_{ss'}^aV_*(s'))$$

迭代算子具有收缩属性，为了更好地解释该属性，需要引入两个概念：无穷范数和收缩算子。

无穷范数（∞ -norm）：用 $\boldsymbol{x}=(x_1,x_2,\cdots,x_n)$ 表示向量 $\boldsymbol{x}$ 在有限集合上各个元素的取值，函数的无穷范数等于其中各个元素绝对值的最大值，即：

$$\|\boldsymbol{x}\|_\infty=\max(|x_1|,|x_2|,\cdots,|x_n|)$$

收缩算子：对于任意两个函数 f,g，如果两个函数的偏差经过一个价值迭代算子 $\mathcal{T}$ 后被缩小，那么算子成为收缩算子，即：

$$\mathcal{T}\|(f-g)\|_{\infty}<\|f-g\|_{\infty}$$

对于价值迭代算子来说，当 $\gamma<1$ 时，$\mathcal{T}$ 是一个收缩算子。下面定义两个价值函数 u,v，分别代入价值迭代算子，经过一系列放缩可以证明 $\mathcal{T}$ 的收缩属性。

$$\begin{aligned}
&|[\mathcal{T}(u)](s)-[\mathcal{T}(v)](s)|,\forall s\in \boldsymbol{S}\\
&=|\max_{a_1}(R_s^{a_1}+\gamma\sum_{s'}P_{ss'}^{a_1}u(s'))-\max_{a_2}(R_s^{a_2}+\gamma\sum_{s'}P_{ss'}^{a_2}v(s'))|\\
&\leqslant\max_a|(R_s^{a}+\gamma\sum_{s'}P_{ss'}^{a}u(s'))-(R_s^{a}+\gamma\sum_{s'}P_{ss'}^{a}v(s'))|\\
&\leqslant\gamma\max_a|\sum_{s'}P_{ss'}^{a}(u(s')-v(s'))|\\
&\leqslant\gamma\|u-v\|_{\infty}\\
&\Rightarrow\|\mathcal{T}(u-v)\|_{\infty}<\|u-v\|_{\infty}
\end{aligned}$$

从任意初始价值函数 V_1 出发，经过价值迭代计算的新函数 V_{k+1} 与最优价值函数之间的偏差满足 $\|V_{k+1}-V_*\|_{\infty}=\|\mathcal{T}V_k-\mathcal{T}V_*\|_{\infty}$，再根据价值迭代算子 $\mathcal{T}$ 的收缩属性，可以得到 $\|\mathcal{T}V_k-\mathcal{T}V_*\|_{\infty}\leqslant\gamma\|V_k-V_*\|_{\infty}$。以此类推可以得到如下关系，由于 $\gamma<1$，当 $k\to\infty$ 时，$V_k\to V_*$，即 V_k 最终收敛于 V_*。

$$\begin{aligned}
&\|V_{k+1}-V_*\|_{\infty}=\|\mathcal{T}V_k-\mathcal{T}V_*\|_{\infty}\\
&\leqslant\gamma\|V_k-V_*\|_{\infty}\\
&\cdots\\
&\Rightarrow\gamma^k\|V_1-V_*\|_{\infty}
\end{aligned}$$

当 $\gamma=1$ 时，价值迭代算子 $\mathcal{T}$ 不再是收缩的，需要其他的证明方法，思路如下：对于第一种情况，价值迭代结果单调递增且有上界 V_{up}，则价值函数必然收敛于 V_{up}；对于第二种情况，价值迭代结果单调递减且有下界 V_{down}，则价值函数同样收敛于 V_{down}，根据前两种情况，构造两个函数 $\underline{V_1}=\min\{V_*,V_1\}$，$\overline{V_1}=\max\{V_*,V_1\}$，则 $\underline{V_1}$ 满足第一种情况，$\overline{V_1}$ 满足第二种情况，分别对 $\underline{V_1}$，$\overline{V_1}$，V_1 经过迭代后，可得到价值函数收敛于 V_*。证明如下：

(1)当初始函数 $V_1\leqslant V_*$ 时，价值迭代结果单调递增，$V_1\leqslant V_2\leqslant\cdots\leqslant V_k\leqslant V_*$。

(2)当初始函数 $V_1\geqslant V_*$ 时，价值迭代结果单调递减，$V_1\geqslant V_2\geqslant\cdots\geqslant V_k\geqslant V_*$。

(3)对于任意形状的初始函数 V_1，额外构造两个函数 $\underline{V_1}=\min\{V_*,V_1\}$，$\overline{V_1}=\max\{V_*,V_1\}$，分别对三个初始函数进行价值迭代，每代结果都有 $\underline{V_k}\leqslant V_k\leqslant\overline{V_k}$，所以 $V_k\to V_*$。

证毕。

2.1.2.2 策略迭代

强化学习中有两个关键的函数，一个是最优价值函数，一个是最优策略函数，价值迭代相当于在值空间，给定一个初始价值函数，通过不断地迭代，让其逐渐靠近未知的最优价值函数，在迭代了足够的次数之后，认为新的价值函数已经收敛于最优价值函数。类似地，策略迭代相当于在策略空间，从一个给定的初始策略出发，不断迭代，让其逐渐靠近未知的最优策略，最终收敛于最优策略。价值迭代是迭代价值函数，得到最优价值函数，基于最优价值函数得到最优策略；策略迭代是让策略逐步收敛到最优策略。需要注意，算法无法通过现有策略直接得到一个新策略，需要中间过程以计算现有策略的价值函数，而后根据已知的价值函数对现有策略进行优化，提取出新的策略，不断迭代，最终收敛到最优策略。

价值迭代：$V_1 \to V_2 \to \cdots \to V_\infty = V_* \to \pi_*$

策略迭代：$\pi_1 \to \pi_2 \to \cdots \to \pi_\infty = \pi_*$

中间过程：$\pi_1 \to (V_{\pi_1}) \to \pi_2 \to (V_{\pi 2}) \to \cdots \to \pi_*$

2.1.2.3 单步时间差分学习方法

无论是价值迭代还是策略迭代，均需要已知环境的状态转移概率模型；而时间差分(Temporal Difference，TD)学习是一种无模型的价值函数学习方法，它可以借助“自举法”，根据每一个时间步的交互数据进行学习。简言之，就是将一个已有的预测值作为目标，用来更新当前预测值，其更新方式可由下式表示：

$$V(s_t) \leftarrow V(s_t) + \alpha(r_{t+1} + \gamma V_\pi(s_{t+1}) - V(s_t)) \tag{2-26}$$

其中，α 为学习率。该更新公式要求已知真实的 $V_\pi(s)$，但这正是所需要预测的。TD 学习实际是将现有的 $V(s_{t+1})$ 作为 $V_\pi(s_{t+1})$ 的一个近似值，将 $r_{t+1} + \gamma V(s_{t+1})$ 作为对 $V_\pi(s_t)$ 更精确的一个估计，从而进行更新；另外，由于只考虑了下一个状态的预测量，因此上面描述的 TD 学习又被称作单步 TD 方法，简称 TD(0)。

从直观上来说，尽管在目标中使用了一个预测量 $V(s_{t+1})$，但更新方程式包含的 r_{t+1} 和 s_{t+1} 是在真实环境中采样得到的，从而包含了真实环境的信息。因此，相对于原有的 $V(s_t)$，用采样信息计算出的 $r_{t+1} + \gamma V(s_{t+1})$ 可以作为一个当前较为精确的目标，用作对原有估计的更新。

TD(0)算法具体实现的伪代码如下，其中 $r_{t+1} + \gamma V(s_{t+1})$ 称为 TD 目标，$\delta_t = r_{t+1} + \gamma V(s_{t+1}) - V(s_t)$ 称为 TD 偏差。

算法 2.2 TD(0)算法

1：给定策略 π，初始状态分布 D_0，$V(s) = 0$，$\forall s \in \boldsymbol{S}$，学习率 α，$t = 0$

2：Loop

3：采样动作 $a_t \sim \pi(s_t)$，执行 a_t 后观察 r_t, s_{t+1}

4：根据(s_t, a_t, r_t, s_{t+1})更新 $V(s) \leftarrow V(s_t) + \alpha(r_t + \gamma V(s_{t+1}) - V(s_t))$

5：$t \leftarrow t + 1$

6：End Loop

不难发现，TD(0)算法的学习目标涉及单步的真实奖赏，称为“1-步回报”：$G_t^{(1)} = r_{t+1} + \gamma V(s_{t+1})$。

2.1.2.4 n 步时间差分学习方法

使用“1-步回报”作为估计目标，方差较小，但是存在偏差；而使用“无穷步回报”作为估计目标虽然是无偏的，但是方差较大。为了权衡估计目标的方差与偏差，可以让 TD 目标继续向后观测 n 步，得到 n-步观测，并用 n-步奖赏构造一个“n-步回报”用于学习，如图 2-6 所示。

定义“n-步回报”如下：

$$G_t^{(n)} = r_{t+1} + \gamma r_{t+2} + \cdots + \gamma^{n-1} r_{t+n} + \gamma^n V(s_{t+n}) \tag{2-27}$$

从而，n-步时间差分学习更新公式为：

$$V(s_t) \leftarrow V(s_t) + \alpha(G_t^{(n)} - V(s_t)) \tag{2-28}$$

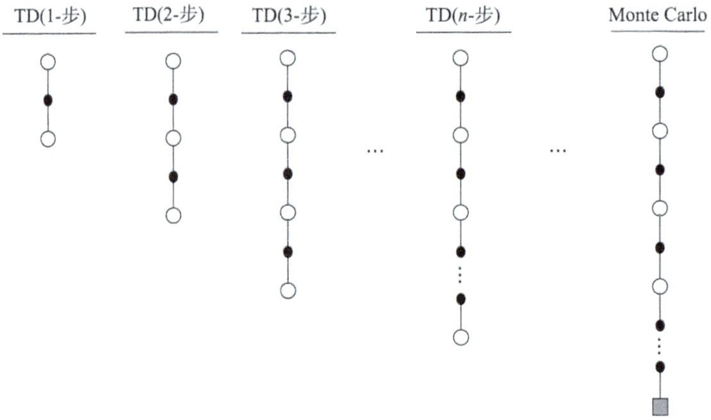

图 2-6　n-步观测示意图

对于 1-步回报，根据贝尔曼期望算子 $\mathcal{T}^{\pi}$ 的收缩性，可以计算出它的期望与真实 V_{π} 之间偏差的一个上界(注意有 $\mathcal{T}^{\pi}(V_{\pi})=V_{\pi}$，即 V_{π} 是 $\mathcal{T}^{\pi}$ 的一个不动点)：

$$\begin{aligned}\max_{s_t}\left|E[G_t^{(1)}]-V_{\pi}(s_t)\right| &= \max_{s_t}\left|E[r_{t+1}+\gamma V(s_{t+1})]-V_{\pi}(s_t)\right| \\ &= \max_{s_t}\left|[\mathcal{T}^{\pi}(V)](s_t)-V_{\pi}(s_t)\right| \\ &\leqslant \gamma\left\|V-V_{\pi}\right\|\end{aligned} \tag{2-29}$$

类似可得 n-步回报的期望与真实之间偏差的上界：

$$\begin{aligned}&\max_{s_t}\left|E[G_t^{(n)}]-V_{\pi}(s_t)\right| \\ &= \max_{s_t}\left|E[r_{t+1}+\gamma r_{t+2}+\cdots\gamma^{n}V(s_{t+n})]-V_{\pi}(s_t)\right| \\ &= \max_{s_t}\left|[\underbrace{\mathcal{T}^{\pi}\circ\cdots\circ\mathcal{T}^{\pi}}_{n}(V)](s_t)-V_{\pi}(s_t)\right| \\ &\leqslant \gamma^{n}\left\|V-V_{\pi}\right\|\end{aligned} \tag{2-30}$$

由此可见，n 越大，估计值和真实值之间的偏差上界越低；但是，随着 n 的增大，估计值的方差也会变大。

从上述分析可以清楚地看到，当 n 较小时，值估计偏差大，方差小；当 n 较大时，值估计偏差小，方差大。一个自然的想法是，对 n 不同的多种 n-步回报求平均，或许就可以在偏差和方差之间取得一个更好的平衡，例如对 2-步和 4-步回报求均值，得到 $\frac{1}{2}G^{(2)}+\frac{1}{2}G^{(4)}$，这一结果结合了来自 n-步回报的回报信息。那么，是否可以将所有步数的回报整合在一起呢？这就是将要介绍的“λ-回报”。

λ-回报 G_t^{λ} 将所有 n-步回报 G_t^{n} 整合在一起，对每一项使用权重 $(1-\lambda)\lambda^{n-1}$，即有：

$$G_t^{\lambda}=(1-\lambda)\sum_{n=1}^{\infty}\lambda^{n-1}G_t^{(n)} \tag{2-31}$$

其中，$0<\lambda<1$。注意到 $(1-\lambda)\sum_{n=1}^{\infty}\lambda^{n-1}=1$，即这样的权重分配保证权值和为 1。

而对于在 T 时刻终止的轨迹，有：

$$G_t^{\lambda}=(1-\lambda)\sum_{n=1}^{T-t-1}\lambda^{n-1}G_t^{(n)}+\lambda^{T-t-1}G_t^{(T-t)} \tag{2-32}$$

这一分配同样保证权值和为1。对于 n 比较大的 G_t^n，它对应的权重 $(1-\lambda)\lambda^{n-1}$ 比较低，这就很大程度降低了这些项对于整体方差的影响；同时，这些项的存在也继承了 n 较大时估计值更准确的优点。有了新定义的 G_t^λ，就可以得到 TD(λ)算法的更新公式：

$$V(s_t) \leftarrow V(s_t) + \alpha(G_t^\lambda - V(s_t)) \tag{2-33}$$

2.1.2.5 自适应动态规划

自适应动态规划(Adaptive Dynamic Programming，ADP)方法被视为一类先进的强化学习方法，包括 HDP(Heuristic Dynamic Programming)、DHP(Dual Heuristic Programming)、GDHP(Globalized Dual Heuristic Programming)以及 ADHDP(Action-Dependent HDP)、ADDHP、ADGDHP 等几种算法，由于 ADP 采用神经网络近似的学习方式，能够有效克服"维数灾难"问题，近年来发展迅速，故成为强化学习领域研究的热点。

ADP 算法大多采用了 Actor-Critic 框架，算法主要由三部分组成，即 Actor、Critic 和环境。Actor 用来近似最优控制策略，根据当前周围环境的状态采取相应的控制动作；Critic 用来评估控制策略产生的效果，并通过反馈信息指导 Actor 改进控制策略，通常 Critic 表示为价值函数的形式；环境一般指被控对象，其在控制动作的作用下发生状态转移，从当前状态转移到下一时刻的状态，同时给出当前控制动作的奖赏。

下面给出 ADP 算法的数学表示形式。

Critic 近似如式(2-8)所述的状态价值函数，由于价值函数需要保存每个状态或状态-动作对的回报估计值，当处理状态、动作维数较大，或状态、动作空间为连续的问题时，价值函数难以被精确估计，因此，通常采用参数化方法近似表示价值函数，可近似表示为：

$$\hat{V}(s) = \boldsymbol{\phi}^{\mathrm{T}}(s)\boldsymbol{\omega} \tag{2-34}$$

其中，$\hat{V}(s)$ 为近似状态价值函数；$\boldsymbol{\omega} \in R^n$ 为权值参数向量；$\boldsymbol{\phi} \in R^n$ 为基函数向量。每次经过动作选择后，Critic 通过如下的 TD 偏差评价当前控制动作的性能：

$$\delta_t = r_{t+1} + \gamma \hat{V}(s_{t+1}) - \hat{V}(s_t) \tag{2-35}$$

通常采用梯度下降法利用 TD 偏差来更新 Critic 的参数：

$$\boldsymbol{\omega}_{t+1} = \boldsymbol{\omega}_t + \alpha_c \delta_t \frac{\partial \hat{V}_t(s_t)}{\partial \boldsymbol{\omega}_t} = \boldsymbol{\omega}_t + \alpha_c \delta_t \boldsymbol{\phi}(s_t) \tag{2-36}$$

其中，α_c 为 Critic 的学习率，$\alpha_c > 0$。

Actor 部分用来逼近要求的最优控制策略，同样采用参数化方法来近似：

$$\hat{\pi}(s) = \boldsymbol{\phi}^{\mathrm{T}}(s)\boldsymbol{\theta} \tag{2-37}$$

其中，$\boldsymbol{\theta} \in R^m$ 为权值参数向量。值得说明的是，在 ADP 算法中的策略通常是确定性策略。考虑奖赏与状态和动作均相关，式(2-8)同样是参数化的策略 $\hat{\pi}$ 的函数，即权值参数向量 $\boldsymbol{\theta}$ 的函数。假设参数可微，价值函数对 $\boldsymbol{\theta}$ 的梯度可表示为：

$$\nabla \boldsymbol{V} = \frac{\partial V}{\partial \hat{\pi}} \frac{\partial \hat{\pi}}{\partial \boldsymbol{\theta}} \tag{2-38}$$

那么，利用最优化方法，可以得到价值函数的局部最优解。在每个时刻通过估计梯度 $\nabla \boldsymbol{V}$，可以使 Actor 的参数沿着梯度的方向进行更新。因此，Actor 权值参数的更新规则可以采用如下的随机梯度下降方法：

$$\boldsymbol{\theta}_{t+1}=\boldsymbol{\theta}_t+\alpha_a\nabla\boldsymbol{V}_t \tag{2-39}$$

其中，α_a 为 Actor 的学习率，$\alpha_a>0$。

根据上述 Actor 和 Critic 参数的更新方法，ADP 算法可以通过迭代的方式不断学习，最终收敛得到最优价值函数和最优控制策略。

2.2 基于价值函数的强化学习算法

2.2.1 Q 学习与 Sarsa 学习

Q 学习是最常用的价值函数强化学习算法之一，于 1989 年被 Watkins 首次提出[22]。该算法的主要思路是定义了状态-动作价值函数，即 Q 函数，将在线观测到的数据代入下式中对 Q 函数进行迭代学习，得到解析解：

$$\begin{cases}Q_{t+1}(s_t,a_t)=Q_t(s_t,a_t)+\alpha_t\delta_t\\ \delta_t=r_{t+1}+\gamma\max_{a'}Q_t(s_{t+1},a')-Q_t(s_t,a_t)\end{cases} \tag{2-40}$$

其中，t 是当前时刻；α_t 是学习率；δ_t 表示时间差分误差；a'是状态 s_{t+1} 下能够执行的动作。

Q 学习是一种异策略(off-policy)的学习算法。它使用一个行为策略来产生动作，根据该动作与环境交互所得到的下一个时刻状态以及奖赏，在下一时刻状态利用贪心策略来选择动作，并基于时间差分误差进行学习。

另一种与 Q 学习类似的算法是 Rummery 等[23]提出的 Sarsa 学习。Sarsa 学习是一种同策略(on-policy)的学习算法，它直接使用在线动作来更新 Q 函数，其时间差分误差定义为：

$$\delta_t=r_{t+1}+\gamma Q_t(s_{t+1},a_{t+1})-Q_t(s_t,a_t) \tag{2-41}$$

Sarsa 学习作为一种同策略的学习算法，与 Q 学习不同，是根据当前策略来产生下一时刻状态对应的动作，得到前后时间关系下的两组状态-动作对及相应奖赏。Sarsa 学习更新 Q 函数时需要用到(s,a,r,s',a')这五部分，它们构成了该算法的名字。在一定条件下，Q 学习和 Sarsa 学习可以在时间趋于无穷时得到最优控制策略。

2.2.2 深度 Q 网络(DQN)

2015 年，DeepMind 团队提出了深度 Q 网络(DQN)，DQN 创新性地将深度卷积神经网络和 Q 学习相结合，在雅达利视频游戏上超过了人类玩家水平，相关工作发表于 *Nature* 期刊[2]。通过经验回放和目标 Q 网络技术，DQN 增加了历史数据的利用率，有效解决了使用深度神经网络非线性函数逼近器带来的不稳定问题，极大提升了强化学习在高维输入任务中的适用性。此外，DQN 使用游戏的原始图像作为输入，不依赖于人工提取特征，是一种端到端的学习方式，其网络框架如图 2-7 所示。

DQN 使用相邻的四帧游戏画面作为当前时刻的状态，即价值函数网络的输入，经过三层卷积和两层全连接，输出当前状态下可选动作的状态动作值，实现了端到端的学习控制。DQN 采用卷积神经网络作为状态-动作价值函数逼近器，并且定期从经验回放池中采样历史数据更新网络参数，具体的更新过程为：

$$\boldsymbol{w}_{i+1}=\boldsymbol{w}_i+E_{(s,a,r,s')}\{[r+\gamma\max_{a'}Q(s',a';\boldsymbol{w}_i^-)-Q(s,a;\boldsymbol{w}_i)]\nabla_{wi}Q(s,a;\boldsymbol{w}_i)\} \tag{2-42}$$

其中,E 是求期望操作;r 是奖赏;S 是当前状态;S'是后继状态;a 是当前状态下的动作;a'是后继状态下的动作;γ 是折扣因子;$\boldsymbol{w}$ 是 Q 网络的参数;$\boldsymbol{w}^-$是目标 Q 网络的参数;i 是网络参数迭代次数。

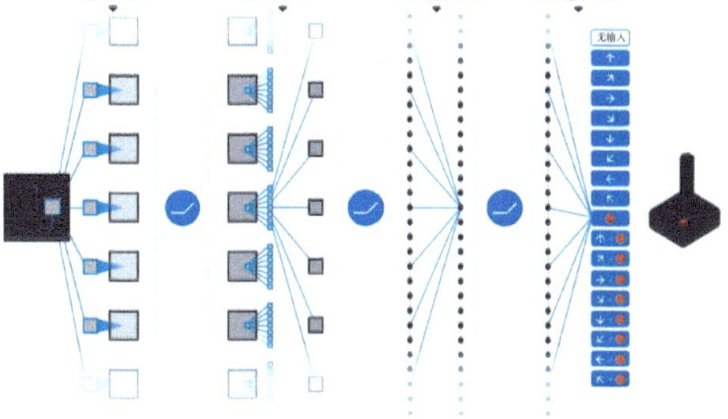

图 2-7 DQN 网络结构图[2]

2.2.3 深度 Q 网络改进算法

深度 Q 网络由于学习过程中固有的估计偏差,在数据规模较大的情况下会产生过估计问题。Van Hasselt 等[24]提出的双重深度 Q 网络(Double Deep Q Network,DDQN),其基本思想是通过使用两个价值函数网络将对状态-动作对的选择与评估分开,经验池中的每个经验都会随机分配给其中一个价值函数网络来进行更新,其中一个价值函数用来决定贪心策略,另一个用来确定其状态动作值,有效避免了过高估计,并且获取到了更加稳定有效的学习策略。Wang 等[25]受优势学习(Advantege Learning)的启发,提出一种适用于无模型强化学习的神经网络架构——竞争架构(Dueling Architecture),并以实验证明竞争架构的深度 Q 学习能够获取更好的评估策略。此外,深度 Q 网络使用的经验回放技术没有考虑历史数据的重要程度,而是以相同概率进行采样。Schaul 等[26]提出一种带优先级经验回放(Prioritized Experience Replay,PER)的深度 Q 网络,对经验进行优先顺序的处理,通过增加重要历史数据的采样概率来提高学习效果,同时也加快了学习进程。这些工作都在不同程度上改进了 DQN 的性能。此后,研究人员又陆续提出了一些 DQN 的重要扩展,继续完善 DQN 算法。彩虹(Rainbow)将各类 DQN 算法的优势集成在一体,于 2018 年在 Atari 平台 57 款游戏上取得了最优的性能,成为 DQN 算法的集大成者[27]。针对 Rainbow 算法计算成本较高的问题,谷歌研究人员通过添加和移除不同组件,在计算资源有限的条件下,于中小型环境下的小规模实验中得到与 Rainbow 算法一致的结果[28]。

2.3 基于策略梯度的强化学习算法

2.3.1 确定性策略梯度(DPG)

确定性策略梯度(Deterministic Policy Gradient,DPG)是使动作在特定状态下以概率 1 被执行,与之相对的随机性梯度策略算法使动作以某一概率被执行。Silver 等[29]提出了一种有效的确定性策略梯度估计方法。假设需要逼近的策略是 π_θ，而且该策略对参数 $\boldsymbol{\theta}$ 可导，则可定义目标函数为：

$$J(\pi_{\boldsymbol{\theta}}) = E[\sum_{t=1}^{\infty}\gamma^{t-1}r_t \mid s_0, \pi_{\boldsymbol{\theta}}] \tag{2-43}$$

相应状态-动作价值函数表示为：

$$Q^{\pi_{\boldsymbol{\theta}}}(s,a) = E[\sum_{k=1}^{\infty}\gamma^{k-1}r_{t+k} \mid s_t = s, a_t = a, \pi_{\boldsymbol{\theta}}] \tag{2-44}$$

假设从初始状态 s_0 开始依据策略 $\pi_{\boldsymbol{\theta}}$ 来选取动作的状态分布为：

$$d^{\pi_{\boldsymbol{\theta}}}(s) = \sum_{t=1}^{\infty}\gamma^t P(s_t = s \mid s_0, \pi_{\boldsymbol{\theta}}) \tag{2-45}$$

那么可以得到下面的策略梯度定理，对于任意的马尔可夫决策过程，均有：

$$\nabla_{\boldsymbol{\theta}} J(\pi_{\boldsymbol{\theta}}) = \sum_s d^{\pi_{\boldsymbol{\theta}}}(s) \sum_a \nabla_{\boldsymbol{\theta}} \pi_{\boldsymbol{\theta}}(s,a) Q^{\pi_{\boldsymbol{\theta}}}(s,a) \tag{2-46}$$

确定性策略梯度方法不用对动作求期望，而是通过确定性的方式对策略函数进行求导更新。

2.3.2 深度确定性策略梯度(DDPG)

目前大多数采用 Actor-Critic 框架的算法都采用了同策略的强化学习方法，这意味着无论使用何种策略进行学习，Critic 都需要根据当前 Actor 的输出作用于环境产生的奖赏才能学习。因此，同策略类型的 Actor-Critic 算法无法使用类似于经验回放的技术提升学习效率，也由此带来训练的不稳定和难以收敛的问题。Lillicrap 等[30]提出的深度确定性策略梯度算法(Deep Deterministic Policy Gradient，DDPG)，将 DQN 算法在离散控制任务上的成功经验应用到连续控制任务中。DDPG 是无模型、异策略的 Actor-Critic 算法，使用深度神经网络作为逼近器，将深度学习和确定性策略梯度算法有效地结合在一起。DDPG 源于确定性策略梯度算法 DPG，确定性策略记为 $\pi_{\boldsymbol{\theta}}(s)$，表示状态 s 和动作 a 在参数 $\boldsymbol{\theta}$ 的策略作用下得到从状态到动作的映射。由于确定性策略的梯度分布是有界的，随着迭代次数的增加，随机性策略梯度分布的方差会趋向于 0，进而得到确定性策略。将随机性与确定性策略梯度作比较，随机性策略梯度需要同时考虑状态和动作空间，然而确定性策略梯度只需要考虑状态空间，这使得确定性策略梯度算法的学习效率更高，尤其是在动作空间的维度较高时，该算法的优势更为明显。

DDPG 是在确定性策略梯度的基础上结合 Actor-Critic 算法扩展而来，该算法充分借鉴了 DQN 的成功经验，即经验回放技术和目标 Q 网络技术，将这两种技术成功移植到策略梯度的训练方法中。DDPG 中的 Actor 模型 $\pi_{\boldsymbol{\theta}}(s)$ 和 Critic 模型 $Q_{\boldsymbol{w}}(s,a)$ 都采用深度神经网络逼近，Critic 的参数更新方法和 DQN 类似，而 Actor 的参数更新则是通过确定性策略梯度算法完成：

$$E_{\pi'}\{\nabla_a Q_{\boldsymbol{w}}(s,a)\mid_{s=s_t, a=\pi_\theta(s_t)} \nabla_{\boldsymbol{\theta}} \pi_{\boldsymbol{\theta}}(s)\mid_{s=s_t}\} \tag{2-47}$$

其中，π' 为探索策略。DDPG 更新目标网络的方法相比 DQN 更加平滑，不同于 DQN 直接将训练网络权值复制到目标网络中，DDPG 则是采用类似惯性更新的思想对目标网络参数进行更新：

$$\begin{cases}\boldsymbol{\theta}^- = \tau\boldsymbol{\theta} + (1-\tau)\boldsymbol{\theta}^- \\ \boldsymbol{w}^- = \tau\boldsymbol{w} + (1-\tau)\boldsymbol{w}^-\end{cases} \tag{2-48}$$

智能体与环境交互过程中的探索策略 π' 是在确定性策略 $\pi_{\boldsymbol{\theta}}$ 的基础上添加噪声过程 N 所得，具体形式为 $\pi'(s)=\pi_{\boldsymbol{\theta}}(s)+N$，给输出动作增加少量随机噪声，可以在保证策略搜索稳定的前提下，增加对未知区域的探索，以避免陷入局部最优的情形。进一步地，Fujimoto 等[31]提出了双重延迟深度确定性策略梯度(Twin Delayed Deep Deterministic Policy Gradients, TD3)，沿用了 Double Q-learning 的思想，使用两个独立的价值函数网络来防止过估计问题，TD3 也逐渐成为一种常用的深度强化学习算法。

2.3.3 TRPO 及 PPO

基于策略的强化学习算法采取最大化状态价值的方式直接对当前的策略参数进行梯度更新，因此训练速度更快；但大多数的策略梯度算法难以选择合适的梯度更新步长，导致实际情况下策略的训练常处于振荡不收敛的状态。Schulman 等[32]提出信任域策略优化(Trust Region Policy Optimization, TRPO)算法，保证策略优化过程稳定提升，同时证明了期望回报呈单调性增长。TRPO 采用基于平均库尔贝克-莱布勒(Kullback-Leibler, KL)散度的启发式逼近器对 KL 散度的取值范围进行限制，替换此前的惩罚项因子，并在此基础上使用蒙特卡罗模拟的方法作用在目标函数和约束域上。TRPO 中策略 π 的更新公式如下：

$$\begin{cases}\max L_{\pi_{\boldsymbol{\theta}_{\text{old}}}}(\pi_{\boldsymbol{\theta}})\\ D_{\text{KL}}(\pi_{\boldsymbol{\theta}_{\text{old}}}\parallel\pi_{\boldsymbol{\theta}})\leqslant\delta\end{cases}\tag{2-49}$$

其中，策略 $\pi_{\boldsymbol{\theta}_{\text{old}}}$ 为优化前的策略函数；$D_{\text{KL}}(P,Q)$ 表示两个分布之间的平均 KL 散度；δ 为所设定的阈值。

TRPO 在每步的更新过程中必须满足 KL 散度的约束条件，一般通过线性搜索实现，其原因在于线性搜索方法可以在训练过程中避免产生较大更新步长，影响模型的训练稳定性。由于深度神经网络通常需要优化大量参数，TRPO 算法使用共轭梯度算法计算自然梯度方向，避免运算矩阵求逆的过程，使算法的应用复杂度降低。相较价值函数算法，传统策略梯度算法的实现和调参过程都比较复杂。Schulman 等[33]提出的近端策略优化(Proximal policy optimization, PPO)算法简化了实现过程和调参方法，而且性能上要优于现阶段其他策略梯度算法。PPO 算法主要使用随机梯度上升，对策略采用多步更新的方法，和 TRPO 一样以可信域算法为基础，使用策略梯度实现算法更新。与 TRPO 相比，PPO 只使用一阶优化算法，并对代理目标函数简单限定约束，实现过程更为简便，但表现的性能更优。

$$\begin{cases}\rho_t(\boldsymbol{\theta})=\dfrac{\pi_{\boldsymbol{\theta}}(a_t\mid s_t)}{\pi_{\boldsymbol{\theta}_{\text{old}}}(a_t\mid s_t)}\\ L(\boldsymbol{\theta})=E_t[\min(\rho_t(\boldsymbol{\theta})A_t,\text{clip}(\rho_t(\boldsymbol{\theta}),1-\epsilon,1+\epsilon)A_t]\end{cases}\tag{2-50}$$

其中，$\rho_t(\boldsymbol{\theta})$ 表示概率比值；$\text{clip}(x,a,b)$ 表示截断函数，将 x 截断在 a 和 b 之间；ϵ 表示约束程度；$A(s_t,a_t)=Q(s_t,a_t)-V(s_t)$ 表示优势函数。如图 2-8 所示，$\text{clip}(\rho_t(\boldsymbol{\theta}),1-\epsilon,1+\epsilon)$ 会把 $\rho_t(\boldsymbol{\theta})$ 的值限制在 $[1-\epsilon,1+\epsilon]$ 范围内：当优势函数 $A_t>0$ 时说明此时策略更好，要加大优化力度；但是当 $\rho_t(\boldsymbol{\theta})>1+\epsilon$ 时会将其截断为 $1+\epsilon$，其后最小化操作会选择 $(1+\epsilon)A_t$，防止其过度优化。当优势函数 $A_t<0$ 时说明此时策略更差，要减小其优化力度，即选择更小的 $\rho_t(\boldsymbol{\theta})$；当 $\rho_t(\boldsymbol{\theta})<1-\epsilon$ 时虽然会将其截断到 $1-\epsilon$，最小化操作会选择更小的 $(1-\epsilon)A_t$。即在任何情况下，clip 函数都可以防止优化过激。

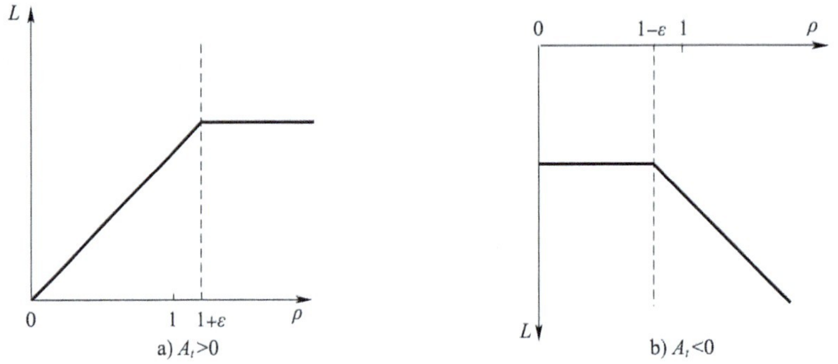

图 2-8 PPO 中的代理目标函数[33]

CHAPTER 3

第3章 智能驾驶的自适应巡航控制

汽车先进辅助驾驶系统如自适应巡航控制系统、前向碰撞预警、紧急自动制动踏板和车道偏离报警系统在提高汽车行驶的安全性和舒适性方面发挥着重要作用。其中,车辆的自适应巡航控制(Adaptive Cruise Control, ACC)系统是在传统的定速巡航控制基础上,通过车载传感器实时测量本车与前车的距离和相对速度,计算出合适的加速踏板或制动踏板控制量,并进行自动调节,实现本车的车速控制或车距控制,在保证安全性的前提下,提升车辆驾驶的舒适性、节能性,目前该系统已在众多量产车型上安装。

本章首先介绍自适应巡航控制系统的组成和工作原理,描述了硬件在环的 dSPACE 汽车驾驶仿真系统以及基于 dSPACE 汽车驾驶仿真系统的自适应巡航控制系统控制器设计的基本方法。在此基础之上,介绍基于监督式自适应动态规划的自适应巡航控制器设计方法和仿真实验。最后,介绍考虑驾驶人习惯的无模型强化学习方法及其在自适应巡航硬件在环控制器设计中的应用。

3.1 自适应巡航控制系统

3.1.1 自适应巡航控制系统介绍

ACC 系统的结构如图 3-1 所示。一般来说,ACC 系统可以分为四个主要部分:信号采集部分,用于采集车辆信号,包括本车与前车的速度、相对距离、ACC 开关信号、驾驶人设定的参数等;ACC 控制器部分,为整个 ACC 系统的核心部分,通过采集到的相对距离、相对速度、ACC 开关等信号,确定车辆的控制器输出;执行机构部分,主要由发动机控制模块和制动控制模块组成,用于输出相应的加速踏板开度或制动踏板压力来控制车辆;人机交互部分,用于显示车辆状态、设定 ACC 开关、设置驾驶人期望的速度或时距,以及紧急情况下的报警等。

在实际驾驶场景中,驾驶人对车辆拥有最终的控制权。ACC 系统的运行原理如下。如果行车过程中驾驶人打开 ACC 系统开关,并设定速度和时距等相关参数,则切换控制模块会激活启动 ACC 系统。若距离传感器检测不到前车,ACC 系统根据驾驶人自设的行驶速度, 采用速度控制模式,通过控制发动机加速踏板开度来保持定速行驶,类似于 CC(巡航控制)系统;在检测到有前车的情况下,ACC 系统能够计算并估计本车能否以当前速度继续行驶,如不能,ACC 系统将计算出实现车速或安全车距所需的加速踏板和制动踏板的控制量,通过控制加速踏板和制动踏板实现车辆的车速和车距控制。

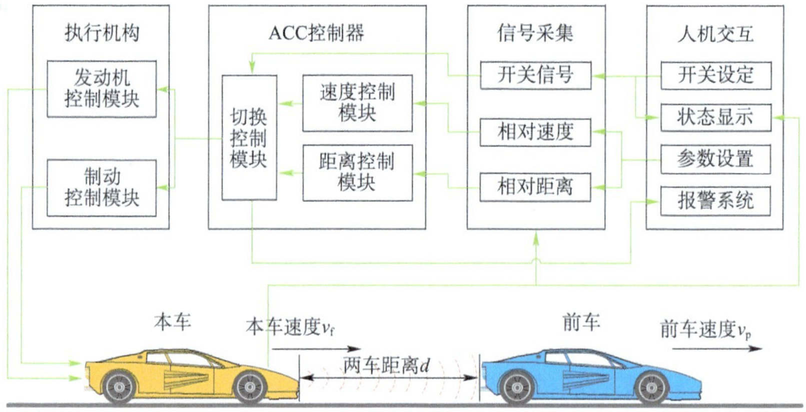

图 3-1　ACC 系统结构图

目前所提出的控制结构大致分为直接式和分层式两种。直接式采用集中控制器,控制器的输入为传感器采集的数据,输出为加速踏板和制动踏板的控制量,通过调节实现车速控制或车距控制。分层式则将控制任务分两层实现,如图 3-2 所示。上层控制器根据本车周围的环境信息、计算出期望的加速度,以实现期望的车速控制或车距控制。下层控制器以上层控制器输出的加速度为期望信号,通常通过建立汽车动力学的逆模型,实现到加速踏板和制动踏板的映射,进行调节完成对期望加速度的闭环控制。上层控制器着重于描述不同环境影响下的驾驶人特性,成为研究关注的重点。本节也主要围绕上层控制器的设计方法展开,上层控制器性能的优劣对整个 ACC 系统的控制性能有决定性作用,后续将介绍如何利用强化学习理论和方法实现加速度的最优自适应控制器设计。

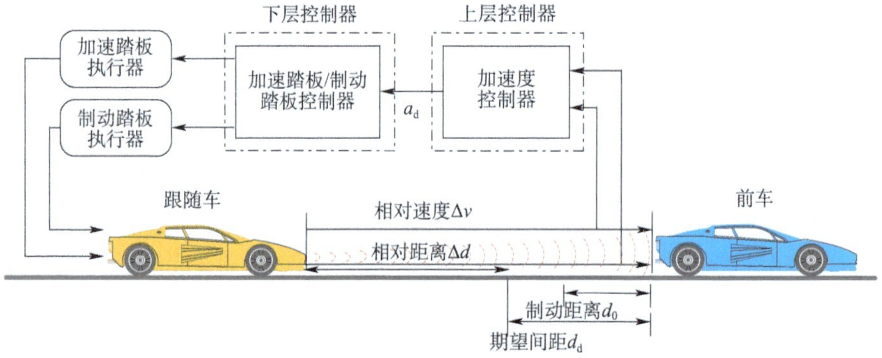

图 3-2　ACC 分层式控制框架

3.1.2　分层式 ACC 系统设计

本小节给出了分层式 ACC 系统的基本设计方法。

3.1.2.1　上层控制器

如图 3-2 所示,上层控制整合由传感器检测到的本车速度 v_h、前车速度 v_p、两车间距 d,来产生期望的加速度 a_d。相对速度 Δv 定义为:

$$\Delta v = v_h - v_p \tag{3-1}$$

相对距离 Δd 定义为:

$$\Delta d = d - d_{\mathrm{d}} \tag{3-2}$$

期望间距 d_{d} 定义为：

$$d_{\mathrm{d}} = d_0 v_{\mathrm{p}} \cdot \tau \tag{3-3}$$

其中，τ 为车头时距（headway time）。多数汽车厂商使用常数车头时距 τ，范围一般在1～2.3之间[34]。这个时间常数随驾驶人的习惯和偏好而不同，被视为区分驾驶人类型的重要指标。d_0 为车辆静止时需要保持的最小距离，即制动距离。本节中 d_0 定义为：

$$d_0 = \frac{\Delta v}{2a_0} \tag{3-4}$$

其中，a_0 为常数最小减速度。由式（3-3）可知，驾驶人行为可通过分析驾驶人数据进行分类，见表3-1[35]。

驾驶人驾驶行为分类　　表3-1

驾　驶　人	车头时距（s）	制动间距（m）
驾驶人1	0.67	2.25
驾驶人2	1.25	4.30
驾驶人3	1.70	1.64

驾驶人的稳态跟踪定义为较小相对速度的跟随情形。在本节中，采用碰撞时间（Time-To-Collision，TTC）的倒数（TTC^{-1}）来评估这种情形。TTC是在前向碰撞预警系统中较为熟知的参数，定义为：

$$\mathrm{TTC} = \frac{d}{\Delta v} \tag{3-5}$$

驾驶人趋于以接近0的相对速度和常数间距来跟随前车，因此，TTC^{-1}值越接近于0，意味着越稳定。若 TTC^{-1}值为正，表明本车开得太快，太接近前车；而若 TTC^{-1}为负，则表明本车需要加速追赶前车。

上层控制器通过输入状态向量（Δv，Δd）来产生合适的加速度，上层控制器性能的好坏直接影响下层控制。因此，上层控制器的设计是整个ACC系统的关键。

3.1.2.2　下层控制器

下层控制器基于期望的纵向加速度，在假设没有侧滑的条件下，通过计算所需的车轴转矩来计算要求的加速踏板开度或制动踏板压力。车轴转矩通过如下定义的车辆的纵向运动学方程来计算。为简化描述，本节所需的变量定义均在表3-2中列出。

车辆纵向运动学方程主要符号对照表　　表3-2

符　　号	物理意义	单　　位	值
m	汽车质量	kg	1420
A	车辆运动方向上投影面积	m^2	2.0
$A_{\mathrm{BrakeDisc}}$	制动摩擦片摩擦面积	m^2	0.0022
a_{d}	期望加速度	$\mathrm{m/s}^2$	—
c_{TrmEFf}	传动效率	—	0.91

续上表

符　号	物理意义	单　位	值
c_x	气动阻力系数	—	0.37
F_{Air}	气动阻力	N	—
F_{Roll}	滚动阻力	N	—
F_{Slope}	路面坡度阻力	N	—
F_x	地面纵向牵引力	N	—
f_R	轮胎滚动阻力系数	—	0.0016
g	重力加速度	m/s^2	9.81
i_s	路面坡度	%	0
$i_{TrnTotal}$	总传动比	—	—
i_{Trn}	传动比	—	—
$k_{BrakeDisc}$	制动摩擦片因子	m^3	—
n_{Engine}	发动机转速	r/min	—
p_{acc}	加速踏板开度	%	—
p_{Brake}	期望制动踏板压力	bar	—
R_{Drive}	最终传动比(差)	—	3.0
$r_{BrakeDisc}$	制动摩擦片半径	m	0.12
r_{Tire}	轮胎半径	m	0.31
T_{Tire}	车轴所需转矩	N·m	—
T_{Engine}	发动机系统所需转矩	N·m	—
$T_{FricEng}$	发动机摩擦转矩	N·m	—
$T_{FricEff}$	发动机有效摩擦转矩	N·m	—
T_{Brake}	制动踏板系统所需转矩	N·m	—
ρ	空气质量密度	kg/m^3	1.293
$\mu_{BrakeDisc}$	制动摩擦片摩擦系数	—	0.35

$$ma_d = F_x - F_{Air} - F_{Roll} - F_{Slope} \tag{3-6}$$

其中，空气阻力 F_{Air} 为：

$$F_{Air} = c_x A \frac{\rho}{2} v_f^2 \tag{3-7}$$

滚动阻力 F_{Roll} 定义为：

$$F_{Roll} = mg f_R \cdot \tanh(v_h) \tag{3-8}$$

路面坡度阻力 F_{Slope} 表示为：

$$F_{Slope} = mg \cdot \sin(\arctan(i_s)) \tag{3-9}$$

要求的车轴转矩可由式(3-6)～式(3-9)来计算：

$$T_{Tire} = r_{Tire} F_x \tag{3-10}$$

发动机转矩可以通过利用车轴转矩和总传动比 i_{TrmTotal}来计算，总传动比定义为：

$$i_{\text{TrmTotal}} = c_{\text{TrmEff}} \cdot R_{\text{Drive}} \cdot i_{\text{Trm}} \tag{3-11}$$

那么，发动机转矩为：

$$T_{\text{Engine}} = \frac{T_{\text{Tire}}}{i_{\text{TrmTotal}}} \tag{3-12}$$

接下来，可以利用发动机逆向特性，通过查表来计算加速踏板开度，如图 3-3 所示。发动机逆向特性表的输入为发动机转矩和转速、输出为加速踏板开度的函数。

$$p_{\text{acc}} = f(n_{\text{Engine}}, T_{\text{Engine}}) \tag{3-13}$$

当发动机制动不足以达到期望的加速度设定时，需要使用制动踏板转矩。即发动机制动踏板转矩不足以产生所需的减速度时，需要驾驶人踩制动踏板以产生制动踏板系统转矩。发动机摩擦转矩定义为：

$$T_{\text{FricEff}} = i_{\text{TrmToatal}} \cdot T_{\text{FricEng}} \tag{3-14}$$

那么，如果 $T_{\text{FricEff}} \leqslant T_{\text{Tire}}$，则制动踏板系统所需的转矩为：

$$T_{\text{brake}} = -T_{\text{FricEff}} + T_{\text{Tire}} \tag{3-15}$$

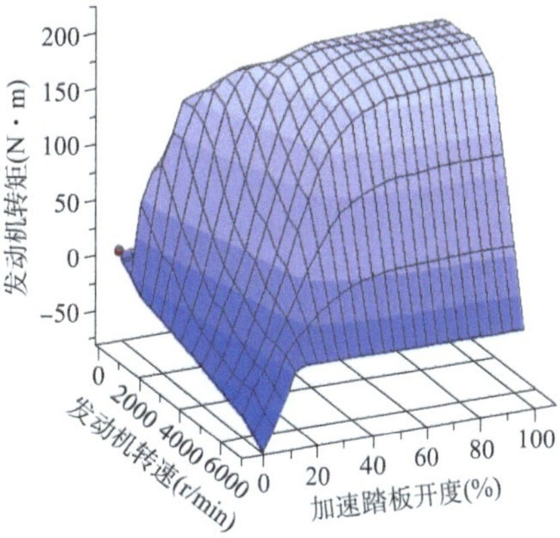

图 3-3　发动机逆向特性

期望的制动踏板压力将在液压制动系统中形成车辆的减速度。为了计算额外的制动踏板压力，需要利用制动摩擦片逆模型。期望的制动踏板压力 p_{Brake}与制动踏板转矩 T_{Brake}成比例，可由下式计算：

$$p_{\text{Brake}} = \frac{T_{\text{Brake}}}{k_{\text{BrakeDisc}}} \tag{3-16}$$

其中：

$$k_{\text{BrakeDisc}} = 2\mu_{\text{BrakeDiss}} r_{\text{BrakeDiss}} A_{\text{brakeDisc}} \tag{3-17}$$

制动摩擦片因子 $k_{\text{BrakeDisc}}$是由制动摩擦片的几何参数计算得到的，可以从制动摩擦片模型中获得。

通过上述下层控制器计算得到的加速踏板开度和制动踏板压力，可由发动机和制动踏板执行机构作用于车辆。

3.1.3　dSPACE 汽车驾驶仿真系统

dSPACE[36]仿真系统是由德国 dSPACE 公司研发的一款基于 MATLAB/Simulink 的控制系统开发及半实物仿真的软硬件平台。dSPACE 仿真系统具有实时性强、可靠性高、扩充性高等优点，在汽车工业、航空航天工业、医学工程、学术研究等领域得到了广泛的应用，目前已经成为进行快速控制原型验证和半实物仿真的重要实时平台。dSPACE 汽车驾驶仿真系统中提供了完善的汽车仿真模型(Automotive Simulation Models，ASM)，可用于汽车动态行为的实时仿真。dSPACE 汽车驾驶仿真系统构建了较为精确的汽车物理模型和具有道路、驾驶策略、开闭环驾驶人的环境，常被用于在虚拟环境中评价自动驾驶辅助系统功能。

dSPACE 汽车驾驶仿真系统的主要优势有：

(1)可用于在虚拟环境中对自动驾驶辅助系统的相关算法进行测试，从而避免了在真实交通条件下对车辆带来的风险；

(2)与线性运动学模型相比，dSPACE 汽车驾驶仿真系统提供了较为精确的车辆物理模型，包括发动机、传动系统、车辆动力学、路面环境等，通过 dSPACE 汽车驾驶仿真系统进行 ACC 测试更接近于真实的车辆控制；

(3)在 dSPACE 汽车驾驶仿真系统中，所有的 Simulink 模块都是可视化的，更容易用来对算法进行设计和修改，并且所有的参数都可以实时修改；

(4)道路和驾驶场景的环境可以很容易地利用可视化的工具直接创建，并有清晰的可视化预览，如图 3-4 所示。

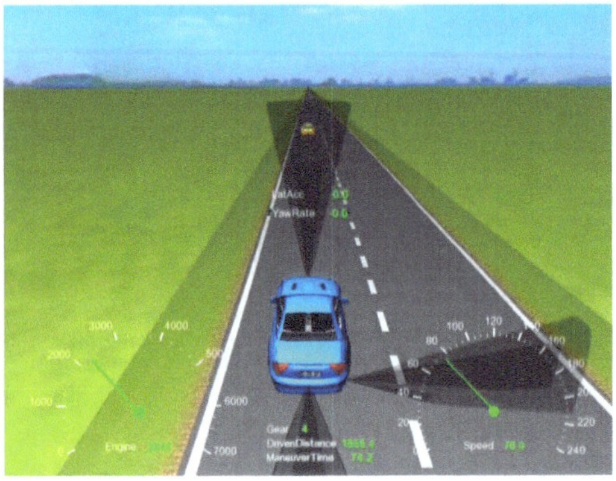

图 3-4　dSPACE 汽车驾驶仿真系统 3D 驾驶环境模拟

3.1.4　基于 dSPACE 的驾驶人 + 硬件在环 ACC 仿真测试平台

本小节采用 dSAPCE 仿真平台。dSPACE 是一套集模型、软件与硬件于一体的硬件在环仿真系统，如图 3-5 所示。它由通用计算机和实时仿真器组成，两者通过光纤进行通信。

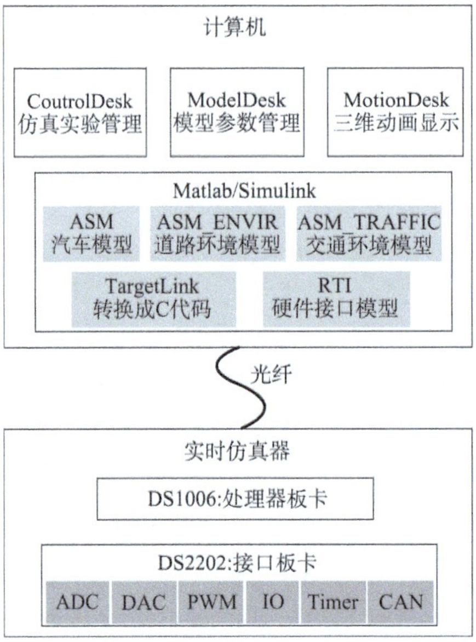

图 3-5　dSPACE 硬件在环仿真系统结构图

硬件在环仿真是在实时仿真器中运行软件模型来模拟被控对象的运行状态，通过通信接口将状态发送到真实控制器，并接收控制量，对控制器进行在环的、全方位的测试和分析，如图 3-6 所示。使用硬件在环仿真的方式对控制器进行测试，可重复性好，可以有效减少实车道路测试、缩短开发时间和降低成本，同时提高控制软件质量，已经成为汽车控制单元开发中重要环节。日本一家大型汽车制造商指出，硬件在环仿真测试可以发现电子控制单元

90%的错误,而且几乎所有的逻辑错误都能在校准阶段发现。因此,硬件在环仿真测试成为汽车辅助驾驶系统早期开发和测试的一种有效手段。

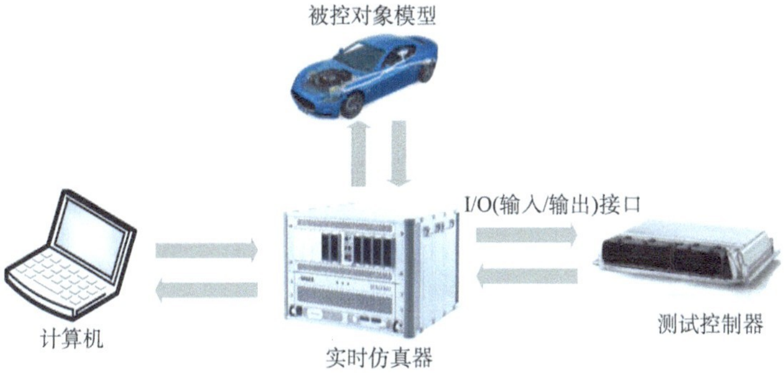

图 3-6　汽车硬件在环仿真原理图

下面以 dSPACE 实时仿真系统提供的汽车模型、仿真软件和硬件为基础,使用游戏转向盘作为驾驶人输入设备,并使用飞思卡尔微处理器构建自适应巡航控制器,可以搭建驾驶人在环和硬件在环一体化的汽车 ACC 仿真和测试平台,用于自适应巡航控制系统的早期开发和测试。

3.1.4.1　计算机

计算机是仿真系统与用户交互的接口,用于实验中仿真模型的构建和编译、模型参数设置以及运行数据的保存和分析。为实现这些功能,需要运行 Matlab/Simulink、ControlDesk、ModelDesk、MotionDesk 等软件。

(1)Matlab/Simulink:dSPACE 的汽车仿真模型主要基于 Matlab/Simulink 进行开发,主要有 ASM(Automative Simulation Models)、ASM_ENVIR、RTI(Real Time Interface)和 ASM_TRAFFIC 等库包,可以与 Matlab/Simulink 自带模型无缝对接。其中,ASM 库包含有发动机、液力变矩器、变速器、离合器、轮胎和悬挂装置等常见汽车零部件的动力学模型,可以用于搭建完整的汽车仿真模型。ASM_ENVIR 库包含道路和驾驶人仿真模型;ASM_TRAFFIC 库包用于构建交通环境模型。利用以上的库包可以在 Matlab/Simulink 环境中搭建完整的汽车整车系统、道路和交通环境,模拟汽车真实的行驶状况。RTI 则提供与 dSPACE 硬件接口相对应的 Simulink 模型,可实现单个或多个处理器的协同运行,为模型与外界交互提供 I/O(输入/输出)接口。TargetLink 负责将模型编译为在实时仿真器中运行的代码。

(2)ModelDesk:Matlab/Simulink 中的汽车模型由众多的汽车零部件构成,另外还有道路、驾驶人与交通环境等,这些模型会涉及大量参数,实验过程中需要根据不同的要求对参数进行调整和修改。ModelDesk 软件则为参数的管理和修改提供了可视化的界面,方便用户对参数的理解和管理。它可以图形化地设计不同结构的道路环境、道路结构,如路面摩擦系数坡度和路标等基础设施等,并设计各种不同行驶轨迹的车辆与行人等虚拟交通场景。

(3)MotionDesk:软件将模型的运行状态映射到三维虚拟世界,以动画的方式呈现,可以从不同的视角进行观测系统运行状态,并可以对动画数据进行记录,方便结果的比较和分析。

(4)ControlDesk:软件负责通用计算机与仿真器之间的通信,向实时仿真器中下载编译代码,并管理代码的运行状态,读取运行数据并使用仪表的方式显示,提供数据实时记录与分析等功能。

3.1.4.2　实时仿真器

实时仿真器由处理器板卡和接口板卡组成。其中处理器板卡型号为 DS1006，核心为四核 64 位的服务器级别的 AMD Opteron 处理器，运行速度为 2.8GHz，每个核心拥有 512kB 的 L2 缓存，共享 6MB 的 L3 缓存，并搭载 1.5GB 的运行内存，拥有强大的计算能力和存储能力，保证大规模、复杂仿真模型运行的实时性。

接口板卡型号为 DS2202，专门为汽车的硬件在环仿真而定制，可以匹配汽车电子系统中通用的 12V、24V 和 48V 电压信号，带有 16 路 14 位的高速模数转换器（ADC）、20 路 12 位的数模转换器（DAC）、16 路数字输入输出端口（I/O）、24 路脉宽调制信号（PWM）输入和 9 路脉宽调制信号输出，支持 UART 串口通信和 CAN2.0B 总线协议，提供多种方式的信号采集、调理输出和转接等功能。多种类型的信号等输入和输出，可满足不同类型控制器的测试需求。

3.1.4.3　硬件在环仿真测试

硬件在环仿真部分由图 3-7 所示的控制器、仿真器和计算机等组成，仿真器运行仿真模型，将运行状态通过通信接口方式发送给控制器，经过控制器计算得到控制量发送回仿真器，在计算机端对模型的运行数据进行显示、记录和分析。以此实现对控制器内在逻辑、控制性能的测试与分析。图 3-7a）为硬件在环仿真测试原理图，汽车模型运行在 DS1006 处理板卡上，通过 DS2202 接口板卡将模型运行状态输出，并接收嵌入式控制器端的控制信号，调整汽车模型运行状态，实现整个控制过程。

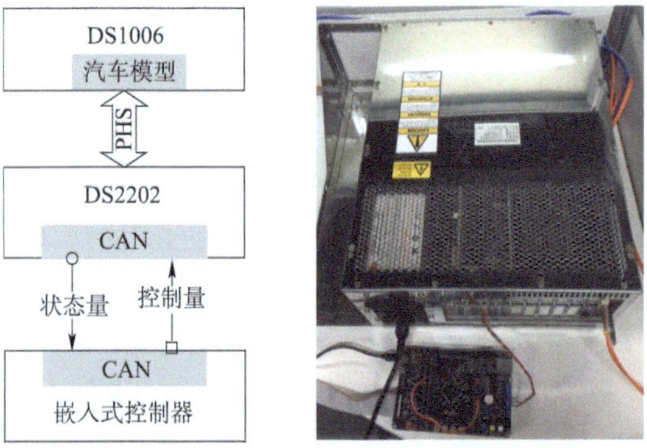

a)原理图　　b)实物图

图 3-7　硬件在环仿真测试

关于嵌入式控制器与 DS2202 之间信号交互，选择标准的控制器局域网络（Controller Area Network，CAN）总线协议进行通信。在仿真测试中可以更加真实的模拟汽车控制系统，也便于测试后期控制器直接接入实车通信总线。

嵌入式控制器选择汽车电子中广泛使用的飞思卡尔公司的 Kinetis K64 微控制器，这是一颗基于 32 位 ARM Cortex-M4 的低功耗微控制器，运行主频可达 120MHz，内部集成了数字处理器（Digital Signal Processing，DSP）和浮点数计算单元（Float Point Unit，FPU），拥有快速计算能力，满足自适应巡航控制器的计算需求。另外，该控制器外设集成了两路 CAN 2.0B 通信接口，满足与接口板卡信号交互的需要。由以上硬件所构成硬件在环仿真系统如图 3-7b）所示。

3.1.4.4 驾驶人在环仿真

驾驶人在环仿真部分由数据采集设备、实时仿真设备、计算机和三维显示屏等组成。其中，数据采集设备含有转向盘、加速踏板和制动踏板，用于采集驾驶人动作数据。仿真设备使用 dSPACE 硬件仿真系统，实时计算汽车模型与环境模型的运行状态，并发送给计算机。由计算机负责对当前的运行状态进行记录与分析，并根据汽车运行状态，构建汽车在道路中运行的三维动画数据，多屏显示输出，使得虚拟驾驶环境更加接近实际道路行车。

图 3-8 是实际搭建的驾驶人在环仿真测试平台，左右显示器分别为虚拟交通场景和汽车当前运行状态。其中选择赛钛客(Saitek R660 GT)力反馈转向盘作为驾驶人输入设备，通过 USB(Universal Serial Bus，通用串行总线)接口与计算机相连，计算机采集驾驶人数据并发送到仿真设备。转向盘的三个转动轴分别作为汽车转向盘、加速踏板和制动踏板的输入量；转向盘上的四个按钮依次定义为 ACC_ON、ACC_CANCEL、ACC_OFF、ACC_SPEED_SET，分别对应自适应巡航控制系统的开启、取消、关闭和巡航速度的设定功能；左、右两个拨片分别对应设定速度的提升和降低，可以将巡航速度提高一档或是降低一档。

图 3-8 驾驶人＋硬件在环仿真测试平台实物图

通过以上平台的搭建，可以实现对汽车的运行状态的模拟、显示和记录，并可以由外接微控制器控制。将设计的智能巡航控制算法下载到微控制器中，在仿真平台上构建虚拟的道路交通环境，实现对自适应巡航算法在仿真环境下的硬件在环测试，分析控制器的性能。

3.2 基于监督式自适应动态规划的自适应巡航控制

3.2.1 监督式自适应动态规划

由于强化学习方法具有通过试错学习的特性，因此传统的强化学习方法通常需要较长的训练时间学习到最优控制策略，收敛速度较慢，这种低效性不能满足实时控制的要求。此外，在实际系统上长时间的试错学习可能会对系统本身造成不可预知的损害。因此，如何提高强化学习方法的效率，越来越受到科研人员的关注。监督式自适应动态规划方法能够整合监督学习和强化学习的优势，可以看作是对强化学习的有效补充。

本节介绍监督式自适应动态规划（Supervised Adaptive Dynamic Programming，SADP）方法。采用一种动作相关的 Critic 神经网络，即动作值作为网络的输入，首先通过导师（Supervisor）训练 Actor 神经网络，获得一个基本的控制策略，将网络的输出附加一定的噪声作为探索，以期获得更好的控制性能。并且，Actor 网络的参数通过值函数与最终目标的误差来进行更新，证明了 Actor 和 Critic 神经网络的权值估计误差是一致最终有界（Uniformly Ultimately Bounded，UUB）的，由此保证了所提出的 SADP 算法的稳定性。最终，利用 SADP 方法解决了车辆的 ACC 问题，在 dSPACE 汽车驾驶仿真系统上设计了几种车辆典型驾驶场景，通过仿真实验验证了所提出方法的有效性。进一步地，通过改变车辆行驶路面的摩擦系数，测试了所设计的 ACC 系统在车辆行驶环境变化时的自适应能力和鲁棒性。

（1）学习算法。SADP 方法的结构如图 3-9 所示，主要分为四个部分，即 Actor、Critic、导师和环境。Actor 用来输出控制动作，导师采用一个标称控制器来训练 Actor 以获得初始可行的控制策略。环境响应控制动作并从当前状态转移到下一状态。Critic 对控制动作作出评价，并更新 Actor 的参数以改进控制策略。下面分别详细介绍这四个部分的功能和 SADP 算法的实现。

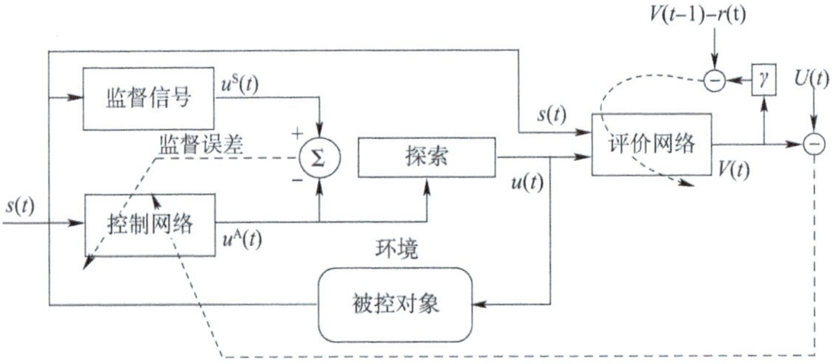

图 3-9　SADP 学习框架

（2）被控对象。环境即被控对象，通过对控制输入的响应进行状态转移，从当前状态 $s(t)$ 转移到下一时刻的状态 $s(t+1)$。同时，环境产生奖赏值 $r(t)$ 作为对当前系统状态的评估。

对 ACC 问题来说，定义系统状态为相对速度 $\Delta v(t)$ 和相对距离 $\Delta d(t)$，即 $s(t)=[\Delta v(t),\Delta d(t)]$。控制输入定义为本车的期望加速度 $a_d(t)$，即 $u(t)=a_d(t)$。在仿真训练过程中，可定义如下的状态转移方程作为被控对象：

$$\begin{cases} v_h(t+1)=v_h(t)+a_d(t)\cdot\Delta t \\ d_h(\Delta t)=v_h(t)\cdot\Delta t+\dfrac{1}{2}a_d(t)\Delta t^2 \\ d_p(\Delta t)=[v_p(t)+v_p(t+1)]\cdot\Delta t/2 \\ \Delta v(t+1)=v_h(t+1)-v_p(t+1) \\ \Delta d(t+1)=\Delta d(t)-[d_h(\Delta t)-d_p(\Delta t)] \end{cases} \tag{3-18}$$

其中，Δt 为采样时间；$d_h(\Delta t)$ 和 $d_p(\Delta t)$ 表示本车和前车在采样时间内的行驶距离。由式(3-18) 可知，如果要计算下一时刻的状态 $s(t+1)$，必须知道前车的速度 $v_p(t+1)$或加速度。

应当指出的是，在本小节所提出的 SADP 算法实现中，并不需要任何关于系统结构的信息，只需要观测系统的状态数据。因此，SADP 算法是一种基于数据的学习方法，上述状态转移方程并非必须采用的，在实际过程中，被控对象仅提供状态转移信息即可，无须对系统进行建模。

（3）Actor 网络。Actor 的输入为系统状态 $s(t)$，输出控制动作 $u^{A}(t)$ 来近似最优控制策略。Actor 可由神经网络等参数化的方法来实现，在本小节中，采用仅含一个隐含层的前馈神经网络来实现 Actor。

Actor 的输出表示为：

$$u^{A}(t)=\boldsymbol{w}_{a}^{T}(t)\boldsymbol{\sigma}[\boldsymbol{v}_{a}^{T}(t)\boldsymbol{X}_{a}(t)]=\boldsymbol{w}_{a}^{T}(t)\boldsymbol{\sigma}_{a}(t) \tag{3-19}$$

其中，$\boldsymbol{X}_{a}(t)=[s_{1}(t),s_{2}(t),\cdots s_{n}(t)]$ 为 Actor 的输入向量；$\boldsymbol{v}_{a}(t)$ 是输入层到隐含层的权值矩阵；$\boldsymbol{w}_{a}(t)$ 是隐含层到输出层的权值矩阵。Actor 网络的激活函数为 $\sigma(\cdot)$，本小节选择如下的双曲正切函数作为激活函数：

$$\sigma(z)=\frac{e^{z}-e^{-z}}{e^{z}+e^{-z}} \tag{3-20}$$

为书写方便，隐含层激活函数向量 $\boldsymbol{\sigma}[\boldsymbol{v}_{a}^{T}(t)\boldsymbol{X}_{a}(t)]$ 可写为 $\boldsymbol{\sigma}_{a}(t)$，下同。Actor 网络的权值参数更新将在下面给出。

（4）Critic 网络。Critic 通过计算如下定义的累积回报值来评价当前控制动作：

$$G(t)=\sum_{k=0}^{T}\gamma^{k}r(t+k+1) \tag{3-21}$$

其中，γ 为折扣因子，$0<\gamma<1$；T 为最终时刻。应当注意的是，未来时刻的回报值是无法提前计算的，因此本节采用仅有一个隐含层的前馈神经网络来近似式（3-21）中的 $G(t)$。

Critic 输出 $V(t)$ 作为 $G(t)$ 的近似：

$$V(t)=\boldsymbol{w}_{c}^{T}(t)\boldsymbol{\sigma}[\boldsymbol{v}_{c}^{T}(t)\boldsymbol{X}_{c}(t)]=\boldsymbol{w}_{c}^{T}(t)\boldsymbol{\sigma}_{c}(t) \tag{3-22}$$

其中，$\boldsymbol{X}_{c}(t)=[\boldsymbol{X}_{a}(t),u(t)]$ 为 Critic 网络的输入向量；$\boldsymbol{v}_{c}(t)$ 为输入层到隐含层的权值矩阵；$\boldsymbol{w}_{c}(t)$ 为隐含层到输出层的权值矩阵；激活函数 $\sigma(\cdot)$ 具有式（3-20）所示的形式。

（5）监督学习。导师通过一个标称控制器产生容许的控制动作 $u^{S}(t)$ 来对 Actor 进行预训练。也就是说，导师提前指导 Actor 来确保 Actor 不会输出不可行的动作，至少不会比标称控制差，这实际上是一个监督学习的过程。通过利用导师提供的监督信息，Actor 可在小范围内进行探索，以期获得更好的控制动作。

为进行监督学习过程，对每个观测状态，要求 Actor 网络最小化如下定义的监督误差：

$$E_{s}(t)=\frac{1}{2}[u^{A}(t)-u^{S}(t)]^{2} \tag{3-23}$$

为了更新 Actor 的权值参数，采用如下定义的梯度下降的方式：

$$\begin{aligned}\Delta\boldsymbol{w}_{a}^{s}(t)&=-\alpha\frac{\partial E_{s}(t)}{\partial\boldsymbol{w}_{a}(t)}\\&=-\alpha\boldsymbol{\sigma}_{a}(t)[\boldsymbol{w}_{a}^{T}(t)\boldsymbol{\sigma}_{a}(t)-u^{S}(t)]^{T}\end{aligned} \tag{3-24}$$

$$\boldsymbol{w}_{a}(t+1)=\boldsymbol{w}_{a}(t)+\Delta\boldsymbol{w}_{a}^{S}(t) \tag{3-25}$$

其中，α 为 Actor 神经网络的学习率。相应地，$\boldsymbol{v}_{a}(t)$ 也可以由式（3-24）和式（3-25）所示的形式来更新，下同。

当误差减小到一个确定的精度 ε 时，监督学习过程完成，此时，Actor 近似获得了导师的一些特性。

(6)SADP 学习。监督学习过程结束后，Actor 通过下面的方式进行探索：

$$u(t)=u^{A}(t)+N(0,\chi) \tag{3-26}$$

其中，$N(0,\chi)$是均值为0、方差为χ 的随机变量。这样，Actor 的输出 $u^{A}(t)$附加一定的噪声，形成的控制动作 $u(t)$输入到系统，使系统状态转移到 $s(t+1)$，并产生奖赏 $r(t)$。由此 Critic 网络可计算下一时刻的 V，并用来更新 Critic 网络的参数。

定义 Critic 网络的预测误差如下：

$$e_{c}(t)=\gamma V(t)+r(t)-V(t-1) \tag{3-27}$$

$$E_{c}(t)=\frac{1}{2}e_{c}^{2}(t) \tag{3-28}$$

通过梯度下降规则来更新权值：

$$\begin{aligned}\Delta \boldsymbol{w}_{c}(t) &= -\beta \frac{\partial E_{c}(t)}{\partial \boldsymbol{w}_{c}(t)} \\ &= \beta\gamma\boldsymbol{\sigma}_{c}(t)\left[\gamma \boldsymbol{w}_{c}^{T}(t)\boldsymbol{\sigma}_{c}(t)-\boldsymbol{w}_{c}^{T}(t-1)\boldsymbol{\sigma}_{c}(t-1)+r(t)\right]^{T}\end{aligned} \tag{3-29}$$

那么，有：

$$\boldsymbol{w}_{c}(t+1)=\boldsymbol{w}_{c}(t)+\Delta \boldsymbol{w}_{c}(t) \tag{3-30}$$

其中，β 为 Critic 网络的学习率。相应地，$v_{c}(t)$也可以由式(3-29)和式(3-30)所示的形式来更新。

同时，通过 Critic 网络对当前控制动作的评价，Actor 网络再次采用上述类似的形式更新权值。定义性能误差如下：

$$e_{a}(t)=V(t)-U(t) \tag{3-31}$$

$$E_{a}(t)=\frac{1}{2}e_{a}^{2}(t) \tag{3-32}$$

其中，$U(t)$为期望的最终目标，对镇定控制而言，通常 $U(t)=0$。

Actor 网络权值的更新采取如下定义的形式：

$$\begin{aligned}\Delta \boldsymbol{w}_{a}^{c}(t) &= -\alpha \frac{\partial E_{a}(t)}{\partial \boldsymbol{w}_{a}(t)} \\ &= -\alpha \boldsymbol{w}_{c,n+1}\boldsymbol{\sigma}_{a}(t)\left[\boldsymbol{w}_{c}^{T}(t)\boldsymbol{\sigma}_{c}(t)\right]^{T}\end{aligned} \tag{3-33}$$

其中，$\boldsymbol{w}_{c,n+1}$为 Critic 网络用与控制输入 $u(t)$ 连接的权值；n 为隐含层神经元的个数。那么有：

$$\boldsymbol{w}_{a}(t+1)=\boldsymbol{w}_{a}(t)+\Delta \boldsymbol{w}_{a}^{c}(t) \tag{3-34}$$

SADP 算法的流程如算法 3.1 所示。应当指出的是，本小节所提出的 SADP 算法实质上是一种无模型学习与控制方法。即在算法设计中不需要任何有关模型的知识，只需获得训练所需的状态数据。然而，在仿真过程中，采用系统模型实现状态转移过程也是适合的。SADP 算法从初始状态 $s(t)$开始进行迭代，导师首先指导 Actor 获得一个稳定的控制策略，并将通过随机探索的控制动作 $u(t)$作用于系统上，得到下一时刻的状态 $s(t+1)$，同时系统给出相应的回报。然后，Critic 和 Actor 网络相继更新各自的权值。这样 SADP 算法不断迭代一直达到最终状态。由于导师监督信息的指导作用，SADP 算法能够保证迭代过程始终收敛，并缩短了训练时间，提高了训练的成功率，也就是提高了学习效率。接下来，将证明所提出的 SADP 算法是稳定的。

算法 3.1 SADP 算法流程

1：Initialization

　Actor 神经网络权值 $\boldsymbol{v}_{a}$，$\boldsymbol{w}_{a}$，学习率 α

　Critic 神经网络权值 $\boldsymbol{v}_{c}$，$\boldsymbol{w}_{c}$，学习率 β

　折扣因子 $\gamma \in [0,1]$，探索噪声 χ

2：Repeat for each trial

3：$s(t) \leftarrow$ 初始状态

4：repeat for each step of trial

5：$u^{A}(t) \leftarrow$ Actor 输出

6：$u^{S}(t) \leftarrow$ Supervisor 输出

7：根据式(3-24)和式(3-25)更新 Actor 权值，直到 $E_{s}(t) < \varepsilon$

8：$u(t) \leftarrow u^{A}(t) + N(0,\chi)$

9：采取动作 $u(t)$，观察回报 r，和下一时刻的状态 $s(t+1)$

10：$e_{c}(t) \leftarrow r + \gamma \cdot V(t) - V(t-1)$

11：根据式(3-29)和式(3-30)更新 Critic 权值

12：$e_{a}(t) = V(t) - U(t)$

13：根据式(3-33)和式(3-34)更新 Actor 权值

14：$s(t) \leftarrow s(t+1)$

15：until $s(t)$ 达到最终状态

3.2.2 SADP 稳定性分析

本小节给出了 SADP 算法的 Lyapunov 稳定性分析，证明所提出的 SADP 算法中，Actor 神经网络的权值估计误差和 Critic 神经网络的权值估计误差是一致最终有界(UUB)的。在证明之前，先给出一些必要的假设和已知的事实。需要注意的是，这些假设和事实在非线性系统的稳定性分析中是非常常见的。

假设 3.1(有界最优网络权值) Actor 神经网络的理想权值 w_{a}^{*} 和 Critic 神经网络的理想权值 w_{c}^{*} 在紧集 $\Omega \in R$ 上是有界的。即存在常数 $w_{am} > 0$，$w_{cm} > 0$ 使得：

$$\| \boldsymbol{w}_{a}^{*} \| \leqslant w_{am}, \quad \| \boldsymbol{w}_{c}^{*} \| \leqslant w_{cm} \tag{3-35}$$

其中，$\| \cdot \|$ 表示向量的 2－范数，下同。

事实 3.1 Actor 神经网络的激活函数 $\boldsymbol{\sigma}_{a}(t)$ 和 Critic 神经网络的激活函数 $\boldsymbol{\sigma}_{c}(t)$ 在紧集 $\Omega \in R$ 上是有界的。即存在常数 $\sigma_{am} > 0$，$\sigma_{cm} > 0$ 使得：

$$\| \boldsymbol{\sigma}_{a} \| \leqslant \sigma_{am}, \quad \| \boldsymbol{\sigma}_{c} \| \leqslant \sigma_{cm} \tag{3-36}$$

下面给出一些引理，这些引理将用于本节主要定理的证明。

引理 3.1 如果假设 3.1 成立，并且 Critic 神经网络的输出为式(3-22)，其权值更新方法为式(3-29)和式(3-30)，那么对于：

$$L_1(t)=\frac{1}{\beta}\mathrm{tr}(\bar{w}_c^T(t)\bar{w}_c(t)) \tag{3-37}$$

其一阶差分满足：

$$\begin{aligned}\Delta L_1(t)\leqslant &-\gamma^2\|\xi_c(t)\|^2-(1-\beta\gamma^2\|\boldsymbol{\sigma}_c(t)\|^2)\times\\&\|\gamma\xi_c^{\mathrm T}(t)+\gamma\boldsymbol{w}_c^{*\mathrm T}(t)\sigma_c(t)+r(t)-\boldsymbol{w}_c^{\mathrm T}(t-1)\sigma_c(t-1)\|^2+\\&2\left\|\gamma\boldsymbol{w}_c^{*\mathrm T}(t)\boldsymbol{\sigma}_c(t)+r(t)-\boldsymbol{w}_c^{*\mathrm T}\boldsymbol{\sigma}_c(t-1)-\frac{2}{3}\bar{\boldsymbol{w}}_c^{\mathrm T}(t-1)\boldsymbol{\sigma}_c(t-1)\right\|^2+\\&\frac{2}{9}\|\xi_c(t-1)\|^2\end{aligned} \tag{3-38}$$

其中，$\bar{\boldsymbol{w}}_c(t)=\boldsymbol{w}_c(t)-\boldsymbol{w}_c^*$ 为 Critic 网络权值的估计误差；$\xi_c(t)=\bar{\boldsymbol{w}}_c^{\mathrm T}(t)\boldsymbol{\sigma}_c(t)$ 为 Critic 网络的近似误差。

证明：$L_1(t)$ 的一阶差分为：

$$\begin{aligned}\Delta L_1(t)&=\frac{1}{\beta}\mathrm{tr}[\bar{\boldsymbol{w}}_c^{\mathrm T}(t+1)\bar{\boldsymbol{w}}_c(t+1)-\bar{\boldsymbol{w}}_c^{\mathrm T}(t)\bar{\boldsymbol{w}}_c(t)]\\&=\frac{1}{\beta}\mathrm{tr}[(\bar{\boldsymbol{w}}_c(t)+\Delta\boldsymbol{w}_c(t))^{\mathrm T}(\bar{\boldsymbol{w}}_c(t)+\Delta\boldsymbol{w}_c(t))-\bar{\boldsymbol{w}}_c^{\mathrm T}(t)\bar{\boldsymbol{w}}_c(t)]\end{aligned} \tag{3-39}$$

根据矩阵迹的基本性质 $\mathrm{tr}(\boldsymbol{AB})=\mathrm{tr}(\boldsymbol{BA})$，可得：

$$\Delta L_1(t)=\frac{1}{\beta}\mathrm{tr}[2\bar{\boldsymbol{w}}_c^{\mathrm T}(t)\Delta\boldsymbol{w}_c(t)+\Delta\boldsymbol{w}_c^{\mathrm T}(t)\Delta\boldsymbol{w}_c(t)] \tag{3-40}$$

将式(3-29)代入式(3-40)，可得：

$$\begin{aligned}\Delta L_1(t)=&\mathrm{tr}[-2\gamma^2\xi_c(t)\xi_c^{\mathrm T}(t)-2\gamma\xi_c(t)\boldsymbol{P}+\beta\gamma^4\|\sigma_c(t)\|^2\xi_c(t)\xi_c^{\mathrm T}(t)+\\&2\beta\gamma^3\|\boldsymbol{\sigma}_c(t)\|^2\xi_c(t)\boldsymbol{P}+\beta\gamma^2\|\sigma_c(t)\|^2\boldsymbol{P}^{\mathrm T}\boldsymbol{P}]\\&=\mathrm{tr}[-\gamma^2\xi_c(t)\xi_c^{\mathrm T}(t)+\boldsymbol{P}^{\mathrm T}\boldsymbol{P}-\\&(1-\beta\gamma^2\|\boldsymbol{\sigma}_c(t)\|^2)(\gamma\xi_c^{\mathrm T}(t)+\boldsymbol{P})^{\mathrm T}(\gamma\xi_c^{\mathrm T}(t)+\boldsymbol{P})]\\&=-\gamma^2\|\xi_c(t)\|^2-(1-\beta\gamma^2\|\sigma_c(t)\|^2)\|\gamma\xi_c^{\mathrm T}(t)+\boldsymbol{P}\|^2+\|\boldsymbol{P}\|^2\end{aligned} \tag{3-41}$$

其中：

$$\boldsymbol{P}=[\gamma w_c^{*\mathrm T}(t)\sigma_c(t)+r(t)-w_c^{\mathrm T}(t-1)\sigma_c(t-1)]^{\mathrm T} \tag{3-42}$$

将式(3-42)带入式(3-41)，利用 Cauchy-Schwarz 不等式 $\|x+y\|^2\leqslant2\|x\|^2+2\|y\|^2$，可得：

$$\begin{aligned}\Delta L_1(t)\leqslant &-\gamma^2\|\xi_c(t)\|^2-(1-\beta\gamma^2)\|\boldsymbol{\sigma}_c(t)\|^2)\times\\&\|\gamma\xi_c^{\mathrm T}(t)+\gamma\boldsymbol{w}_c^{*\mathrm T}(t)\boldsymbol{\sigma}_c(t)+r(t)-\boldsymbol{w}_c^{\mathrm T}(t-1)\boldsymbol{\sigma}_c(t-1)\|^2+\\&2\left\|\gamma\boldsymbol{w}_c^{*\mathrm T}(t)\boldsymbol{\sigma}_c(t)+r(t)-\boldsymbol{w}_c^{*\mathrm T}(t-1)-\frac{2}{3}\bar{\boldsymbol{w}}_c^{\mathrm T}(t-1)\boldsymbol{\sigma}_c(t-1)\right\|^2+\\&\frac{2}{9}\|\xi_c(t-1)\|^2\end{aligned} \tag{3-43}$$

证毕。

引理 3.2 如果假设 3.1 成立,并且 Actor 神经网络的输出为式(3-26),其权值更新方法为式(3-33)和式(3-34),那么对于:

$$L_2(t)=\frac{l_1}{\alpha}\mathrm{tr}(\overline{\boldsymbol{w}}_{\mathrm{a}}^{\mathrm{T}}(t)\overline{\boldsymbol{w}}_{\mathrm{a}}(t)) \tag{3-44}$$

其一阶差分满足:

$$\begin{aligned}\Delta L_2(t)\leqslant & l_1\|\xi_{\mathrm{a}}(t)\|^2-l_1\|\boldsymbol{w}_{\mathrm{c},n+1}\|^2(1-\alpha\|\boldsymbol{\sigma}_{\mathrm{a}}(t)\|^2)\|\boldsymbol{w}_{\mathrm{c}}^{\mathrm{T}}(t)\boldsymbol{\sigma}_{\mathrm{c}}(t)\|^2+\\ & 4l_1\|\boldsymbol{w}_{\mathrm{c},n+1}\|^2\|\xi_{\mathrm{c}}(t)\|^2+4l_1\|\boldsymbol{w}_{\mathrm{c},n+1}\|^2\|\boldsymbol{w}^{*\mathrm{T}}\boldsymbol{\sigma}_{\mathrm{c}}(t)\|^2\end{aligned} \tag{3-45}$$

其中,$l_1>0$ 为调节参数;$\overline{\boldsymbol{w}}_{\mathrm{a}}(t)=\boldsymbol{w}_{\mathrm{a}}(t)-\boldsymbol{w}_{\mathrm{a}}^*$ 为 Actor 神经网络的权值估计误差;$\xi_{\mathrm{a}}(t)=\overline{\boldsymbol{w}}_{\mathrm{a}}^{\mathrm{T}}(t)\boldsymbol{\sigma}_{\mathrm{a}}(t)$ 为 Actor 神经网络的近似误差。

证明:$L_2(t)$ 的一阶差分为:

$$\begin{aligned}\Delta L_2(t)&=\frac{l_1}{\alpha}\mathrm{tr}[\overline{\boldsymbol{w}}_{\mathrm{a}}^{\mathrm{T}}(t+1)\overline{\boldsymbol{w}}_{\mathrm{a}}(t+1)-\overline{\boldsymbol{w}}_{\mathrm{a}}^{\mathrm{T}}(t)\overline{\boldsymbol{w}}_{\mathrm{a}}(t)]\\ &=\frac{l_1}{\alpha}\mathrm{tr}[(\overline{\boldsymbol{w}}_{\mathrm{a}}(t)+\Delta\boldsymbol{w}_{\mathrm{a}}^{\mathrm{c}}(t))^{\mathrm{T}}(\overline{\boldsymbol{w}}_{\mathrm{a}}(t)+\Delta\boldsymbol{w}_{\mathrm{a}}^{\mathrm{c}}(t))-\overline{\boldsymbol{w}}_{\mathrm{a}}^{\mathrm{T}}(t)\overline{\boldsymbol{w}}_{\mathrm{a}}(t)]\\ &=\frac{l_1}{\alpha}\mathrm{tr}[2\overline{\boldsymbol{w}}_{\mathrm{a}}^{\mathrm{T}}(t)\Delta\boldsymbol{w}_{\mathrm{a}}^{\mathrm{c}}(t)+\Delta\boldsymbol{w}_{\mathrm{a}}^{\mathrm{cT}}(t)\Delta\boldsymbol{w}_{\mathrm{a}}^{\mathrm{c}}(t)]\end{aligned} \tag{3-46}$$

将式(3-33)代入式(3-46),可得:

$$\begin{aligned}\Delta L_2(t)=&l_1\mathrm{tr}[-2\overline{\boldsymbol{w}}_{\mathrm{a}}^{\mathrm{T}}(t)\boldsymbol{\sigma}_{\mathrm{a}}(t)\boldsymbol{w}_{\mathrm{c},n+1}[\boldsymbol{w}_{\mathrm{c}}^{\mathrm{T}}(t)\sigma_{\mathrm{c}}(t)]^{\mathrm{T}}+\\ &\sigma[\boldsymbol{w}_{\mathrm{c}}^{\mathrm{T}}(t)\boldsymbol{\sigma}_{\mathrm{c}}(t)]\boldsymbol{w}_{\mathrm{c},n+1}^{\mathrm{T}}\boldsymbol{\sigma}_{\mathrm{a}}^{\mathrm{T}}(t)\boldsymbol{\sigma}_{\mathrm{a}}(t)\boldsymbol{w}_{\mathrm{c},n+1}[\boldsymbol{w}_{\mathrm{c}}^{\mathrm{T}}(t)\boldsymbol{\sigma}_{\mathrm{c}}(t)]^{\mathrm{T}}]\\ =&l_1\mathrm{tr}[(\xi_{\mathrm{a}}(t)-\boldsymbol{w}_{\mathrm{c}}^{\mathrm{T}}(t)\boldsymbol{\sigma}_{\mathrm{c}}(t)\boldsymbol{w}_{\mathrm{c},n+1}^{\mathrm{T}})(\xi_{\mathrm{a}}(t)-\boldsymbol{w}_{\mathrm{c}}^{\mathrm{T}}(t)\boldsymbol{\sigma}_{\mathrm{c}}(t)\boldsymbol{w}_{\mathrm{c},n+1}^{\mathrm{T}})^{\mathrm{T}}-\\ &\xi_{\mathrm{a}}(t)\xi_{\mathrm{a}}^{\mathrm{T}}(t)-[\boldsymbol{w}_{\mathrm{c}}^{\mathrm{T}}(t)\boldsymbol{\sigma}_{\mathrm{c}}(t)]\boldsymbol{w}_{\mathrm{c},n+1}^{\mathrm{T}}\boldsymbol{w}_{\mathrm{c},n+1}[\boldsymbol{w}_{\mathrm{c}}^{\mathrm{T}}(t)\boldsymbol{\sigma}_{\mathrm{c}}(t)]^{\mathrm{T}}+\\ &\sigma\|\boldsymbol{\sigma}_{\mathrm{a}}(t)\|^2[\boldsymbol{w}_{\mathrm{c}}^{\mathrm{T}}(t)\boldsymbol{\sigma}_{\mathrm{c}}(t)]\boldsymbol{w}_{\mathrm{c},n+1}^{\mathrm{T}}\boldsymbol{w}_{\mathrm{c},n+1}[\boldsymbol{w}_{\mathrm{c}}^{\mathrm{T}}(t)\boldsymbol{\sigma}_{\mathrm{c}}(t)]^{\mathrm{T}}]\end{aligned}$$

化简整理可得:

$$\begin{aligned}\Delta L_2(t)=&l_1(-\|\xi_{\mathrm{a}}(t)\|^2-\|\boldsymbol{w}_{\mathrm{c},n+1}\|^2(1-\alpha\|\boldsymbol{\sigma}_{\mathrm{a}}(t)\|^2)\|\boldsymbol{w}_{\mathrm{c}}^{\mathrm{T}}(t)\boldsymbol{\sigma}_{\mathrm{c}}(t)\|^2+\\ &\|\xi_{\mathrm{a}}(t)-\boldsymbol{w}_{\mathrm{c}}^{\mathrm{T}}(t)\sigma_{\mathrm{c}}(t)\boldsymbol{w}_{\mathrm{c},n+1}^{\mathrm{T}}\|^2)\end{aligned} \tag{3-47}$$

根据 Cauchy-Schwarz 不等式,对式(3-47)进行放缩可得:

$$\begin{aligned}\Delta L_2(t)\leqslant&-l_1\|\xi_{\mathrm{a}}(t)\|^2-l_1\|\boldsymbol{w}_{\mathrm{c},n+1}\|^2(1-\alpha\|\boldsymbol{\sigma}_{\mathrm{a}}(t)\|^2)\|\boldsymbol{w}_{\mathrm{c}}^{\mathrm{T}}(t)\boldsymbol{\sigma}_{\mathrm{c}}(t)\|^2+\\ &2l_1\|\xi_{\mathrm{a}}(t)\|^2+2l_1\|\boldsymbol{w}_{\mathrm{c},n+1}\|^2\|\boldsymbol{w}_{\mathrm{c}}^{\mathrm{T}}(t)\boldsymbol{\sigma}_{\mathrm{c}}(t)\|^2\\ \leqslant&l_1\|\xi_{\mathrm{a}}(t)\|^2-l_1\|\boldsymbol{w}_{\mathrm{c},n+1}\|^2(1-\alpha\|\boldsymbol{\sigma}_{\mathrm{a}}(t)\|^2)\|\boldsymbol{w}_{\mathrm{c}}^{\mathrm{T}}(t)\boldsymbol{\sigma}_{\mathrm{c}}(t)\|^2+\\ &4l_1\|\boldsymbol{w}_{\mathrm{c},n+1}\|^2\|\xi_{\mathrm{c}}(t)\|^2+4l_1\|\boldsymbol{w}_{\mathrm{c},n+1}\|^2\|\boldsymbol{w}^{*\mathrm{T}}\boldsymbol{\sigma}_{\mathrm{c}}(t)\|^2\end{aligned} \tag{3-48}$$

证毕。

引理 3.3 如果假设 3.1 成立,并且 Actor 神经网络的输出为式(3-19),其权值更新方法为式(3-24)和式(3-25),那么对于:

$$L_3(t)=\frac{l_2}{\alpha}\mathrm{tr}(\widetilde{w}_{\mathrm{a}}^{\mathrm{T}}(t)\widetilde{w}_{\mathrm{a}}(t)) \tag{3-49}$$

其一阶差分满足：

$$\Delta L_3(t)\leqslant -l_2\|\xi_{\mathrm{a}}(t)\|^2-l_2(1-\alpha\|\boldsymbol{\sigma}_{\mathrm{a}}(t)\|^2)\|\boldsymbol{w}_{\mathrm{a}}^{\mathrm{T}}(t)\boldsymbol{\sigma}_{\mathrm{a}}(t)-u^{\mathrm{S}}(t)\|^2+2l_2\|u^{\mathrm{S}}(t)\|^2+2l_2\|\boldsymbol{w}_{\mathrm{a}}^{*\mathrm{T}}\boldsymbol{\sigma}_{\mathrm{a}}(t)\|^2 \tag{3-50}$$

其中，$l_2>0$ 为调节参数；$\widetilde{\boldsymbol{w}}_{\mathrm{a}}(t)=\boldsymbol{w}_{\mathrm{a}}(t)-\boldsymbol{w}_{\mathrm{a}}^{*}$ 为监督学习过程中 Actor 神经网络的权值估计误差；$\xi_a(t)=\widetilde{\boldsymbol{w}}_{\mathrm{a}}^{\mathrm{T}}(t)\boldsymbol{\sigma}_{\mathrm{a}}(t)$ 为监督学习过程中 Actor 神经网络的近似误差。

证明：

$$\begin{aligned}\Delta L_3(t)&=\frac{l_2}{\alpha}\mathrm{tr}[\widetilde{\boldsymbol{w}}_{\mathrm{a}}^{\mathrm{T}}(t+1)\widetilde{\boldsymbol{w}}_{\mathrm{a}}(t+1)-\widetilde{\boldsymbol{w}}_{\mathrm{a}}^{\mathrm{T}}(t)\widetilde{\boldsymbol{w}}_{\mathrm{a}}(t)]\\&=\frac{l_2}{\alpha}\mathrm{tr}[\widetilde{\boldsymbol{w}}_{\mathrm{a}}(t)+\Delta\boldsymbol{w}_{\mathrm{a}}^{\mathrm{s}}(t))^{\mathrm{T}}(\boldsymbol{w}_{\mathrm{a}}(t)+\Delta\boldsymbol{w}_{a}^{\mathrm{s}}(t))-\widetilde{\boldsymbol{w}}_{\mathrm{a}}^{\mathrm{T}}(t)\widetilde{\boldsymbol{w}}_{\mathrm{a}}(t)]\\&=\frac{l_2}{\alpha}\mathrm{tr}[2\widetilde{\boldsymbol{w}}_{\mathrm{a}}^{\mathrm{T}}(t)\Delta\boldsymbol{w}_{\mathrm{a}}^{\mathrm{s}}(t)+\Delta\boldsymbol{w}_{\mathrm{a}}^{\mathrm{sT}}(t)\Delta\boldsymbol{w}_{\mathrm{a}}^{\mathrm{s}}(t)]\end{aligned} \tag{3-51}$$

将式(3-24)代入式(3-51)，可得：

$$\begin{aligned}\Delta L_3(t)&=\frac{l_2}{\alpha}\mathrm{tr}[-2\alpha\,\widetilde{\boldsymbol{w}}_{\mathrm{a}}^{\mathrm{T}}(t)\sigma_{\mathrm{a}}(t)(\boldsymbol{w}_{\mathrm{a}}^{\mathrm{T}}(t)\boldsymbol{\sigma}_{\mathrm{a}}(t)-u^{\mathrm{S}}(t))^{\mathrm{T}}+\\&\quad\alpha^2(\boldsymbol{w}_{\mathrm{a}}^{\mathrm{T}}(t)\boldsymbol{\sigma}_{\mathrm{a}}(t)-u^{\mathrm{S}}(t))\boldsymbol{\sigma}_{\mathrm{a}}^{\mathrm{T}}(t)\boldsymbol{\sigma}_{\mathrm{a}}(t)(\boldsymbol{w}_{\mathrm{a}}^{\mathrm{T}}(t)\boldsymbol{\sigma}_{\mathrm{a}}(t)-u^{\mathrm{S}}(t))^{\mathrm{T}}]\\&=l_2\mathrm{tr}[-2\xi_{\mathrm{a}}(t)(\boldsymbol{w}_{\mathrm{a}}^{\mathrm{T}}(t)\boldsymbol{\sigma}_{\mathrm{a}}(t)-u^{\mathrm{S}}(t))^{\mathrm{T}}+\\&\quad\alpha\|\boldsymbol{\sigma}_{a}(t)\|^2(\boldsymbol{w}_{\mathrm{a}}^{\mathrm{T}}(t)\boldsymbol{\sigma}_{\mathrm{a}}(t)-u^{\mathrm{S}}(t))(\boldsymbol{w}_{\mathrm{a}}^{\mathrm{T}}(t)\boldsymbol{\sigma}_{\mathrm{a}}(t)-u^{\mathrm{S}}(t))^{\mathrm{T}}]\end{aligned}$$

化简整理可得：

$$\begin{aligned}\Delta L_3(t)&=l_2\mathrm{tr}[(\xi_{\mathrm{a}}(t)-\boldsymbol{w}_{\mathrm{a}}^{\mathrm{T}}(t)\boldsymbol{\sigma}_{\mathrm{a}}(t)+u^{\mathrm{S}}(t))(\xi_{\mathrm{a}}(t)-\boldsymbol{w}_{\mathrm{a}}^{\mathrm{T}}(t)\boldsymbol{\sigma}_{\mathrm{a}}(t)+u^{\mathrm{S}}(t))^{\mathrm{T}}-\\&\quad\xi_{\mathrm{a}}(t)\xi_{\mathrm{a}}^{\mathrm{T}}(t)-(\boldsymbol{w}_{\mathrm{a}}^{\mathrm{T}}(t)\boldsymbol{\sigma}_{\mathrm{a}}(t)-u^{\mathrm{S}}(t))(\boldsymbol{w}_{\mathrm{a}}^{\mathrm{T}}(t)\boldsymbol{\sigma}_{\mathrm{a}}(t)-u^{\mathrm{S}}(t))^{\mathrm{T}}+\\&\quad\alpha\|\boldsymbol{\sigma}_{\mathrm{a}}(t)\|^2(\boldsymbol{w}_{\mathrm{a}}^{\mathrm{T}}(t)\boldsymbol{\sigma}_{\mathrm{a}}(t)-u^{\mathrm{S}}(t))(\boldsymbol{w}_{\mathrm{a}}^{\mathrm{T}}(t)\boldsymbol{\sigma}_{\mathrm{a}}(t)-u^{\mathrm{S}}(t))^{\mathrm{T}}]\\&=-l_2\|\xi_{\mathrm{a}}(t)\|^2-l_2(1-\alpha\|\boldsymbol{\sigma}_{\mathrm{a}}(t)\|^2)\|\boldsymbol{w}_{\mathrm{a}}^{\mathrm{T}}(t)\boldsymbol{\sigma}_{\mathrm{a}}(t)-u^{\mathrm{S}}(t)\|^2+\\&\quad l_2\|u^{\mathrm{S}}(t)-\boldsymbol{w}_{\mathrm{a}}^{*\mathrm{T}}\boldsymbol{\sigma}_{\mathrm{a}}(t)\|^2\end{aligned} \tag{3-52}$$

根据 Cauchy-Schwarz 不等式，对式(3-52)进行放缩可得：

$$\Delta L_3(t)\leqslant -l_2\|\xi_{\mathrm{a}}(t)\|^2-l_2(1-\alpha\|\boldsymbol{\sigma}_{\mathrm{a}}(t)\|^2)\|\boldsymbol{w}_{\mathrm{a}}^{\mathrm{T}}(t)\boldsymbol{\sigma}_{\mathrm{a}}(t)-u^{\mathrm{S}}(t)\|^2+2l_2\|u^{\mathrm{S}}(t)\|^2+2l_2\|\boldsymbol{w}_{\mathrm{a}}^{*\mathrm{T}}\boldsymbol{\sigma}_{\mathrm{a}}(t)\|^2 \tag{3-53}$$

证毕。

下面利用假设 3.1 和事实 3.1，以及引理 3.1、引理 3.2 和引理 3.3，证明本小节的主要结论。

定理 3.1 如果假设 3.1 成立，Critic 神经网络式(3-22)的权值更新法则为式(3-29)和式(3-30)，Actor 神经网络式(3-26)的权值更新法则为式(3-33)和式(3-34)监督学习中 Actor 神经网络式(3-19)的权值更新法则分别为式(3-24)和式(3-25)。那么，当所选择的参数满足：

$$\frac{\sqrt{2}}{3}<\gamma<1$$

$$0<\alpha\|\boldsymbol{\sigma}_a(t)\|^2<1$$
$$0<\beta\gamma^2\|\boldsymbol{\sigma}_c(t)\|^2<2$$

时,Critic 神经网络的权值估计误差 $\bar{w}_c(t)$ 和 Actor 神经网络的权值估计误差 $\bar{w}_a(t)$ 都是一致最终有界(UUB)的,并且其界限分别为:

$$\begin{cases} B_{\mathrm{c}}=\dfrac{1}{\sigma_{\mathrm{cm}}}\sqrt{\dfrac{\Delta\bar{L}_{\mathrm{m}}^2}{\gamma^2-\dfrac{2}{9}-4l\|\boldsymbol{w}_{\mathrm{c},n+1}\|^2}} \\ B_{\mathrm{a}}=\dfrac{1}{\sigma_{\mathrm{am}}}\sqrt{\dfrac{\Delta\bar{L}_{\mathrm{m}}^2}{l_2-l_1}} \end{cases} \tag{3-54}$$

证明:考虑如下 Lyapunov 备选函数:

$$L(t)=L_1(t)+L_2(t)+L_3(t)+L_4(t)$$

其中:

$$L_1(t)=\frac{1}{\beta}\mathrm{tr}[\bar{\boldsymbol{w}}_{\mathrm{c}}^{\mathrm{T}}(t)\bar{\boldsymbol{w}}_c(t)]$$
$$L_2(t)=\frac{l_1}{\alpha}\mathrm{tr}[\bar{\boldsymbol{w}}_{\mathrm{a}}^{\mathrm{T}}(t)\bar{\boldsymbol{w}}_{\mathrm{a}}(t)]$$
$$L_3(t)=\frac{l_2}{\alpha}\mathrm{tr}[\tilde{\boldsymbol{w}}_{\mathrm{c}}^{\mathrm{T}}(t)\tilde{\boldsymbol{w}}_{\mathrm{c}}(t)]$$
$$L_4(t)=\frac{2}{9}\mathrm{tr}[\xi_{\mathrm{c}}(t-1)]$$

其中,$l_1>0$,$l_2>0$,为调节参数,$L(t)$ 的一阶差分为:

$$\Delta L(t)=\Delta L_1(t)+\Delta L_2(t)+\Delta L_3(t)+\Delta L_4(t) \tag{3-55}$$

利用引理 3.1、引理 3.2 和引理 3.3,可得:

$$\begin{aligned}\Delta L(t)\leqslant&-\gamma^2\|\xi_{\mathrm{c}}(t)\|^2-(1-\beta\gamma^2\|\boldsymbol{\sigma}_{\mathrm{c}}(t)\|^2)\times\\
&\|\gamma\xi_{\mathrm{c}}^{\mathrm{T}}(t)+\gamma\boldsymbol{w}^{*\mathrm{T}}\boldsymbol{\sigma}_{\mathrm{c}}(t)+r(t)-\boldsymbol{w}_{\mathrm{c}}^{\mathrm{T}}(t-1)\boldsymbol{\sigma}_{\mathrm{c}}(t-1)\|^2+\\
&2\left\|\gamma\boldsymbol{w}_{\mathrm{c}}^{*\mathrm{T}}\boldsymbol{\sigma}_{\mathrm{c}}(t)+r(t)-\boldsymbol{w}_{\mathrm{c}}^{*\mathrm{T}}\boldsymbol{\sigma}_{\mathrm{c}}(t-1)-\frac{2}{3}\bar{\boldsymbol{w}}_{\mathrm{c}}^{\mathrm{T}}(t-1)\boldsymbol{\sigma}_{\mathrm{c}}(t-1)\right\|^2+\\
&\frac{2}{9}\|\xi_{\mathrm{c}}(t-1)\|^2+l_1\|\xi_{\mathrm{a}}(t)\|^2+\frac{2}{9}\|\xi_{\mathrm{c}}(t)\|^2-\frac{2}{9}\|\xi_{\mathrm{c}}(t-1)\|^2-\\
&l_1\|\boldsymbol{w}_{\mathrm{c},n+1}\|^2(1-\alpha\|\boldsymbol{\sigma}_{\mathrm{a}}(t)\|^2)\|\boldsymbol{w}_{\mathrm{c}}^{\mathrm{T}}(t)\boldsymbol{\sigma}_{\mathrm{c}}(t)\|^2+\\
&4l_1\|\boldsymbol{w}_{\mathrm{c},n+1}\|^2\|\xi_{\mathrm{c}}(t)\|^2+4l_1\|\boldsymbol{w}_{\mathrm{c},n+1}\|^2\|\boldsymbol{w}_{\mathrm{c}}^{*\mathrm{T}}\boldsymbol{\sigma}_{\mathrm{c}}(t)\|^2-\\
&l_2\|\xi_{\mathrm{a}}(t)\|^2+2l_2\|u^{\mathrm{S}}(t)\|^2+2l_2\|\boldsymbol{w}^{*\mathrm{T}}\boldsymbol{\sigma}_{\mathrm{a}}(t)\|^2-\\
&l_2(1-\alpha\|\boldsymbol{\sigma}_{\mathrm{a}}(t)\|^2)\|\boldsymbol{w}_{\mathrm{a}}^{\mathrm{T}}(t)\boldsymbol{\sigma}_{\mathrm{a}}(t)-u^{\mathrm{S}}(t)\|^2\\
=&-l_1\|\boldsymbol{w}_{\mathrm{c},n+1}\|^2(1-\alpha\|\boldsymbol{\sigma}_{\mathrm{a}}(t)\|^2)\|\boldsymbol{w}_{\mathrm{c}}^{\mathrm{T}}(t)\boldsymbol{\sigma}_{\mathrm{c}}(t)\|^2-(l_2-l_1)\|\xi_{\mathrm{a}}(t)\|^2-\\
&l_2(1-\alpha\|\boldsymbol{\sigma}_{\mathrm{a}}(t)\|^2)\|\boldsymbol{w}_{\mathrm{a}}^{\mathrm{T}}(t)\boldsymbol{\sigma}_{\mathrm{a}}(t)-u^{\mathrm{S}}(t)\|^2-\\
&\left(\gamma^2-\frac{2}{9}-4l_1\|\boldsymbol{w}_{\mathrm{c},n+1}\|^2\right)\|\xi_{\mathrm{c}}(t)\|^2-(1-\beta\gamma^2\|\boldsymbol{\sigma}_{\mathrm{c}}(t)\|^2)\times\\
&\|\gamma\xi_{\mathrm{c}}^{\mathrm{T}}(t)+\gamma\boldsymbol{w}_{\mathrm{c}}^{*\mathrm{T}}\boldsymbol{\sigma}_c(t)+r(t)-\boldsymbol{w}_{\mathrm{c}}^{\mathrm{T}}(t-1)\boldsymbol{\sigma}_{\mathrm{c}}(t-1)\|^2+\Delta\bar{L}^2\end{aligned} \tag{3-56}$$

其中:

$$\Delta \bar{L}^2 = 2\left\| \gamma \boldsymbol{w}_c^{*\mathrm{T}} \boldsymbol{\sigma}_c(t) + r(t) + \boldsymbol{w}_c^{*\mathrm{T}} \boldsymbol{\sigma}_c(t-1) - \frac{2}{3} \bar{\boldsymbol{w}}_c^{\mathrm{T}}(t-1) \boldsymbol{\sigma}_c(t-1) \right\|^2 + \tag{3-57}$$

$$4l_1 \| \boldsymbol{w}_{c,n+1} \|^2 \| \boldsymbol{w}_c^{*\mathrm{T}} \boldsymbol{\sigma}_c(t) \|^2 + 2l_2 \| u^{\mathrm{S}}(t) \|^2 + 2l_2 \| \boldsymbol{w}^{*\mathrm{T}} \boldsymbol{\sigma}_a(t) \|^2$$

利用假设 3.1 和 Cauchy-Schwarz 不等式,则由式(3-57)可得:

$$\begin{aligned}
\Delta \bar{L}^2 \leqslant & 8\gamma^2 \| \boldsymbol{w}_c^{*\mathrm{T}} \boldsymbol{\sigma}_c(t) \|^2 + 8r^2(t) + 8 \| \boldsymbol{w}_c^{*\mathrm{T}} \boldsymbol{\sigma}_c(t-1) \|^2 + \\
& 8 \times \frac{4}{9} \| \bar{\boldsymbol{w}}_c^{\mathrm{T}}(t-1) \boldsymbol{\sigma}_c(t-1) \|^2 + 2l_2 \| u^{\mathrm{S}}(t) \|^2 + \\
& 4l_1 \| \boldsymbol{w}_{c,n+1} \|^2 \| \boldsymbol{w}_c^{*\mathrm{T}} \boldsymbol{\sigma}_c(t) \|^2 + 2l_2 \| \boldsymbol{w}_a^{*\mathrm{T}} \boldsymbol{\sigma}_a(t) \|^2 \\
\leqslant & \left(8\gamma^2 + \frac{104}{9} + 4l_1 \| \boldsymbol{w}_{cm,n+1} \|^2 \right) \boldsymbol{w}_{cm}^2 \sigma_{cm}^2 + \\
& 8r_m^2 + 2l_2 u_m^{S2} + 2l_2 \boldsymbol{w}_{am}^2 \boldsymbol{\sigma}_{am}^2 = \Delta \bar{L}_m^2
\end{aligned} \tag{3-58}$$

其中,$\boldsymbol{w}_{cm,n+1}$、u_m^S 和 r_m 分别是 $\| \boldsymbol{w}_{c,n+1} \|$、$\| u^S \|$ 和 $\| r \|$ 和的上界,即 $\| \boldsymbol{w}_{c,n+1} \| \leqslant \boldsymbol{w}_{cm,n+1}$,$\| u^S \| \leqslant u_m^S$,$\| r \| \leqslant r_m$。选择参数满足如下关系:

$$\frac{\sqrt{2}}{3} < \gamma < 1, 0 < \alpha \| \boldsymbol{\sigma}_a(t) \|^2 < 1, 0 < \beta\gamma^2 \| \boldsymbol{\sigma}_c(t) \|^2 < 1 \tag{3-59}$$

并选取参数 $l_i > 0 (i = 1,2)$ 满足:

$$0 < l_1 < \frac{\left(\gamma^2 - \frac{2}{9} \right)}{4 \| \boldsymbol{w}_{c,n+1} \|^2}, l_2 > l_1 \tag{3-60}$$

由式(3-56)、式(3-59)和式(3-60)可知,若要 $\Delta L(t) < 0$ 成立,只需满足如下条件之一:

$$\| \xi_c(t) \| > \Delta \bar{L} / \sqrt{\gamma^2 - \frac{2}{9} - 4l \| \boldsymbol{w}_{c,n+1} \|^2} \tag{3-61}$$

$$\| \xi_a(t) \| > \Delta \bar{L} / \sqrt{l_2 - l_1} \tag{3-62}$$

其中,$l_i > 0 (i = 1,2)$ 为常数。

注意到 $\| \xi_c(t) \| \leqslant \| \bar{\boldsymbol{w}}_c(t) \| \| \boldsymbol{\sigma}_{cm} \|$ 和 $\| \xi_a(t) \| \leqslant \| \bar{\boldsymbol{w}}_a(t) \| \| \boldsymbol{\sigma}_{am} \|$,因此,由式(3-61) 和式(3-62)可得:

$$\| \bar{\boldsymbol{w}}_c(t) \| > \frac{1}{\boldsymbol{\sigma}_{cm}} \sqrt{\frac{\Delta \bar{L}_m^2}{\gamma^2 - \frac{2}{9} - 4l \| \boldsymbol{w}_{c,n+1} \|^2}} \triangleq B_c$$

$$\| \bar{\boldsymbol{w}}_a(t) \| > \frac{1}{\boldsymbol{\sigma}_{am}} \sqrt{\frac{\Delta \bar{L}_m^2}{l_2 - l_1}} \triangleq B_a$$

根据 Lyapunov 稳定性定理,可得 Critic 神经网络的权值估计误差 $\bar{\boldsymbol{w}}_c(t)$ 和 Actor 神经网络的权值估计误差 $\bar{\boldsymbol{w}}_a(t)$ 都是一致最终有界(UUB)的,并且其界限分别为 B_c 和 B_a。

证毕。

3.2.3 ACC 仿真实验及结果分析

基于本节所提出的 SADP 方法,利用 dSPACE 汽车驾驶仿真系统平台,将 SADP 算法用于设计 ACC 纵向加速度控制器，并通过仿真实验验证所提出的方法的有效性。

对于 ACC 问题，算法 3.1 中提到的最终状态定义如下：

$$\begin{cases} |\Delta v| < 0.072\text{km/h} \\ |\Delta d| < 0.2\text{m} \end{cases} \tag{3-63}$$

在实验中，根据系统状态给出不同的回报值。如果达到最终状态，奖赏值 $r(t)$ 为 0，表示成功；对其他状态，奖赏值赋为 -1。并且，对训练过程中可能出现的撞车情形，即 $d \leqslant 0$ 时，奖赏值赋为 -10，表示失败。

基于 SADP 学习方法，图 3-10 给出了 ACC 系统的控制流程图。在车辆行驶过程中，一旦启动 ACC 系统，本车上的传感器就开始检测是否有目标前车。如果没有检测到前车，本车则以当前速度或者驾驶人设定的速度，通过输出合适的加速踏板开度来控制车辆进行巡航。当检测到前车时，上层控制器中的 SADP 算法就开始利用传感器数据进行学习，输出期望的加速度到下层控制器。下层的加速踏板或制动踏板控制器则计算所需的加速踏板开度或制动踏板压力，经由发动机或制动执行器作用于车辆进行控制。

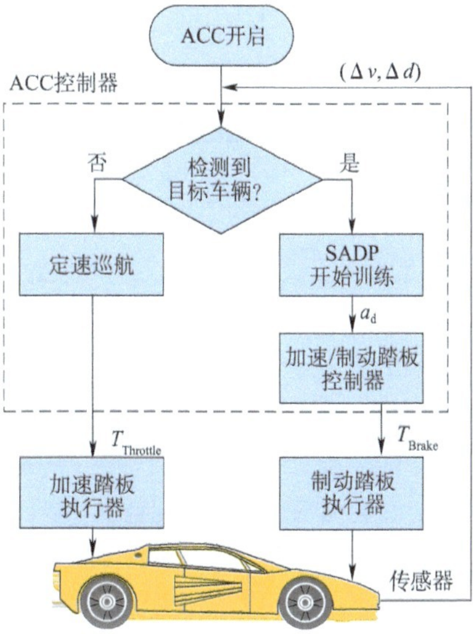

图 3-10 基于 SADP 算法的 ACC 系统控制流程图

3.2.3.1 训练过程

SADP 算法的训练过程根据算法 3.1 所示的流程来进行。其中，折扣因子 γ 为 0.9，Actor 网络的学习率 α 为 0.1，Critic 网络的学习率 β 为 0.3。探索噪声方差 χ 为 0.2、均值为 0 的高斯白噪声。Actor 网络和 Critic 网络的隐含层都通过实验确定为 8 个，并且两个网络的权值都进行随机初始化。在训练过程中，采用 dSPACE 汽车驾驶仿真系统中默认的经过整定的 PID(Proportion Integration Differentiation)控制器作为 SADP 算法的监督控制器。考虑驾驶的舒适性，将加速度限幅在 $-3 \sim 6\text{m/s}^2$ 范围内。训练场景如图 3-11 所示，汽车在行进过程中不断变化速度，使得学习过程尽可能地在整个状态空间中进行。

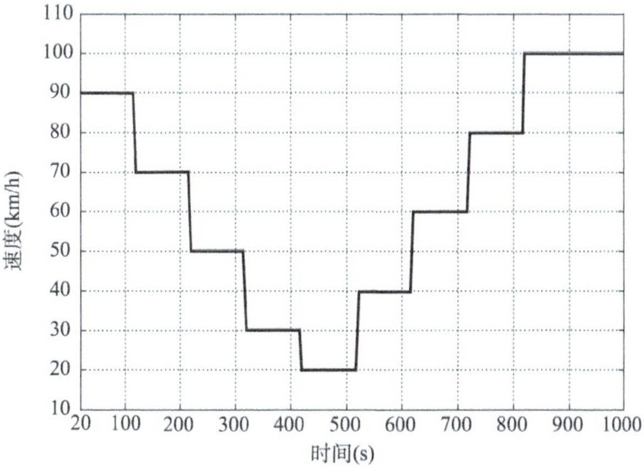

图 3-11 训练过程中前车驾驶场景

为了更好地比较所提出的 SADP 算法的性能，这里采取相同的实验配置，分别实现了 Actor-Critic 算法[37]和 ADP 算法[38]。对每一种方法，重复进行 10 次实验，得到了表 3-3 所示的结果。表 3-3 给出了 3 种不同方法的成功率，即每次实验中达到式(3-63)所示的最终状态的平均次数。通过比较不难发现，本小节所提出的 SADP 方法具有 100% 的成功率，充分说明导师的监督作用极大地改善了训练过程的收敛性。

SADP、AC 和 ADP 算法的训练结果 表 3-3

算法	实验次数	每次实验的迭代次数	成功率
SADP	10	1000	100%
AC[37]	10	1000	4.37%
ADP[38]	10	1000	19.88%

3.2.3.2 典型驾驶场景的自适应能力测试

经过训练之后，将 Actor 部分作为近似最优控制器来测试 ACC 系统在各种典型驾驶场景下的自适应能力。驾驶场景的详细定义包括自然驾驶、紧急制动踏板、车辆插入等。训练过程中由 dSPACE 汽车驾驶仿真系统默认提供的、用作监督控制器的 PID 控制器，在测试过程中用来与 SADP 控制器的性能作比较。为更好地模拟真实驾驶环境，测试过程加入了传感器噪声。根据传感器的测量精度，将距离噪声范围均匀分布于 $-0.08 \sim 0.08\text{m}$ 之间，速度噪声范围在 $-0.09 \sim 0.09\text{m/s}$ 之间。不同驾驶场景的测试结果如图 3-12 所示。值得注意的是，为了突出显示 ACC 系统的控制性能，在下面的实验中，设置在 $t = 20\text{s}$ 时开启 ACC 系统。

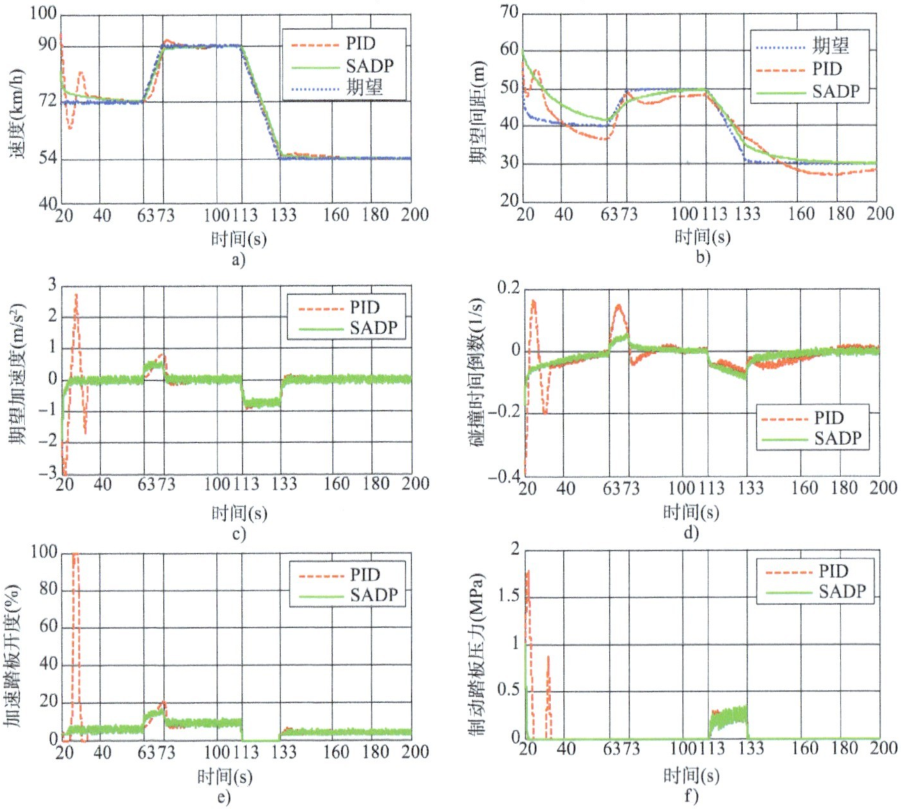

图 3-12 自然驾驶场景仿真结构

(1)自然驾驶场景。

自然驾驶场景定义为车辆在行驶过程中正常的加速或减速过程。图 3-12 给出了自然驾驶场景的比较结果。车辆速度的比较结果如图 3-12a)所示,期望间距的结果如图 3-12b)所示。汽车起动后加速到 72km/h,在 $t=63\mathrm{s}$ 时,前车在 10s 内加速到 90km/h,保持该速度行驶 40s,然后在 $t=113\mathrm{s}$ 时减速到 54km/h。而由 ACC 系统控制的本车在距离前车 100m 处起动,设定速度为 100km/h。当 $t=20\mathrm{s}$ 时开启 ACC 系统,传感器检测到前车后,本车则在 ACC 系统的作用下跟随前车以达到期望的速度和安全距离。上层控制器的期望加速度输出如图 3-12c)所示。

从图中可以看出,在速度跟踪方面 SADP 控制器表现的与 PID 控制器一样好,但在距离保持方面 SADP 的控制性能则要优于 PID 控制,具体表现为 PID 控制产生的稳态误差较大,在车辆行驶中带来了一定的安全性风险。碰撞时间的倒数 TTC^{-1} 指标如图 3-12d)所示,两个控制器都能使车辆稳定行驶,表明当前的驾驶状态是安全的,但与 PID 控制相比,SADP 控制器的 TTC^{-1} 指标更平缓,更接近于 0,因此也就更稳定。此外,如图 3-12e)和图 3-12f)所示,当前车在 $t=113\mathrm{s}$ 减速时,加速踏板开度为 0,并且启动制动踏板来减小速度、增加间距。

(2)其他车辆插入场景。

其他车辆插入场景(图 3-13)定义为车辆在行驶过程中,有其他车辆从相邻车道插入到两车之间的情形。图 3-14 给出了其他车辆插入时的控制性能。前车起动后加速,并以 90km/h 的速度前进。而本车在距离前车 100m 处起动,以设定速度 100km/h 为目标加速,当 $t=20\mathrm{s}$ 时开启 ACC 系统,之后跟随前车行驶。当 $t=90\mathrm{s}$ 时,另一辆车从相邻车道以 70km/h 的速度插入到两车之间行驶。此时,传感器检测到前方车辆的速度和间距突然变化,两车的期望间距从原来的 50m 减小到 39m。那么,本车需要在 ACC 系统的作用下进行减速以避免碰撞,并跟踪插入车辆的行为。之后,当 $t=110\mathrm{s}$ 时,插入的车辆又驶离该车道,相应地,传感器重新检测到前方有车辆正以 80km/h 的速度前进。这样本车需要继续加速以跟踪前车。

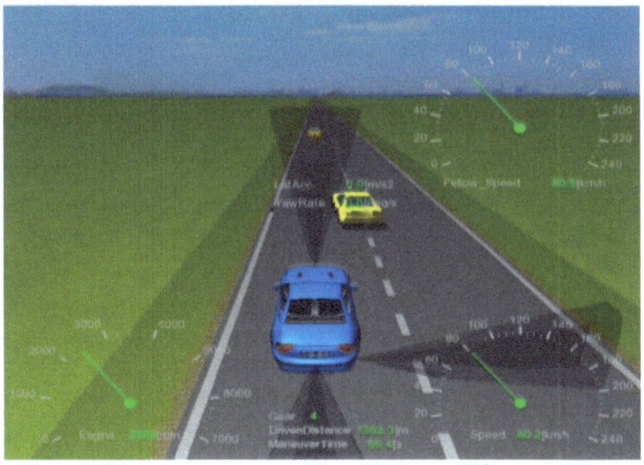

图 3-13 车辆插入场景示意图

车辆速度和间距的测试结果分别如图 3-14a)和图 3-14b)所示。对 PID 控制而言,有车辆插入和驶离的过程中,速度的控制超调量较大,而稳态时的期望间距误差超过了 6m,增加了撞车的危险。与 PID 控制器相比,SADP 算法在速度和距离的调节上都更为出色,控制平缓且误差很小。同样,如图 3-14c)所示,基于 PID 控制的 ACC 系统输出的期望加速度振荡较大,影响了驾驶员的舒适性。当 $t=90\mathrm{s}$ 有其他车辆插入时,如图 3-14e)和图 3-14f)所示,加速踏板开度几乎将为 0 并且启动制动踏板来减速以避免与插入的车辆产生碰撞。而当 $t=110\text{s}$ 该车辆驶离时,制动踏板置为 0 并增加加速踏板开度以加速追赶新检测到的前车。图 3-14d)表明当有车辆插入时,PID 控制器使车辆的 TTC^{-1} 指标突然振荡,影响了车辆行驶的稳定性,而 SADP 算法则使该指标变化较为平缓,从而保证车辆能稳定行驶。

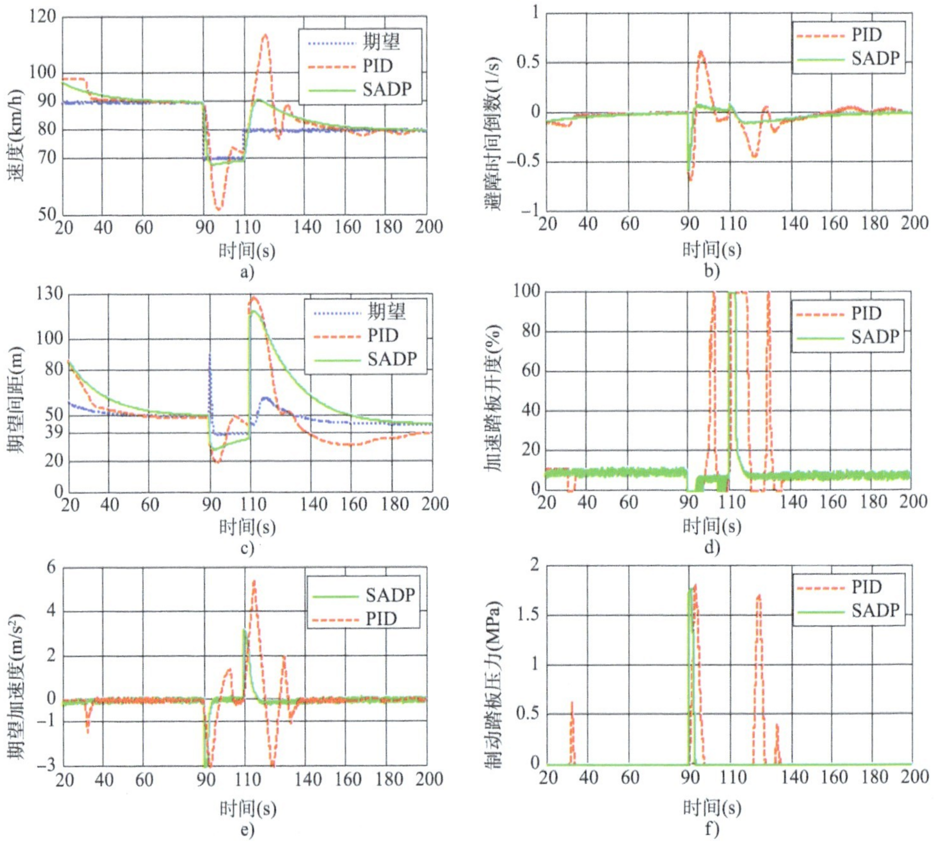

图 3-14 车辆插入场景仿真结构

(3)紧急制动场景。

紧急制动踏板场景定义为车辆行驶过程中,遇突发情况而突然以较大减速度制动踏板的情形。图 3-15 给出了紧急制动踏板场景的实验结果。如图 3-15a)所示,前车起动后加速,并以 100km/h 的速度前进。在 $t=67\text{s}$ 的时候紧急制动踏板,在 10s 内减速到 20km/h,之后在 $t=117\text{s}$ 时再加速到 60km/h。而本车在距离前车 100m 处起动,以设定速度 120km/h 为目标加速,当 $t=20\text{s}$ 时开启 ACC 系统,之后跟随前车行驶。当本车检测到前车速度变化时,同时进行紧急制动。在紧急制动时,相对距离成为评估控制性能的重要指标,如图 3-15b) 所示。很明显 SADP 方法在距离控制方面的性能要优于 PID 控制,紧急制动时的间距误差更小,这对于提高制动过程的安全性尤为重要。图 3-15c)所示的加速度控制性能表明,与 PID 控制器相比,采用 SADP 方法设计的加速度控制器在紧急制动过程中加速度的变化较小,显著改善了车辆驾驶的舒适性。如图 3-15e)和图 3-15f)所示,紧急制动时,加速踏板开度为 0,并且启动制动踏板来避免追尾,此时制动踏板压力增大,但 SADP 方法实现的 ACC 系统输出的制动踏板压力较为平缓。图 3-15d)所示的 TTC^{-1} 指标表明,当紧急制动开始时，车辆行驶的稳定性变差，但 SADP 方法能很快将该指标稳定在 0 附近，而 PID 控制器则产生较大的变化值，严重影响了稳定性。

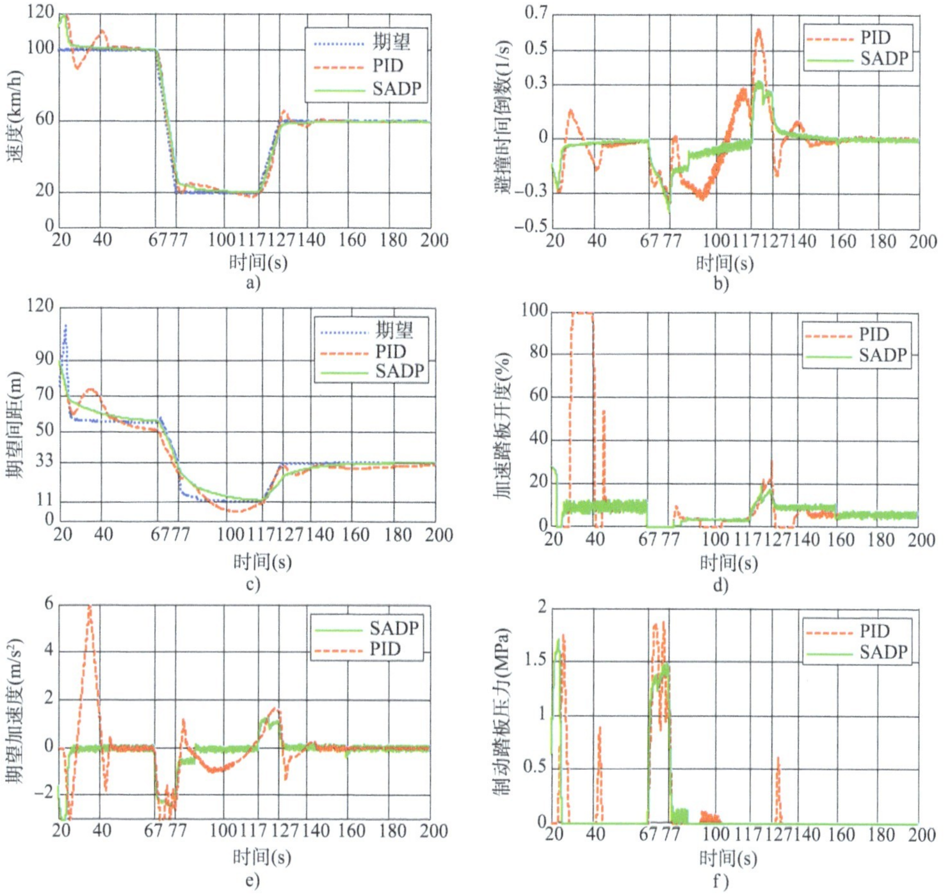

图 3-15　紧急制动场景仿真结构

(4)道路条件变化测试。

应当指出，基于 SADP 方法的 ACC 系统训练过程以及上面三个典型场景的测试，都是在干燥的道路条件下进行的，路面摩擦系数 $f_c = 1$。然而，不良的天气状况会改变道路条件并直接影响 ACC 系统的控制性能。虽然前面提到，一些汽车厂商明确警告在路面条件不利时不能使用 ACC 系统，但探索道路条件变化时 ACC 系统控制器的鲁棒性，不仅能检测控制方法的自适应能力，还对 ACC 系统的改进具有一定的指导意义。鉴于此，在这一部分通过改变路面条件，即设定路面湿滑时路面摩擦系数 $f_c = 0.6$，来测试所提出的基于 SADP 方法的 ACC 系统的自适应能力。测试场景仍然采用上面的紧急制板场景，路面湿滑的制动场景对 ACC 系统无疑是非常有挑战性的。

图 3-16 给出了路面湿滑条件下紧急制动场景的测试结果。前车起动后加速，并以 100km/h 的速度前进。在 $t = 73$s 的时候紧急制动，在 10s 内减速到 20km/h，之后在 $t = 123$s 时再加速到 60km/h，如图 3-16a)所示。而本车在距离前车 100m 处起动，以设定速度 120km/h 为目标进行加速，当 $t = 30$s 时开启 ACC 系统，之后跟随前车行驶。当本车检测到前车速度变化时，同时进

行紧急制动。从图3-16b)中可以看出,在 $t=87\text{s}$ 时,PID控制器控制的本车与前车的间距减为0,即发生了碰撞,而SADP控制器则成功地完成了控制任务,并达到了令人满意的结果。说明在路面湿滑的条件下,PID控制器不能有效地处理这种环境严苛的场景,而本小节所提出了SADP控制器则具有较好的自适应能力,可以应对各种驾驶场景。

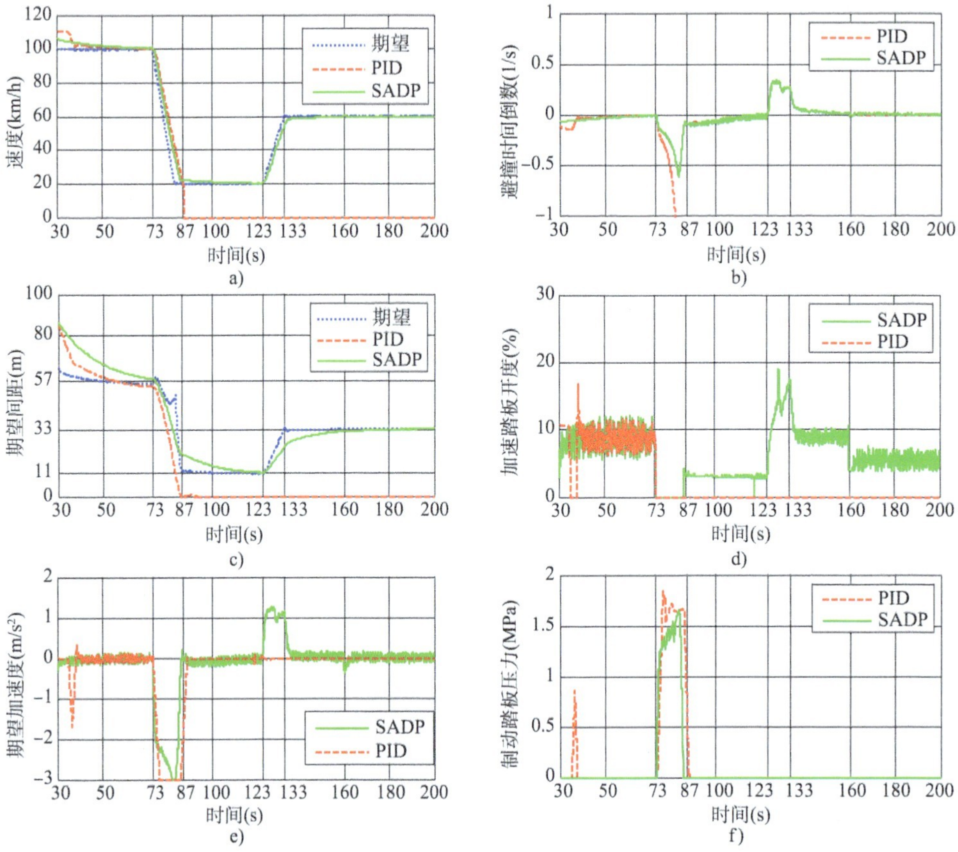

图3-16 路面条件变化下紧急制动场景仿真结果

值得注意的是,针对这种环境变化的行驶工况,当然可以重新整定PID参数,使其能够在当前工况下达到有效的控制性能,但是这种环境的变化时不可预知的,因此不可能通过穷举的方式来不断确定PID参数。本小节所提出的SADP方法学习到的控制器具有对驾驶环境的自适应性,也说明了所设计的ACC系统实际的可行性。

除此之外,将SADP方法的评价机制去掉,获得了仅包含监督学习过程的神经网络控制器,经实验验证,仅用监督学习方法获得的控制器只获得了与PD控制器一样的控制效果,仍然不能自适应地处理各种驾驶场景,尤其是图3-16所示的场景。由此说明,SADP方法在有效利用导师监督信息的同时,通过强化学习的评价机制,不断调整控制策略,最终能够学习到比导师更为优越的近似最优控制器。

上面各种驾驶场景的仿真实验充分验证了本节所设计的ACC系统的有效性。虽然PID控制器在SADP学习过程中充当监督控制器,但很明显SADP方法在很大程度上改进了其控制性能,这是通过对监督信息的利用和在状态及动作空间的有效探索来实现的。该ACC系统在处理路面条件变化时的自适应能力证明其实际的可行性。

本小节提出了一种监督式自适应动态规划方法,该方法通过外部导师监督作用,提供基本可行的控制策略,有效缩短了初始学习的试错过程,并提高了训练的成功率。控制策略的探索和 Critc 的评价机制避免了 Actor 成为监督控制器的复制品,该方法处理不同驾驶场景时(尤其是图 3-16 所示的场景)所表现出的自适应能力得益于学习过程中的合理探索和 Critic 对控制动作的评估及改进。最终,将所提出的 SADP 方法应用于 ACC 问题,实现了基于 SADP 的 ACC 加速度控制器的设计。通过对各种典型驾驶场景的仿真测试,验证了 SADP 控制策略的有效性。

3.3 考虑驾驶习惯的无模型强化学习自适应巡航控制

3.3.1 考虑驾驶习惯的自适应巡航控制

在实际驾车过程中,受交通环境和驾驶人主观因素影响,与前车的期望距离只是影响驾驶人舒适性的重要因素之一,此外,驾驶人主观舒适性还会受到汽车行驶加速度、视觉冲击和安全性等因素影响[39]。基于之前的研究内容,本节将重点考虑这些因素对驾车舒适性的影响,综合驾驶习惯学习、驾驶人视觉模型,跟车距离模型和安全距离模型,建立集安全性和舒适性一体的自适应巡航控制系统评价指标函数,在舒适性指标上可以考虑不同驾驶人的跟车习惯。在方法实现中,利用高斯过程回归模型拟合驾驶人习惯参数,使用多层感知机神经网络分别构建了用于策略评估的 Critic 网络和动作执行的 Actor 网络。从本车的行驶轨迹中采集状态转移数据,并将数据增广到跟车情况的状态动作空间。基于状态转移数据和性能指标函数,以策略迭代的方式训练 Critic 网络和 Actor 网络,学习得到近似最优的智能巡航控制器。在硬件在环仿真平台上构建不同的交通场景进行测试和分析,验证控制方法的有效性。

下层控制器使用系统逆模型加传统 PID 控制器的方式实现,这里只是考虑上层控制器对驾驶人习惯的学习和对汽车加速度的控制问题。因此在硬件在环仿真测试中,嵌入式控制器测量信号包含本车的速度 v_h、加速度 a_h、相对速度 Δv、与前车距离 d,输出本车期望加速度 a_d 作为控制量,调节本车与前车的距离和相对速度。

为了满足不同驾驶人的习惯特性,上层控制器需要对驾驶人行车过程的数据进行统计和学习,得到驾驶人的驾驶习惯,即不同行驶速度下的驾驶人期望跟车距离 d_d。当切换进入自适应巡航状态以后,控制器根据之前学习得到的驾驶习惯,输出加速度 a_h 对跟车距离和速度进行调整,如图 3-17 所示。

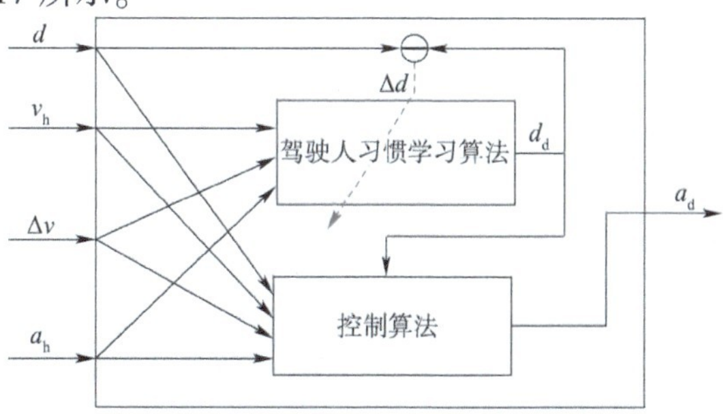

图 3-17 智能巡航系统上层控制器结构图

3.3.2 驾驶习惯的学习算法

为了保证汽车行驶的安全性,避免前车紧急制动造成追尾事故。在跟车过程中,驾驶人会根据自车速度与前车保持一定的间距,称为期望跟车距离。对于期望距离,不同的驾驶人会有不同的期望,如新上路的驾驶人,通常比较保守,希望与前车保持比较大的安全距离,而操作熟练的驾驶人,则会与前车保持比较小的安全距离,避免侧方车辆的插入。跟车距离常用于描述跟车过程中驾驶人的习惯特性,是评价自适应巡航控制系统是否符合驾驶人特性的一项重要指标。通过对参数的调整,以适应不同的驾驶人习惯。

$$d_{\mathrm{d}} = v_{\mathrm{h}}\tau + d_0 \tag{3-64}$$

其中,d_{d} 为驾驶员期望距离;v_{h} 为本车速度;τ 为车头时距;d_0 为制动距离。

驾驶过程中,由于驾驶人的主观性以及对距离速度的判断不准确性,期望跟车距离与速度并非线性关系。因此,使用线性模型的方式很难学习得到精确的驾驶人习惯。为了得到更加准确的驾驶人习惯模型,这里将使用高斯过程回归模型拟合驾驶人习惯。

将驾驶人模型建模为一个高斯过程,即 $p(d_{\mathrm{d}}) \sim GP(m_0, k(y, y'))$,其中 y 为本车状态;m_0 为先验期望;$k(\cdot)$为协方差函数。假设在 t 时刻已经测量得到驾驶人驾驶状态的跟车数据 $D_t = \{(y_i, d_i) \mid i = 0,1,2\cdots t\}$,其中 y_i、d_i 分别表示在第 i 时刻本车的状态和两车之间的间距,则我们可以根据贝叶斯推理方法求取后验概率,统计分析驾驶人习惯:

$$p(d_{\mathrm{d}} \mid D_t) = \frac{p(D_t \mid d_{\mathrm{d}})p(d_{\mathrm{d}})}{\int_{d_{\mathrm{d}}} p(D_t, d_{\mathrm{d}})} \tag{3-65}$$

以上使用批处理的方式对高斯过程进行更新,需要在采集到完整的数据,或是在采集新的数据后加入数据集对模型进行更新,这种方式计算量较大。这里可以采取在线的更新方式,假设在 $t-1$ 时刻得到的后验概率为 $p(d_{\mathrm{d}} \mid D_{t-1})$,$t$ 时刻采集到新的样本(y_t, d_t),则式(3-65) 等效于:

$$p(d_{\mathrm{d}} \mid D_t) = \frac{p(d_t \mid d_{\mathrm{d}})p(d_{\mathrm{d}} \mid D_{t-1})}{\int_{d_{\mathrm{d}}} p(d_t, d_{\mathrm{d}} \mid D_{t-1})} \tag{3-66}$$

理想情况下,驾驶人驾驶车辆进入跟车状态以后,两车之间的相对速度为零,间距保持不变,期望跟车距离 d_{d} 是本车速度 v_{h} 的函数,在高斯过程中 $y = v_{\mathrm{h}}$。但实际距离测量中,由于环境因素、驾驶人操作和测量误差等原因,两车相对速度很难保持为0,即很难测量得到驾驶人跟车稳态(即相对速度为零时候)的样本数据 $(y,\ d)$。如何利用非稳态的驾驶人跟车数据来更新高斯过程,是实际应用中必须解决的问题。

以本车速度 v_{h} 和加速度 a_{h}、与前车相对速度 Δv 作为高斯过程输入。通过高斯过程协方差函数 $k(\cdot)$的设计,使得采集样本状态 $x = (v_{\mathrm{h}}, a_{\mathrm{h}}, \Delta v)$ 与稳态 $x^{\star} = (v_{\mathrm{h}}, 0, 0)$ 建立相关性关系。根据高斯过程更新公式,采集状态与接近稳态,两者协方差越大,对高斯过程更新的贡献越大;反之,则贡献越小。

当驾驶人驾驶时,在线的采样驾驶人跟车状态数据,选择其中近似稳态数据$\{(v_{\mathrm{h}}, \Delta v, \alpha_{\mathrm{h}}, d) \mid |\Delta v| < \mathrm{Th}_{\mathrm{v}}$ and $|a_{\mathrm{h}}| < \mathrm{Th}_a\}$作为高斯过程训练数据,其中 Th_{v} 和 Th_{a} 分别是为采集稳态数据为相对速度和本车加速度设定的阈值。另外,由于本车的速度空间已知

$v_h \in [0,110]$km/h，这里就已知了高斯过程的输入空间范围。为保证高斯过程更新的实时性，使用高斯过程稀疏化方式在输入空间选择基向量 y_b。因此，高斯过程可以初始化成为一个多变量的高斯分布：

$$p(d_d) = N(v_b \times \tau + d_0, \boldsymbol{K}) \tag{3-67}$$

初始化过程中，使用驾驶人线性模型式(3-64)作为高斯过程先验知识，协方差矩阵 $\boldsymbol{K}_{i,j} = k(\boldsymbol{y}_{b,i}, \boldsymbol{y}_{b,j})$，$\boldsymbol{y}_{b,i}$ 和 $\boldsymbol{y}_{b,j}$ 分别为基向量 $\boldsymbol{y}_b$ 的第 i 和 j 个元素，v_b 是基向量中的速度分量。协方差函数选择：

$$k(y,y') = \alpha \exp\left[-\frac{1}{2}(y-y')^{\mathrm{T}}\Sigma^{-1}(y-y')\right] \tag{3-68}$$

其中，α 和 Σ 分别为函数参数。

通过以上的分层式控制结构，上层的自适应巡航控制器只需要调节本车的加速度 a_h 以保持与前车之间的相对距离与相对速度。为方便求解控制器，将汽车的加速度响应等效为理想的一阶时延系统，有：

$$\dot{a}_h = \frac{1}{T_d}(a_d - a_h) \tag{3-69}$$

其中，a_d 为上层控制器输出的期望加速度；T_d 为系统时延，主要由传感器检测延时、下层控制器和执行器的动作输出延时造成，一般设置为 0.5s。

利用线性二次型调节器来获得控制量。根据车辆运动学方程，系统的状态方程可以描述为：

$$\dot{s} = \boldsymbol{A}s + ba_d + Fa_p = \begin{bmatrix} 0 & 1 & 0 & 0 \\ 0 & 0 & 0 & -1 \\ 0 & 0 & 0 & 1 \\ 0 & 0 & 0 & -\dfrac{1}{T_d} \end{bmatrix} s + \begin{bmatrix} 0 \\ 0 \\ 0 \\ \dfrac{1}{T_d} \end{bmatrix} a_h + \begin{bmatrix} 0 \\ 1 \\ 0 \\ 0 \end{bmatrix} a_p \tag{3-70}$$

其中，系统的状态为 $s = [\Delta d, \Delta v, v_h, a_h]$。系统的输入为上层控制器输出的期望加速度 a_h。由于前车加速度 a_p 一般难以测量的，故将其视为干扰项。

根据状态方程式(3-70)，可以判断该系统是完全可控的，状态是完全可观测的。自适应巡航控制器可以转换成求解状态反馈控制器 $a_h = \boldsymbol{G}s$，使得以下二次型性能指标函数达到最小：

$$\begin{aligned} J &= \frac{1}{2}E\left[\int_0^{\infty} (e_d^2 + \rho_1(v_p - v_h)^2 + \rho_2 a_h^2 + \kappa a_h)\,\mathrm{d}t\right] \\ &= \frac{1}{2}E\left[\int_0^{\infty} (s^{\mathrm{T}}\boldsymbol{Q}s + a_h^{\mathrm{T}}Ra_h)\,\mathrm{d}t\right] \end{aligned} \tag{3-71}$$

其中，e_d 为两车距离与驾驶人期望距离之差：

$$e_d = v_h \times \tau - \Delta d = s_3 \times \tau - s_1$$

其中，权重因子 ρ_1 和 ρ_2 是为了平衡驾驶过程中汽车舒适性和汽车动态响应性能。矩阵 $\boldsymbol{Q}$ 和 $\boldsymbol{R}$ 可以表示为：

$$\boldsymbol{Q} = \begin{bmatrix} 1 & 0 & -\tau & 0 \\ 0 & \rho_1 & 0 & 0 \\ -\tau & 0 & \tau^2 & 0 \\ 0 & 0 & 0 & \rho_2 \end{bmatrix}, \boldsymbol{R} = [\kappa]$$

根据线性二次型调节器(LQR)可以得到线性系统的反馈增益:

$$G = R^{-1}b^{T}P \tag{3-72}$$

其中,P 可以通过求解黎卡提方程式(3-73)得到:

$$A^{T}PA - PBR^{-1}b^{T}P + Q = 0 \tag{3-73}$$

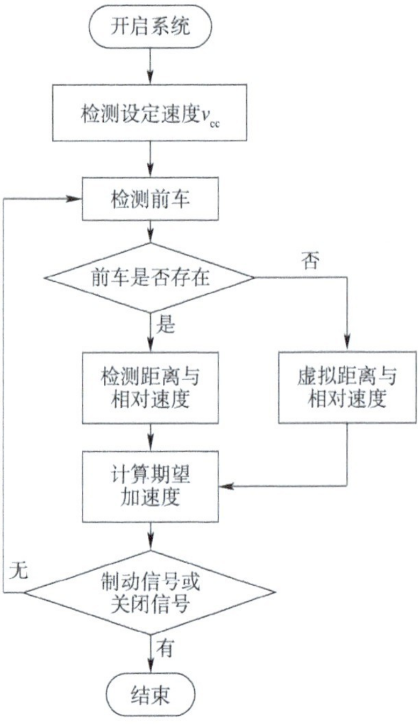

图 3-18 智能巡航系统控制流程图

使用以上控制算法构建的上层控制器的流程如图 3-18 所示。开启系统以后,汽车根据驾驶人设定的速度 v_{cc} 行驶,并使用雷达等传感器检测道路环境和自身状态。当检测到车道前方存在车辆时,则进入自适应巡航状态,将两车的间距保持为驾驶人期望距离;若前方路况空旷,在处于定速巡航状态,按照驾驶人设定速度行驶。当系统检测到关闭信号或是驾驶人制动动作,则关闭智能巡航控制系统,切换到驾驶人驾驶状态。

与自适应巡航状态同时进行车距和车速调节不同,在定速巡航时,控制系统只是对本车速度进行调节。为避免重新设计定速巡航控制器,造成定速巡航和自适应巡航控制的切换问题,这里引入虚拟前车:进入定速巡航模式后,在本车前方构建一辆以 v_{cc} 的速度行驶的虚拟前车,两车间距一直保持为期望距离 d_d。如此,两车速度差为 $\Delta v = v_h - v_{cc}$,距离为期望距离,只需要进行速度调节即可。如图 3-19a)所示,虚拟前车按照 v_{cc} 速度行驶,两车间距保持为 d_d。

值得注意的是,在线性二次型调节器的求解过程中,驾驶人跟车模型使用的是线性模型。随着学习算法对驾驶人习惯的不断学习,期望距离模型与速度不再是理想的线性关系。为了使两车之间的距离能够保持为学习后的期望距离,类似于定速巡航构建虚拟前车,可以按照式(3-74)对雷达实际测量的两车间距进行变换,在不修改控制器的情况下将两车间距保持为学习后的期望距离。

$$d' = d + v_h\tau - d_d \tag{3-74}$$

其中,d 为雷达传感器实际测量距离;d_d 为驾驶人习惯学习算法输出的期望距离;d' 为虚拟距离,作为控制算法的距离输入。虚拟的前车如图 3-19b)所示,虚拟前车速度为实际前车速度,间距为 d'。

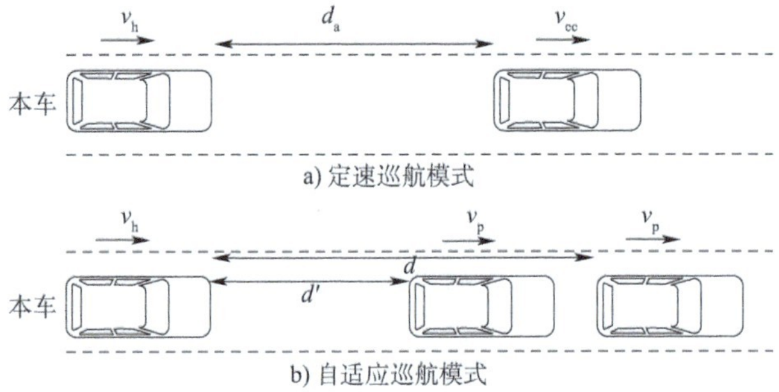

图 3-19 虚拟前车

3.3.3 自适应巡航控制系统性能指标

不同的驾驶人拥有不同的驾驶习惯,表现在期望跟车距离上,反映的是跟车稳态时驾驶人的习惯,即两车相对速度为零情况下的距离。此外,驾驶习惯还体现在驾驶人按照不同的方式接近前车这一动态过程中,如有些驾驶人希望更快的接近前车,然后以大的减速度减速到跟车稳态,有些驾驶人则提前减速,以较小的相对速度接近前车。

在汽车智能巡航过程中,驾驶人类似于一个监督者,根据自己的驾驶习惯评估控制系统的性能。如果不能达到期望,就会引起驾驶人的不满和介入,甚至关闭智能巡航系统。因此,智能巡航控制器需要在考虑行驶安全性的同时, 去分析和满足驾驶人的主观感受。这里将从驾驶人的视觉感知、期望距离和加速度,以及安全性等方面进行分析,建立舒适性评价指标。

(1)驾驶人视觉模型:也称 Looming Effect,最早由 Hoffmann 和 Mortimer 两位研究者提出[40],用于分析驾驶人对不同的交通环境感知和相应的行为动作。该模型也被用于设计符合驾驶人习惯的自适应巡航控制系统和前向碰撞预警系统。本小节将对该模型进行简单介绍,并分析模型对舒适性的影响。

驾驶人视觉模型如图 3-20 所示,前方车辆与驾驶人距离为 $\hat{d}$, 在驾驶人视野投影角度表示为 θ,这两者与前车的宽度 w 存在以下相等关系:

$$w = \hat{d}\theta \tag{3-75}$$

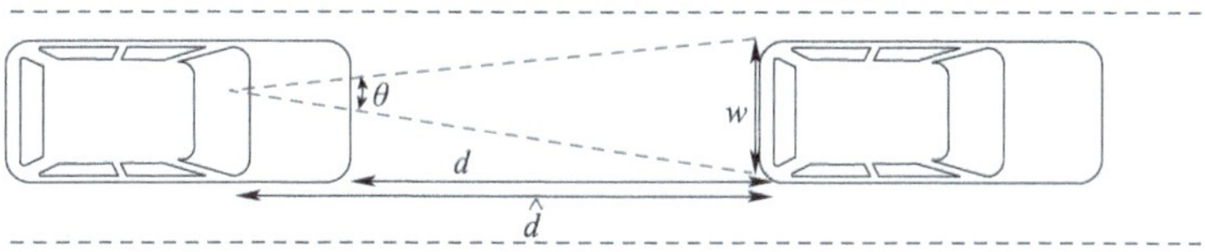

图 3-20 驾驶人视觉模型

如果两车存在相对速度,则驾驶人与前车的距离以及视野角度都会发生变化。对式(3-75)进行时间求导可以得到视野角度的变化速率:

$$\frac{\mathrm{d}w}{\mathrm{d}t} = \frac{\mathrm{d}\hat{d}}{\mathrm{d}t}\theta + \frac{\mathrm{d}\theta}{\mathrm{d}t}\hat{d} \tag{3-76}$$

其中的视野角度与视野角度的变化率的比值 $\theta/\dot{\theta}$ 是驾驶人对两车相对速度的最直观感受。由前车的宽度 w 是恒定不变的,由式(3-76)得到:

$$\frac{\theta}{\dot{\theta}} = -\frac{\hat{d}}{\dot{\hat{d}}} \approx \frac{d}{\Delta v} = \mathrm{TTC} \tag{3-77}$$

分析上面等式得到:驾驶人的视觉模型可以近似为汽车与前车的碰撞时间。由于 Δv 存在等于零的情况,我们将使用碰撞时间的倒数(TTC^{-1})表示驾驶人的视觉感知。当 TTC^{-1}越大时,就是 $\dot{\theta}/\theta$ 也越大,也意味着前方车辆在驾驶人视野中快速变化,视觉冲击越强,会给驾驶人危险降临的感觉;反之,视觉冲击也就越弱,驾驶人的舒适性就越高:

$$\mathrm{TTC}^{-1} = \frac{\Delta v}{d} \approx \frac{\dot{\theta}}{\theta} \tag{3-78}$$

视觉感知模型间接反映了驾驶人驾车动态接近前车的一种习惯,当在接近前车后以大的减速度减速至稳态,该过程的评价指标 $\dot{\theta}/\theta$ 也越大;若提前减速,以较小的相对速度接近前车,该项评价指标也就越小。碰撞时间倒数作为评价指标已经应用于构建自适应巡航系统或是分析驾驶人习惯。

(2)舒适性指标:通过前一节中期望跟车距离和视觉模型分析,两车之间的间距反映驾驶人的稳态跟车习惯,碰撞时间的倒数反映了驾驶人动态跟车习惯,这两项都会影响到在智能巡航状态时驾驶人的舒适性。另外,直接影响到汽车乘坐的舒适性的还有加速度、综合期望跟车距离 d_{d}、碰撞时间倒数 TTC^{-1} 和实际行驶加速度 a_{h}。因此,建立汽车乘坐的舒适性综合评价指标:

$$p_c = (d - d_d)^2 + \lambda_t(\mathrm{TTC}^{-1})^2 + \lambda_{\mathrm{a}} a_h^2 \tag{3-79}$$

其中,λ_{t}、λ_{a} 为评价指标的权重因子。

(3)安全性指标:汽车智能巡航控制系统在保证驾驶人舒适性的同时,其最基本的也是最重要的要求是保证行车的安全性。在跟车过程中,驾驶人视野受阻,无法了解前方道路的路况;另一方面,目前车载雷达还难以精确测量前车的加速度,造成本车无法预测前车的行驶轨迹。因此,为避免突发情况下前车紧急制动造成追尾事故,定义前车在紧急减速(加速度为 $a_{\mathrm{p,max}}$)时,智能巡航控制系统为避免碰撞必须保持的间距为安全距离。

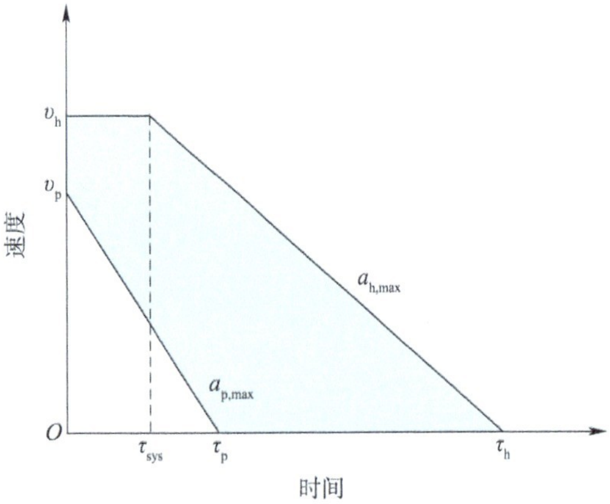

图 3-21　安全距离模型图

图 3-21 表示在检测到前车制动后,本车也立即采取制动。由于系统相应时延,经过 τ_{sys} 时间以后本车加速度才开始变化。其中,τ_{p} 为前车制动时间,τ_{h} 为本车制动时间,图中阴影部分表示前车制动时,本车为避免碰撞所需要预留的安全距离。安全距离可以通过式(3-80)计算得到。

$$d_{\mathrm{safe}} = v_{\mathrm{h}}\tau_{\mathrm{sys}} + \frac{v_{\mathrm{h}}^2}{2a_{\mathrm{h,max}}} - \frac{v_{\mathrm{p}}^2}{2a_{\mathrm{p,max}}} \tag{3-80}$$

其中,$a_{\mathrm{h,max}}$ 为智能巡航控制系统可以采取的最大减速度。

根据以上安全模型,在式(3-81)中给出了汽车纵向安全性的评价指标。定义两车间距大于安全距离 d_{safe} 时,不存在危险性,性能指标为 0,不对控制策略进行惩罚。当两车间距小于安全距离 d_{safe} 时,性能指标为偏离安全距离的二次型,偏离安全距离越远,惩罚越大。由于不同的行车速度对应着不同的安全距离值,为方便与舒适性指标统一,对安全性能指标进行归一化处理。

$$p_s\begin{cases} 0 & d > d_{\mathrm{safe}} \\ \left(\dfrac{d}{d_{\mathrm{safe}}} - 1\right)^2 & d \leqslant d_{\mathrm{safe}} \end{cases} \tag{3-81}$$

3.3.4　无模型强化学习控制算法

汽车行驶过程中的安全性和舒适性,都是辅助驾驶系统必须具备性能,不能仅从单方面性能上进行考量。需要建立综合性的评价指标，对自适应巡航控制系统进行整体的评价。在安全性能指标上加入折扣因子 λ_s 的方式建立综合的评价指标：

$$r(s,a_h)=p_c+\lambda_s p_s \tag{3-82}$$

式(3-82)建立了对当前状态的评价指标函数，对于控制策略的性能指标，使用强化学习中定义的值函数评价：

$$V^{\pi}(s_t) = \frac{1}{2}E[\int_0^{\infty} r(s_i,\pi(s_i)\mathrm{d}t)] \tag{3-83}$$

该式解释为系统在控制策略 π 作用下，从初始状态 s_t 出发到达目标状态的值。在时域离散化可以将积分转化成累加的形式：

$$V^{\pi}(s_{k+1})=\frac{1}{2}E[\sum_{i=k}^{\infty} r(s_i,\pi(s_i))] \tag{3-84}$$

根据综合性能指标函数的定义，最优控制策略是使得值函数最小化的控制策略，若只考虑确定性控制策略的情况，可以表示为：

$$\pi_*(s_t)=\arg\min_{\pi} V^{\pi}(s_t) \tag{3-85}$$

考虑到控制策略评价指标式(3-82)并非是状态的二次型，加之车辆模型的非线性，使用常用的 HJB(Hamilton-Jacobi-Bellman)方程求解最优控制策略非常困难。这里我们采用所提出的无模型的最优控制方法迭代求解近似最优控制策略，方法的框图如图 3-22 所示。首先从本车的状态动作空间采集数据，然后利用跟车过程中两车的运动学关系将采集的数据增广到跟车系统的状态动作空间，并通过重新采样技术得到相对独立的数据样本；再分别使用多层感知机神经网络构建用于产生控制动作的 Actor 网络和用于评估控制策略的 Critic 网络；根据采集的数据样本和性能评估函数，训练 Critic 网络，进而根据 Actor 网络调整和提升 Critic 网络，如此不断迭代直到收敛，最后收敛的 Actor 网络作为近似最优的控制策略。

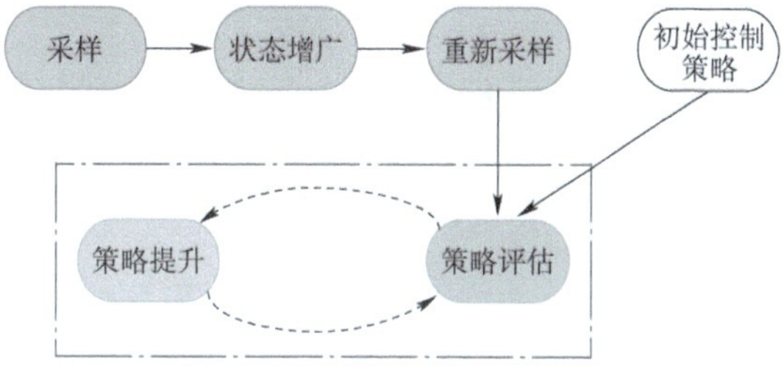

图 3-22 无模型最优控制方法框图

(1)数据采集：本车的状态转移数据是本车在状态 s_t^h(含有速度 v_h 和加速度 a_h)下，采取动作 a_t(动作为上层控制器输出的期望加速度 a_d，为书写方便，这里记为 a)，下一时刻采集到的状态为 s_{t+1}^h。在数据采集过程中，不可能将车辆置于一个任意的初始状态，然后采取一个随机的动作，采集状态转移数据。需要使用特定的策略从本车运行轨迹采样状态转移数据集合，再在数据集合里面进行重采样操作，得到独立分布的数据样本。

这里采取随机的动作值 $a, a\in[A_{min}, A_{max}]$ 作用于本车，可以采集到系统运行轨迹数据 $D_t=\{(s_0^h,a_0,s_1^h,a_1\cdots s_t^h,a_t,s_{t+1}^h\cdots)\}$，其中 s_i^h 表示第 i 时刻测量到本车运行状态。为了遍历本车的状态动作空间，可以使得随机产生的动作 a 满足分布：均匀分布于$[A_{min},0]$概率为 p；均匀分布于$[0,A_{man}]$概率值为 $1-p$。则动作的期望值为：

$$E[a] = (pA_{\min} + (1-p)A_{\max}) \tag{3-86}$$

可以通过调整概率值 p 使得汽车整体趋势保持为加速或是减速，实现对状态空间充分采样。多次重复以上操作，得到含有多条轨迹的样本集合 D_t。再进行重采样操作，随机地从轨迹样本中选取状态转移数据（$s_t^{\mathrm{h}}, a_t, s_{t+1}^{\mathrm{h}}$）加入状态转移样本集合 D_{h} 中，得到近似独立分布的状态转移数据样本。

通过以上轨迹采样和重采样过程，得到本车的状态（v_{h} 和 a_{h}）与动作（a）的状态转移关系。关于本车与前车之间的状态关系如间距 d 和速度差 Δv 以状态增广的方式产生：随机地产生当前时刻两车距离和速度差，与之前采集的本车数据组合成为跟车状态数据；下一时刻本车状态采集得到，状态 d、Δv 由运动学方程求解得到：

$$\begin{cases} \dot{d} = \Delta v \\ \Delta \dot{v} = a_{\mathrm{p}} - a_{\mathrm{h}} \end{cases} \tag{3-87}$$

其中，前车的加速度 a_{p} 在这里可以设置为 0。使用样本增广的方式，成倍地增加了数据集，数据可以更加全面的覆盖状态空间，有效地降低训练样本之间的相关性。

通过以上轨迹采样、重采样和状态增广，得到了可以使用的智能巡航控制系统的状态转移样本集合 $D = \{(s_t, a_t, s_{t+1}) \mid t = 1,2,3,\cdots\}$。将 D 作为训练数据，用于 Critic 网络与 Actor 网络的训练。

（2）Critic 网络：Critic 网络由三层感知机神经网络构建，其输入为系统的状态 s 与动作 a，输出控制策略的动作值函数的估计值。

$$\hat{Q}(s,a) = \boldsymbol{\Phi}(s,a,w) = \boldsymbol{w}_1^{\mathrm{T}}\sigma(\boldsymbol{w}_1^{\mathrm{T}}[s;a] + b_1) + b_2 \tag{3-88}$$

中间式子 $\boldsymbol{\Phi}(s,a,w)$ 为 Critic 网络的函数表达式，其中 $\boldsymbol{w}$ 为神经网络的所有可调节参数。右边式子为 Critic 网络的函数展开式，其中 $\boldsymbol{w}_1$、$\boldsymbol{w}_2$ 和 b_1、b_2 分别为输入层、输出层的权重与偏置；$\sigma(\cdot)$ 为隐层节点激活函数，输出层直接线性输出。

在策略评估时，Critic 网络的输出需要满足贝尔曼方程，即 Critic 网络的训练目标可以描述为：

$$\begin{cases} \boldsymbol{\omega} \\ \boldsymbol{\Phi}(s_t, a_t, \boldsymbol{\omega}) = c(s_t, a_t) + \boldsymbol{\Phi}(S_{t+1}, \hat{\pi}(s_{t+1}), \boldsymbol{\omega}) \end{cases} \tag{3-89}$$

在实际求解中，得到一组满足等式的参数 $\boldsymbol{\omega}$ 是非常困难的，可以令 $e_{\mathrm{r}} = \boldsymbol{\Phi}(s_t, a_t, \boldsymbol{\omega}) - c(s_t, a_t) - \boldsymbol{\Phi}(s_{t+1}, \hat{\pi}(s_{t+1}), \boldsymbol{\omega})$，这样目标转换为使得误差 e_r 最小化的参数 $\boldsymbol{\omega}$。这里可以定义训练 Critic 网络的目标函数：

$$L_{\mathrm{c}} = \frac{1}{2} e_{\mathrm{r}}^{\mathrm{T}} e_{\mathrm{r}} + \lambda_{\mathrm{w}}^2 \boldsymbol{\omega}^{\mathrm{T}} \boldsymbol{\omega} \tag{3-90}$$

上式中引入了网络参数的二次型作为正则项，避免多层感知机网络过拟合，正则化因子为 λ_{ω}^2。为保证 Critic 网络的快速收敛，这里选用 Levenberge-Marquardt 梯度下降方法对 Critic 网络的参数进行更新，更新法则为：

$$\boldsymbol{\omega}(k+1) = \boldsymbol{\omega}(k) - \frac{\boldsymbol{J}_{\mathrm{c}}}{\boldsymbol{J}_{\mathrm{c}} \boldsymbol{J}_{\mathrm{c}}^{\mathrm{T}} + \mu_{\mathrm{c}} \boldsymbol{I}_{\mathrm{c}}} \boldsymbol{e}_{\mathrm{c}} \tag{3-91}$$

其中，k 表示参数更新的次数；μ_{c} 是梯度下降方法的阻尼因子；$\boldsymbol{e}_{\mathrm{c}} = [e_{\mathrm{r}}^{\mathrm{T}}, \lambda_{\omega} \boldsymbol{\omega}^{\mathrm{T}}]^{\mathrm{T}}$；$\boldsymbol{I}_{\mathrm{c}}$ 是相应维

度的单位矩阵；$\boldsymbol{J}_{c}$ 是残差 $\boldsymbol{e}_{c}$ 关于 $\boldsymbol{\omega}$ 的雅克比矩阵。

在 Critic 网络训练收敛以后，接着进行策略的提升过程，对 Actor 网络的参数进行调整，调整目标是最小化 Critic 网络的输出。

(3) Actor 网络：Actor 网络为状态到控制动作的映射，其输入为系统的状态 s，输出为控制动作的估计 $\hat{a}$。和 Critic 网络类似，它由三层感知机神经网络构建：

$$\hat{a}=\boldsymbol{\Psi}(s,v)=\sigma(\boldsymbol{v}_2^{\mathrm{T}}\sigma(\boldsymbol{v}_1^{\mathrm{T}}s+d_1)+d_2) \tag{3-92}$$

中间式子 $\boldsymbol{\Psi}(s,\boldsymbol{v})$ 为 Actor 网络的函数表达式，其中 $\boldsymbol{v}$ 为神经网络所有可调节的参数。右边式子为神经网络的函数展开式，其参数定义与 Critic 网络类似。与 Critic 网络的直接线性输出不同，在 Actor 网络的输出层加入激活函数 a(·)使得网络输出在[-1,1]范围内，需要通过相应的线性变换，将输出映射到动作空间中。

Actor 网络的训练目标是调整网络参数使得 Critic 网络的输出最小化。由于在满足一定条件下，Critic 网络的输出是关于动作的凸函数。在求解最大化的 Critic 网络输出时，可以通过必要条件 $\frac{\partial Q(s_t,a_t)}{\partial a_t}=0$ 求解最优化的动作。因此，这里可以建立 Actor 网络的训练目标函数 L_{a}：

$$\begin{cases} L_{\mathrm{a}}=\dfrac{1}{2}(e_{d_{\mathrm{a}}}^{\mathrm{T}}e_{d_{\mathrm{a}}}+\lambda_v^2\boldsymbol{v}^{\mathrm{T}}\boldsymbol{v}) \\ \mathrm{e}_{\mathrm{d}_a}=\dfrac{\partial\boldsymbol{\Phi}(s_t,\boldsymbol{\Psi}(s_t,\boldsymbol{v}),\boldsymbol{w})}{\partial\boldsymbol{\Psi}(s_k,\boldsymbol{v})} \end{cases} \tag{3-93}$$

类似于 Critic 网络，这里也引入网络参数的二次型作为正则化项，避免过拟合，正则化因子为 λ_v^2，在 Actor 网络参数 $\boldsymbol{v}$ 的更新过程中，选用 Levenberge-Marquardt 梯度下降方法对 Critic 网络的参数进行更新。

$$\boldsymbol{v}(k+1)=\boldsymbol{v}(k)-\frac{\boldsymbol{J}_{\mathrm{a}}}{\boldsymbol{J}_{\mathrm{a}}\boldsymbol{J}_{\mathrm{a}}^{\mathrm{T}}+\mu_{\mathrm{a}}\boldsymbol{I}_{\mathrm{a}}}\boldsymbol{e}_{\mathrm{a}} \tag{3-94}$$

其中，k 表示参数更新的次数；μ_{a} 为梯度下降方法的阻尼因子；$\boldsymbol{e}_{\mathrm{a}}=[e_{d_{\mathrm{a}}}^{\mathrm{T}},\boldsymbol{\lambda}_v\boldsymbol{v}^{\mathbf{T}}]^{\mathrm{T}}$；$\boldsymbol{I}_{c}$ 为相应维度的单位矩阵；$\boldsymbol{J}_{\mathrm{a}}$ 是残差 $\boldsymbol{e}_{\mathrm{a}}$ 关于 $\boldsymbol{v}$ 的雅克比矩阵。

3.3.5 硬件在环测试实验及结果分析

3.3.5.1 驾驶习惯学习

利用前面构建的驾驶人在环汽车仿真平台作为输入输出设备，对驾驶人驾驶数据进行采集。在 dSPACE 中进行交通场景设置，前车行驶速度为 40km/h，在 20s 时刻以 1m/s^2 均匀加速到 58km/h 并保持匀速行驶，在 75s 时刻以 1m/s^2 均匀加速到 74km/h 并保持匀速行驶，然后在 125s 时刻以 1m/s^2 均匀加速到 92km/h 并保持匀速行驶。前车速度曲线如图 3-23b) 中虚线所示。驾驶人跟踪前车行驶并保持安全距离，其中采集到的跟车距离、速度和本车的加速度数据如图 3-23 中实线所示。

设置学习算法的参数分别为 $\tau=2.0$s，$\mathrm{d}_0=0$，$\mathrm{Th}_{\mathrm{a}}=0.2$m/s^2，$\mathrm{Th}_{\mathrm{y}}=2$km/h 和高斯过程协方差函数参数 $\alpha=2.0$，$\Sigma=\mathrm{diag}([5.0,2.0,1.0])$。利用以上设置参数从驾驶人数据中提取近似跟车稳态数据，如图 3-23 中的粗线段所示，作为驾驶人驾车习惯的学习数据。初始

化的高斯过程得到的跟车距离如图3-24a)所示，其中黑色实线为期望值，阴影部分表示95%置信区间；利用上述采集的驾驶人数据训练后，跟车距离与速度关系如图3-24b)所示。从学习曲线可以看出，在采集到数据区域，算法统计得到驾驶人的期望跟车距离，可以将以上学习得到的驾驶人习惯作为智能巡航控制系统的期望跟车距离；在没有采集到数据的区域，保持为初始先验值。

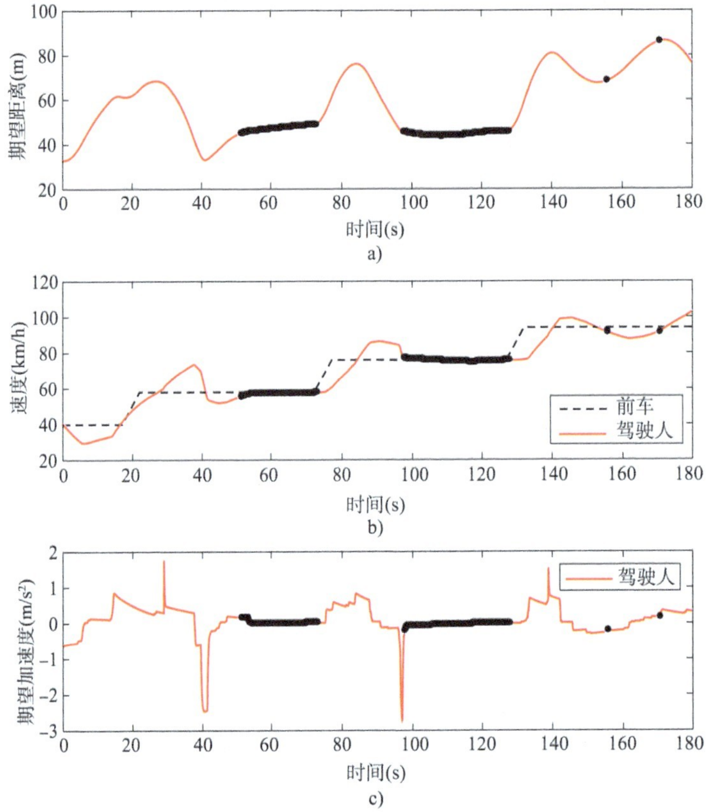

图3-23 驾驶人跟车状态轨迹(粗线段表示近似稳态数据)

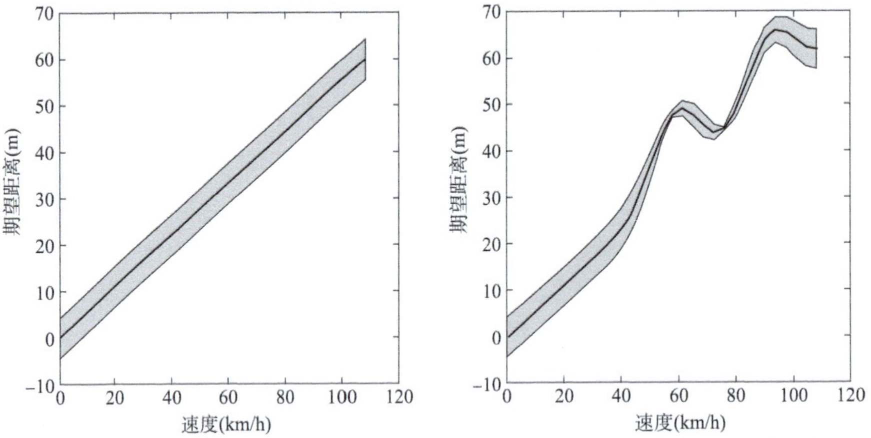

a)初始的跟车距离　b)经过仇定样本学习后的跟车距离

图3-24 基于高斯过程的驾驶人跟车距离

3.3.5.2 控制策略学习过程

考虑汽车雷达测量范围、行驶速度和加速度等物理因素，实验中，设置两车间距范围 $d \in [0,140]$m，速度差范围 $\Delta v \in [-15,15]$m/s，速度范围为 $v_h \in [5,33]$ m/s（当速度低于 5m/s 时，智能巡航系统会要求驾驶人介入），考虑汽车本身的性能和舒适性，取期望加速度范围为 $-4 \sim 2\text{m/s}^2$，则相应的动作空间也在 $-4 \sim 2\text{m/s}^2$。

结合以上设定的动作空间和式(3-86)可以得到，设置概率值 $p=0.25$ 时，期望加速度 $E[a] = 0.5\text{m/s}^2$；当 $p=0.42$ 时，$E[a] = -0.52\text{m/s}^2$。结合速度的范围，当速度小于 5m/s 后，取 $p=0.25$，整体保持加速趋势；当速度大于 35m/s^2 后，取 $p=0.42$，整体保持减速趋势。如此在定义的速度区间内反复采集数据，充分探索状态空间。图 3-25 显示了在一次数据采集过程中，车辆速度和加速度变化曲线。首先本车被加速到 35m/s，随机产生期望加速度信号 a 作用于本车。速度曲线显示当速度高于设定速度时，整体保持减速趋势；减速到设定值时，再保持加速趋势，如此在速度空间反复探索。状态分布图显示采集的数据基本均匀分布在速度-加速度空间内。

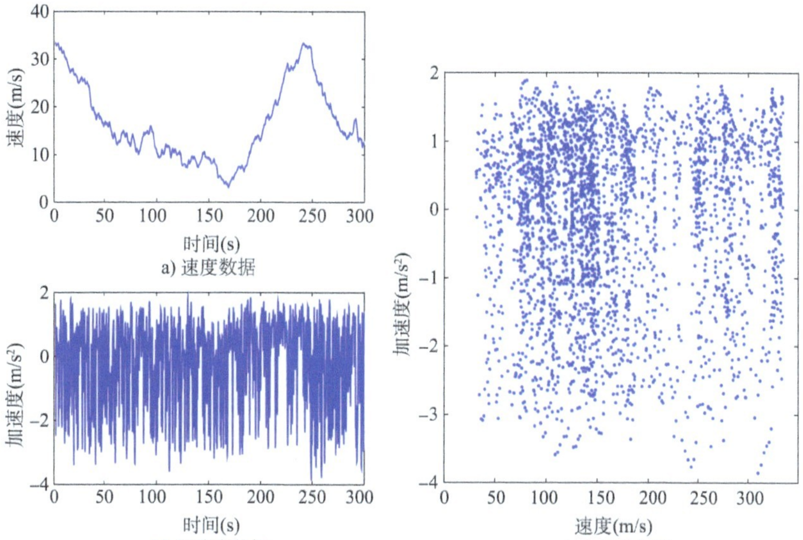

a) 速度数据

b) 加速度数据

c) 状态分布图

图 3-25 采用得到车辆状态数据

多次重复以上过程，得到多条本车运行轨迹。再从轨迹数据中随机重采样，降低训练样本之间的相关性。进而对采集的本车状态转移数据进行状态增广，得到跟车状态转移数据集。根据评价指标函数式(3-82)计算每次状态转移的奖惩值 r_t，得到可用于网络训练的数据集 $D=\{s_t,a_t,r_t,s_{t+1}\}$。

Critic 网络的输入状态 $s=[d,w_h,\Delta v,a_h]$ 和动作 $a=[a_d]$，输出动作值函数 $\hat{Q}$，神经网络结构为 5－45－1（输入维度为 5，网络有 45 个隐藏节点，输出维度为 1），激活函数为 sigmoid 函数。Actor 网络的输入状态，输出动作，神经网络结构为 4－10－1（输入维度为 4，网络有 10 个隐藏节点，输出维度为 1），激活函数与 Critic 网络相同。网络权重采用随机初始化的方式产生，服从正态分布 $N(0,2/n_i)$，其中 n_i 为上一层节点个数。

初始可行的控制策略选择 $a=-[-0.0249,-0.1307,0.0499,0.7163]s$，训练 Actor 网络拟合该初始可行控制策略，作为初始 Actor 网络。基于采集数据 D 和初始 Actor 网络，根据式(3-91)训练 Critic 网络,进而根据式(3-94)训练 Actor 网络,得到第一次优化后的控制策略,进而根据得到的 Actor 网络输出训练 Critic 网络。如此反复迭代,直至收敛。

图 3-26 给出了训练过程中的初始 Actor 网络(initial policy)、第一次优化的 Actor 网络(first policy)和最终收敛的 Actor 网络(final policy)的控制效果图。在 0s 时刻开启智能巡航功能,一段时间后检测到前方 130m 的以 72km/h 速度行驶的前车,前车在 50s 时刻加速,以 1m/s^2 的加速度加速到 90km/h,匀速行驶一段时间后减速到 72km/h,速度变化曲线如图 3-26b)中的虚线所示,驾驶人期望距离曲线如图 3-26a)中的虚线所示。图中的绿色点线为初始控制策略的控制效果,初始控制策略很难在速度和距离上跟踪前车,存在大幅振荡的现象。经过一次优化学习后,控制曲线如蓝色点划线所示,控制效果有很明显的提升,可以较快地跟踪前车速度,保持两车间距为驾驶人期望距离,降低了振荡幅度。最终学习到的控制策略如红色实线所示,可以看出能够快速稳定地完成距离和速度的控制,产生的加速度也比较平缓。

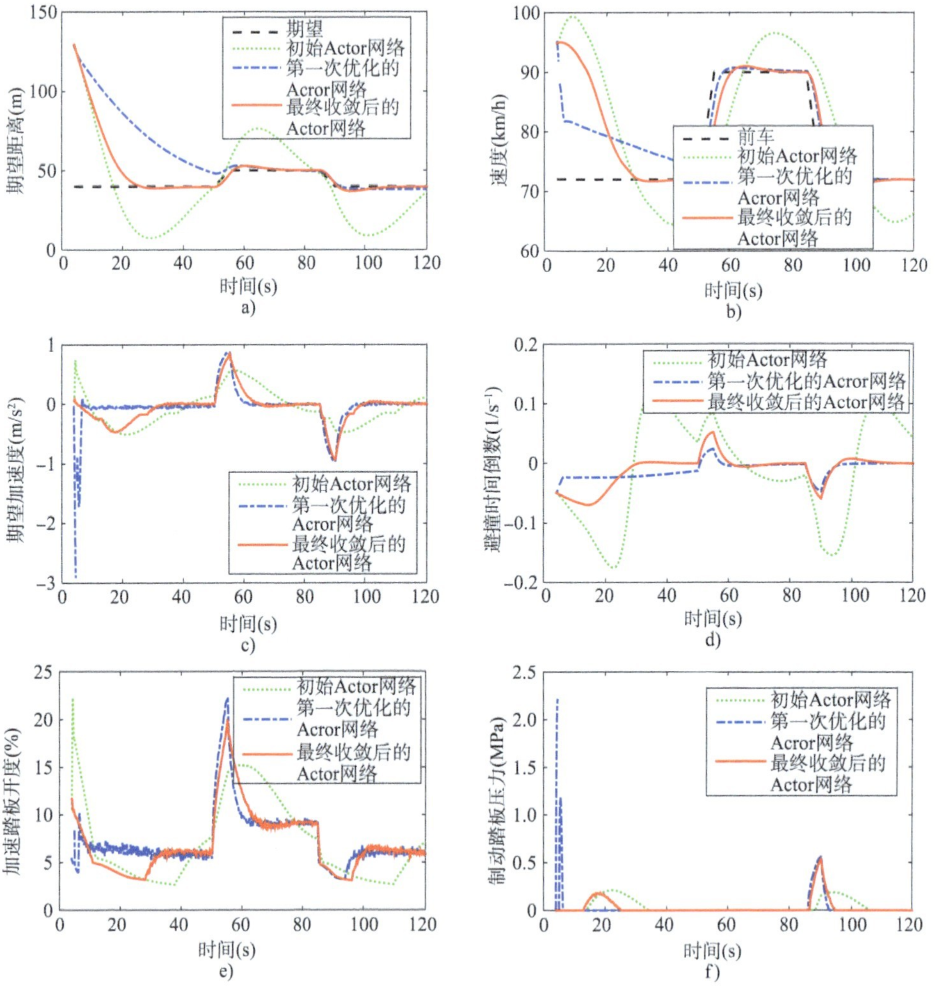

图 3-26 学习过程策略比较

图 3-27a)和图 3-27b)分别是由式(3-79)和式(3-81)计算得到的舒适性指标和安全性指标,指标值越低则代表性能越好。从图 3-27a)中可以看出,每次迭代后,舒适性指标都有

所降低，舒适性提高。图3-27b)显示初始控制策略多次进入危险距离范围，导致安全指标值大于零。经过学习后，控制策略可以将两车间距一直保持在安全距离范围。

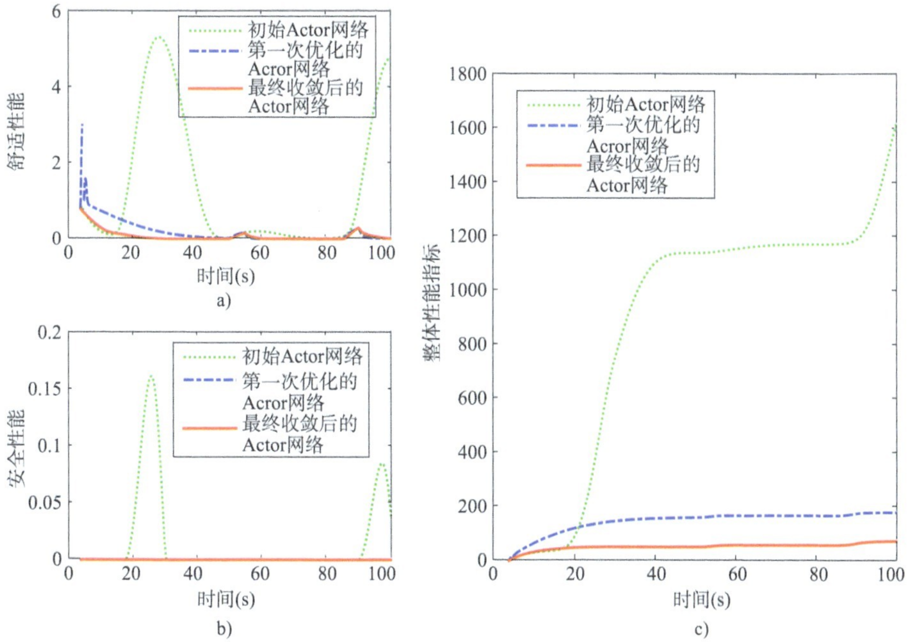

图3-27 策略学习过程的性能指标

为了更客观地评价控制策略的性能，根据式(3-82)得到控制策略的综合性能指标：

$$J=\frac{1}{2}\sum_{k=i}^{t}r(s_k) \tag{3-95}$$

上式可以表示为从初始时刻 i 出发到 t 时刻的性能指标的累计值，累计值越小说明控制策略性能越好。以上学习过程中控制策略的性能指标如图3-27c)所示。控制策略经过每次迭代学习后，指标值逐渐减小，性能提升显著。特别是第一次学习优化的控制策略，提升幅度非常明显。后期控制策略逐步收敛，性能指标提升幅度也随之减小。

3.3.5.3 测试实验及结果分析

测试实验选用本章中构建的驾驶人+硬件在环仿真系统作为测试平台，在处理器板卡中运行汽车模型和虚拟的交通环境，检测的汽车状态以CAN通信的方式发送到嵌入式微处理器，运行在微处理器上的控制算法发出控制指令，控制汽车的运行，实现硬件在环仿真测试。

测试过程中，控制周期选择0.01s。测试的控制算法分别包括无模型最优控制方法得到的控制策略(Model-free Optimal Control，MFOC)，线性二次型调节器(LQR)和dSPACE自带的PID控制器等。在仿真平台上构建了定速巡航、跟车行驶、车辆插入换出、紧急制动四种常见的汽车行驶场景，对以上控制算法进行测试和比较。

(1)定速巡航场景。

使用硬件在环仿真的方式对智能巡航控制系统的最基本功能——定速巡航进行测试。系统开启后，按照驾驶人设定的速度95km/h进行定速巡航，在20s时刻，驾驶人将巡航速度按照10km/h每级的方式降低两级，在43s时刻再增加两级。驾驶人设置定速巡航速度曲线如图3-28a)中虚线所示。

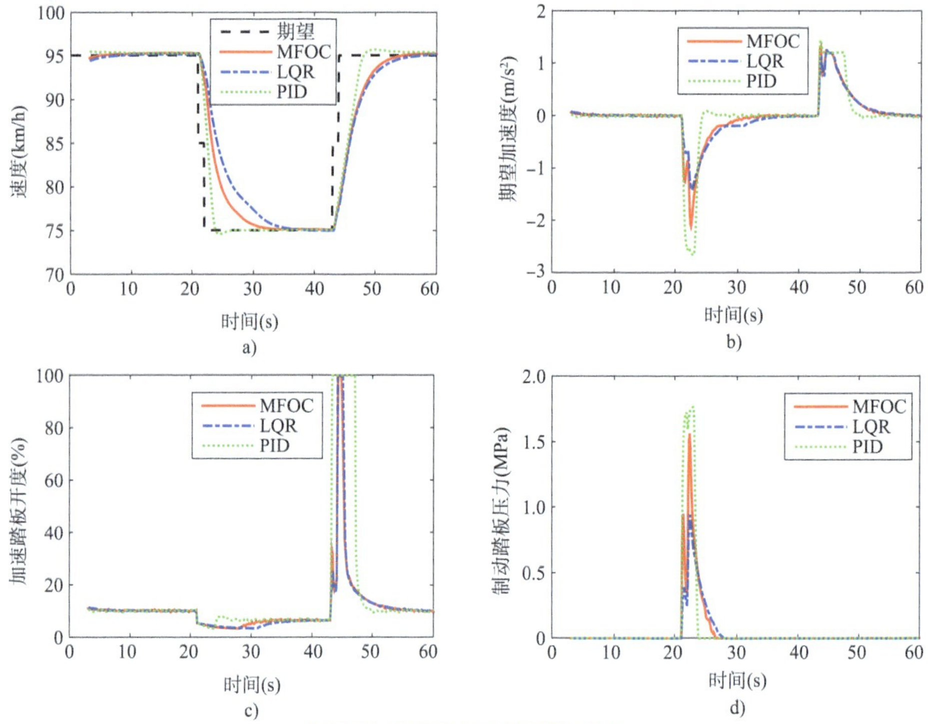

图 3-28　定速巡航下状态变化曲线

上述三种控制器在该场景下的状态变化曲线如图 3-28 所示。其中 PID 控制器在速度跟踪上相对快速,动作幅度更大。MFOC 控制器和 LQR 控制器相对而言采取动作较小,状态曲线更加平滑。关于智能巡航系统定时巡航控制视频可查看 http://v. youku. com/v_show/id_XMTQyMTYzNDkyNA = =. html? from = y1. 7 – 2。

(2)跟车行驶场景。

在普通行车环境中对控制系统进行测试,通过设置前车的加减速来测试控制器性能。测试环境:前车以 72km/h 速度匀速行驶,在 40s 时刻以 $1\mathrm{m/s^2}$ 加速到 90km/h,匀速行驶一段时间后,在 65s 时刻以 $-2\mathrm{m/s^2}$ 减速到 54km/h,然后保持匀速运动,速度变化曲线如图 3-29b)中虚线所示。

其中,使用 MFOC、LQR 和 PID 算法设计的控制系统的状态变化曲线分别如图 3-29 所示,三种控制器在距离和速度跟踪上都很平稳,在输出控制动作上,PID 倾向于采取更大的加速踏板和制动踏板开度。由于 PID 控制器采取分段式控制方法,控制器的切换过程体现在加速度和制动踏板动作的振荡上。LQR 和 MFOC 控制器在控制动作表现比较平缓。碰撞时间倒数上,PID 控制器一直保持比较小的幅度,驾驶人视觉体验最佳。

图 3-30a)和图 3-30b)分别是由式(3-79)和式(3-81)根据状态计算得到的舒适性指标和安全性指标。从图 3-30a)中可以看出 MFOC 控制器舒适性指标持续保持最低,舒适程度最好。图 3-30b)显示了三种控制器一直保持两车距离在安全距离范围。根据式(3-82)计算的控制器的综合性能指标值如图 3-30c)所示,MFOC 控制器指标值一直最低,综合性能最佳。关于 MFOC 智能巡航控制系统在跟车行驶视频可查看 http://v. youku. com/v_show/id_XMTQyMTQwODQwMA = =. html? from = y1. 7 – 2 。

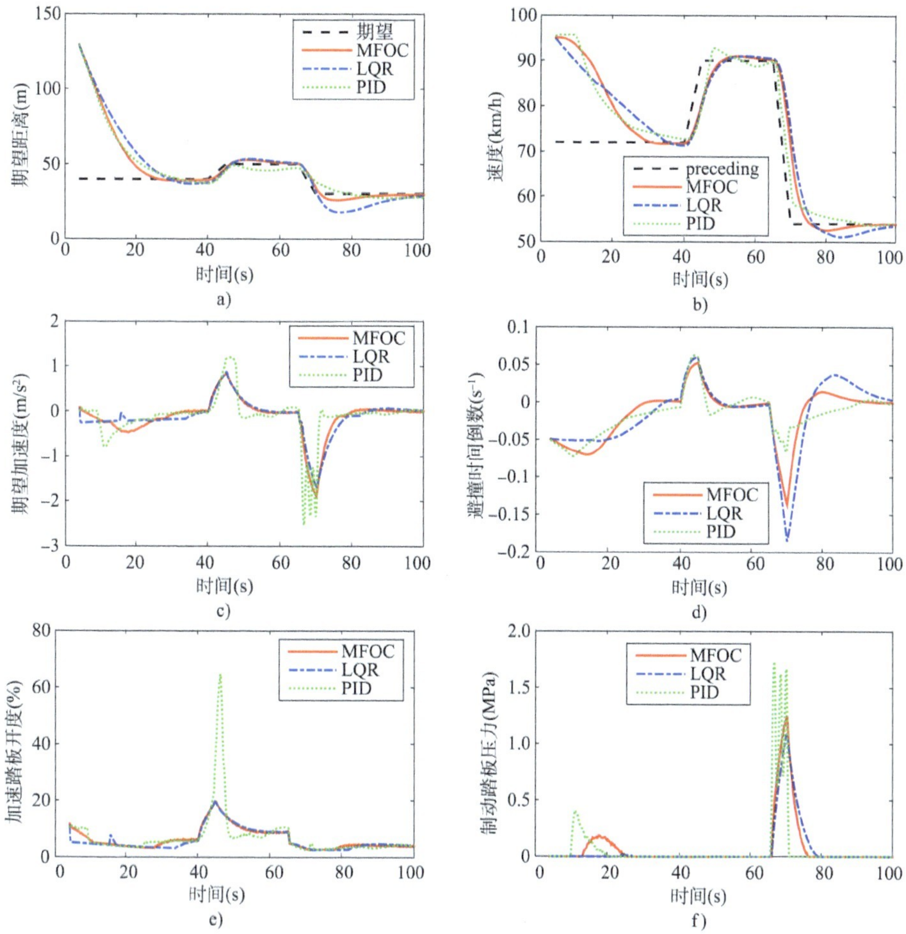

图 3-29 跟车行驶状态变化曲线

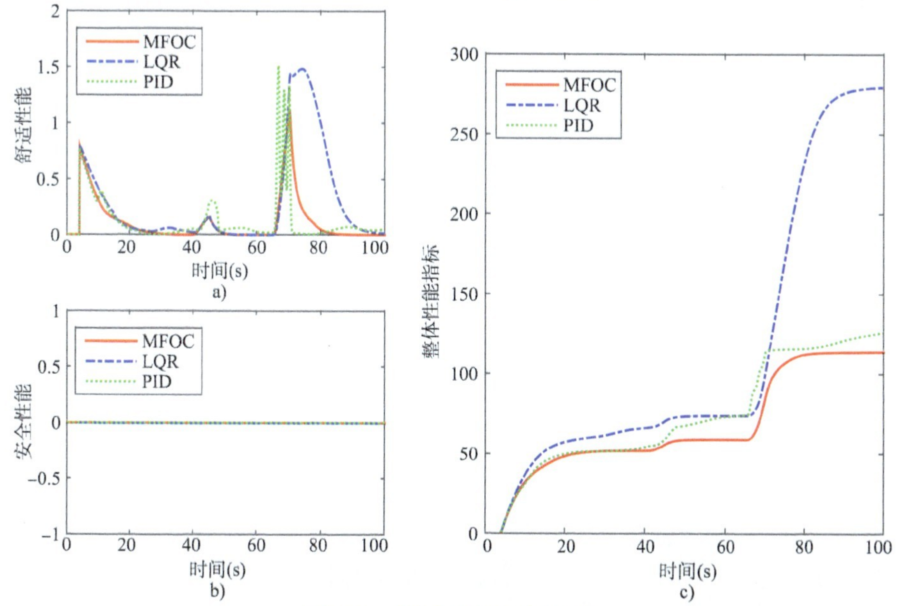

图 3-30 跟车行驶性能指标曲线

(3)车辆插入换出场景。

为测试在智能巡航控制系统在超车换道等常见交通场景下的表现，在仿真平台上设置了在本车行驶车道内其他车辆插入换出的交通场景：本车检测到前车后，进入自适应巡航状态，与前车保持相同的速度匀速行驶，在40s时刻，旁边车道车辆以相同速度强行插入；然后在70s时刻，换出车道，检测到的前车速度变化曲线如图3-31b)中虚线所示。

其中，MFOC、LQR和PID控制系统的状态变化曲线如图3-31所示。由于前车的强行插入和换出，在40s和70s时发生检测距离的突变。其中，40s时由于邻道车辆斜向插入，检测速度发生了突变；在70s换出时，雷达传感器检测到本车道前方更远的车辆。在控制效果比较上，PID控制器输出控制动作幅度较大，加速踏板、制动踏板和加速度的曲线变化幅度较大，反应快速。MFOC和LQR控制效果比较平缓，相对于PID控制器，控制动作变化更加平稳。

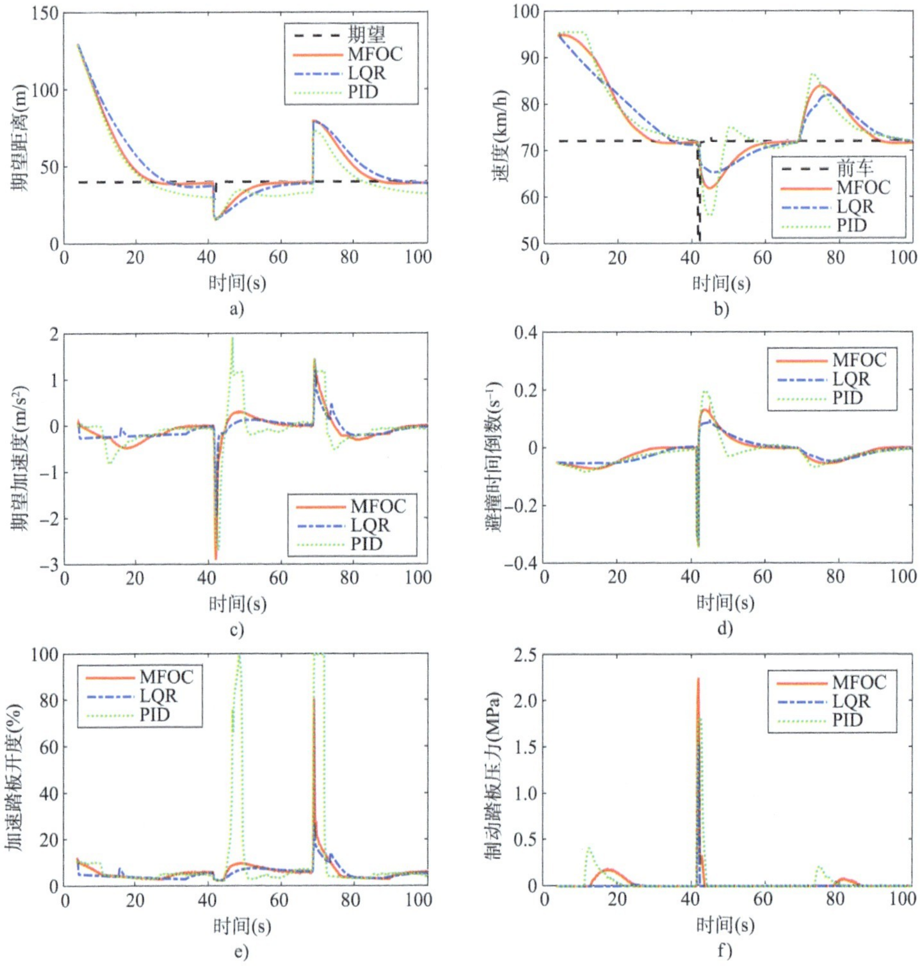

图3-31 车辆插入换出时状态变化曲线

图3-32a)是舒适性指标曲线，显示MFOC控制器曲线一直保持最低，舒适性最好。图3-32b)显示由于邻道车辆插入，两车间距进入危险距离范围，但很快将距离调整到安全距离范围。控制器综合性能指标值如图3-32c)所示，MFOC控制器指标值一直最低，综合性

能最佳。关于 MFOC 智能巡航控制系统在车辆切入换出场景视频可查看 http://v.youku.com/v_show/id_XMTQyMTY4OTQyNA==.html? from=y1.7-2。

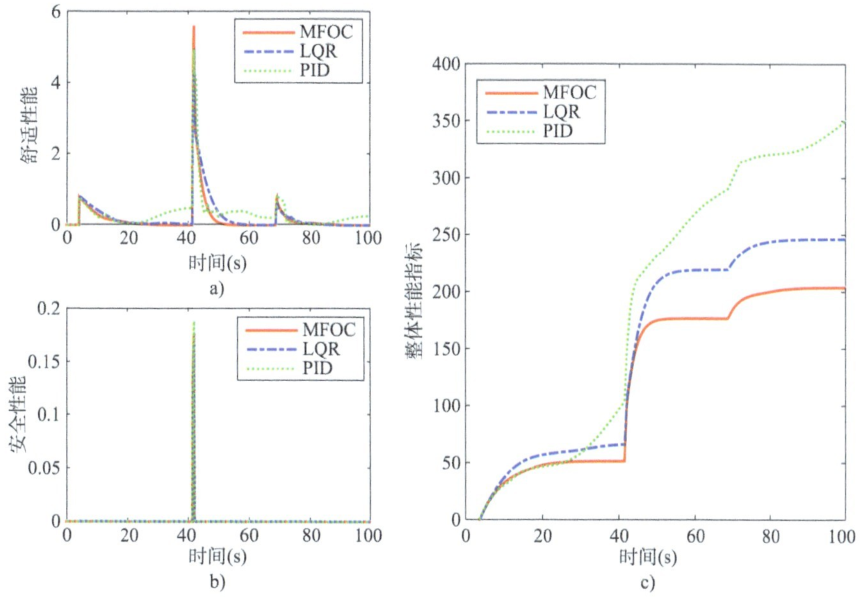

图 3-32 车辆插入换出时性能指标曲线

(4)紧急制动场景。

安全性是行车过程中最基本的要求,由于跟车过程中,驾驶员视线受前车阻挡,无法预知前方路况。当发生紧急情况时,前车紧急制动,很容易造成追尾事故。为了测试控制系统在前车紧急制动踏板情况下的性能,设置测试场景:前车以 72km/h 速度匀速行驶,在 50s 时刻突然紧急制动,以 -5m/s^2 的减速度减速到 18km/h,保持匀速行驶,在 75s 时刻以 1m/s^2 加速到 54km/h,其速度变化曲线如图 3-33b)中虚线所示。

其中,使用 MFOC、LQR 和 PID 算法设计的控制系统的控制曲线如图 3-33 所示。MFOC 和 PID 控制器能够快速反应,调整速度,保持安全的距离,而 LQR 控制器则在 57s 时刻发生追尾。在控制动作的幅度上,MFOC 和 PID 控制器表现相近。在碰撞时间倒数上,MFOC 幅度更小,驾驶人的视觉舒适性更好。另外,图中加速踏板和加速度曲线在 80s 左右发生振荡,是由自动变速器从 1 挡切换到 2 挡造成的。

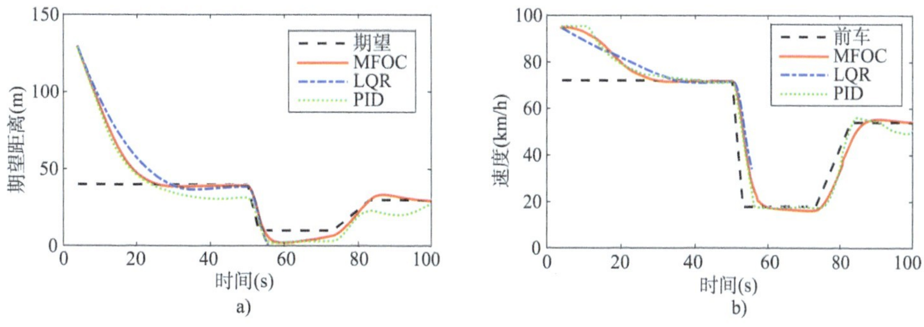

图 3-33

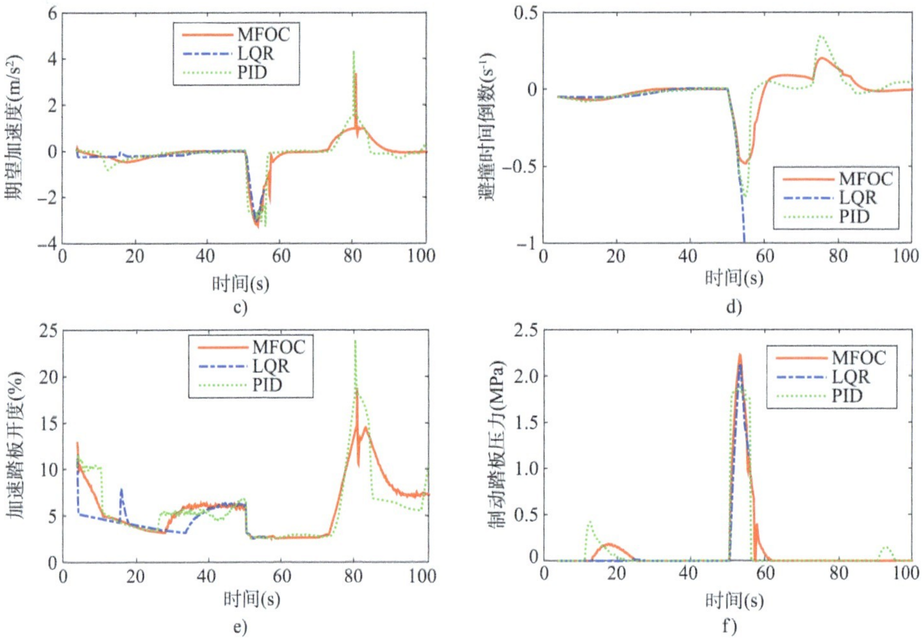

图 3-33　前车紧急制动时状态变化曲线

图 3-34a)中舒适性指标显示:前车紧急制动时,曲线值迅速提升,舒适性降低,但 MFOC 控制器和 PID 控制器很快作用,将指标值降低,而 LQR 控制器由于追尾碰撞,指标值持续上升。图 3-34b)中安全性指标显示:在紧急制动时,MFOC 控制器可以将两车间距以更快的速度调整到安全距离范围。控制器的综合性能指标值如图 3-34c)所示,MFOC 控制器指标值一直最低,综合性能最佳。关于 MFOC 智能巡航控制系统在紧急制动场景测试的视频可查看 http://v.youku.com/v_show/id_XMTQyMTc0NTI2OA = =.html? from = y1.7 - 2。

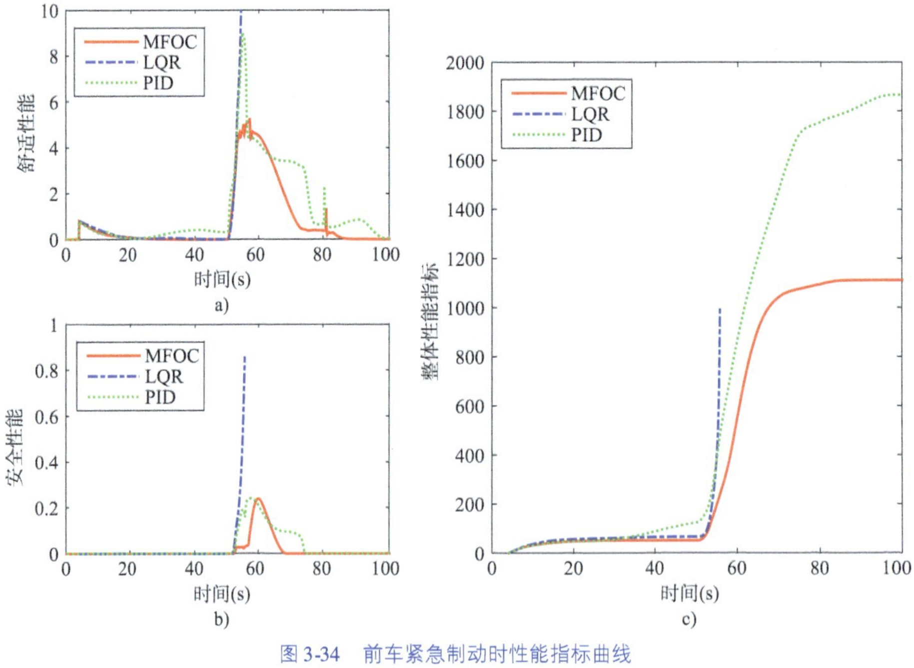

图 3-34　前车紧急制动时性能指标曲线

在本小节中，针对汽车模型未知和控制策略评估指标非线性的问题，使用无模型最优控制方法学习近似最优的控制策略。根据驾驶人跟车模型、视觉模型和安全距离模型，设计了集舒适性和安全性一体的智能巡航控制策略评价指标函数。从本车的运行轨迹中采集状态转移数据，根据跟车运动学方程将数据增广到跟车状态空间，降低了数据采集的难度。基于采集数据和性能指标函数，使用多层感知机神经网络分别构建 Critic 网络和 Actor 网络，迭代训练网络参数，直至收敛，收敛的 Actor 网络即作为最优的智能巡航控制策略。

在硬件在环仿真平台上对以上方法进行测试，使用所提出方法采集数据，结果显示状态数据基本均匀分布于状态空间；使用数据对 Critic 网络和 Actor 网络进行训练，训练结果显示每次动作网络优化和调整后，控制策略的性能都有提升，最终会逐步收敛到近似最优的控制策略。在汽车硬件在环仿真平台上构建了定速巡航、跟车行驶、车辆插入换出和紧急制动等常见行车场景对所学习的控制策略进行测试，并与 PID 控制器、LQR 控制器的状态轨迹曲线和评价指标等方面进行比较。实验结果显示，三种控制器在加速度幅度、距离和速度控制误差和碰撞时间导数等单一的性能指标上各有优劣。但从综合评价指标来看，使用强化学习方法得到的控制策略在各种驾车场景中，保持控制性能最优。

从硬件在环仿真实验结果也可以得出，传统方法只能根据专家经验在简单特殊的控制场景进行控制器优化，难以兼顾控制器在各种不同交通场景下控制性能。而基于数据学习得到的控制策略，在学习阶段就考虑了系统内部状态的转移过程，对不同交通场景适应性更强，综合性能最佳。

CHAPTER 4

第4章 车队协同自适应巡航控制

协同自适应巡航控制(Cooperative Adaptive Cruise Control,CACC)作为自适应巡航控制ACC的扩展,在减少交通拥堵和节约燃油消耗方面显示出巨大的潜力。CACC将多辆车作为一个车队连接起来,沿同一轨迹行驶。CACC不仅像ACC一样测量车辆之间的距离和速度,还使用车对车(Vehicle-to-Vehicle,V2V)和车对基础设施(Vehicle-to-Infrastructure,V2I)通信,将相关驾驶数据传输给跟随车辆。通过这种方式,CACC能够提前应对交通变化,在不影响安全的情况下进一步缩短车辆间的跟车距离。如果车辆之间无法通信,每辆车的ACC仍然可以发挥良好的功能。研究表明,CACC使用率的提高可以显著提高通行能力、降低油耗以及提高驾驶舒适性。

CACC的一个主要目标是控制本车保持一个安全距离跟随前车。在文献中广泛使用的一种间隔策略是恒定时间策略。期望的安全距离等于两部分之和:一个恒定的静止距离和一个与速度相关的距离(该距离是当前速度和恒定的车头时距的乘积)。为了跟踪前方车辆,CACC使用两个信号源来确定自己的驾驶指令:本车传感器测量数据和通信传输数据。前者包括与前车的相对距离和相对速度,由安装在前保险杠上的毫米波雷达或激光雷达等传感器测量。后者包括其他车辆的驾驶信号,如控制输入或加速度,通过V2V无线通信设备传输。CACC控制器设计的一个重要问题是队列的稳定性(String Stability,SS),它与沿车辆传播的信号衰减有关。如果队列不稳定,车队前方的任何扰动都会被放大,最终导致车队尾部车辆突然停止或发生碰撞事故。检测SS的一种方法是对信号进行频域分析。传递函数表示前车和后车之间的信号流。如果它在频域的大小总是被限制为1,这个队列就是稳定的。

为了有效地构造CACC控制器,本章首先介绍考虑执行器和通信固定延迟的情况,研究加速前馈和控制前馈策略下的前车跟随拓扑,提出一种基于自适应动态规划的CACC控制器设计方法,基于Lyapunov-Krasovskii泛函,用线性矩阵不等式(Linear Matrix Inequalities,LMIs)约束表示了CACC的稳定判据和弦稳定性判据,并通过求解判据来生成控制器参数;进一步地,将CACC问题表述为时滞系统的状态空间H_∞控制,基于线性矩阵不等式来设计CACC控制器,并在实际的驾驶数据集上进一步测试了其性能。

4.1 考虑固定时延的自适应动态规划CACC控制器设计

4.1.1 CACC初步设计

不同的CACC系统具有不同的结构。根据车辆动力学特性的不同,可分为同质车队和异质车队。根据网络结构的不同,可以分为前车跟随拓扑和双向拓扑。根据传输信号的内容不同,CACC 系统可以有加速前馈(Acceleration Feedback,AF)和控制前馈(Control Feedback,CF)两种模式。因为加速度描述了车辆运动的变化,所以前车的加速度信号借助 V2V 设备通信给后车。加速前馈既适用于同构车队,也适用于异构车队。然而,如果两辆车具有相同的动力学特性,在相同的控制指令和初始条件下,它们的输出响应便是完全相同的。这样控制前馈 CACC 中的同质车辆可直接利用前面的控制命令来再现前车的行为,从而保持相对的距离和速度。

现有的驾驶系统提供了加速度指令以控制车辆运动,指令被发送到低层的控制器,被转换为加速度踏板和制动踏板控制请求,其具有如下纵向动态特性:

$$G_i(s)=\frac{P_i(s)}{U_i(s)}=\frac{\mathrm{e}^{-sd_i}}{s^2(1+s\sigma_i)} \tag{4-1}$$

其中,P_i 为车辆位置 p_i 的拉普拉斯变换;U_i 为控制量 u_i(本章指第 i 辆车的期望加速度 $a_{\mathrm{d},i}$)的拉普拉斯变换;σ_i 为传动机构和低层控制系统引入的时间常数;d_i 为执行器延迟;下标 i 代表在车队中的相对位置,而序号 0 代表头车。

当一辆车在其他车后方行驶时,期望的车间距离是由所谓间距策略决定的。在各文献中主要采用与速度无关/相关的两种间距策略。前者试图保持与前车的固定距离,而后者采用固定车头时距 τ_i,并通过下式计算期望距离:

$$d_{\mathrm{d},i}=d_{0,i}+\tau_i v_i \tag{4-2}$$

其中,$d_{0,i}$为制动距离;v_i 为后车的当前速度。实验表明,速度相关策略比速度无关策略具有更好的弦稳定性。

基于速度相关间距策略,期望距离和实际距离之间的误差由下式给出:

$$e_i=p_{i-1}-p_i-L_{i-1}-d_{0,i}-\tau_i v_i \tag{4-3}$$

其中,p_{i-1}和 L_{i-1}分别为前车位置及其车身长度。可以设计一个用于误差调节的反馈控制器,这种系统就是上一章中介绍的自适应巡航控制[38]。

在 V2V 和 V2I 通信的支持下,前方车辆可以向其他车辆广播信息,后车甚至可以在自身传感器反馈之前获得相对距离和相对速度的变化。传输的信号经过前馈控制模块,与误差反馈控制模块相结合形成 CACC。如果一组这样的车队串行连接在一起即构成一个 CACC 车队。可靠的通信在 CACC 中十分重要,有限的通信范围使 CACC 无法采用中心式通信管理,有限的带宽将随着区域内车辆数量的增加逐渐难以满足实时通信要求。因此,短距离无线通信在许多互联车辆应用中更具优势。本小节注重于去中心化的 CACC 设计,并构造了一个前车跟随拓扑,后车只从最近的前车接受信息。主要传输信号有两种:加速度和控制指令。图 4-1 和图 4-2 分别说明了基于 AF 和 CF 的 CACC 系统控制结构。$F_{\mathrm{f}}^{\mathrm{a}}$ 和 $F_{\mathrm{f}}^{\mathrm{c}}$ 是前馈模块,上标表示发送的信号。F_{b} 是反馈模块,H_i 表示间距策略:$H_i(s)=1+s\tau_i$。$D=\mathrm{e}^{-sl}$是无线通信的延迟模块,其中 l 是延迟,假设车载传感器提供了可靠的距离和速度测量值,无线网络以固定的平均延迟发送前车信息,那么剩下的问题是设计反馈和前馈模块。

在一个 CACC 车队中,弦稳定性是稳定性和可扩性的一个重要指标,它描述了在速度、加速度、距离误差和控制输入中信号扰动的衰减能力。如果信号随着车辆数量的增加而放大,整个车队就不稳定了。在文献中,最常见的弦稳定性是在频域中定义的:

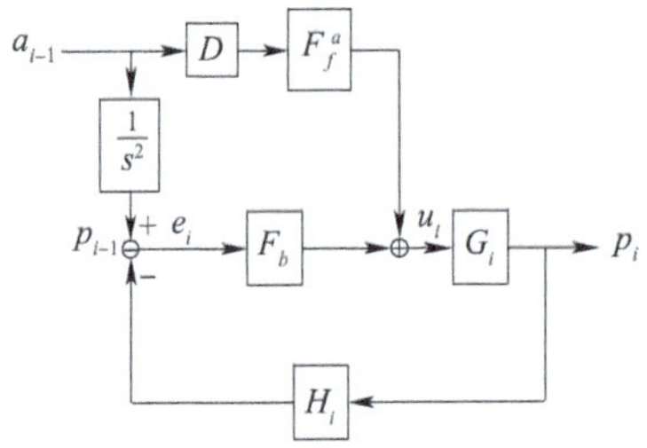

图 4-1　加速度前馈 CACC 结构

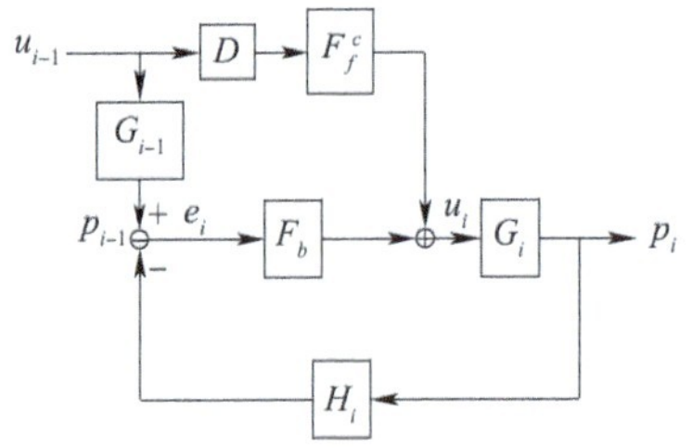

图 4-2　控制前馈 CACC 结构

$$SS_{X,i}^{*}(s)=\frac{X_i(s)}{X_0(s)} \tag{4-4}$$

其中,$X_i(s)$和 $X_0(s)$分别为第 i 辆车和头车信号的拉普拉斯变换。如果任意后车的最大信号放大倍数不超过 1,即:

$$\sup_{\omega\in R}|SS_{X,i}^{*}(j\omega)|\leqslant 1,\ \forall i \tag{4-5}$$

则此时车队称作(弱)弦稳定。由于传递函数 $SS_{X,i}^{*}(s)$是相邻车辆传递函数的乘积 $\prod_{j=1}^{i}SS_{X,j}(s)$,其中:

$$SS_{X,i}(s)=\frac{X_i(s)}{X_{i-1}(s)}$$

则保守(强)弦稳定性条件是:

$$\sup_{\omega\in R}|SS_{X,i}(j\omega)|\leqslant,\ \forall i \tag{4-6}$$

最大放大倍数被定义为传递函数的 H_∞-范数。本小节致力于验证是否 $\|SS_{X,i}\|_\infty\leqslant 1$,采用加速度作为研究信号,对于图 4-1 中的 AF CACC,加速度传递函数 $SS_{A,i}$为:

$$SS_{A,i}(s)=\frac{A_i(s)}{A_{i-1}(s)}=\frac{G_i(F_b+s^2DF_f^a)}{1+F_bH_iG_i} \tag{4-7}$$

加速度的衰减意味着位置和速度的衰减。

对于图 4-2 中的 CF CACC,加速度传递函数 $SS_{A,i}$等效于:

$$SS_{A,i}=\frac{G_i}{G_{i-1}}\frac{DF_f^c+F_bG_{i-1}}{1+F_bH_iG_i} \tag{4-8}$$

对比 AF,式(4-8)不仅包含了后车的运动特性 G_i,也包含了前车运动特性 G_{i-1},这增大了设计 F_f^c 和 F_b 的难度。因此,CF 主要用于所有车辆具有相同时间常数 σ_i 和执行器延迟 d_i 的同质车队。在这种情况下,传递函数变为:

$$SS_{A,i}=\frac{DF_f^c+F_bG}{1+F_bH_iG} \tag{4-9}$$

其中,G 为同质车辆运动特性传递函数。

4.1.2　CACC 的状态空间模型

在前车跟随 CACC 拓扑中,主车及其前车的状态空间模型可推广为如下互联系统:

$$\begin{cases}\dot{x}_1(t)=\boldsymbol{A}_{11}x_1(t)+\boldsymbol{A}_{12}x_2(t)+\boldsymbol{A}_{21}x_1(t-d_1)+\boldsymbol{A}_{31}x_2(t-d_2)\\ \dot{x}_2(t)=\boldsymbol{A}_{13}x_2(t)+\boldsymbol{C}_1w(t)\end{cases}\tag{4-10}$$

其中,x_1 为后车状态变量;x_2 为前车状态变量。这些变量可以是距离误差、相对速度、加速度和输入控制量中的任意一个。$\boldsymbol{A}_{11}$ 和 $\boldsymbol{A}_{13}$ 描述后车和前车的内部动力学。$\boldsymbol{A}_{21}x_1(t-d_1)$ 对应于反馈控制,d_1 为执行器延迟。$\boldsymbol{A}_{31}x_2(t-d_2)$ 对应于前馈控制,d_2 为前馈模块引入的延迟。另外,前车对后车的状态演化存在直接影响项 $\boldsymbol{A}_{12}x_2(t)$,$w$ 为前方交通传递的扰动。

将双车集成在联合状态空间 $x=[x_1^{\mathrm{T}},x_2^{\mathrm{T}}]^{\mathrm{T}}$,令输出信号为:

$$z(t)=D_1x(t)+D_2x(t-d_1)+D_3x(t-d_2)$$

指定 $\boldsymbol{A}_1=\begin{bmatrix}\boldsymbol{A}_{11} & \boldsymbol{A}_{12}\\ 0 & \boldsymbol{A}_{13}\end{bmatrix}$,$\boldsymbol{A}_2=\begin{bmatrix}A_{21} & 0\\ 0 & 0\end{bmatrix}$,$\boldsymbol{A}_3=\begin{bmatrix}0 & \boldsymbol{A}_{31}\\ 0 & 0\end{bmatrix}$,$\boldsymbol{C}=\begin{bmatrix}0\\ \boldsymbol{C}_1\end{bmatrix}$,则整体系统变为:

$$\begin{cases}\dot{x}(t)=\boldsymbol{A}_1x(t)+\boldsymbol{A}_2x(t-d_1)+\boldsymbol{A}_3x(t-d_2)+\boldsymbol{C}w(t)\\ z(t)=\boldsymbol{D}_1x(t)+\boldsymbol{D}_2x(t-d_1)+\boldsymbol{D}_3x(t-d_2)\end{cases}\tag{4-11}$$

输入-输出传递函数可写为:

$$T(s)=\frac{Z(s)}{W(s)}=(\boldsymbol{D}_1+\boldsymbol{D}_2\mathrm{e}^{-sd_1}+\boldsymbol{D}_3\mathrm{e}^{sd_2})\cdot(s\boldsymbol{I}-\boldsymbol{A}_1-\boldsymbol{A}_2\mathrm{e}^{sd_1}-\boldsymbol{A}_3\mathrm{e}^{-sd_2})^{-1}\boldsymbol{C}$$

其中,Z 和 W 为 $z(t)$ 和 $w(t)$ 的拉普拉斯变换;$\boldsymbol{I}$ 表示具有适当维度的单位矩阵。

如果 $|T(j\omega)|\leqslant 1,\forall\omega\geqslant 0$,则系统是在 w 和 z 间弦稳定的。根据文献[41]可知,关于 $T(s)$ 的 H_∞-范数等效于系统式(4-11)的 $\mathcal{L}_2$-增益。结合 CACC 原理,反馈和前馈模块的目标是使系统达到以下要求:

(1)在无扰动的情况下,在平衡点处稳定;

(2)在零状态响应下,$x(\theta)=0,\theta\leqslant 0$,对于任意输入 $w(t)\in\mathcal{L}_2[0,\infty)$,输出有 $\|z(t)\|_2\leqslant\|w(t)\|_2$,其中 $\|\cdot\|_2$ 是信号的 $\mathcal{L}_2$-范数。

这样的系统也被称为稳定,且对扰动的衰减率不大于1。

在分析前,需要引入一些时滞系统的符号。设 x_t 为一段状态轨迹,定义为 $x_t=x(t+\theta)$,$-\tau\leqslant\theta\leqslant 0$,其中 τ 是模型最大延迟。设 $\mathbb{C}([-\tau,0],R^n)$ 为对于 n-维状态空间 R^n 的连续泛函映射区间$[-\tau,0]$的集合,简写为 $\mathbb{C}$。对于函数 $\phi\in\mathbb{C}$,定义连续范数 $\|\cdot\|_c$ 为 $\|\phi\|_c=\max\limits_{-\tau\leqslant\theta\leqslant 0}\|\phi(\theta)\|$。

引理 4.1 考虑式(4-11)给定的系统。假设 α_1,α_2,β 为 K 类函数①。若满足下列条件:

(1)存在泛函 $V_1(x_t)\in\mathbb{C}$ 为正值且 $V_1(0)=0$。在扰动下系统的解中有:

$$\dot{V}_1(x_t)+\|z(t)\|^2-\|w(t)\|^2\leqslant 0\tag{4-12}$$

(2)存在泛函 $V_2(x_t)\in\mathbb{C}$,使得:

$$\alpha_1(\|x(t)\|)\leqslant V_2(x_t)\leqslant\alpha_2(\|x_t\|_c)\tag{4-13}$$

在无扰动系统的解中,有:

$$\dot{V}_2(x_t)\leqslant-\beta(\|x(t)\|)\tag{4-14}$$

---

① 一个连续函数 $\alpha:[0,a)\to[0,\infty)$ 是严格递增函数,且满足 $\alpha(0)=0$,则被称为 K 类函数。

则此系统是稳定的，且对扰动的衰减率小于或等于1。

首先考虑 $\mathcal{L}_2$-增益特性。定义损失函数：

$$\boldsymbol{J}_T(x_0)=\int_{t=0}^{T}(\|z(t)\|^2-\|w(t)\|^2)\mathrm{d}t \tag{4-15}$$

增减 $\dot{V}_1$ 项，使：

$$\boldsymbol{J}_T(x_0)=\int_{t=0}^{T}(\|z(t)\|^2-\|w(t)\|^2+\dot{V}_1(x_t))\mathrm{d}t+V_1(x_0)-V_1(x_T) \tag{4-16}$$

基于引理4.1提出的假设，以及 V_1 的正定性，从初值0开始，对于任何 $w(t)\in\mathcal{L}_2[0,\infty)$，损失函数有 $\boldsymbol{J}_T(x_0)\leqslant 0,\forall T\geqslant 0$。因此，系统有 $\mathcal{L}_2$ 增益 $\leqslant 1$。

对于无扰动情形，引理4.1的第二个条件等效于Lyapunov-Krasovskii稳定理论，因此，系统是稳定的。

根据引理4.1，CACC的核心设计是寻找满足条件的反馈、前馈控制器以及泛函 V_1 和 V_2。一种有效的计算方法是限制控制器和函数形式，并将问题归结为凸优化问题。在接下来的两部分中，本小节建立了加速度前馈和控制前馈的CACC系统状态空间模型，并引入线性矩阵不等式来松弛条件。

4.1.3 CACC加速度前馈控制器构造

回顾式(4-3)中给出的距离误差定义，对时间求导，有：

$$\dot{e}_i=v_{i-1}-v_i-\tau_i a_i$$

$$\ddot{e}_i=a_{i-1}-a_i-\tau_i\dot{a}_i$$

若定义一个辅助控制输入 u，则：

$$a_i(t)+\tau_i\dot{a}_i(t)=u(t-d_i) \tag{4-17}$$

$\ddot{e}_i$ 可重写为：

$$\ddot{e}_i=a_{i-1}-u(t-d_i) \tag{4-18}$$

$u(t-d_i)$ 的滞后部分用于补偿控制器延迟，于是基于式(4-1)中的车辆运动学特性，原控制量 u_i 可由 u 重建：

$$U_i(s)=\frac{1+s\sigma_i}{1+s\tau_i}U(s) \tag{4-19}$$

类似地，定义辅助扰动信号 w：

$$w(t)=a_{i-1}(t)+\tau_i\dot{a}_{i-1}(t) \tag{4-20}$$

则 a_i 与 a_{i-1} 间的传递函数等效于 $u(t-d_i)$ 与 $w(t)$ 间的传递函数：

$$\frac{A_i(s)}{A_{i-1}(s)}=\frac{\mathrm{e}^{-sd_i}U(s)}{W(s)} \tag{4-21}$$

设 $\boldsymbol{x}_1=[e_i,\dot{e}_i]^{\mathrm{T}}$，$\boldsymbol{x}_2=a_{i-1}$，则系统状态空间模型变为：

$$\begin{cases}\dot{\boldsymbol{x}}_1=\boldsymbol{A}_{11}\boldsymbol{x}_1+\boldsymbol{A}_{12}x_2+\boldsymbol{B}_1u(t-d_i) & (4\text{-}22)\\ \dot{\boldsymbol{x}}_2=A_{22}x_2+\boldsymbol{C}_2w & (4\text{-}23)\end{cases}$$

其中，$\boldsymbol{A}_{11}=\begin{bmatrix}0&1\\0&0\end{bmatrix}$；$\boldsymbol{A}_{12}=\begin{bmatrix}0\\1\end{bmatrix}$；$\boldsymbol{B}_1=\begin{bmatrix}0\\-1\end{bmatrix}$；$A_{22}=-\dfrac{1}{\tau_i}$；$\boldsymbol{C}_2=\dfrac{1}{\tau_i}$。设计后车的AF CACC控制

器,将本车误差和前车通信的加速度进行线性组合确定 u:

$$u(t)=\boldsymbol{K}_{\mathrm{fb}}\boldsymbol{x}_1(t)+K_{\mathrm{ff}}x_2(t-l)$$

其中,$\boldsymbol{x}_2(t-l)$的滞后是由无线通信引起;$\boldsymbol{K}_{\mathrm{fb}}$、$\boldsymbol{K}_{\mathrm{ff}}$分别对应反馈/前馈增益。将控制器代入系统方程,并设 $u(t-d_i)$为输出信号 $z(t)$后,可以获得 AF CACC 模型:

$$\begin{cases}\dot{\boldsymbol{x}}(t)=\boldsymbol{A}\boldsymbol{x}(t)+\boldsymbol{B}\boldsymbol{K}_1\boldsymbol{x}(t-d_i)+\boldsymbol{B}\boldsymbol{K}_2\boldsymbol{x}(t-d_i-l)+\boldsymbol{C}w(t)\\ z(t)=\boldsymbol{K}_1\boldsymbol{x}(t-d_i)+\boldsymbol{K}_2\boldsymbol{x}(t-d_i-l)\end{cases}\tag{4-24}$$

其中,$\boldsymbol{A}=\begin{bmatrix}\boldsymbol{A}_{11} & \boldsymbol{A}_{12}\\ 0 & \boldsymbol{A}_{22}\end{bmatrix}$;$\boldsymbol{B}=\begin{bmatrix}\boldsymbol{B}_1\\ 0\end{bmatrix}$;$\boldsymbol{C}=\begin{bmatrix}0\\ C_2\end{bmatrix}$;$\boldsymbol{K}_1=[K_{\mathrm{fb}},0]$;$\boldsymbol{K}_2=[0,K_{\mathrm{ff}}]$。由式(4-21),加速度的衰减可由 $z(t)$及 $w(t)$的衰减获得。根据引理 4.1,问题转化为寻找 $\boldsymbol{K}_1,\boldsymbol{K}_2$ 使得系统稳定且扰动衰减率不高于 1。根据 $\boldsymbol{K}_1,\boldsymbol{K}_2$ 的特殊结构,在构造过程中需要引入额外的设计。

定理 4.1 考虑式(4-24)中的系统。对于给定标量 τ_i,d_i,l,对称矩阵 $\boldsymbol{G}>0$, 如果存在正定矩阵 $\boldsymbol{L}_1,\boldsymbol{L}_2$,正半定矩阵 $\boldsymbol{R}_1,\boldsymbol{R}_2,\hat{\boldsymbol{R}}_1$,以及任何维度合适的矩阵 $\boldsymbol{V}_{fb},\boldsymbol{V}_{ff},\boldsymbol{N}_1,\boldsymbol{N}_2,\hat{\boldsymbol{N}}_1,\boldsymbol{Y}_1,\boldsymbol{Y}_2,\hat{\boldsymbol{Y}}_1$,满足下列 LMI 约束:

$$\begin{bmatrix}\boldsymbol{\Psi}+\boldsymbol{\psi}_2+\boldsymbol{\psi}_2^{\mathrm{T}}+d_i\boldsymbol{Y}_1+l\boldsymbol{Y}_2 & \sqrt{d_i}\boldsymbol{\psi}_1^{\mathrm{T}} & \sqrt{l}\boldsymbol{\psi}_1^{\mathrm{T}} & \boldsymbol{\psi}_3^{\mathrm{T}}\\ * & -\boldsymbol{W}_1 & 0 & 0\\ * & * & -\boldsymbol{W}_2 & 0\\ * & * & * & -\boldsymbol{I}\end{bmatrix}\leqslant 0\tag{4-25}$$

$$\begin{bmatrix}\boldsymbol{\Xi}+\boldsymbol{\xi}_2+\boldsymbol{\xi}_2^{\mathrm{T}}+d_i\hat{\boldsymbol{Y}}_1 & \sqrt{d_i}\boldsymbol{\xi}_1^{\mathrm{T}} & \boldsymbol{\xi}_3^{T}\\ * & -\hat{\boldsymbol{W}}_1 & 0\\ * & * & -\boldsymbol{G}^{-1}\end{bmatrix}\leqslant 0\tag{4-26}$$

$$\begin{bmatrix}\boldsymbol{Y}_1 & \boldsymbol{N}_1\\ * & \boldsymbol{L}\end{bmatrix}\geqslant 0,\begin{bmatrix}\boldsymbol{Y}_2 & \boldsymbol{N}_2\\ * & \boldsymbol{L}\end{bmatrix}\geqslant 0,\begin{bmatrix}\hat{\boldsymbol{Y}}_1 & \hat{\boldsymbol{N}}_1\\ * & \hat{\boldsymbol{L}}_1\end{bmatrix}\geqslant 0\tag{4-27}$$

其中

$$\boldsymbol{\Psi}=\begin{bmatrix}\boldsymbol{A}\boldsymbol{L}+\boldsymbol{L}\boldsymbol{A}^{T}+\boldsymbol{R}_1 & \boldsymbol{B}\boldsymbol{V}_1 & \boldsymbol{B}\boldsymbol{V}_2 & \boldsymbol{C}\\ * & -\boldsymbol{R}_1+\boldsymbol{R}_2 & 0 & 0\\ * & * & -\boldsymbol{R}_2 & 0\\ * & * & * & -\boldsymbol{I}\end{bmatrix}$$

$$\boldsymbol{\psi}_1=[\boldsymbol{A}\boldsymbol{L},\boldsymbol{B}\boldsymbol{V}_1,\boldsymbol{B}\boldsymbol{V}_2,\boldsymbol{C}]$$

$$\boldsymbol{\psi}_2=[\boldsymbol{N}_1,-\boldsymbol{N}_1+\boldsymbol{N}_2,-\boldsymbol{N}_2,0]$$

$$\boldsymbol{\psi}_3=[0,\boldsymbol{V}_1,\boldsymbol{V}_2,0]$$

$$\boldsymbol{\Xi}=\begin{bmatrix}\boldsymbol{A}_{11}\boldsymbol{L}_1+\boldsymbol{L}_1\boldsymbol{A}_{11}^{\mathrm{T}}+\hat{\boldsymbol{R}}_1 & \boldsymbol{B}_1\boldsymbol{V}_{\mathrm{fb}}\\ * & -\hat{\boldsymbol{R}}_1\end{bmatrix}$$

$$\boldsymbol{\xi}_1=[\boldsymbol{A}_{11}\boldsymbol{L}_1,\boldsymbol{B}_1\boldsymbol{V}_{\mathrm{fb}}],\boldsymbol{\xi}_2=[\hat{\boldsymbol{N}}_1,-\hat{\boldsymbol{N}}_1],\boldsymbol{\xi}_3=[\boldsymbol{L}_1,0]$$

$$\boldsymbol{W}_1=\boldsymbol{W}_2=\boldsymbol{L},\hat{\boldsymbol{W}}_1=\boldsymbol{L}_1$$

$$\boldsymbol{L}=\begin{bmatrix}\boldsymbol{L}_1 & 0\\ 0 & \boldsymbol{L}_2\end{bmatrix},\boldsymbol{V}_1=[\boldsymbol{V}_{\mathrm{fb}},0],\boldsymbol{V}_2=[0,\boldsymbol{V}_{ff}]$$

则反馈 $\boldsymbol{K}_{fb}=\boldsymbol{V}_{fb}\boldsymbol{L}_1^{-1}$ 和前馈 $\boldsymbol{K}_{ff}=\boldsymbol{V}_{ff}\boldsymbol{L}_2^{-1}$ 使系统稳定且扰动衰减率不大于1。

证明:基于引理4.1,目标是证明系统的 $\mathcal{L}_2$-增益不大于1且在 $w(t)=0$ 时稳定。定义完整的二次 Lyapunov-Krasovskii 泛函:

$$\begin{aligned}V(\boldsymbol{x}_t)=&\ \boldsymbol{x}^{\mathrm{T}}(t)\boldsymbol{P}x(t)+\int_{t-d_i}^{t}\boldsymbol{x}^{\mathrm{T}}(s)Q_1\boldsymbol{x}(s)\mathrm{d}s+\\&\int_{t-d_i-l}^{t-d_i}\boldsymbol{x}^{\mathrm{T}}(s)\boldsymbol{Q}_2\boldsymbol{x}(s)\mathrm{d}s+\\&\int_{-d_i}^{0}\int_{t+\theta}^{t}\dot{\boldsymbol{x}}^{\mathrm{T}}(s)\boldsymbol{Z}_1\dot{\boldsymbol{x}}(s)\mathrm{d}s\mathrm{d}\theta+\\&\int_{-l}^{0}\int_{t-d_i+0}^{t}\dot{\boldsymbol{x}}^{\mathrm{T}}(s)\boldsymbol{Z}_2\dot{\boldsymbol{x}}(s)\mathrm{d}s\mathrm{d}\theta\end{aligned}\tag{4-28}$$

其中,$\boldsymbol{P}$ 为正定矩阵;$\boldsymbol{Q}_1$、$\boldsymbol{Q}_2$、$\boldsymbol{Z}_1$、$\boldsymbol{Z}_2$ 为半正定矩阵。为了保证结果中 $\boldsymbol{K}_1=[\boldsymbol{K}_{fb},0]$,$\boldsymbol{K}_2=[0,\boldsymbol{K}_{ff}]$,$\boldsymbol{P}$ 被设计为 $\boldsymbol{P}=\begin{bmatrix}\boldsymbol{P}_1 & 0\\ 0 & \boldsymbol{P}_2\end{bmatrix}$,其中 $\boldsymbol{P}_1$ 和 $\boldsymbol{P}_2$ 与 $\boldsymbol{x}_1$ 和 $\boldsymbol{x}_2$ 维度相同。以 V 对系统动态求导,有:

$$\begin{aligned}\dot{V}(\boldsymbol{x}_t)=&\ 2\boldsymbol{x}^{\mathrm{T}}(t)\boldsymbol{P}\dot{\boldsymbol{x}}(t)+\boldsymbol{x}^{\mathrm{T}}(t)\boldsymbol{Q}_1\boldsymbol{x}(t)-\\&\boldsymbol{x}^{\mathrm{T}}(t-d_i)\boldsymbol{Q}_1\boldsymbol{x}(t-d_i)+\boldsymbol{x}^{\mathrm{T}}(t-d_i)\boldsymbol{Q}_2\boldsymbol{x}(t-d_i)-\\&\boldsymbol{x}^{\mathrm{T}}(t-d_i-l)\boldsymbol{Q}_2\boldsymbol{x}(t-d_i-l)+d_i\dot{\boldsymbol{x}}^{\mathrm{T}}\boldsymbol{Z}_1\dot{\boldsymbol{x}}-\\&\int_{t-d_i}^{t}\dot{\boldsymbol{x}}^{\mathrm{T}}(s)\boldsymbol{Z}_1\dot{\boldsymbol{x}}(s)\mathrm{d}s+l\dot{\boldsymbol{x}}^{\mathrm{T}}(t)\boldsymbol{Z}_2\dot{\boldsymbol{x}}(t)-\\&\int_{t-d_i-l}^{t-d_i}\dot{\boldsymbol{x}}^{\mathrm{T}}(s)\boldsymbol{Z}_2\dot{\boldsymbol{x}}(s)\mathrm{d}s\end{aligned}\tag{4-29}$$

定义新向量:

$$\boldsymbol{\zeta}(t)=[\boldsymbol{x}^{\mathrm{T}}(t),\boldsymbol{x}^{\mathrm{T}}(t-d_i),\boldsymbol{x}^{\mathrm{T}}(t-d_i-l),w(t)]^{\mathrm{T}}$$

使用 Newton-Leibniz 公式,下方等式对具有合适维度的任意矩阵 $\boldsymbol{M}_1$,$\boldsymbol{M}_2$ 成立:

$$0=2\boldsymbol{\zeta}^{\mathrm{T}}(t)\boldsymbol{M}_1[\boldsymbol{x}(t)-\boldsymbol{x}(t-d_i)-\int_{t-d_i}^{t}\dot{\boldsymbol{x}}(s)\mathrm{d}s]\tag{4-30}$$

$$0=2\boldsymbol{\zeta}^{\mathrm{T}}(t)\boldsymbol{M}_2[\boldsymbol{x}(t-d_i)-\boldsymbol{x}(t-d_i-l)-\int_{t-d_i-l}^{t-d_i}\dot{\boldsymbol{x}}(s)\mathrm{d}s]\tag{4-31}$$

另外引入两个新矩阵 $\boldsymbol{X}_1$,$\boldsymbol{X}_2$ 以及对应的等式:

$$0=d_i\boldsymbol{\zeta}^{\mathrm{T}}(t)\boldsymbol{X}_1\boldsymbol{\zeta}(t)-\int_{t-d_i}^{t}\boldsymbol{\zeta}^{\mathrm{T}}(t)\boldsymbol{X}_1\zeta(t)\mathrm{d}s\tag{4-32}$$

$$0=l\boldsymbol{\zeta}^{\mathrm{T}}(t)\boldsymbol{X}_2\boldsymbol{\zeta}(t)-\int_{t-d_i-l}^{t-d_i}\boldsymbol{\zeta}^{\mathrm{T}}(t)\boldsymbol{X}_2\zeta(t)\mathrm{d}s\tag{4-33}$$

累加式(4-29)~式(4-33)以及 $\|z(t)\|^2-\|w(t)\|^2$,得:

$$\begin{aligned}&\dot{V}(x_t)+\|z(t)\|^2-\|w(t)\|^2\\&=\boldsymbol{\zeta}^{T}(t)\begin{bmatrix}\boldsymbol{\Phi}+\boldsymbol{\phi}_2+\boldsymbol{\phi}_2^{\mathrm{T}}+d_i\boldsymbol{\phi}_1^{\mathrm{T}}\boldsymbol{Z}_1\boldsymbol{\phi}_1+l\boldsymbol{\phi}_1^{\mathrm{T}}\boldsymbol{Z}_2\boldsymbol{\phi}_1\\+\boldsymbol{\phi}_3^{\mathrm{T}}\boldsymbol{\phi}_3+d_i\boldsymbol{X}_1+l\boldsymbol{X}_2\end{bmatrix}\boldsymbol{\zeta}(t)-\\&\int_{t-d_i}^{t}\boldsymbol{\eta}^{\mathrm{T}}(t,s)\begin{bmatrix}\boldsymbol{X}_1 & \boldsymbol{M}_1\\ * & \boldsymbol{Z}_1\end{bmatrix}\boldsymbol{\eta}(t,s)\mathrm{d}s-\\&\int_{t-d_i-l}^{t-d_i}\boldsymbol{\eta}^{\mathrm{T}}(t,s)\begin{bmatrix}\boldsymbol{X}_2 & \boldsymbol{M}_2\\ * & \boldsymbol{Z}_2\end{bmatrix}\boldsymbol{\eta}(t,s)\mathrm{d}s\end{aligned}$$

其中，$\boldsymbol{\eta}(t,s)=[\boldsymbol{\zeta}^{\mathrm{T}}(t),\dot{\boldsymbol{x}}^{\mathrm{T}}(s)]^{\mathrm{T}}$，且：

$$\boldsymbol{\Phi}=\begin{bmatrix}\boldsymbol{PA}+\boldsymbol{A}^{\mathrm{T}}\boldsymbol{P}+\boldsymbol{Q}_1 & \boldsymbol{PBK}_1 & \boldsymbol{PBK}_2 & \boldsymbol{PC}\\ * & -\boldsymbol{Q}_1+\boldsymbol{Q}_2 & 0 & 0\\ * & * & -\boldsymbol{Q}_2 & 0\\ * & * & * & -\boldsymbol{I}\end{bmatrix}$$

$$\boldsymbol{\phi}_1=[\boldsymbol{A},\boldsymbol{BK}_1,\boldsymbol{BK}_2,\boldsymbol{C}]$$

$$\boldsymbol{\phi}_2=[\boldsymbol{M}_1,-\boldsymbol{M}_1+\boldsymbol{M}_2,-\boldsymbol{M}_2,0]$$

$$\boldsymbol{\phi}_3=[0,\boldsymbol{K}_1,\boldsymbol{K}_2,0]$$

根据 Schur 补理论，若：

$$\begin{bmatrix}\boldsymbol{\Phi}+\boldsymbol{\phi}_2+\boldsymbol{\phi}_2^{\mathrm{T}}+d_i\boldsymbol{X}_1+l\boldsymbol{X}_2 & \sqrt{d_i}\boldsymbol{\phi}_1^{\mathrm{T}}\boldsymbol{Z}_1 & \sqrt{l}\boldsymbol{\phi}_1^{\mathrm{T}}\boldsymbol{Z}_2 & \boldsymbol{\phi}_3^{\mathrm{T}}\\ * & -\boldsymbol{Z}_1 & 0 & 0\\ * & * & -\boldsymbol{Z}_2 & 0\\ * & * & * & -\boldsymbol{I}\end{bmatrix}\leqslant 0 \tag{4-34}$$

且

$$\begin{bmatrix}\boldsymbol{X}_1 & \boldsymbol{M}_1\\ * & \boldsymbol{Z}_1\end{bmatrix}\geqslant 0,\begin{bmatrix}\boldsymbol{X}_2 & \boldsymbol{M}_2\\ * & \boldsymbol{Z}_2\end{bmatrix}\geqslant 0 \tag{4-35}$$

则可以保证 $\dot{V}(x_t)+\|z(t)\|^2-\|w(t)\|^2\leqslant 0$。

式(4-34)中的矩阵不是 LMI 形式。为处理这个问题，定义乘子：

$$\boldsymbol{\Pi}=\mathrm{diag}(\boldsymbol{P}^{-1},\boldsymbol{P}^{-1},\boldsymbol{P}^{-1},\boldsymbol{I})$$

$$\boldsymbol{\Theta}=\mathrm{diag}(\boldsymbol{\Pi},\boldsymbol{Z}_1^{-1},\boldsymbol{Z}_2^{-1},\boldsymbol{I})$$

以及变量：

$$\boldsymbol{L}_1=\boldsymbol{P}_1^{-1},\boldsymbol{L}_2=\boldsymbol{P}_2^{-1},\boldsymbol{V}_{\mathrm{fb}}=\boldsymbol{K}_{\mathrm{fb}}\boldsymbol{L}_1,\boldsymbol{V}_{\mathrm{ff}}=\boldsymbol{K}_{\mathrm{ff}}\boldsymbol{L}_2,$$

$$\boldsymbol{R}_1=\boldsymbol{LQ}_1\boldsymbol{L},\boldsymbol{R}_2=\boldsymbol{LQ}_2\boldsymbol{L},\boldsymbol{N}_1=\boldsymbol{\Pi}\boldsymbol{M}_1\boldsymbol{L},\boldsymbol{N}_2=\boldsymbol{\Pi}\boldsymbol{M}_2\boldsymbol{L},$$

$$\boldsymbol{Y}_1=\boldsymbol{\Pi}\boldsymbol{X}_1\boldsymbol{\Pi},\boldsymbol{Y}_2=\boldsymbol{\Pi}\boldsymbol{X}_2\boldsymbol{\Pi},\boldsymbol{W}_1=\boldsymbol{Z}_1^{-1},\boldsymbol{W}_2=\boldsymbol{Z}_2^{-1}$$

在对式(4-34)左乘和右乘 $\boldsymbol{\Theta}$ 后，得到 LMI 形式的式(4-36)。对式(4-35)左乘右乘 $\begin{bmatrix}\boldsymbol{\Pi} & 0\\ 0 & \boldsymbol{L}\end{bmatrix}$后得到：

$$\begin{bmatrix}\boldsymbol{Y}_1 & \boldsymbol{N}_1\\ * & \boldsymbol{LW}_1^{-1}\boldsymbol{L}\end{bmatrix}\geqslant 0,\begin{bmatrix}\boldsymbol{Y}_2 & \boldsymbol{N}_2\\ * & \boldsymbol{LW}_2^{-1}\boldsymbol{L}\end{bmatrix}\geqslant 0$$

为了消除以上不等式中的非 LMI 项，令 $\boldsymbol{W}_1=\boldsymbol{L},\boldsymbol{W}_2=\boldsymbol{L}$。那么可获得式(4-27)中的前两个约束。

对于当 $w(t)=0$ 时的系统式(4-24)，注意子系统 $\dot{x}_2=-\dfrac{1}{\tau_i}x_2$ 有一个负极点，因此子系统是稳定的。若其他子系统：

$$\dot{\boldsymbol{x}}_1(t)=\boldsymbol{A}_{11}\boldsymbol{x}_1(t)+\boldsymbol{B}_1K_{\mathrm{fb}}\boldsymbol{x}_1(t-d_i) \tag{4-36}$$

也是稳定的，则意味着整个 CACC 系统具备稳定性。由式(4-36)定义完整的二次型 Lyapunov-

Krasovskii 泛函为 $\hat{V}(\boldsymbol{x}_1,t)$：

$$\hat{V}(\boldsymbol{x}_1,t)=\boldsymbol{x}_1^{\mathrm{T}}(t)\boldsymbol{P}_1\boldsymbol{x}_1(t)+\int_{t-d_i}^{t}\boldsymbol{x}_1^{\mathrm{T}}(s)\hat{\boldsymbol{Q}}_1\boldsymbol{x}_1(s)\mathrm{d}s+\int_{-d_i}^{0}\int_{t+\theta}^{t}\dot{\boldsymbol{x}}_1(s)\hat{\boldsymbol{Z}}_1\dot{\boldsymbol{x}}_1(s)\mathrm{d}s\mathrm{d}\theta \tag{4-37}$$

为了构造相同的反馈增益，$V(x_t)$ 和 $\hat{V}(x_1,t)$ 共享相同的 $\boldsymbol{P}_1$。但是 $\boldsymbol{Q}_1\geqslant 0$ 和 $\hat{\boldsymbol{Z}}_1\geqslant 0$ 是新定义的。于是有 $\boldsymbol{\lambda}_{\min}(\boldsymbol{P}_1)\|\boldsymbol{x}_1(t)\|^2\leqslant\hat{V}(x_1,t)\leqslant\boldsymbol{\lambda}_{\max}(\boldsymbol{P}_1)\|\boldsymbol{x}_1,t\|_c^2$，其中 $\boldsymbol{\lambda}_{\min}(\cdot)$ 和 $\boldsymbol{\lambda}_{\max}(\cdot)$ 表示给定矩阵的最小和最大特征值。定义向量：

$$\hat{\boldsymbol{\zeta}}(t)=[\boldsymbol{x}_1^{\mathrm{T}}(t),\boldsymbol{x}_1^{\mathrm{T}}(t-d_i)]^{\mathrm{T}} \tag{4-38}$$

并引入等式：

$$0=2\hat{\boldsymbol{\zeta}}^{\mathrm{T}}(t)\hat{\boldsymbol{M}}_1\left[\boldsymbol{x}_1(t)-\boldsymbol{x}_1(t-d_i)-\int_{t-d_i}^{t}\dot{\boldsymbol{x}}_1(s)\mathrm{d}s\right] \tag{4-39}$$

$$0=d_i\hat{\boldsymbol{\zeta}}^{\mathrm{T}}(t)\hat{\boldsymbol{X}}_1\hat{\boldsymbol{\zeta}}(t)-\int_{t-d_i}^{t}\hat{\boldsymbol{\zeta}}^{\mathrm{T}}(t)\hat{\boldsymbol{X}}_1\hat{\boldsymbol{\zeta}}(t)\mathrm{d}s \tag{4-40}$$

结合式(4-36)的解计算 $\hat{V}$ 对时间的导数，加上 $\boldsymbol{x}_1^{\mathrm{T}}(t)\boldsymbol{G}\boldsymbol{x}_1(t)$ 以及式(4-39)和式(4-40)的右侧部分，得到：

$$\dot{\hat{V}}(\boldsymbol{x}_1,t)+\boldsymbol{x}_1^{\mathrm{T}}(t)\boldsymbol{G}\boldsymbol{x}_1(t)=\hat{\boldsymbol{\zeta}}^{\mathrm{T}}(t)[\hat{\boldsymbol{\Phi}}+\hat{\boldsymbol{\phi}}_2+\hat{\boldsymbol{\phi}}_2^{\mathrm{T}}+d_i\hat{\boldsymbol{\phi}}_1^{\mathrm{T}}\hat{\boldsymbol{Z}}_1\hat{\boldsymbol{\phi}}_1+\hat{\boldsymbol{\phi}}_3^{\mathrm{T}}\boldsymbol{G}\hat{\boldsymbol{\phi}}_3+d_i\hat{\boldsymbol{X}}_1]\boldsymbol{\zeta}(t)-\int_{t-d_i}^{t}\hat{\boldsymbol{\eta}}^{\mathrm{T}}(t,s)\begin{bmatrix}\hat{\boldsymbol{X}}_1 & \hat{\boldsymbol{M}}_1\\ * & \hat{\boldsymbol{Z}}_1\end{bmatrix}\hat{\boldsymbol{\eta}}(t,s)\mathrm{d}s \tag{4-41}$$

其中，$\hat{\boldsymbol{\eta}}(t,s)=[\hat{\boldsymbol{\zeta}}^{\mathrm{T}}(t),\dot{\boldsymbol{x}}_1^{\mathrm{T}}(s)]^{\mathrm{T}}$，且：

$$\hat{\boldsymbol{\Phi}}=\begin{bmatrix}\boldsymbol{P}_1\boldsymbol{A}_{11}+\boldsymbol{A}_{11}^{\mathrm{T}}\boldsymbol{P}_1+\hat{\boldsymbol{Q}}_1 & \boldsymbol{P}_1\boldsymbol{B}_1\boldsymbol{K}_{\mathrm{fb}}\\ * & -\hat{\boldsymbol{Q}}_1\end{bmatrix}$$

$$\hat{\boldsymbol{\phi}}_1=[\boldsymbol{A}_{11},\boldsymbol{B}_1\boldsymbol{K}_{\mathrm{fb}}],\hat{\boldsymbol{\phi}}_2=[\hat{\boldsymbol{M}}_1,-\hat{\boldsymbol{M}}_1],\hat{\boldsymbol{\phi}}_3=[\boldsymbol{I},0]$$

为使 $\dot{\hat{V}}+\boldsymbol{x}_1^{\mathrm{T}}\boldsymbol{G}\boldsymbol{x}_1\leqslant 0$，可构造 $\hat{\boldsymbol{\Phi}}+\hat{\boldsymbol{\phi}}_2+\hat{\boldsymbol{\phi}}_2^{\mathrm{T}}+d_i\hat{\boldsymbol{\phi}}_1^{\mathrm{T}}\hat{\boldsymbol{Z}}_1\hat{\boldsymbol{\phi}}_1+\hat{\boldsymbol{\phi}}_3^{\mathrm{T}}\boldsymbol{G}\hat{\boldsymbol{\phi}}_3+d_i\hat{\boldsymbol{X}}_1\leqslant 0$，再由 Schur 补可等效于：

$$\begin{bmatrix}\hat{\boldsymbol{\Phi}}+\hat{\boldsymbol{\phi}}_2+\hat{\boldsymbol{\phi}}_2^{\mathrm{T}}+d_i\hat{\boldsymbol{X}}_1 & \sqrt{d_i}\hat{\boldsymbol{\phi}}_1^{\mathrm{T}}\hat{\boldsymbol{Z}}_1 & \hat{\boldsymbol{\phi}}_3^{\mathrm{T}}\\ * & -\hat{\boldsymbol{Z}}_1 & 0\\ * & * & -\boldsymbol{G}^{-1}\end{bmatrix}\leqslant 0 \tag{4-42}$$

令

$$\begin{bmatrix}\hat{\boldsymbol{X}}_1 & \hat{\boldsymbol{M}}_1\\ * & \hat{\boldsymbol{Z}}_1\end{bmatrix}\geqslant 0 \tag{4-43}$$

类似地，定义：

$$\hat{\boldsymbol{\Pi}}=\mathrm{diag}(\boldsymbol{P}_1^{-1},\boldsymbol{P}_1^{-1}),\hat{\boldsymbol{\Theta}}=\mathrm{diag}(\hat{\boldsymbol{\Pi}},\hat{\boldsymbol{Z}}_1^{-1},\boldsymbol{I})$$

且令

$$\hat{\boldsymbol{R}}_1=\boldsymbol{L}_1\hat{\boldsymbol{Q}}_1\boldsymbol{L}_1,\hat{\boldsymbol{N}}_1=\hat{\boldsymbol{\Pi}}\hat{\boldsymbol{M}}_1\boldsymbol{L}_1,\hat{\boldsymbol{Y}}_1=\hat{\boldsymbol{\Pi}}\hat{\boldsymbol{X}}_1\hat{\boldsymbol{\Pi}},\hat{\boldsymbol{W}}_1=\hat{\boldsymbol{Z}}_1^{-1}$$

指定 $\hat{\boldsymbol{W}}_1=\boldsymbol{L}_1$，则式(4-42)和式(4-43)就转变为定理中的约束项。

证毕。

$\boldsymbol{K}_1$ 和 $\boldsymbol{K}_2$ 的特殊结构是由 CACC 特性引起的。控制指令由两部分决定：通过反馈模块测量的局部间距误差和通过前馈模块传输的前车加速度。为了使构造的 $\boldsymbol{K}_1=\boldsymbol{V}_1\boldsymbol{L}^{-1}$ 和 $\boldsymbol{K}_2=\boldsymbol{V}_2\boldsymbol{L}^{-1}$ 满足结构的要求，在 V 中的矩阵 $\boldsymbol{P}$ 被定义为对角块的形式。另外，在子系统式(4-36)稳定性分析中，$\boldsymbol{P}_1$ 在 $\hat{V}$ 中是重复使用的。如此，反馈 $\boldsymbol{K}_{\mathrm{fb}}$ 和前馈 $\boldsymbol{K}_{\mathrm{ff}}$ 使得系统不仅满足 $\mathcal{L}_2$-gain$\leqslant 1$，且在无扰动时稳定。

基于定理 4.1，本小节提出的 AF CACC 系统的设计对应于文中给出的 LMI 约束式(4-25)～式(4-27)的可行解。LMI 问题可用内点法求解，而优化工具箱如 YALMIP 和 CVX 已经集成了强大的求解器如 SEDUMI 和 SDPT3 来解决该问题。注意，Lyapunov 泛函用二次型表示，约束条件放宽到 LMIs，这使得它仅是时滞 AF CACC 模型稳定和 SS 的一个充分条件。在一定的反馈和前馈增益下，虽然违反了定理 4.1 的条件，但系统仍然是稳定的，且对扰动衰减率不大于 1。尽管如此，该方法为具有任意车队设置的 CACC 设计提供了一种有效的计算方法。而以往的工作大多基于对传递函数的频率分析，反馈和前馈增益都是基于试错法进行人工整定的。

定理 4.1 中的 LMI 约束仅包含了当前车辆的运动学特性 d_i 和 τ_i，而式(4-20)中利用辅助扰动信号 $w(t)$ 考虑了前车的运动信息，因此，AF CACC 控制器既适用于同构车队，也适用于异构车队。一旦一辆车确定了自己的增益，它就可以连接到任意一辆车的尾部，形成 AF CACC 车队。回到图 4-1 中的控制结构，反馈和前馈模块可表示为：

$$F_{\mathrm{b}}=\frac{(1+s\sigma_i)(\boldsymbol{K}_{\mathrm{fb}}(1)+s\boldsymbol{K}_{\mathrm{fb}}(2))}{1+s\tau_i},F_{\mathrm{f}}^{\mathrm{a}}=\frac{K_{\mathrm{ff}}(1+s\sigma_i)}{1+s\tau_i} \tag{4-44}$$

在现实中，前车传递的加速度不放大或减小，而是直接通过单位增益。为了与之一致，本小节在定理 4.1 中设 $K_{\mathrm{ff}}=1$ 并指定 $\boldsymbol{V}_{\mathrm{ff}}=\boldsymbol{L}_2$。

在构造 CACC 控制器之前，需要确定 τ_i,σ_i,d_i 和 l 的值。车辆参数 σ_i 和 d_i 可根据对给定输入信号的动态响应来识别。通信延迟 l 是根据发送时间和发送频率估计。车头时距反映了一辆车要与它的前车保持多远距离。较短的相对距离有助于提高道路通行能力。τ_i 越小则越难保证弦稳定性。弦不稳定的车队容易受到交通扰动的影响，这对交通量和燃油经济性都是不利的。在实际应用中，希望降低车间距离的同时，保持对干扰的衰减能力。通过二分搜索，递归地检查是否满足 LMI 约束，可以找到最小车头时距。

4.1.4 控制前馈 CACC 控制器构造

回顾式(4-24)中的 AF CACC 模型。最大延迟项 $x(t-d_i-l)$，来自前车加速度及执行器控制指令的通信延迟。注意，控制器拥有加速度变化趋势的先验知识。如果后车和前车有相同的运动学特性，将前车的控制指令作为前馈信号，可以消除 $x(t-d_i-l)$ 中执行器的延迟。在现实中，CACC 车队多数是异质的，但在许多文献中，同质车辆的假设可用于简化 CACC 问题，受其启发，本小节研究类同质车队的控制前馈 CACC。

由于同质性，前后车拥有相同的参数，为简化符号，通用参数 σ 和 d，注意本章中符号 d 表示的是执行器延迟，车头时距定义为 τ。依旧考虑后车演化 $\boldsymbol{x}_1=[e_i,\dot{e}_i]^{\mathrm{T}}$ 以及前车 $\boldsymbol{x}_2=$

a_{i-1}，引入由式(4-17)和(4-20)定义的辅助控制输入量和扰动。在式(4-21)中，传递函数关系是不变的。如果使用 CF，则辅助输入量 $u(t)$ 由反馈项 $e(t)$，$\dot{e}(t)$ 和延迟前馈项 $u_{i-1}(t-l)$ 组成。考虑到 $\frac{A_{i-1}}{U_{i-1}}=\frac{e^{-sd}}{1+s\sigma}$，$u(t-d)$ 的前馈部分 $u_{i-1}(t-d-l)$ 可被表示为 $a_{i-1}(t-l)$。因此，执行器延迟后的输入量 $u(t-d)$ 由如下公式定义：

$$u(t-d)=\boldsymbol{K}_{fb}\boldsymbol{x}_1(t-d)+K_{ff}x_2(t-l) \tag{4-45}$$

将其代入(4-22)和式(4-23)并取 $u(t-d)$ 为输出，可以得到 CF CACC 的状态空间模型：

$$\begin{cases}\dot{\boldsymbol{x}}(t)=\boldsymbol{A}\boldsymbol{x}(t)+\boldsymbol{B}\boldsymbol{K}_1\boldsymbol{x}(t-d)+\boldsymbol{B}\boldsymbol{K}_2\boldsymbol{x}(t-l)+\boldsymbol{C}w(t)\\ \boldsymbol{z}(t)=\boldsymbol{K}_1\boldsymbol{x}(t-d)+\boldsymbol{K}_2\boldsymbol{x}(t-l)\end{cases} \tag{4-46}$$

现在问题是构造 $\boldsymbol{K}_1$ 和 $\boldsymbol{K}_2$ 使得系统是稳定的且扰动衰减系数不大于 1。

与 AF CACC 的设计类似，完整的二次型泛函定义为：

$$\begin{aligned}V(x_t)=&\boldsymbol{x}^{\mathrm{T}}(t)\boldsymbol{P}\boldsymbol{x}(t)+\int_{t-d}^{t}\boldsymbol{x}^{\mathrm{T}}(s)\boldsymbol{Q}_1\boldsymbol{x}(s)\mathrm{d}s+\\&\int_{t-l}^{t}\boldsymbol{x}^{\mathrm{T}}(s)\boldsymbol{Q}_2\boldsymbol{x}(s)\mathrm{d}s+\\&\int_{-d}^{0}\int_{t+\theta}^{t}\dot{\boldsymbol{x}}^{\mathrm{T}}(s)Z_1\dot{\boldsymbol{x}}(s)\mathrm{d}s\mathrm{d}\theta+\\&\int_{-l}^{0}\int_{t+\theta}^{t}\dot{\boldsymbol{x}}^{\mathrm{T}}(s)\boldsymbol{Z}_2\dot{\boldsymbol{x}}(s)\mathrm{d}s\mathrm{d}\theta\end{aligned} \tag{4-47}$$

为方便 $\mathcal{L}_2$-增益分析，另一泛函定义为：

$$\begin{aligned}\hat{V}(\boldsymbol{x}_{1,t})=&\boldsymbol{x}_1^{\mathrm{T}}(t)\boldsymbol{P}_1\boldsymbol{x}_1(t)+\int_{t-d}^{t}\boldsymbol{x}_1^{\mathrm{T}}(s)\hat{\boldsymbol{Q}}_1\boldsymbol{x}_1(s)\mathrm{d}s+\\&\int_{-d}^{0}\int_{t+\theta}^{t}\dot{\boldsymbol{x}}_1(s)\hat{\boldsymbol{Z}}_1\dot{\boldsymbol{x}}_1(s)\mathrm{d}s\mathrm{d}\theta\end{aligned} \tag{4-48}$$

是为子系统稳定性设计 $\dot{\boldsymbol{x}}_1=\boldsymbol{A}_{11}\boldsymbol{x}_1+\boldsymbol{B}_1\boldsymbol{K}_{fb}\boldsymbol{x}_1(t-d)$。$\boldsymbol{P}$ 是拥有对角块 $\boldsymbol{P}=\mathrm{diag}(\boldsymbol{P}_1,\boldsymbol{P}_2)$ 的正定矩阵，而 $\boldsymbol{Q}_1,\boldsymbol{Q}_2,\boldsymbol{Z}_1,\boldsymbol{Z}_2,\hat{\boldsymbol{Q}}_1,\hat{\boldsymbol{Z}}_1$ 是正半定矩阵。对于 CF CACC 的构造理论如上。它的证明遵循定理 4.1，此处省略。

定理 4.2 考虑系统式(4-46)，对于给定标量 τ,d,l，以及对乘矩阵 $\boldsymbol{G}>0$，如果存在正定矩阵 $\boldsymbol{L}_1,\boldsymbol{L}_2$，正半定矩阵 $\boldsymbol{R}_1,\boldsymbol{R}_2,\hat{\boldsymbol{R}}_1$，以及任意维度合适的矩阵 $\boldsymbol{V}_{fb},\boldsymbol{V}_{ff},\boldsymbol{N}_1,\boldsymbol{N}_2,\hat{\boldsymbol{N}}_1,\boldsymbol{Y}_1,\boldsymbol{Y}_2,\hat{\boldsymbol{Y}}_1$，那么下列 LMI 约束成立：

$$\begin{bmatrix}\boldsymbol{\Psi}+\boldsymbol{\psi}_2+\boldsymbol{\psi}_2^{\mathrm{T}}+d\boldsymbol{Y}_1+l\boldsymbol{Y}_2 & \sqrt{d}\boldsymbol{\psi}_1^{\mathrm{T}} & \sqrt{l}\boldsymbol{\psi}_1^{\mathrm{T}} & \boldsymbol{\psi}_3^{\mathrm{T}}\\ * & -\boldsymbol{W}_1 & 0 & 0\\ * & * & -\boldsymbol{W}_2 & 0\\ * & * & * & -\boldsymbol{I}\end{bmatrix} \tag{4-49}$$

$$\begin{bmatrix}\boldsymbol{\Xi}+\boldsymbol{\xi}_2+\boldsymbol{\xi}_2^{\mathrm{T}}+d\hat{\boldsymbol{Y}}_1 & \sqrt{d}\boldsymbol{\xi}_1^{\mathrm{T}} & \boldsymbol{\xi}_3^{\mathrm{T}}\\ * & -\hat{\boldsymbol{W}}_1 & 0\\ * & * & -\boldsymbol{G}^{-1}\end{bmatrix}\leqslant 0 \tag{4-50}$$

$$\begin{bmatrix}\boldsymbol{Y}_1 & \boldsymbol{N}_1\\ * & \boldsymbol{L}\end{bmatrix}\geqslant 0,\begin{bmatrix}\boldsymbol{Y}_2 & \boldsymbol{N}_2\\ * & \boldsymbol{L}\end{bmatrix}\geqslant 0,\begin{bmatrix}\hat{\boldsymbol{Y}}_1 & \hat{\boldsymbol{N}}_1\\ * & \boldsymbol{L}_1\end{bmatrix}\geqslant 0 \tag{4-51}$$

其中

$$\boldsymbol{\Psi}=\begin{bmatrix}\boldsymbol{AL}+\boldsymbol{LA}^{\mathrm{T}}+\boldsymbol{R}_1+\boldsymbol{R}_2 & \boldsymbol{BV}_1 & \boldsymbol{BV}_2 & \boldsymbol{C}\\ * & -\boldsymbol{R}_1 & 0 & 0\\ * & * & -\boldsymbol{R}_2 & 0\\ * & * & * & -\boldsymbol{I}\end{bmatrix}$$

$$\boldsymbol{\psi}_2=[\boldsymbol{N}_1+\boldsymbol{N}_2,-\boldsymbol{N}_1,-\boldsymbol{N}_2,0]$$

其余向量的定义与定理4.1中相同，则反馈 $\boldsymbol{K}_{\mathrm{fb}}=\boldsymbol{V}_{\mathrm{fb}}\boldsymbol{L}_1^{-1}$ 和前馈 $\boldsymbol{K}_{\mathrm{ff}}=\boldsymbol{V}_{\mathrm{ff}}\boldsymbol{L}_2^{-1}$ 可使系统稳定且扰动衰减率不大于1。

在获得 $\boldsymbol{K}_1$ 和 $\boldsymbol{K}_2$ 之后，CF CACC 结构的前馈和反馈模块如图4-2所示。此刻有：

$$F_{\mathrm{b}}=\frac{(1+s\sigma)(\boldsymbol{K}_{\mathrm{fb}}(1)+s\boldsymbol{K}_{\mathrm{fb}}(2))}{1+s\tau},F_{\mathrm{f}}^{\mathrm{c}}=\frac{\boldsymbol{K}_{\mathrm{ff}}}{1+s\tau}$$

$\boldsymbol{K}_{\mathrm{ff}}$通常在文献中被设为1，于是前馈信号 u_{i-1}在控制指令 u_i 中以单位增益形式出现。

比较AF和CF CACC模型，两个系统出现的最大时延分别为(d_i+l)和$\max(d,l)$。CF使用前车的控制命令提前将加速度的变化通知后车。从前车加速度改变，到后车加速度调整的时间，仅是由通信延迟引起的。因此，CF CACC能够采用比AF CACC更小的车头时距。

4.1.5 CACC仿真实验及结果分析

本节将测试两种类型的CACC系统，对现有文献中的各种模型进行了实验，并与其他方法进行了比较。此外，还将在相同的环境下测试了两种前馈策略以比较两者的差异。

4.1.5.1 加速度前馈

第一个实验研究了AF CACC，考虑一个由Citroën C4s组成的车队[42]，并对系统动力学进行了参数辨识：

$$\sigma_i=0,d_i=0.18,l=0.06$$

现在以定理4.1提出的方案进行构造，使用二分法搜索车前最小车头时距。设前馈增益为 $\boldsymbol{K}_{\mathrm{ff}}$，$\boldsymbol{G}$ 设计成 diag(10,1) 以镇定误差。搜得最小车头时距为 $\tau_{\min}=0.6417\mathrm{s}$，反馈增益为 $\boldsymbol{K}_{\mathrm{fb}}=[0.8558,1.4584]$。图4-3给出了式(4-7)的加速度传递函数的幅频曲线。当频率为0时，幅值为1。随着 ω 的增加，曲线先略有下降，然后上升，直到到达 $\omega=1.08\mathrm{rad/s}$ 附近的局部极大值。即使在局部最大点，幅值也依旧小于1。这说明了构造出的CACC控制器使得系统在最小车头时距处弦稳定。

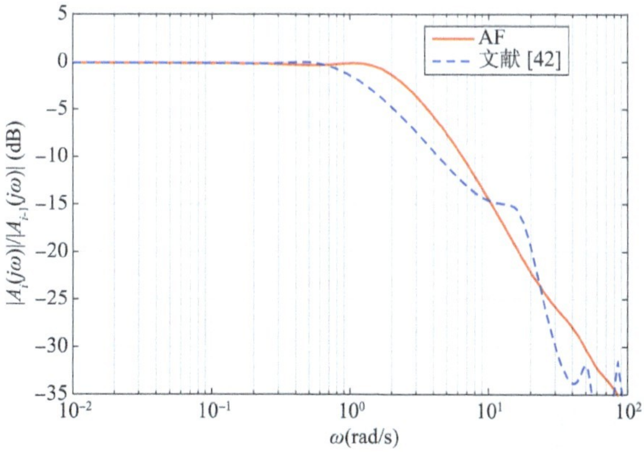

图4-3 本小节提出的AF CACC以及文献[42]的传递函数伯德图

为了在时域内测试系统，在 MATLAB Simulink 中构造了图 4-1 中 AF 结构的 6 辆车组成的车队。头车根据一个给定的控制信号来对车队传递干扰量。图 4-4 绘制了系统轨迹，包括控制输入、加速度、速度、间距误差、时间间隔和加加速度。由于扰动响应沿车队弦衰减，因此可观测到弦的稳定性。且后车的轨迹比前车更平滑，尤其是后车的加加速度幅度比前车小。结果表明，在交通扰动影响下，CACC 能提高乘客的舒适性。

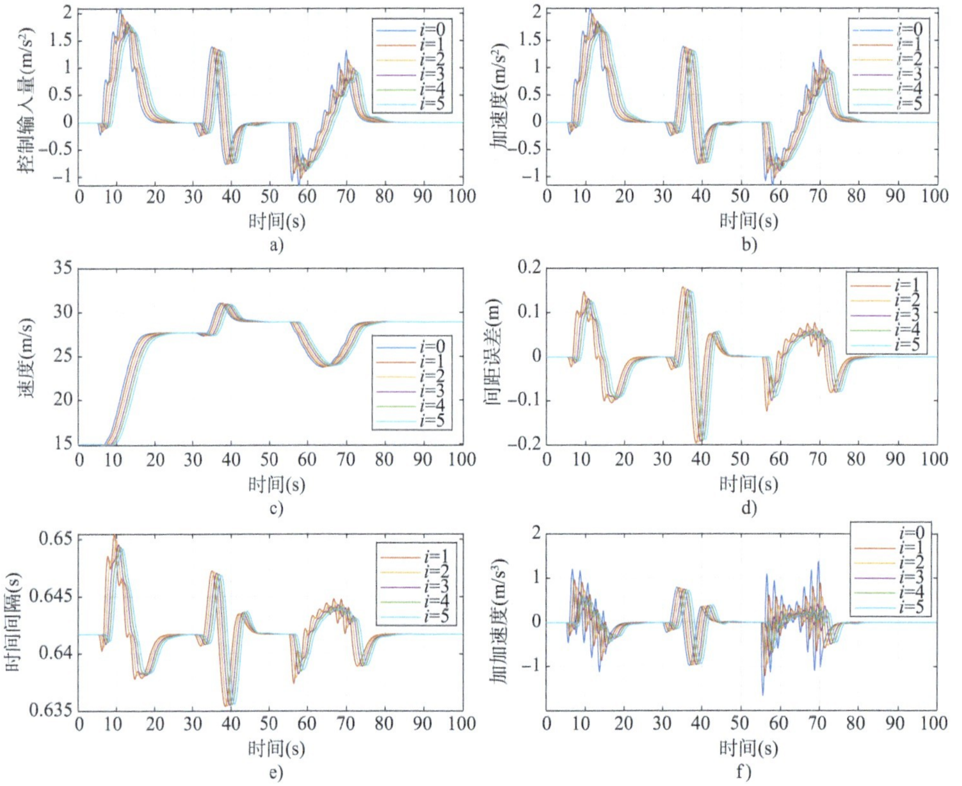

图 4-4　本小节的 AF CACC 在 6 车车队的时间响应

4.1.5.2　控制前馈

在文献[43]中，对一个 6 辆相似改装车辆组成的车队运用 CF CACC，车辆参数及无线通信延迟设为：

$$\sigma = 0.1, d = 0.2, l = 0.15$$

现在将 CF CACC 应用于同质车队，并使用定理 4.2 中给出的方法设计控制器前馈增益设置为 $K_{ff} = 2$，$\boldsymbol{G}$ 选为 diag(10,1)。通过二分搜索，搜得最小车头时距 $\tau_{min} = 0.5508$s，对应反馈控制器为 $\boldsymbol{K}_{fb} = [0.6584, 1.1981]$。加速度传递函数的幅值图如图 4-5 所示，观测到最大幅值不超过 1。

类似地，在 Matlab Simulink 中用上述车辆参数对一个 6 辆车车队进行了仿真，以构造的 CF CACC 控制器和车前车头时距来驱动车队。信号轨迹如图 4-6 所示，可以看出对不同信号的扰动衰减表现出了弦稳定性。注意在文献[43]中，还提出了一种 CF CACC 结构。在分析频域时，文献发现 $\tau = 0.7$s 使系统刚好获得弦稳定性。配合图 4-2 中给出的 CF 结构图，文献中的反馈和前馈模块可以表达为：

$$F_b = \frac{0.2 + 0.7s}{1 + s\tau}, F_f^c = \frac{1}{1 + s\tau}$$

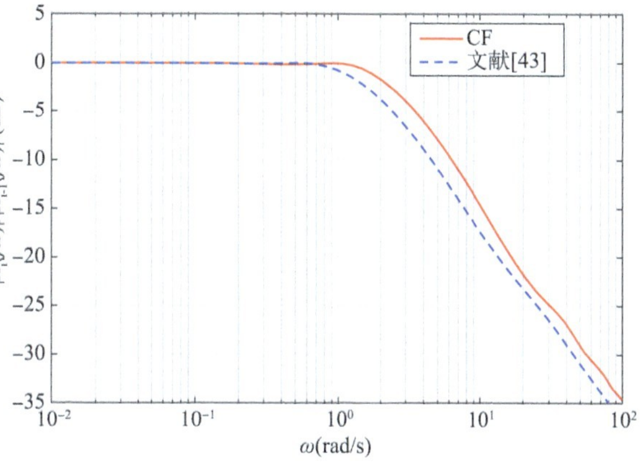

图 4-5　本节提出的 CF CACC 和文献[43]的传递函数幅值伯德图

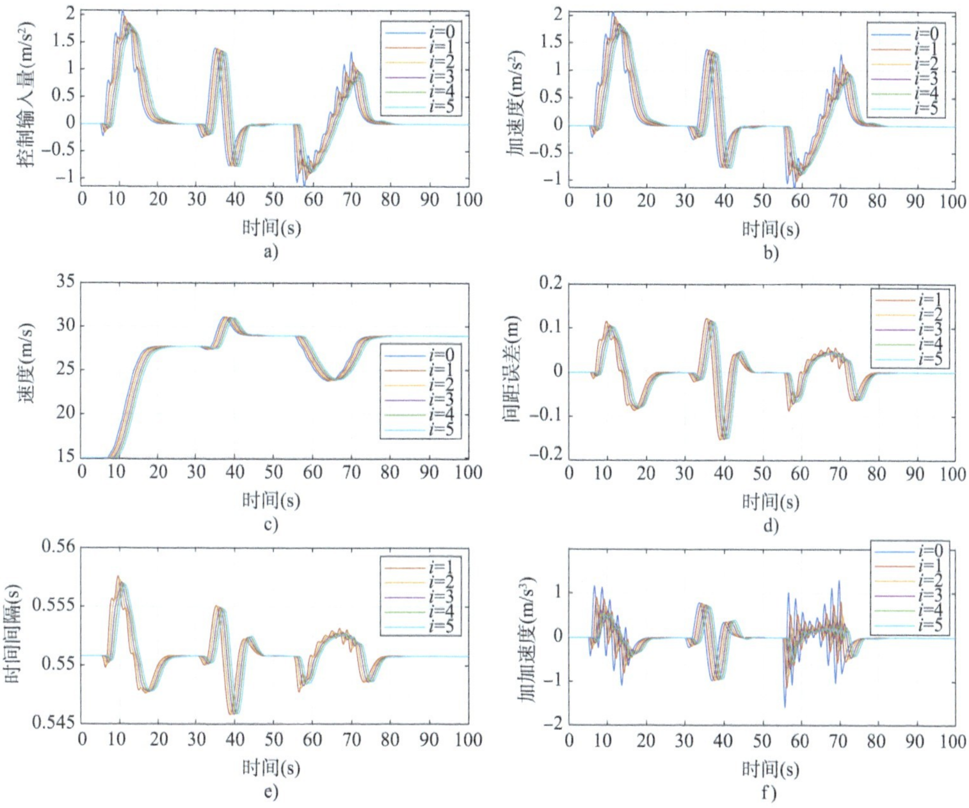

图 4-6　本小节的 CF CACC 在 6 车车队[43]的时间响应

图 4-5 中也绘制了加速度传递函数的幅值伯德图，该系统是弦稳定的，但是其车前车头时距比本小节所提方法的结果更大。本小节以及文献[43]提出的 CF CACC 如图 4-7 所示，包括间隔误差、时隙误差和加加速度。本节所提出的系统有更好的跟踪性能，体现在较小的间距误差和时隙误差，但是加加速度的衰减比文献[43]更慢。

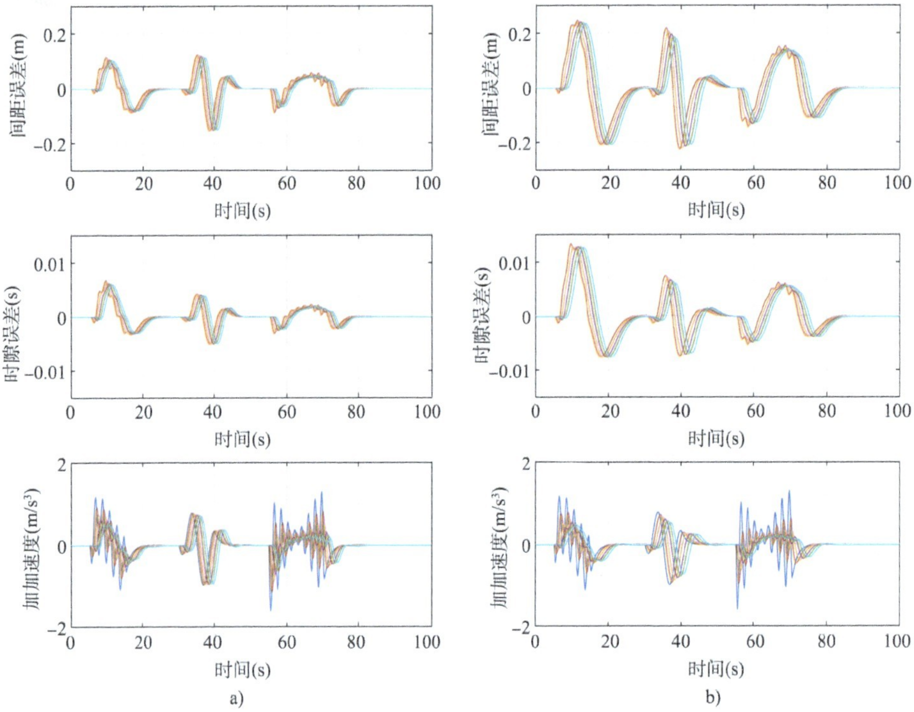

图 4-7　本节的 CF CACC 以及文献[43]的 CF CACC 在间距误差、时隙误差以及加加速度的时间响应对比

本节提出的 CACC 与上述 CACC 最大的区别在于，本节所提出的方法采用了一种设计方法来寻找最小车前车头时距和相应的控制器，而其他 CACC 控制器参数则是在频域内人工选择的。

4.1.5.3　加速度前馈与控制前馈的对比

最终实验比较了 AF 和 CF CACC 在相同环境下的响应。系统配置参照了文献[43]提供的车辆运动学参数，应用了定理 4.1 中提供的方法后，可以获得 AF CACC，其中 $\tau_{min} = 0.8089s$，$\boldsymbol{K}_{fb} = [0.8546, 1.4257]$，在最后的实验中，构造了 CF 的最小车头时距及对应控制器。可观察到 CF 的最小车前时间间隔小于 AF。在 6 车车队上，两个系统的时间响应如图 4-8 所示。相比之下，CF CACC 在间距和时隙上的误差较小。加加速度幅度表明两种系统在驾驶舒适性方面没有明显的差异。可以归纳，在相同的车队设置下，CF 结构比 AF 结构具有最小化车头时距和提高 CACC 性能的优点。这种差异是由它们的前馈信号引起的。在车辆运动学中，加速度和控制指令之间存在一个时滞，因此，CF 在后车保留了对前车行为的先验知识。因此，CF 显示出比 AF 更强的弦稳定性。

因为 CF 和 AF 之间的主要区别在于是否涉及前馈信号中的前车执行器延迟，故现在研究 τ_{min} 和 d_i 之间的关系。保持 σ_i 和 l 的值固定，而对 d_i 从区间[0,1]的平均分布中采样，对不同 d_i 分别使用两种方法寻找 h_{min}，结果如图 4-9 所示。可以观测到随着 d_i 的增加，τ_{min} 也增加，表示执行器延迟对弦稳定性存在负面影响。执行器延迟越大，越难保持车队的弦稳定性。但执行器延迟对 CF 的影响远小于 AF。当 $d_i = 0$ 时，两种前馈策略的状态空间模型相同，最小车头时距相同。但是当 d_i 增加时，AF 的前馈项 $\boldsymbol{x}_2(t - d_i - l)$ 时滞相应提升，但 CF 的前馈项 $\boldsymbol{x}_2(t - l)$ 时滞保持不变。CF 在加速度传递中抵消了执行器延迟，但系统仍受反馈项 $\boldsymbol{x}_1(t - d)$ 时滞的影响。需要注意的一点是，CF CACC 通常用于同构车队，而 AF CACC 的设计与前车运动学特性无关。

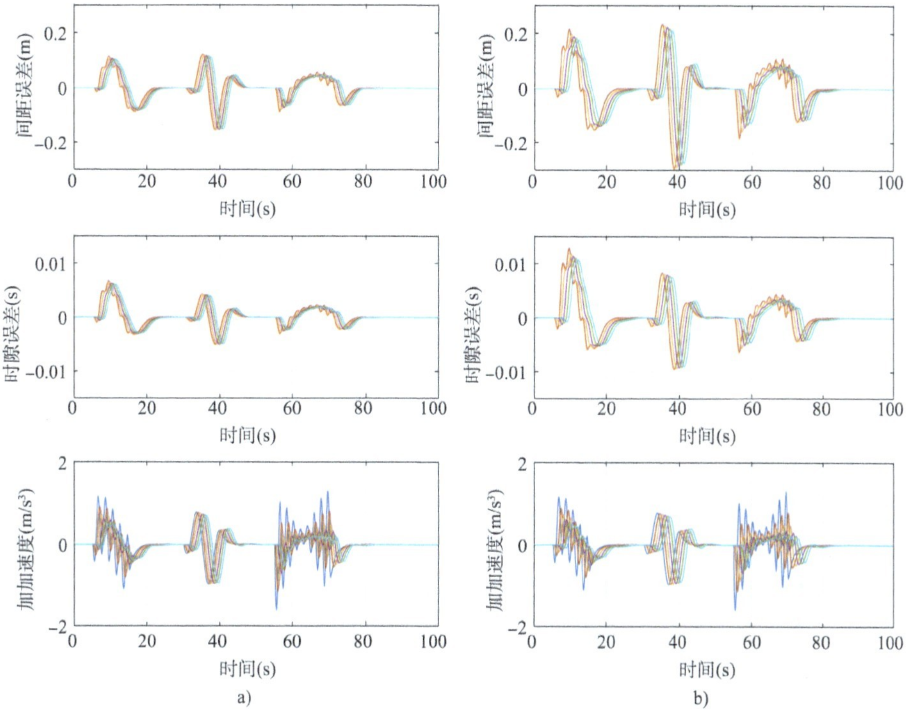

图4-8 本小节的 CF CACC 以及本小节的 AF CACC 在间距误差、时隙误差以及加加速度的时间响应对比

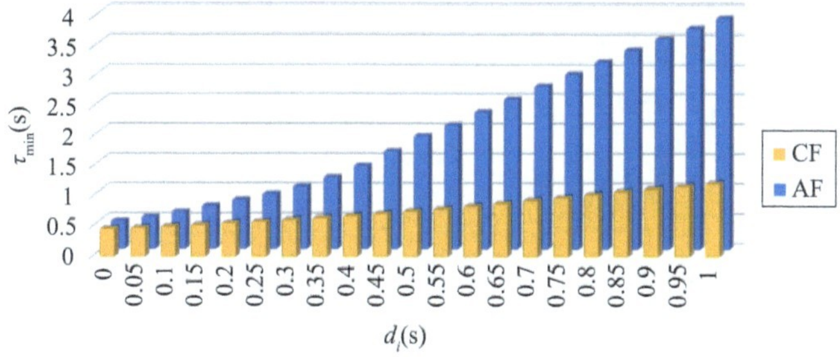

图4-9 对于提出的 AF 和 CF CACC，最小车前时间间隔与执行器延迟之间的关系

本小节提出了 AF 和 CF CACC 两种构造方法，通过 LMI 求解器搜索保证稳定及弦稳定的控制参数，这些策略是保守的，但是能够以较小计算量找到最小车头时距和 CACC 控制器。对比于现有工作，本节所提的方法提高了跟踪性能，减少了设计工作量。在同一车队下 CF 和 AF 之间的对比结果表明，尽管 CF 应用受限，仅适用于同质车队，但它能够补偿执行器的延迟并提高弦稳定性。

4.2 基于线性矩阵不等式的 CACC 控制器设计方法

4.2.1 CACC 框架

本小节以同质车辆队列作为研究对象。同质队列的车队纵向动力学系统如式(4-1)所示，其中所有车辆的 σ_i 与 d_i 相同。在这里定义 d_1 为车队的执行器延迟，d_0 为传输延迟。在同质队列中，根据式(4-1)，相邻车辆间的传递函数可以表示为：

$$\frac{P_i(s)}{P_{i-1}(s)}=\frac{V_i(s)}{V_{i-1}(s)}=\frac{U_i(s)}{U_{i-1}(s)},\forall i>1 \tag{4-52}$$

除头车外，每辆车与前车间距离误差如式(4-3)所示。式(4-3)经拉普拉斯变换后可表示为：

$$\frac{E_i(s)}{E_{i-1}(s)}=\frac{P_i(s)}{P_{i-1}(s)}\frac{\dfrac{P_{i-1}(s)}{P_i(s)}-1-s\tau}{\dfrac{P_{i-2}(s)}{P_{i-1}(s)}-1-s\tau}=\frac{P_i(s)}{P_{i-1}(s)},\forall i>2 \tag{4-53}$$

基于上述分析，可以得到一个能实现同质 CACC 的队列稳定的控制输入信号。在以往的研究中，频域准则被广泛应用于分析 CACC 的弦稳定性，通过调整反馈和前馈控制参数，传递函数的幅度可以限制在不大于 1 的范围内，表明信号没有沿车辆队列放大，车队是稳定的。然而，参数调整基本上是通过不断测试和反馈来进行的，这给设计过程带来了一定难度。

值得注意的是，车头时距 τ 在 CACC 中起着重要的作用。一般来说，选择的车头时距越大，越容易保持队列的稳定。根据式(4-2)中的间距策略，所期望的车距与 h 成正比。距离越长，车辆跟随前车的反应时间越长，但也会导致道路通行能力较低。最好的 CACC 系统是找到控制器实现最小的车头时距，在保持队列稳定的前提下使单位时间内通行量实现最大。文献[44]在时域上定义了另一个 SS 准则。根据专著[41]给出的线性控制理论，传递函数的 $H\infty$ 范数由输入输出的 $\mathcal{L}_2$ 范数导出。因此，$\|SS_{i,1}^*(j\omega)\|_{H\infty}\leqslant 1$ 等价于输入 q_1 与输出 q_i 之间的 $\mathcal{L}_2$ 范数不大于 1。时间域的 SS 判据如下。

定义 4.1（频域 SS[42]） 假设一车辆队列沿同一轨迹中行驶，系统稳定地处于平衡状态。如果起始状态为稳定状态，q_1 与 q_i 之间的相应的响应 $\mathcal{L}_2$-增益不大于 1。对于任意输入 $q_1(t)\in L_2[0,\infty)$，响应 $q_i(t)$ 的范围是 $\|q_i(t)\|_{L_2}\leqslant\|q_1(t)\|_{L_2}$。如果该不等式对任意 i 成立，该 CACC 系统被称为 L_2 弦稳定。一种保守的判定条件是如果当任意 q_i 与 q_{i-1} 间的响应都存在 L_2 增益不大于 1 时，则系统 L_2 弦稳定。

利用时域 SS 定义，可以在状态空间中合成 CACC 控制器。设计中的一个主要困难是时延的存在。下面将介绍一个新的 CACC 框架，使系统可以用线性时滞动力学来描述。

根据式(4-3)描述的车间距离与式(4-2)描述的间隔策略，两车间距离误差关于时间导数可以表示为：

$$\dot{e}_i=\Delta v_i-\tau a_i \tag{4-54}$$

上式中 $\Delta v_i=v_{i-1}-v_i$ 表示相邻两车速度的差值。Δv_i 关于时间的导数为：

$$\Delta\dot{v}_i(t)=a_{i-1}(t)-a_i(t) \tag{4-55}$$

其中，a_i 为车队中第 i 辆车的加速度。根据式(4-1)描述的车队纵向动力学结构，可以得到：

$$\begin{cases}\dot{a}_i(t)=\dfrac{1}{\sigma}[u_i(t-d_1)-a_i(t)]\\ \dot{a}_{i-1}(t)=\dfrac{1}{\sigma}[u_{i-1}(t-d_1)-a_{i-1}(t)]\end{cases} \tag{4-56}$$

其中，u_i 为车队中第 i 辆车控制输入。综上所述，CACC 系统可以表示为：

$$\begin{bmatrix}\dot{e}_i\\ \Delta\dot{v}_i\\ \dot{a}_i\\ \dot{a}_{i-1}\end{bmatrix}=\begin{bmatrix}0 & 1 & -\tau & 0\\ 0 & 0 & -1 & 1\\ 0 & 0 & -\frac{1}{\sigma} & 0\\ 0 & 0 & 0 & -\frac{1}{\sigma}\end{bmatrix}\begin{bmatrix}e_i\\ \Delta v_i\\ a_i\\ a_{i-1}\end{bmatrix}+\begin{bmatrix}0\\ 0\\ \frac{1}{\sigma}\\ 0\end{bmatrix}u_i(t-d_1)+\begin{bmatrix}0\\ 0\\ 0\\ \frac{1}{\sigma}\end{bmatrix}u_{i-1}(t-d_1) \tag{4-57}$$

下文中，如果可以根据上下文推断，则省略时间变量 t。令 $u=u_i$ 表示控制输入，$\omega=u_{i-1}$ 外部干扰。上述已建立的 CACC 系统方程可以写成一种集成形式，如下所示：

$$\begin{cases}\dot{\boldsymbol{x}}_1=\boldsymbol{A}_{11}\boldsymbol{x}_1+\boldsymbol{A}_{12}x_2+\boldsymbol{B}u(t-d_1)\\ \dot{x}_2=A_{22}x_2+C\omega(t-d_1)\end{cases} \tag{4-58}$$

上式中的子系统的状态定义为 $\boldsymbol{x}_1=[e_i,\Delta v_i,a_i]^{\mathrm{T}}$、$x_2=a_{i-1}$ 和动力学矩阵：

$$\boldsymbol{A}_{11}=\begin{bmatrix}0 & 1 & -\tau\\ 0 & 0 & -1\\ 0 & 0 & -\frac{1}{\sigma}\end{bmatrix},\boldsymbol{A}_{12}=\begin{bmatrix}0\\ 1\\ 0\end{bmatrix},\boldsymbol{B}=\begin{bmatrix}0\\ 0\\ \frac{1}{\sigma}\end{bmatrix},A_{22}=-\frac{1}{\sigma},=C\frac{1}{\sigma}$$

其中，$\boldsymbol{x}_1$ 表示车辆 i 的局部测量值；x_2 为是从前车系统传输的数据。线性控制器用于根据 $\boldsymbol{x}_1$ 与 x_2 确定控制输入 u。考虑到传输延迟，线性控制器的定义为：

$$u(t)=\boldsymbol{K}_1\boldsymbol{x}_1(t)+K_2x_2(t-d_0) \tag{4-59}$$

上式中 $\boldsymbol{K}_1=[k_1,k_2,k_3]$ 为反馈增益，$K_2=k_4$ 为前馈增益。当指定 κ_2 为 0 时，该系统则转化成为 ACC 系统。

根据前一节的分析，本节重点研究了同质 CACC 控制输入信号的 SS。位置误差、速度误差、加速度误差和距离误差的 SS 可以由同一个 CACC 得到。根据定理 4.1 中给出的保守条件，当式(4-58)满足在初始条件 $x(0)=0$ 下，对任意 $\omega(t)\in L_2[0,\infty)$，有 $\|u(t)\|_{L_2}\leqslant\|\omega(t)\|_{L_2}$ 时，系统是弦稳定的。此外，在没有扰动的情况下，例如 $\omega=0$，则系统动力学方程预期稳定到零状态。因此，现在的问题是为式(4-58)合成 $\boldsymbol{K}_1$ 和 K_2，使它对输入 ω 和输出 u 有 L_2 增益不大于 1，且 $\omega(t)=0$ 时渐近稳定于零状态。它等价于时滞系统的 $H\infty$ 控制。代入控制器模型后，系统动力学方程表示为：

$$\begin{cases}\dot{\boldsymbol{x}}_1=\boldsymbol{A}_{11}\boldsymbol{x}_1+\boldsymbol{A}_{12}x_2+B\boldsymbol{K}_1(t-d_1)+\boldsymbol{B}\boldsymbol{K}_1\boldsymbol{x}_2(t-d_2)\\ \dot{x}_2=A_{22}x_2+C\omega(t-d_1)\end{cases} \tag{4-60}$$

上式中 $d_2=d_1+d_0$，故输出为：

$$z(t)=\boldsymbol{K}_1\boldsymbol{x}_1(t)+K_2x_2(t-d_0) \tag{4-61}$$

基于拉普拉斯变换，CACC 中的信号流如图 4-10 所示。控制器输入由距离误差 e_i、速度间隙 Δv_i、自身的加速度 a_i 与前车加速度 a_{i-1} 组成。前三个变量由雷达/激光雷达、速度计和加速度计等车载传感器测量，最后一个变量由 V2V 设备进行无线传输。信号在 u_{i-1} 和 u_i 之间的传递可以用如下的传递函数描述：

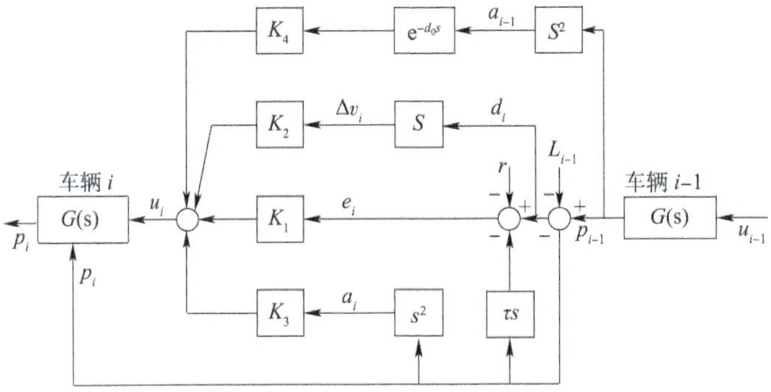

图 4-10　CACC 系统控制结构图

$$T(s)=\frac{U_i(s)}{U_{i-1}(s)}=\frac{\mathrm{e}^{-d_1 s}(\mathrm{e}^{-d_0 s}\kappa_4 s^2+\kappa_4 s+\kappa_1)}{\tau s^3+(1-\mathrm{e}^{-d_1 s}\kappa_3)s^2+\mathrm{e}^{-d_1 s}(\kappa_1\tau+\kappa_2)s+e^{-d_1 s}k_1} \tag{4-62}$$

需要注意的是，本节的 CACC 在体系结构中使用了线性控制模型。在文献[42]和文献[44]中，实际的控制命令通过由间距策略和车辆模型的反向传递函数组成的滤波器传递给执行器。本节中给出的控制模型是直接且简单的，但仍然需要考虑 SS。

在不失一般性的前提下，用 n 表示式(4-58)的状态维数。假设系统的初始状态为零状态，即：

$$x_1(\theta_1)=0,\ -d_1\leqslant\theta_1\leqslant 0,$$
$$x_2(\theta_2)=0,\ -d_2\leqslant\theta_2\leqslant 0$$

在 $t=0$ 之前没有干扰，即 $\omega(t)=0, t<0$。用 x_t 表示作用于轨迹上的平移算子：

$$x_t=x(t+\theta),\ -d_2\leqslant\theta_2\leqslant 0$$

因为 $d_2\geqslant d_1$，定义连续范数 $\|\cdot\|_c$ 为 $\|x_t\|_c=\sup\limits_{-d_2\leqslant\theta\leqslant 0} x(t+\theta)$，定义 C 是一个实值连续函数在 $[-d_2,0]$ 上的集合 $C[-d_2,0]$。下面的定理将时滞理论 $H\infty$ 推广到 CACC 系统的队列稳定性。

定理 4.3　考虑由式(4-60)给出的系统。假设 $v_1, v_2, v_3: R^+\to R^+$ 是连续的正定函数。定义一个连续可微泛函 $V(x_t): R^n\times C\to R^n$ 满足 $V(0_t)=0$ 和

$$v_1(\|x(t)\|)\leqslant V(x_t)\leqslant v_2(\|x_t\|_C) \tag{4-63}$$

对于任意非零扰动，V 关于时间的导数满足：

$$\|z(t-d_1)\|^2-\|\omega(t-d_1)\|^2+\dot{V}(x_t)\leqslant 0 \tag{4-64}$$

当 $\omega(t)=0$ 时，$\dot{V}$ 满足：

$$\dot{V}(x_t)\leqslant -v_3(\|x(t)\|) \tag{4-65}$$

那么系统有 $\mathcal{L}_2$ 增益不大于 1，且 $\omega(t)=0$ 时系统渐近稳定。

证明：当存在外部干扰时，定义系统性能为：

$$J_T=\int_{t=0}^{T}(\|z(t)\|^2-\|\omega(t)\|^2)\mathrm{d}t \tag{4-66}$$

上式可以改写成：

$$\begin{aligned}J_T&=\int_{t=0}^{T+d_1}(\|z(t-d_1)\|^2-\|\omega(t-d_1)\|^2)\mathrm{d}t\\&=\int_{t=0}^{T+d_1}(\|z(t-d_1)\|^2-\|\omega(t-d_1)\|^2+\dot{V}(x_t))\mathrm{d}t-V(x_{T+d_1})\end{aligned}$$

在这里假设当 $-d_2 \leqslant \theta \leqslant 0$ 时有 $x(\theta)=0$ 和 $\omega(\theta)=0$,并且当 $t=0$ 时有 $V(x_0)=0$。根据式(4-37)中给出的条件,对所有 $T>0$ 有下述不等式:

$$\int_{t=0}^{T}(\|z(t)\|^2-\|\omega(t)\|^2)\mathrm{d}t \leqslant 0 \tag{4-67}$$

因此,对于 $\omega \in L_2[0,\infty)$,从零初始状态开始,系统具有:

$$\|z(t)\|_{\mathcal{L}_2} \leqslant \|\omega(t)\|_{\mathcal{L}_2} \tag{4-68}$$

在无扰动时,式(4-63)和式(4-65)符合时滞系统 Lyapunov-Krasovskii 稳定性定理的条件[41]。

证毕。

根据定理 4.3,CACC 控制器综合的核心是找到 V、$\boldsymbol{K}_1$ 和 K_2 满足式(4-63)~式(4-65)中的条件。接下来,引入 V 的二次 Lapunov-Krasovskii 泛函[45],并使用线性矩阵不等式方法搜索合适的 $\boldsymbol{K}_1$ 和 K_2。

4.2.2 基于 LMI 的 CACC 控制器合成

LMI 作为凸优化的一个特例,在近几年得到了充分的发展。控制理论中的许多问题都可以用 LMIs 来表示。研究人员开发了许多 LMI 工具来方便地制定和解决 LMI 问题。受到文献[45]的启发,这里使用 LMIs 来合成 CACC 控制器,以确保队列的稳定性。为了拟合该问题的特定动力学方程式(4-60),在这里重新给出如下的定理。

定理 4.4 考虑式(4-60)的时滞系统,给定时延 d_0、d_1,并且 $d_2=d_0+d_1$。对于正常数 $\varepsilon_1,\varepsilon_2,\varepsilon_3,\varepsilon_4$,如果存在对称矩阵 $\boldsymbol{L}_j>0,\boldsymbol{R}_j\geqslant 0,\boldsymbol{W}_j>0,\boldsymbol{Y}_j>0,\overline{\boldsymbol{Y}}_j\geqslant 0$,以及任意适当维数的矩阵 $\boldsymbol{V}_j,\boldsymbol{M}_j,\overline{\boldsymbol{M}}_j$,当 $j=1,2$ 时,满足下列不等式:

$$\begin{bmatrix} \boldsymbol{\Psi} & \sqrt{l_1}\boldsymbol{\psi}_2^{\mathrm{T}} & \sqrt{l_2}\boldsymbol{\psi}_3^{\mathrm{T}} & \boldsymbol{\psi}_5^{\mathrm{T}} \\ * & -\boldsymbol{W}_1 & 0 & 0 \\ * & * & -\boldsymbol{W}_2 & 0 \\ * & * & * & -\boldsymbol{I} \end{bmatrix} \leqslant 0 \tag{4-69}$$

$$\begin{bmatrix} \boldsymbol{\Omega} & \sqrt{l_1}\boldsymbol{\Omega}_2^{\mathrm{T}} & \sqrt{l_2}\boldsymbol{\Omega}_3^{\mathrm{T}} & \boldsymbol{\Omega}_5^{\mathrm{T}} & \boldsymbol{\Omega}_6^{\mathrm{T}} \\ * & -\boldsymbol{W}_1 & 0 & 0 & 0 \\ * & * & -\boldsymbol{W}_2 & 0 & 0 \\ * & * & * & -\boldsymbol{I} & 0 \\ * & * & * & * & -\boldsymbol{I} \end{bmatrix} \leqslant 0 \tag{4-70}$$

$$\begin{bmatrix} \boldsymbol{Y}_j & \boldsymbol{M}_j \\ * & \boldsymbol{L}_j\boldsymbol{W}_j^{-1}\boldsymbol{L}_j \end{bmatrix} \geqslant 0, j=1,2 \tag{4-71}$$

$$\begin{bmatrix} \overline{\boldsymbol{Y}}_j & \overline{\boldsymbol{M}}_j \\ * & \boldsymbol{L}_j\boldsymbol{W}_j^{-1}\boldsymbol{L}_J \end{bmatrix} \geqslant 0, j=1,2 \tag{4-72}$$

上式中 $\boldsymbol{\Psi}=\boldsymbol{\psi}_1+\boldsymbol{\psi}_4+\boldsymbol{\psi}_4^{\mathrm{T}}+d_1\boldsymbol{Y}_1+d_2\boldsymbol{Y}_2$,且 $\boldsymbol{\Omega}=\boldsymbol{\Omega}_1+\boldsymbol{\Omega}_4+\boldsymbol{\Omega}_4^{\mathrm{T}}+d_1\overline{\boldsymbol{Y}}_1+d_2\overline{\boldsymbol{Y}}_2$,其中 $\boldsymbol{\psi}_1 \sim \boldsymbol{\psi}_6$,$\boldsymbol{\Omega}_1 \sim \boldsymbol{\Omega}_6$ 的定义如下。

$$\psi_1=\begin{bmatrix} A_{11}L_1+L_1A_{11}^{\mathrm{T}}+R_1 & A_{12}L_2 & BV_1 & BV_2 & 0 \\ * & A_{22}L_2+L_2A_{22}^{\mathrm{T}}+R_2 & 0 & 0 & C \\ * & * & -R_1 & 0 & 0 \\ * & * & * & -R_2 & 0 \\ * & * & * & * & -I \end{bmatrix}$$

$$\psi_2=[A_{11}L_1,A_{12}L_2,BV_1,BV_2,0],\psi_3=[0,A_{22}L_2,0,0,C]$$

$$\psi_4=[M_1,M_2,-M_1,-M_2,0],\psi_5=[0,0,V_1,V_2,0]$$

$$\Omega_1=\begin{bmatrix} A_{11}L_1+L_1A_{11}^{\mathrm{T}} & A_{12}L_2 & BV_1 & BV_2 \\ * & A_{22}L_2+L_2A_{22}^{\mathrm{T}}+R_2 & 0 & 0 \\ * & * & -R_1 & 0 \\ * & * & * & -R_2 \end{bmatrix}$$

$$\Omega_2=[A_{11}L_1,A_{12}L_2,BV_1,BV_2],\Omega_3=[0,A_{22}L_2,0,0],\Omega_6=[0,\sqrt{\varepsilon_4}L_2,0,0]$$

$$\Omega_4=[\overline{M}_1,\overline{M}_2,-\overline{M}_1-\overline{M}_2],\Omega_5=[\mathrm{diag}(\sqrt{\varepsilon_1},\sqrt{\varepsilon_2},\sqrt{\varepsilon_3})L_1,0,0,0]$$

考虑一个 $H\infty$ 控制器 $u(t)=K_1x_1(t)+K_2x_2(t-d_0)$，其中增益为 $K_1=V_1L_1^{-1}$ 和 $K_2=V_2L_2^{-1}$，该控制器使系统对任意 $\omega\in L_2[0,\infty)$ 满足 $\mathcal{L}_2$ 增益不大于 1，且当 $\omega(t)=0$ 时系统渐近稳定。

证明：定义如下形式的二次 Lyapunov-Krasovskii 泛函：

$$V(x_t)=\sum_{j=1}^{2}\left(x_j^{\mathrm{T}}(t)P_jx_j(t)+\int_{t-d_i}^{t}x_j^{\mathrm{T}}(s)Q_jx_j(s)\mathrm{d}s+\int_{-d_j}^{0}\int_{t+\theta}^{t}\dot{x}_j^{\mathrm{T}}(s)Z_j\dot{x}_j(s)\mathrm{d}s\mathrm{d}\theta\right) \tag{4-73}$$

上式中 $P_j>0,Q_j\geqslant0,Z_j>0$。首先考虑扰动存在的情况。根据牛顿-莱布尼兹公式，对任意矩阵满足以下公式的维度适当的矩阵 $N_j,j=1,2$：

$$0=2\zeta^T(t)N_j\left[x_j(t)-x_j(t-d_j)-\int_{t-d_j}^{t}\dot{x}_j(s)\mathrm{d}s\right] \tag{4-74}$$

上式中 $\zeta(t)=[x_1^{\mathrm{T}}(t),x_2^{\mathrm{T}}(t),x_1^{\mathrm{T}}(t-d_1),x_2^{\mathrm{T}}(t-d_2),\omega^{\mathrm{T}}(t-d_1)]^{\mathrm{T}}$。此外，任意矩阵 $X_j\geqslant0$，$j=1,2$ 满足下述等式：

$$0=d_j\zeta^{\mathrm{T}}(t)X_j\zeta(t)-\int_{t-d_j}^{t}\zeta^{\mathrm{T}}(t)X_j\zeta^{\mathrm{T}}(t)\mathrm{d}s \tag{4-75}$$

计算符合式(4-60)的 $V(x_t)$ 关于时间 t 的导数。接下来加上 $\|z(t-d_1)\|^2-\|\omega(t-d_1)\|^2$ 以及式(4-70)、式(4-71)的等号右边部分，可以得到：

$$\begin{aligned}&\dot{V}(x_t)+\|z(t-d_1)\|^2-\|\omega(t-d_1)\|^2\\&=\zeta^T(\mathrm{t})[\phi_1+d_1\phi_2^{\mathrm{T}}Z_1\phi_2+d_2\phi_3^{\mathrm{T}}Z_2\phi_3+\phi_4+\phi_4^{\mathrm{T}}+\phi_5\phi_5^{\mathrm{T}}+d_1X_1+d_2X_2]\zeta(t)-\\&\sum_{j=1}^{2}\int_{t-d_j}^{t}\eta_j^{\mathrm{T}}(t,s)\begin{bmatrix}X_j & N_j\\ * & Z_j\end{bmatrix}\eta_j(t,s)\mathrm{d}s\end{aligned} \tag{4-76}$$

上式中 $\eta_1(t,s)=[\zeta^{\mathrm{T}}(t),\dot{x}_1^{\mathrm{T}}(s)]^{\mathrm{T}},\eta_2(t,s)=[\zeta^{\mathrm{T}}(t),\dot{x}_2^{\mathrm{T}}(s)]^{\mathrm{T}}$。$\phi_1-\phi_5$ 的定义如下所示。

$$
\boldsymbol{\phi}_1\begin{bmatrix} \boldsymbol{P}_1\boldsymbol{A}_{11}+\boldsymbol{A}_{11}^{\mathrm{T}}\boldsymbol{P}_1+\boldsymbol{Q}_1 & \boldsymbol{P}_1\boldsymbol{A}_{12} & \boldsymbol{P}_1\boldsymbol{B}\boldsymbol{K}_1 & \boldsymbol{P}_1\boldsymbol{B}\boldsymbol{K}_2 & 0 \\ * & \boldsymbol{P}_2\boldsymbol{A}_{22}+\boldsymbol{A}_{22}^{\mathrm{T}}\boldsymbol{P}_2+\boldsymbol{Q}_2 & 0 & 0 & \boldsymbol{P}_2\boldsymbol{C} \\ * & * & -\boldsymbol{Q}_1 & 0 & 0 \\ * & * & * & -\boldsymbol{Q}_2 & 0 \\ * & * & * & * & -\boldsymbol{I} \end{bmatrix} \tag{4-77}
$$

$$
\boldsymbol{\phi}_2=[\boldsymbol{A}_{11},\boldsymbol{A}_{12},\boldsymbol{B}\boldsymbol{K}_1,\boldsymbol{B}\boldsymbol{K}_2,0],\boldsymbol{\phi}_3=[0,A_{22},0,0,\boldsymbol{C}]
$$

$$
\boldsymbol{\phi}_4=[N_1,N_2,-N_1,-N_2,0],\boldsymbol{\phi}_5=[0,0,\boldsymbol{K}_1,K_2,0]
$$

根据定理4.3 的分析，要获得 $H\infty$ 控制，需要有 $\dot{V}(x_t)+\|z(t-d_1)\|^2-\|\omega(t-d_1)\|^2\leqslant 0$，该不等式可以由下面两个不等式获得：

$$
\begin{bmatrix} \boldsymbol{\phi}_1+\boldsymbol{\phi}_4+\boldsymbol{\phi}_4^{\mathrm{T}}+d_1\boldsymbol{X}_1+d_2\boldsymbol{X}_2 & \sqrt{d_1}\boldsymbol{\phi}_2^{\mathrm{T}}\boldsymbol{Z}_1 & \sqrt{d_2}\boldsymbol{\phi}_3^{\mathrm{T}}\boldsymbol{Z}_2 & \boldsymbol{\phi}_5^{\mathrm{T}} \\ * & -\boldsymbol{Z}_1 & 0 & 0 \\ * & * & -\boldsymbol{Z}_2 & 0 \\ * & * & * & -\boldsymbol{I} \end{bmatrix}\leqslant 0 \tag{4-78}
$$

$$
\begin{bmatrix} \boldsymbol{X}_j & \boldsymbol{N}_j \\ * & \boldsymbol{Z}_j \end{bmatrix}\geqslant 0 \tag{4-79}
$$

利用 Schur 补定理得到了第一个不等式。定义：

$$
\boldsymbol{\Pi}=\mathrm{diag}(\boldsymbol{P}_1^{-1},\boldsymbol{P}_2^{-1},\boldsymbol{P}_1^{-1},\boldsymbol{P}_2^{-1},\boldsymbol{I})
$$

$$
\boldsymbol{\Theta}=\mathrm{diag}(\boldsymbol{\Pi},\boldsymbol{Z}_1^{-1},\boldsymbol{Z}_2^{-2},\boldsymbol{I})
$$

式(4-78)的左边前后同时乘以 $\boldsymbol{\Theta}$，将式(4-79)的左边前后同时乘以 $diag(\boldsymbol{\Pi},\boldsymbol{P}_j^{-1})$。接下来对变量进行以下的替换：

$$
\boldsymbol{L}_j=\boldsymbol{P}_j^{-1},\boldsymbol{R}_j=\boldsymbol{L}_j\boldsymbol{Q}_j\boldsymbol{L}_j,\boldsymbol{V}_j=\boldsymbol{K}_j\boldsymbol{L}_j,\boldsymbol{Y}_j=\boldsymbol{\Pi}\boldsymbol{X}_j\boldsymbol{\Pi},\boldsymbol{M}_j=\boldsymbol{\Pi}\boldsymbol{N}_j\boldsymbol{L}_j,\boldsymbol{W}_j=\boldsymbol{Z}_j^{-1}
$$

式(4-78)与式(4-79)描述的不等式关系可以被式(4-69)与式(4-71)替代。与 $\omega(t)=0$ 的情形类似，引入矩阵 $\overline{\boldsymbol{N}}_j$ 和 $\overline{\boldsymbol{X}}_j\geqslant 0,j=1,2$ 以及如下等式关系：

$$
0=2\boldsymbol{\mu}^{\mathrm{T}}(t)\overline{\boldsymbol{N}}_j[\boldsymbol{x}_j(t)-\boldsymbol{x}_j(t-d_j)-\int_{t-d_j}^{t}\dot{\boldsymbol{x}}_j(s)\mathrm{d}s] \tag{4-80}
$$

$$
0=d_j\boldsymbol{\mu}^{\mathrm{T}}(t)\overline{\boldsymbol{X}}_j\boldsymbol{\mu}(t)-\int_{t-d_j}^{t}\boldsymbol{\mu}^{\mathrm{T}}(t)\overline{\boldsymbol{X}}_j\boldsymbol{\mu}(t)\mathrm{d}s \tag{4-81}
$$

上式中 $\boldsymbol{\mu}(t)=[\boldsymbol{x}_1^{\mathrm{T}}(t),x_2^{\mathrm{T}}(t),\boldsymbol{x}_1^{\mathrm{T}}(t-d_1),x_2^{\mathrm{T}}(t-d_2)]^{\mathrm{T}}$。现在根据式(4-60)描述的无扰动动力学方程，计算 V 关于时间的导数，并在式(4-80)、式(4-81)的右边加上 $\boldsymbol{x}_1^{\mathrm{T}}\mathrm{diag}(\varepsilon_1,\varepsilon_2,\varepsilon_3)\boldsymbol{x}_1+\varepsilon_4x_2^{\mathrm{T}}x_2$，可以得到：

$$
\begin{aligned}
&\dot{V}(x_t)+\boldsymbol{x}_1^{\mathrm{T}}\mathrm{diag}(\varepsilon_1,\varepsilon_2,\varepsilon_3)x_1+\varepsilon_4\boldsymbol{x}_2^{\mathrm{T}}\boldsymbol{x}_2\\
&\quad=\boldsymbol{\mu}^{\mathrm{T}}(t)[\boldsymbol{\lambda}_1+d_1\boldsymbol{\lambda}_2^{\mathrm{T}}\boldsymbol{Z}_1\boldsymbol{\lambda}_2+d_2\boldsymbol{\lambda}_3^{\mathrm{T}}\boldsymbol{Z}_2\boldsymbol{\lambda}_3+\boldsymbol{\lambda}_4+\boldsymbol{\lambda}_4^{\mathrm{T}}+\boldsymbol{\lambda}_5^{\mathrm{T}}\boldsymbol{\lambda}_5+\boldsymbol{\lambda}_6^{\mathrm{T}}\boldsymbol{\lambda}_6+d_1\overline{\boldsymbol{X}}_1+d_2\overline{\boldsymbol{X}}_2]\boldsymbol{\mu}(t)-\\
&\quad\quad\sum_{j=2}^{2}\int_{t-d_j}^{t}\boldsymbol{\rho}_j^{\mathrm{T}}(t,s)\begin{bmatrix} \overline{\boldsymbol{X}}_j & \overline{\boldsymbol{N}}_j \\ * & \boldsymbol{Z}_j \end{bmatrix}\boldsymbol{\rho}_j(t,s)\mathrm{d}s
\end{aligned} \tag{4-82}
$$

上式中 $\boldsymbol{\rho}_1(t,s)=[\boldsymbol{\mu}^{\mathrm{T}}(t),\dot{\boldsymbol{x}}_1^{\mathrm{T}}(s)]^{\mathrm{T}},\boldsymbol{\rho}_2(t,s)=[\boldsymbol{\mu}^{\mathrm{T}}(t),\dot{x}_2^{\mathrm{T}}(s)]^{\mathrm{T}}$。$\boldsymbol{\lambda}_1\sim\boldsymbol{\lambda}_6$ 的值定义如下。

$$\boldsymbol{\lambda}_1=\begin{bmatrix}\boldsymbol{P}_1\boldsymbol{A}_{11}+\boldsymbol{A}_{11}^{\mathrm{T}}\boldsymbol{P}_1+\boldsymbol{Q}_1 & \boldsymbol{P}_1\boldsymbol{A}_{12} & \boldsymbol{P}_1\boldsymbol{B}\boldsymbol{K}_1 & \boldsymbol{P}_1\boldsymbol{B}\boldsymbol{K}_2\\ * & \boldsymbol{P}_2\boldsymbol{A}_{22}+\boldsymbol{A}_{22}^{\mathrm{T}}\boldsymbol{P}_2+\boldsymbol{Q}_2 & 0 & 0\\ * & * & -\boldsymbol{Q}_1 & 0\\ * & * & * & -\boldsymbol{Q}_2\end{bmatrix}$$

$\boldsymbol{\lambda}_2=[\boldsymbol{A}_{11},\boldsymbol{A}_{12},\boldsymbol{B}\boldsymbol{K}_1,\boldsymbol{B}\boldsymbol{K}_2]$，$\boldsymbol{\lambda}_3=[0,\boldsymbol{A}_{22},0,0]$

$\boldsymbol{\lambda}_4=[\overline{\boldsymbol{N}}_1,\overline{\boldsymbol{N}}_2,-\overline{\boldsymbol{N}}_1,-\overline{\boldsymbol{N}}_2]$，$\boldsymbol{\lambda}_5=[\mathrm{diag}(\sqrt{\varepsilon_1},\sqrt{\varepsilon_2},\sqrt{\varepsilon_3}),0,0,0]$，$\boldsymbol{\lambda}_6=[0,\sqrt{\varepsilon_4},0,0]$

如果 $\dot{V}(xt)+\boldsymbol{x}_1^{\mathrm{T}}\mathrm{diag}(\varepsilon_1,\varepsilon_2,\varepsilon_3)\boldsymbol{x}_1+\varepsilon_4x_2^{\mathrm{T}}x_2\leqslant 0$，由定理4.3可知该系统是稳定的，这可以通过如下约束来实现：

$$\begin{bmatrix}\boldsymbol{\lambda}_1+\boldsymbol{\lambda}_4+\boldsymbol{\lambda}_4^{\mathrm{T}}+l_1\overline{\boldsymbol{X}}_1+l_2\overline{\boldsymbol{X}}_2 & \sqrt{l_1}\boldsymbol{\lambda}_2^{\mathrm{T}}\boldsymbol{Z}_1 & \sqrt{L_2}\boldsymbol{\lambda}_3^{\mathrm{T}}\boldsymbol{Z}_2 & \boldsymbol{\lambda}_5^{\mathrm{T}} & \boldsymbol{\lambda}_6^{\mathrm{T}}\\ * & -\boldsymbol{Z}_1 & 0 & 0 & 0\\ * & * & -\boldsymbol{Z}_2 & 0 & 0\\ * & * & * & -\boldsymbol{I} & 0\\ * & * & * & * & -\boldsymbol{I}\end{bmatrix}\leqslant 0 \tag{4-83}$$

$$\begin{bmatrix}\overline{\boldsymbol{X}}_j & \overline{\boldsymbol{N}}_j\\ * & \boldsymbol{Z}_j\end{bmatrix}\geqslant 0 \tag{4-84}$$

定义矩阵乘子：

$$\boldsymbol{\varXi}=\mathrm{diag}(\boldsymbol{P}_1^{-1},\boldsymbol{P}_2^{-1},\boldsymbol{P}_1^{-1},\boldsymbol{P}_2^{-1}),\boldsymbol{\varGamma}=\mathrm{diag}(\boldsymbol{\varXi},\boldsymbol{Z}_1^{-1},\boldsymbol{Z}_2^{-1},\boldsymbol{I},\boldsymbol{I})$$

在式(4-83)左边的前后同时乘以 $\boldsymbol{\varGamma}$，在式(4-84)的前后同时乘以 $\mathrm{diag}(\boldsymbol{\varXi},\boldsymbol{L}_j)$。定义如下的转换变量：

$$\overline{\boldsymbol{M}}_j=\boldsymbol{\varXi}\overline{\boldsymbol{N}}_j\boldsymbol{L}_{\mathrm{j}},\overline{\boldsymbol{Y}}_1=\boldsymbol{\varXi}\overline{\boldsymbol{X}}_j\boldsymbol{\varXi} \tag{4-85}$$

因此，式(4-83)与式(4-84)描述的情况可以被式(4-70)与式(4-72)替代。

证毕。

基于可行解 $\boldsymbol{K}_1$ 和 $\boldsymbol{K}_2$ 的 CACC 控制器 $u(t)=\boldsymbol{K}_1\boldsymbol{x}_1(\mathrm{t})+\boldsymbol{K}_2\boldsymbol{x}_2(t-d_0)$ 可以确保车队稳定。值得注意的是，由于 $\boldsymbol{L}_1\boldsymbol{W}_1^{-1}\boldsymbol{L}_1$ 和 $\boldsymbol{L}_2\boldsymbol{W}_2^{-1}\boldsymbol{L}_2$ 的存在，式(4-71)、式(4-72)中描述的系统不是 LMIs。现在借用文献[46]中的锥互补问题来解决这个问题。定义新变量 $\boldsymbol{S}_1$ 和 $\boldsymbol{S}_2$ 使 $\boldsymbol{L}_1\boldsymbol{W}_1^{-1}\boldsymbol{L}_1\geqslant\boldsymbol{S}_1$ 和 $\boldsymbol{L}_2\boldsymbol{W}_2^{-1}\boldsymbol{L}_2\geqslant\boldsymbol{S}_2$ 成立，则式(4-71)、式(4-72)中的系统满足以下条件：

$$\begin{bmatrix}\boldsymbol{Y}_j & \boldsymbol{M}_j\\ * & \boldsymbol{S}_j\end{bmatrix}\geqslant 0\begin{bmatrix}\overline{\boldsymbol{Y}}_j & \overline{\boldsymbol{M}}_j\\ * & \boldsymbol{S}_j\end{bmatrix}\geqslant 0 \tag{4-86}$$

根据 Schur 补，$\boldsymbol{L}_j\boldsymbol{W}_j^{-1}\boldsymbol{L}_j\geqslant\boldsymbol{S}_j$ 可以被改写为：

$$\begin{bmatrix}\boldsymbol{S}_j^{-1} & \boldsymbol{L}_j^{-1}\\ * & \boldsymbol{W}_j^{-1}\end{bmatrix}\geqslant 0 \tag{4-87}$$

定义新变量 $\boldsymbol{T}_j$，可以用 $\boldsymbol{T}_{\mathrm{j}}=\boldsymbol{S}_j^{-1},\boldsymbol{P}_j=\boldsymbol{L}_j^{-1},\boldsymbol{Z}_j=\boldsymbol{W}_j^{-1}$ 来代替上述不等式中的元素。将原非凸问题式(4-69)～式(4-72)转化为具有非线性极小目标和 LMI 条件的锥互补问题，如下所示：

$$\min\ \mathrm{Trace}\left(\sum_{j=1}^{2}\boldsymbol{S}_j\boldsymbol{T}_j+\boldsymbol{L}_j\boldsymbol{P}_j+\boldsymbol{W}_j\boldsymbol{Z}_j\right) \tag{4-88}$$

$$\left.\begin{array}{l}\begin{bmatrix}\boldsymbol{\Psi} & \sqrt{l_1}\boldsymbol{\psi}_2^{\mathrm{T}} & \sqrt{l_2}\boldsymbol{\psi}_3^{\mathrm{T}} & \boldsymbol{\psi}_5^{\mathrm{T}} \\ * & -\boldsymbol{W}_1 & 0 & 0 \\ * & * & -\boldsymbol{W}_2 & 0 \\ * & * & * & -\boldsymbol{I}\end{bmatrix}\leqslant 0 \\ \begin{bmatrix}\boldsymbol{\Omega} & \sqrt{l_1}\boldsymbol{\Omega}_2^{\mathrm{T}} & \sqrt{l_2}\boldsymbol{\Omega}_3^{\mathrm{T}} & \boldsymbol{\Omega}_5^{\mathrm{T}} & \boldsymbol{\Omega}_6^{\mathrm{T}} \\ * & -\boldsymbol{W}_1 & 0 & 0 & 0 \\ * & * & -\boldsymbol{W}_2 & 0 & 0 \\ * & * & * & -\boldsymbol{I} & 0 \\ * & * & * & * & -\boldsymbol{I}\end{bmatrix}\leqslant 0 \\ \begin{bmatrix}\boldsymbol{Y}_j & \boldsymbol{M}_j \\ * & \boldsymbol{S}_j\end{bmatrix}\geqslant 0,\begin{bmatrix}\overline{\boldsymbol{Y}}_j & \overline{\boldsymbol{M}}_j \\ * & \boldsymbol{S}_j\end{bmatrix}\geqslant 0 \\ \begin{bmatrix}\boldsymbol{T}_j & \boldsymbol{P}_j \\ * & \boldsymbol{Z}_j\end{bmatrix}\geqslant 0,\begin{bmatrix}\boldsymbol{S}_j & \boldsymbol{I} \\ * & \boldsymbol{T}_j\end{bmatrix}\geqslant 0 \\ \begin{bmatrix}\boldsymbol{L}_j & \boldsymbol{I} \\ * & \boldsymbol{P}_j\end{bmatrix}\geqslant 0,\begin{bmatrix}\boldsymbol{W}_j & \boldsymbol{I} \\ * & \boldsymbol{Z}_j\end{bmatrix}\geqslant 0\end{array}\right\} \tag{4-89}$$

假设上述问题的解是 $3n$，即 $\mathrm{Trace}(\sum_{j=1}^{2}\boldsymbol{S}_j\boldsymbol{T}_j+\boldsymbol{L}_j\boldsymbol{P}_j+\boldsymbol{W}_j\boldsymbol{Z}_j)=3n$，理想的 CACC 控制器的增益设置为 $\boldsymbol{K}_1=\boldsymbol{V}_1\boldsymbol{L}_1^{-1}$ 与 $\boldsymbol{K}_2=\boldsymbol{V}_2\boldsymbol{L}_2^{-1}$。但是，对于这个非线性问题，仍然很难找到全局最优解。在文献中，线性化方法被广泛应用于解决这个问题。

在此基础上，本小节设计了一个迭代算法，求出满足定理4.4 的可行解。

算法4.1　基于 LMI 的 CACC 控制算法

1：对于给定的时延 d_0,d_1 和 $d_2=d_0+d_1$，车头时距 τ。

2：在式(4-89)的约束下，当 $k=0$ 时，寻找一个可行集：

$$(\boldsymbol{S}_{j0},\boldsymbol{T}_{j0},\boldsymbol{L}_{j0},\boldsymbol{P}_{j0},\boldsymbol{W}_{j0},\boldsymbol{Z}_{j0}),j=1,2$$

如果不存在可行的解决方案，则退出。

3：为得到变量 $\boldsymbol{L}_j,\boldsymbol{R}_j,\boldsymbol{V}_j,\boldsymbol{W}_j,\boldsymbol{S}_j,\boldsymbol{T}_j,\boldsymbol{P}_j,\boldsymbol{Z}_j,\boldsymbol{Y}_j,\boldsymbol{M}_j,\overline{\boldsymbol{Y}}_j,\overline{\boldsymbol{M}}_j,j=1,2$，求解 LMI 问题：

$$\min\ \mathrm{Trace}(\sum_{j=1}^{2}\boldsymbol{S}_{jk}\boldsymbol{T}_j+\boldsymbol{S}_j\boldsymbol{T}_{jk}+\boldsymbol{L}_{jk}\boldsymbol{P}_j+\boldsymbol{L}_j\boldsymbol{P}_{jk}+\boldsymbol{W}_{jk}\boldsymbol{Z}_j+\boldsymbol{W}_j\boldsymbol{Z}_{jk})$$

令可行解为 $\boldsymbol{S}_{j,k+1}=\boldsymbol{S}_j,\boldsymbol{T}_{j,k+1}=\boldsymbol{T}_j,\boldsymbol{L}_{j,k+1}=\boldsymbol{L}_j,\boldsymbol{P}_{j,k+1}=\boldsymbol{P}_j,\boldsymbol{W}_{j,k+1}=\boldsymbol{W}_j,\boldsymbol{Z}_{j,k+1}=\boldsymbol{Z}_j,j=1,2$。

4：对于步骤3 的解，如果满足约束式(4-71)和式(4-72)，则找到 $H\infty$ 控制器并输出 $\boldsymbol{K}_1$ 和 $\boldsymbol{K}_2$。如果在指定的迭代次数内没有找到这样的解，则设为 $k_{\max}$，然后退出。否则，令 $k=k+1$，返回步骤3。

由于 LMIs 问题是凸优化问题的一种特殊情况，其不可行条件等价于凸优化问题的不可行条件。关于这个主题的更多细节可以在文献[47]中找到。回到本节的算法，如果在 $k_{\max}$ 内找不到解，可能是因为 d_0 和 d_1 太大。一种解决方法是增大 τ 的值，即增大车与车之间的

距离，使后面的车辆对前面车辆的运动有更多的反应时间。

由定理4.4的证明，李雅普诺夫函数在无扰动的动力学轨迹上的时间导数以 $\dot{V}(x_t) \leqslant -\boldsymbol{x}_1^{\mathrm{T}}\mathrm{diag}(\varepsilon_1,\varepsilon_2,\varepsilon_3)\boldsymbol{x}_1 - \varepsilon_4 x_2^{\mathrm{T}} x_2$ 为界，并带有参数 ε_*。任何正的 ε_* 都可以确保弦的稳定性，但不等式的参数越大，系统可能具有的稳定性越好。可以对值进行调优，以实现所需的性能。在实际应用中，车辆更倾向于在期望的距离上准确地跟随前车，因此，ε_1 通常设置为比剩余的 ε_* 更大。

4.2.3 CACC仿真实验及结果分析

本小节使用最小二乘法对丰田普锐斯汽车进行动力学识别，模型表示为式(4-33)，参数 $\sigma=0.1$，$d_1=0.2$。无线通信时延估计为150ms，即 $d_0=0.15$。在以往的工作[42,44,48]中，在识别的模型上设计CACC控制器，然后在真实的车辆队列上进行测试是很常见的。这一过程有利于降低设计难度。利用该模型，应用本小节的CACC结构和控制器综合算法，并试图找到使队列稳定的最小间距 h。从 $h=0$ 开始，检验算法能否在 $k_{\max}=50$ 迭代内找到可行解。如果不能，增加 $\Delta\tau=0.1$ 到 τ，并重复算法过程。这个过程一直持续到得到最小可行解 $\tau_{\min}$。稳定性参数选择 $\varepsilon_1=\varepsilon_3=\varepsilon_4=10^{-4}$，以上强调距离跟踪性能。

通过该方法，得到了最小的 $\tau_{\min}$ 被设为0.6，CACC控制器的输出为 $\boldsymbol{K}_1=[0.5690, 2.0172, -0.2584]^{\mathrm{T}}$ 和 $K_2=0.0311$。图4-11给出了根据式(4-59)控制输入传递函数的Bode幅值图，$H\infty$ 范数小于1，表明整个队列是稳定的。为方便比较，在相同 $\boldsymbol{K}_1$ 和 K_2 下，把不同 τ 的 $T(j\omega)$ 绘制在同一张图内。当 τ 小于 $\tau_{\min}$ 时，系统不再是稳定的。由于状态延迟和输入延迟的影响，当车与车之间的距离很小时，跟随车辆无法对前车行为作出及时响应。在文献[49]中，为同一模型设计了一个手动选择的CACC控制器，文献发现确保串稳定性的最小车头时距为 $\tau_{\min}=0.67$。与文献结果相比，本小节提出的方法能够以更小的车头时距自主生成CACC控制器。

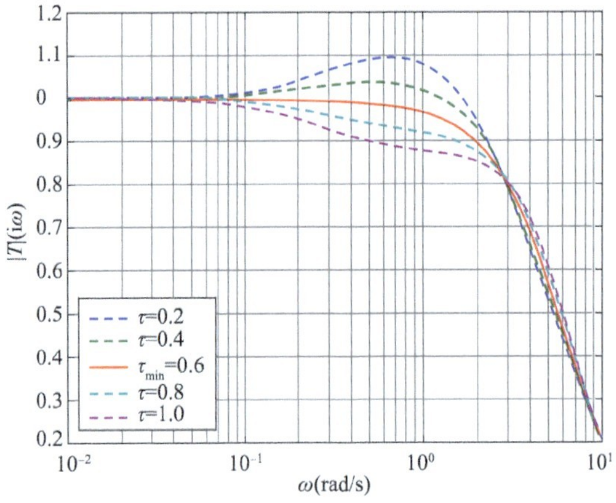

图4-11 对不同的车头时距 τ 传递函数 $T(s)=\dfrac{u_i(s)}{u_{i-1}(s)}$ 的值曲线

为了给出车辆队列稳定性的时域图解，用生成的CACC控制器和最小可行 $\tau_{\min}$ 来模拟6辆车的队列。车辆队伍开始时处于静止状态，头车由恒定的加速度引导，直到速度达到20m/s。整个队列的速度、加速度和距离误差响应如图4-12所示。图4-12中的信号在传播过程中逐渐衰减。

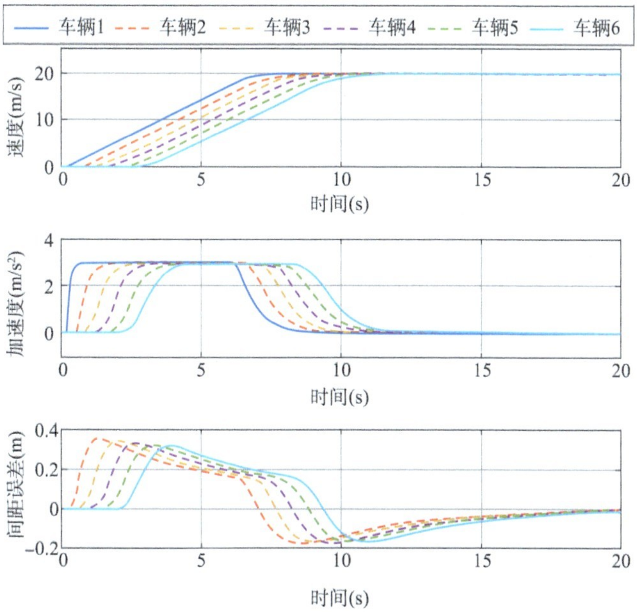

图 4-12 $\tau_{min}=0.6$ 的稳定 CACC 队列的速度、加速度和间距误差响应曲线

Urban Dynamometer Driving Schedule,简称 UDDS[50],是美国环境保护局设计的一项驾驶测试,代表城市驾驶条件。上面的车队在最小可行 τ_{min} 的 CACC 控制器下测试遵循 UUDS 驾驶指令结果。图 4-13 给出了部分车辆速度轨迹。在队列稳定性的作用下,队尾车辆比队首车辆的运动曲线更平滑,因而增加了乘客的舒适度,减少了不必要的加速,有利于节省燃料。距离误差和速度间隙的轨迹如图 4-14 所示。这些信号被限制在很小的值,并且明显地沿着队列衰减。当更多车辆使用 CACC 时,交通状况明显改善,车辆间距缩短,道路通行能力提高。

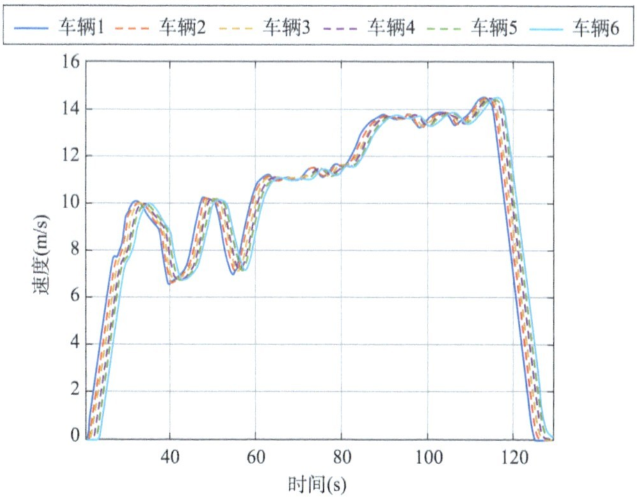

图 4-13 UDSS 行驶工况下的车辆速度图

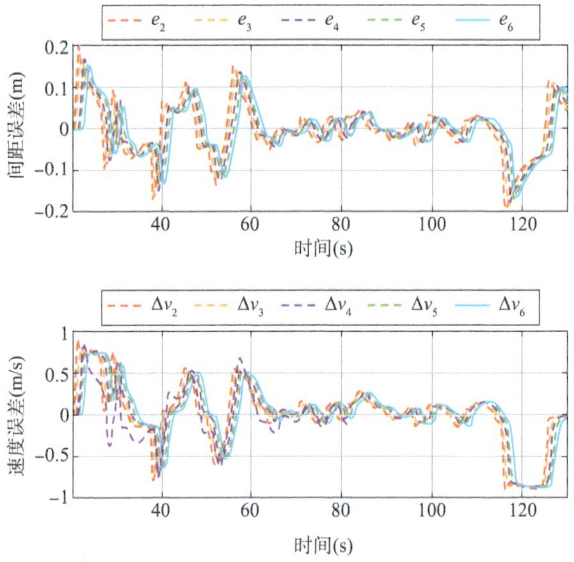

图 4-14 UDSS 行驶工况下的间距误差与速度误差图

注：Δv_i表示第 i 辆车的速度间隔。

在以往的文献中，大多数的 CACC 控制器参数都是手动选择的。本小节提出了一种基于 LMI 的综合方法，可以自主搜索时滞 CACC 系统的参数以保证 SS。由于 LMI 的松弛性和二次 Lyapunov-Krasovskii 泛函候选，这种状态空间方法相对于频率观测方法在理论上是保守的。但在仿真中发现，与其他人工设计的 CACC 相比，本小节所提出的方法实现了更小的可行车头间距。它的计算效率和强大的 LMI 求解器使得它适合于弦稳定的 CACC 控制器的求解。

注意，本节只在已知的模型上测试该方法，而不是在真实的车辆队列上。当应用到实际系统时，需要仔细处理各种问题，如测量误差、通信丢包、机械磨损等。这些问题可能会严重影响 CACC 的性能。此外，在许多情况下，一组不同动力学特性的异质车辆可能形成一个队列，同质车辆 CACC 控制器将不再适用。未来的工作是考虑这些复杂的问题，并在真实的车辆组队上测试 CACC。

CHAPTER 5

第5章 智能驾驶的车道保持控制

车道保持辅助系统属于智能驾驶辅助系统中的一种,它可以在车道偏离预警系统的基础上对转向系统进行控制,辅助车辆保持在本车道内行驶。设计车道保持控制器主要是针对车辆的横向转向盘转角进行控制,常用的横向控制方法有线性二次型调节器(LQR)、模糊控制和模型预测控制(MPC)等。但这些方法需要系统模型已知,由于车辆模型的强非线性特征,无法获得准确的车辆模型。强化学习通过智能体与环境的试错式交互来学习最优策略,而不需要依赖系统模型,因此,本章采用强化学习方法来解决模型未知的车辆横向控制问题。首先考虑输入为低维状态向量,针对强化学习收敛速度慢以及常见智能驾驶仿真器的仿真频率受限等问题,介绍一种基于受扰高斯过程建模的强化学习横向控制方法;进一步考虑输入为高维视觉图片,介绍视觉场景下基于多任务学习-强化学习的横向控制方法,通过 VTORCS 平台仿真实验验证了方法的有效性。

5.1 基于受扰高斯过程的车辆横向控制

5.1.1 面向强化学习的高斯过程方法介绍

常用的无模型强化学习方法最明显的问题是智能体的数据利用率较低,控制策略往往需要大量迭代才能够收敛,这一现象在使用了深度网络之后变得更为明显。由于连续动作控制问题的状态动作对数量远大于离散动作的状态动作对数量,因此,在车辆横向控制任务中,该问题变得尤为突出。一种方案是采用基于模型(Model-based)的强化学习方案,利用基于模型的算法收敛速度快的优点,提升无模型强化学习算法的学习速度。但是当系统模型未知时,准确地辨识系统模型本身就是一件困难的任务。此外,当逼近的模型不够准确或系统缓慢变化造成原模型误差较大时,继续采用逼近的不准确模型会对无模型强化学习的训练过程造成干扰,反而影响学习的速度和质量。

高斯过程(Gaussian Process,GP)[51]作为一种无参数贝叶斯回归方法,能够从概率上显式地逼近系统模型,在计算目标输出均值的同时能够给出其不确定性,这一特点对于缓慢变化的系统尤其重要。作为一种函数逼近器,高斯过程也被用来逼近强化学习的值函数[52],成功应用于网格世界和小车爬山等经典强化学习问题。值得一提的是,高斯过程回归方法有两个基本问题需要解决:第一个问题是字典向量(Dictionary Vector)随着样本的增多,其存储和计算量会呈现爆炸式增长,可以利用近似线性相关准则来解决该问题;第二个问题是高斯过程随着样本量的增加其不确定性会降低,最终无法估计输出的不确定性,常用的解决方法包括先验回归和不确定性注入等方法。但这些方法仅适用于处理单个样本点的输入而无法处理最小批数据的输入,而强化学习方法的训练样本往往是以最小批数据为输入,因此,这些方法不再适用。针对上述问题,为处理最小批训练数据,基于高斯过程来逼近强化学习系统模型,提出了一种块数据稀疏化方法来避免字典向量的爆炸,并对块数据样本设计扰动噪声,防止高斯过程输出的不确定性消失问题。在此基础上提出了基于受扰高斯过程的强化学习方法,加速强化学习策略的收敛,其系统框图如图 5-1 所示。根据智能体的控制策略和受扰高斯过程模型,通过局部时间内的虚拟迭代过程生成虚拟样本,实现在虚拟样本空间的探索,并同时采样真实样本和虚拟样本来更新智能体的控制策略。

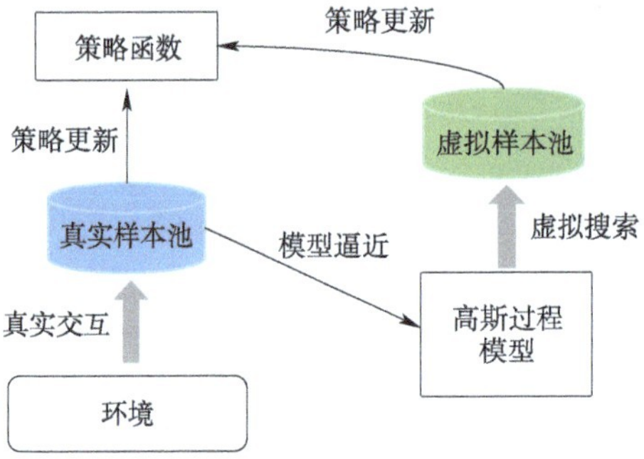

图 5-1 基于受扰高斯过程建模的强化学习系统框图

5.1.2 块数据稀疏化的受扰高斯过程

块数据稀疏化的受扰高斯过程是一种用于处理最小批训练数据的有效方法,采用贝叶斯高斯过程方法进行建模,利用块数据稀疏化对样本数据进行高效存储,最终结合受扰高斯过程解决稳态系统回归问题。接下来依次介绍贝叶斯高斯过程、块数据稀疏化与受扰高斯过程等方法。

5.1.2.1 贝叶斯高斯过程

在高斯过程中,对于与输入变量 x 相关的任意一个随机变量 $f(x)$,均满足高斯分布。这里将随机变量 $f(x)$ 称为隐函数,定义两个输入变量 x,x' 的半正定协方差函数 $k(x,x')$ 为核函数,则高斯过程可以表示为 $f(x)\sim GP(m(x),k(x,x'))$,其中 $m(x)$ 为均值函数,通常假设为 0。假设隐函数的观测量 y 受到加性高斯噪声 $\epsilon\sim N(0,\sigma_n^2)$ 的干扰,定义为:

$$y_i=f(x_i)+\epsilon_i \tag{5-1}$$

定义协方差矩阵为 $\boldsymbol{K}$,其 (i,j) 位置的元素为变量 x_i,x_j 的协方差 $k(x_i,x_j)$,字典向量 $\boldsymbol{x}_t=[x_1,\cdots,x_t]$ 为至 t 时刻为止遇到的所有输入变量集合。则给定历史数据输入样本,当一个新的样本点 x 到来时,计算它与字典向量的协方差向量 $k(\boldsymbol{x}_t,x)=[k(x_1,x),\cdots,k(x_t,x)]$,$x_i\in\boldsymbol{x}_t$,当前输入变量 x 的输出观测 y 的均值和方差为:

$$\begin{cases}\mu(x)=k(\boldsymbol{x}_t,x)^{\mathrm{T}}(\boldsymbol{K}+\sigma_n^2\boldsymbol{I})^{-1}\boldsymbol{y}\\ \sigma^2(x)=k(x,x)-k(\boldsymbol{x}_t,x)^{\mathrm{T}}(\boldsymbol{K}+\sigma_n^2\boldsymbol{I})^{-1}k(\boldsymbol{x}_t,x)+\sigma_n^2\end{cases} \tag{5-2}$$

其中,$\boldsymbol{y}=[y_1,\cdots,y_t]$ 是历史观测。

假设直至 t 时刻,输入变量和观测量的数据集为 $D_t=\{(x_i,y_i)\}_{i=1}^t$,与之对应的隐函数

向量为 $\boldsymbol{f}_t=[f(x_1),f(x_2),\cdots,f(x_t)]^{\mathrm{T}}\sim N(0,\boldsymbol{K}_t)$。给定数据集 D_t,隐函数向量 $\boldsymbol{f}_t$ 的分布也是高斯分布,表示为:

$$p(\boldsymbol{f}_t|D_t)=N(\boldsymbol{\mu}_t,\Sigma_t) \tag{5-3}$$

在 $t+1$ 时刻,当一个新的样本点 (x_{t+1},y_{t+1}) 到来时,它将被加入到原有的数据集中,即 $D_{t+1}=D_t\cup(x_{t+1},y_{t+1})$。但是否将输入变量 x_{t+1} 加入到字典向量 $\boldsymbol{x}_t$ 中,取决于该变量能否给字典向量带入不相关或相关性较弱的新特征,这一过程可以使用近似线性相关(Approximate Linear Dependency, ALD)准则[53]来判断。当满足 ALD 准则时,x_{t+1} 被加入到字典向量 $\boldsymbol{x}_{t+1}=\boldsymbol{x}_t\cup x_{t+1}$ 中,否则,字典向量将保持不变。当得到新的数据集 D_{t+1} 和字典向量 $\boldsymbol{x}_{t+1}$ 后,$t+1$ 时刻的隐函数向量 $\boldsymbol{f}_{t+1}$ 的条件分布可以通过下面迭代的方式来计算:

$$\begin{aligned}p(\boldsymbol{f}_{t+1}|D_{t+1})&=p(f_{t+1},\boldsymbol{f}_t|D_t,y_{t+1})\\&=\frac{p(y_{t+1}|f_{t+1},\boldsymbol{f}_t,D_t)p(f_{t+1}|\boldsymbol{f}_t,D_t)p(\boldsymbol{f}_t|D_t)}{p(y_{t+1}|D_t)}\\&=\frac{p(y_{t+1}|f_{t+1})p(f_{t+1}|\boldsymbol{f}_t)p(\boldsymbol{f}_t|D_t)}{p(y_{t+1}|D_t)}\end{aligned} \tag{5-4}$$

其中,$t+1$ 时刻的观测 y_{t+1} 可以根据式(5-1)计算得到。式(5-4)中最后一个等式的成立用到了下面特性,一方面根据式(5-1),y_{t+1} 与 $\boldsymbol{f}_t$,D_t 独立;另一方面,f_{t+1} 的值仅取决于 $\boldsymbol{f}_t$ 而与 D_t 相互独立。

由于高斯分布的线性组合以及条件分布同样满足高斯分布,因此,将式(5-3)带入式(5-4),可得同样为高斯分布的隐函数向量 $\boldsymbol{f}_{t+1}$ 的后验分布为:

$$p(\boldsymbol{f}_{t+1}|D_{t+1})=N(\boldsymbol{\mu}_{t+1},\Sigma_{t+1}) \tag{5-5}$$

当得到后验分布后,$t+1$ 时刻的隐函数 f_{t+1} 的分布为:

$$p(f_{t+1}|D_t)=\int p(f_{t+1}|\boldsymbol{f}_t)p(\boldsymbol{f}_t)d\boldsymbol{f}_t \tag{5-6}$$

当下一个新的样本点来临时,式(5-5)中的后验概率可以被用作先验概率,采用式(5-4)递归式的更新方式来计算隐函数后验概率,完成高斯过程回归的单次迭代。该迭代过程可以用图 5-2 来直观地描述,在 t 时刻,高斯过程采样得到新的样本点 (x_t,y_t),以 $t-1$ 时刻的后验概率 $p(\boldsymbol{f}_{t-1}|D_{t-1})$ 作为先验概率,根据式(5-4)可求得考虑新样本的后验概率,当下一个新的样本点来临时重复该过程。

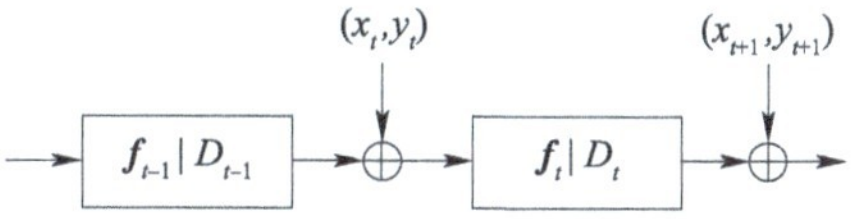

图 5-2 贝叶斯高斯过程更新框图

5.1.2.2 块数据稀疏化

上一小节介绍的高斯过程有一个隐含的问题:随着新的样本点的不断到来,字典向量的容量将持续增加,最终造成字典向量的存储和核函数向量 $k(\boldsymbol{x}_t,x)$ 的计算量爆炸式增长。针对该问题,将输入变量和字典向量变换至再生核希尔伯特空间,当样本 x' 与字典向量中的样本近似线性相关时即满足 ALD 准则时,x' 已经能够被字典向量近似表示,将其加入字典向量会造成冗余,因此将其舍弃而不加入字典向量。ALD 准则的表达式为:

$$\delta^2=k(x',x')-k(\boldsymbol{x}_t,x')^{\mathrm{T}}\boldsymbol{K}_t^{-1}k(\boldsymbol{x}_t,x') \tag{5-7}$$

给定一个相关性阈值 v,当 $\delta^2\leqslant v$ 时,说明字典向量能够在 ALD 准则下表示输入向量 x',

因此,它不会被加入到字典向量中,反之则加入。

现有的高斯过程方法在每一时刻都接受一个新的样本。然而,在强化学习算法中,训练数据都是以最小批的形式出现,因此,这里考虑每次系统的输入都是一个含有 C 个样本的块数据 $\{(x_i,y_i)\}_{i=t-C+1}^{t}$。与单个样本输入时的情况类似,当以块数据为输入时,字典向量的后验分布也可以根据式(5-4)计算得到。当字典向量的容量固定为大小 M 时,具有代表性的输入样本可以从块数据中根据 ALD 准则逐个挑选。由于需要从块数据中每次筛选出最具有代表性的样本,则选出与块数据样本中相关性最弱的样本加入字典向量中:

$$x = \underset{x' \in \{x_i\}_{i=t}^{t+C-1}}{\arg\max} \left[k(x',x') - k(x_t,x')^{\mathrm{T}} \boldsymbol{K}_t^{-1} k(\boldsymbol{x}_t,x') \right] \tag{5-8}$$

当得到块数据中的最优输入样本 x_{t+1} 后,与其相对应的隐函数 f_{t+1} 和隐函数向量 $\boldsymbol{f}_t$ 的联合分布仍然是一个高斯分布:

$$\begin{bmatrix} \boldsymbol{f}_t \\ f_{t+1} \end{bmatrix} \sim N\left(\begin{bmatrix} \boldsymbol{0} \\ 0 \end{bmatrix} \cdot \begin{bmatrix} \boldsymbol{K}_t & k(\boldsymbol{x}_t,x_{t+1}) \\ k(\boldsymbol{x}_t,x_{t+1})^{\mathrm{T}} & k(x_{t+1},x_{t+1}) \end{bmatrix} \right) \tag{5-9}$$

因此,根据高斯分布的性质,给定隐函数向量 $\boldsymbol{f}_t$,则隐函数 f_{t+1} 的条件分布也是高斯分布:

$$p(f_{t+1} | \boldsymbol{f}_t) = N(\hat{f}_{t+1}, \hat{\gamma}^2_{f_{t+1}}) \tag{5-10}$$

其中,均值和方差分别为:

$$\begin{cases} \hat{f}_{t+1} = \boldsymbol{a}_{t+1}^{\mathrm{T}} \boldsymbol{f}_t \\ \boldsymbol{a}_{t+1} = \boldsymbol{K}_t^{-1} k(\boldsymbol{x}_t, x_{t+1}) \\ \hat{\gamma}^2_{f_{t+1}} = k(x_{t+1},x_{t+1}) - k(\boldsymbol{x}_t,x_{t+1})^{\mathrm{T}} \boldsymbol{K}_t^{-1} k(\boldsymbol{x}_t,x_{t+1}) \end{cases} \tag{5-11}$$

假设 t 时刻的后验分布已知,即 $p(\boldsymbol{f}_t | D_t) = N(\boldsymbol{\mu}_t, \Sigma_t)$,则给定历史数据集 D_t,输入样本 x_{t+1} 的观测为:

$$\begin{aligned} p(y_{t+1} | D_t) &= \int p(y_{t+1} | f_{t+1}) p(f_{t+1} | \boldsymbol{f}_t) p(\boldsymbol{f}_t | D_t) d\boldsymbol{f}_t df \\ &= N(\hat{y}_{t+1}, \hat{\sigma}^2_{y_{t+1}}) \end{aligned} \tag{5-12}$$

其中,均值和方差分别为:

$$\begin{cases} \hat{y}_{t+1} = \boldsymbol{a}_{t+1}^{\mathrm{T}} \boldsymbol{\mu}_t \\ \hat{\sigma}^2_{y_{t+1}} = \hat{\sigma}^2_{f_{t+1}} + \sigma_n^2 \\ \hat{\sigma}^2_{f_{t+1}} = \hat{\gamma}^2_{f_{t+1}} + \boldsymbol{a}_{t+1}^{\mathrm{T}} \Sigma_t \boldsymbol{a}_{t+1} \end{cases} \tag{5-13}$$

根据式(5-1),给定隐函数 f_{t+1},则观测量 y_{t+1} 的条件分布为:

$$p(y_{t+1} | f_{t+1}) = N(f_{t+1}, \sigma_n^2) \tag{5-14}$$

由式(5-10)~式(5-14)可知,后验分布迭代更新公式(5-4)中的四个分布均为高斯分布,根据高斯分布的性质,多个高斯分布的线性组合仍为高斯分布,因此,将式(5-10)~式(5-14)带入式(5-4),可得更新后的隐函数向量的条件分布为:

$$p(\boldsymbol{f}_{t+1} | D_{t+1}) = N(\boldsymbol{\mu}_{t+1}, \Sigma_{t+1}) \tag{5-15a}$$

$$\boldsymbol{\mu}_{t+1} = \begin{bmatrix} \boldsymbol{\mu}_t \\ \hat{f}_{t+1} \end{bmatrix} + \frac{y_{t+1} - \hat{y}_{t+1}}{\hat{\sigma}^2_{y_{t+1}}} \begin{bmatrix} \boldsymbol{h}_{t+1} \\ \hat{\sigma}^2_{f_{t+1}} \end{bmatrix} \tag{5-15b}$$

$$\Sigma_{t+1}=\begin{bmatrix}\Sigma_t & \boldsymbol{h}_{t+1}\\ \boldsymbol{h}_{t+1}^{\mathrm{T}} & \hat{\sigma}_{f_{t+1}}^2\end{bmatrix}-\frac{1}{\hat{\sigma}_{y_{t+1}}^2}\begin{bmatrix}\boldsymbol{h}_{t+1}\\ \hat{\sigma}_{f_{t+1}}^2\end{bmatrix}\begin{bmatrix}\boldsymbol{h}_{t+1}\\ \hat{\sigma}_{f_{t+1}}^2\end{bmatrix}^{\mathrm{T}} \tag{5-15c}$$

其中，$\boldsymbol{h}_{t+1}=\Sigma_t\boldsymbol{a}_{t+1}$。

协方差矩阵的逆的更新公式为：

$$\boldsymbol{K}_{t+1}^{-1}=\begin{bmatrix}\boldsymbol{K}_t^{-1} & 0\\ 0 & 0\end{bmatrix}+\frac{1}{\delta^2}\begin{bmatrix}\boldsymbol{a}_{t+1}\\ -1\end{bmatrix}\begin{bmatrix}\boldsymbol{a}_{t+1}\\ -1\end{bmatrix}^{\mathrm{T}} \tag{5-16}$$

至此，完成了从块数据中挑选一个输入向量加入字典向量时，高斯过程后验分布的更新过程。对于块数据，根据式(5-8)选出最具代表性的输入变量加入字典向量，由于上一轮更新选出的最具代表性的输入变量已经被加入字典向量，该输入变量在下一次选择时已经不具有代表性了。重复上述筛选过程，直至块数据中的所有样本都可以在 ALD 准则下被近似表示，即：

$$\max_{x'\in\{x_i\}_{i=t}^{t+C-1}}[k(x',x')-k(\boldsymbol{x}_t,x')^{\mathrm{T}}\boldsymbol{K}_t^{-1}k(\boldsymbol{x}_t,x')]\leqslant v \tag{5-17}$$

值得注意的是，从块数据中被挑选出来加入字典向量 $\boldsymbol{x}_t$ 中的输入变量 x_{t+1}，不一定是 $t+1$ 时刻所系统所采集到的样本，而仅表示满足式(5-8)的下一个样本。将样本数量为 C 的块数据输入到块数据稀疏化算法中，当稀疏化过程结束时，从块数据中选出的代表性输入变量和与之对应的隐函数的数目也可能小于 C。

5.1.2.3 受扰高斯过程

高斯过程适用于解决稳态系统的回归问题，从图 5-2 中可以看到，当新的样本点到来时，$t-1$ 时刻所估计的字典向量后验被用作 t 时刻的先验，与新样本点一起来得到新的后验分布。根据后验分布更新公式(5-15)，当越来越多的样本到来时，后验分布的不确定性逐渐降低，最终高斯过程拟合系统不确定性的能力变得很低。当系统的模型发生缓慢变化时，将导致所逼近的模型无法跟踪系统变化而造成模型的不准确。为了解决不确定性降低的问题，本小节提出了一种受扰高斯过程(Perturbed Gaussian Process，PGP)方法，与回归先验法和不确定性注入法不同，受扰高斯过程对每个输入样本或者块数据做遗忘操作，而非全部样本，从而保证当系统模型发生变化时能准确地跟踪系统的同时，其计算量更少。

然而，系统模型的缓慢变化难以被直接建模，这里将其假设为对高斯过程的一种噪声扰动，定义扰动后的隐函数向量为：

$$\boldsymbol{f}'_t\sim N(\boldsymbol{f}_t,\Sigma_t+\boldsymbol{R}) \tag{5-18}$$

其中，$\boldsymbol{R}$ 为高斯噪声扰动 $W\sim N(0,\boldsymbol{R})$ 的协方差矩阵。如图 5-3 所示，将扰动后的后验分布作为下一次更新的先验，从而增加高斯过程的不确定性。

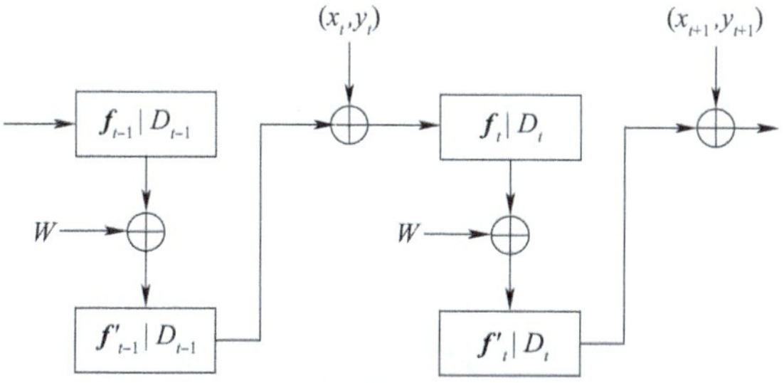

图 5-3 受扰高斯过程更新框图

对于数据的扰动包括两种方式：对每个样本点扰动的单点扰动和对每个块数据做扰动的块数据扰动，下面介绍这两种扰动方式。

(1)单点扰动。

在单点扰动中，当一个新的样本点(x_{t+1},y_{t+1})到来时，扰动噪声被加入输入变量x_{t+1}中，假设扰动噪声的方差为$\sigma_{\mathrm{p}}^2k(x_{t+1},x_{t+1})$，其中$\sigma_{\mathrm{p}}^2$控制着扰动的强度。

从式(5-6)可知，对于x_{t+1}的隐函数f_{t+1}的扰动可以通过对字典向量$\boldsymbol{f}_t|D_t$的扰动来实现。根据高斯过程的性质，字典向量元素的隐函数和f_{t+1}的关系为：

$$\boldsymbol{f}_t=k(\boldsymbol{x}_t,x_{t+1})k(x_{t+1},x_{t+1})^{-1}f_{t+1} \tag{5-19}$$

因此，对输入变量x_{t+1}的扰动可以达到对隐函数向量扰动的目的。

根据式(5-19)和对样本点扰动的方差$\sigma_{\mathrm{p}}^2k(x_{t+1},x_{t+1})$可得，隐函数向量的扰动协方差矩阵为：

$$\boldsymbol{R}=\sigma_{\mathrm{p}}^2\boldsymbol{k}_tk(x_{t+1},x_{t+1})^{-1}\boldsymbol{k}_t^{\mathrm{T}} \tag{5-20}$$

其中，$\boldsymbol{k}_t=k(\boldsymbol{x}_t,x_{t+1})$。

根据式(5-18)和式(5-20)，扰动后的后验分布为：

$$p(\boldsymbol{f'}_t|D_t)=N(\boldsymbol{\mu}_t,\Sigma_t+\boldsymbol{R}) \tag{5-21}$$

将式(5-21)带入式(5-6)并对$\boldsymbol{f'}_t$做积分，可得受扰动的后验高斯过程为：

$$f(x)|D_t\sim GP(\boldsymbol{a}_{t+1}^{\mathrm{T}}\boldsymbol{\mu}_t,k_{t,t}+\boldsymbol{a}_{t+1}^{\mathrm{T}}(\Sigma_t+\sigma_{\mathrm{p}}^2\boldsymbol{k}_t\boldsymbol{k}_t^{\mathrm{T}}-\boldsymbol{K}_t)\boldsymbol{a}_{t+1}) \tag{5-22}$$

然而，将式(5-5)中的不带有扰动的后验分布$p(\boldsymbol{f}_t|D_t)=N(\mu_t,\Sigma_t)$带入式(5-6)中并对$\boldsymbol{f}_t$做积分，可得后验高斯过程为：

$$\breve{f}(x)|D_t\sim GP(\boldsymbol{a}_{t+1}^{\mathrm{T}}\boldsymbol{\mu}_t,k_{t,t}+\boldsymbol{a}_{t+1}^{\mathrm{T}}(\Sigma_t-\boldsymbol{K}_t)\boldsymbol{a}_{t+1}) \tag{5-23}$$

对比式(5-22)和式(5-23)可知，带有扰动的后验高斯过程方差函数中的项$\sigma_{\mathrm{p}}^2\boldsymbol{k}_t\boldsymbol{k}_t^{\mathrm{T}}$能够引入更多的不确定，防止高斯过程的方差项衰减为0，扰动的强度可以通过调节σ_{p}^2来得到控制。

(2)块数据扰动。

当数据以块数据的形式到达时，可以通过对块数据做扰动来实现对高斯过程的扰动。假设块数据记为$\boldsymbol{x}'$，扰动的协方差为$\sigma_{\mathrm{p}}^2\boldsymbol{K}(\boldsymbol{x}',\boldsymbol{x}')$，$\boldsymbol{K}(\boldsymbol{x}',\boldsymbol{x}')$为块数据的协方差矩阵。与单点扰动相似，字典$\boldsymbol{x}_t$中元素的隐函数和块数据的隐函数$f(\boldsymbol{x}')$的关系为：

$$f(\boldsymbol{x}_t)=\boldsymbol{K}(\boldsymbol{x}_t,\boldsymbol{x}')\boldsymbol{K}^{-1}(\boldsymbol{x}',\boldsymbol{x}')f(\boldsymbol{x}') \tag{5-24}$$

根据式(5-24)和扰动的协方差，可得隐函数向量的扰动协方差矩阵为：

$$\boldsymbol{R}=\sigma_{\mathrm{p}}^2\boldsymbol{K}(\boldsymbol{x}_t,\boldsymbol{x}')\boldsymbol{K}^{-1}(\boldsymbol{x}',\boldsymbol{x}')\boldsymbol{K}(\boldsymbol{x}_t,\boldsymbol{x}')^{\mathrm{T}} \tag{5-25}$$

根据式(5-18)和式(5-25)，扰动后的后验分布为：

$$p(\boldsymbol{f'}_t|D_t)=N(\boldsymbol{\mu}_t,\Sigma_t+\sigma_{\mathrm{p}}^2\boldsymbol{K}(\boldsymbol{x}_t,\boldsymbol{x}')\boldsymbol{K}^{-1}(\boldsymbol{x}',\boldsymbol{x}')\boldsymbol{K}(\boldsymbol{x}_t,\boldsymbol{x}')^{\mathrm{T}}) \tag{5-26}$$

因为字典向量是具有代表性的输入变量集合，因此，对于所看到的数据集X的任意一点$\forall x'\in X$都满足ALD准则，即：

$$k(x',x')-k(X,x')^{\mathrm{T}}\boldsymbol{K}^{-1}(X,X)k(X,x')\leqslant v \tag{5-27}$$

由于阈值v通常是一个很小的数，因此，将$v=0$代入式(5-27)可得：

$$\boldsymbol{K}(\boldsymbol{x}_t,\boldsymbol{x}')K^{-1}(x',x')\boldsymbol{K}(\boldsymbol{x}_t,\boldsymbol{x}')^{\mathrm{T}}\approx\boldsymbol{K}_t \tag{5-28}$$

将式(5-28)代入式(5-25),可得协方差矩阵的近似值为:

$$\boldsymbol{R} = \sigma_{\mathrm{p}}^2 \boldsymbol{K}_t \tag{5-29}$$

与之对应的受扰后验分布为:

$$p(\boldsymbol{f}'_t \mid D_t) = N(\boldsymbol{\mu}_t, \Sigma_t + \sigma_{\mathrm{p}}^2 \boldsymbol{K}_t) \tag{5-30}$$

块数据稀疏化的受扰高斯过程方法通过合理的数据增广方式,能与强化学习训练方法有机结合,解决其样本利用率不足的缺陷,从而加快基于强化学习方法的模型训练进程。

5.1.3 基于受扰高斯过程建模的强化学习方法

在强化学习中,智能体通过试错的方式与环境交互来学习最优策略,在交互过程中可以采集经验数据集 $D_t = \{(s_i, a_i, r_i, s_{i+1})\}_{i=1}^{t}$。使用上一小节中的块数据稀疏化受扰高斯过程从 D_t 中拟合强化学习的环境模型,进而用该模型和当前控制策略在虚拟空间做探索,生成大量虚拟样本,与真实经验样本一同更新控制策略,加快强化学习算法的学习速度。

5.1.3.1 受扰高斯过程逼近系统模型

基于受扰高斯过程来逼近环境的状态转移概率 $P(s_{t+1} \mid s_t, a_t)$ 和奖赏函数 $r(s_t, a_t)$,即寻找能够逼近状态转移概率和奖赏函数分布的隐函数 $f(s_t, a_t)$。当输入变量为强化学习的状态动作对,即 $x_i = [s_i, a_i]$,字典向量 $\boldsymbol{x}_t = [x_1, x_2, \cdots, x_t]^{\mathrm{T}}$,改写 $f_t = f(s_t, a_t)$,则逼近状态转移概率的高斯过程隐函数向量 $\boldsymbol{f}_t = \{[f_1, \cdots, f_t]^{\mathrm{T}} \mid f_t = s_{t+1}\}_{i=1}^{t}$。

下面介绍受扰高斯过程对状态转移函数的建模过程,奖赏函数的逼近与之相似。智能体在状态 s_t 下执行了动作 a_t,接收下一时刻的状态 s_{t+1},此时得到一个新的经验样本 $x_{t+1} = [s_t, a_t]$,与之对应的隐函数 $f_{t+1} = f(x_{t+1})$ 是一个条件分布:

$$p(f_{t+1} \mid D_t) = \int p(f_{t+1} \mid \boldsymbol{f}_t) p(\boldsymbol{f}_t \mid D_t) \mathrm{d}\boldsymbol{f}_t \tag{5-31}$$

根据高斯过程的定义,$p(f_{t+1} \mid D_t)$ 是一个高斯分布,其均值 $\mu(x')$ 和方差 $\sigma^2(x')$ 根据式(5-2)可得:

$$\mu(x') = k(\boldsymbol{x}_t, x')^{\mathrm{T}} \boldsymbol{K}_t^{-1}(\boldsymbol{f}_t) \tag{5-32a}$$

$$\sigma^2(x') = k(x', x') - k(\boldsymbol{x}_t, x')^{\mathrm{T}} \boldsymbol{K}_t^{-1} k(\boldsymbol{x}_t, x') \tag{5-32b}$$

在强化学习中,由于受到环境噪声的影响,下一时刻的观测 y_{t+1} 往往是真实状态 s_{t+1} 与噪声的叠加。假设环境噪声是一个 0 均值 σ_n^2 方差的加性高斯噪声 $\epsilon \sim N(0, \sigma_n^2)$,则观测量 y_{t+1} 为:

$$y_{t+1} = s_{t+1} + \epsilon_{t+1} \tag{5-33}$$

当一个新的样本点 (x_{t+1}, y_{t+1}) 到来时,字典向量 $\boldsymbol{x}_{t+1}$ 所对应的隐函数向量可根据式(5-4)来更新,由于 $f_t = s_{t+1}$,因此,下一时刻的隐函数向量迭代更新公式为:

$$\begin{aligned} p(\boldsymbol{f}_{t+1} \mid D_{t+1}) &= p(s_{t+2}, \boldsymbol{f}_t \mid D_t, y_{t+2}) \\ &= \frac{p(y_{t+2} \mid s_{t+2}, \boldsymbol{f}_t, D_t) p(s_{t+2} \mid \boldsymbol{f}_t, D_t) p(\boldsymbol{f}_t \mid D_t)}{p(y_{t+2} \mid D_t)} \\ &= \frac{p(y_{t+2} \mid s_{t+2}) p(s_{t+2} \mid \boldsymbol{f}_t) p(\boldsymbol{f}_t \mid D_t)}{p(y_{t+2} \mid D_t)} \end{aligned} \tag{5-34}$$

对于式(5-34)中的四个条件概率分布,假设先验 $p(\boldsymbol{f}_t \mid D_t)$ 是一个已知的高斯分布:

$$p(\boldsymbol{f}_t \mid D_t) = N(\boldsymbol{\mu}_t, \Sigma_t) \tag{5-35}$$

条件分布 $p(y_{t+2} \mid s_{t+2})$ 可根据式(5-33)得到：

$$p(y_{t+1} \mid s_{t+1}) = N(s_{t+1}, \sigma_n^2) \tag{5-36}$$

条件分布 $p(s_{t+2} \mid \boldsymbol{f}_t)$ 可根据式(5-10)得到：

$$p(s_{t+1} \mid \boldsymbol{f}_t) = N(\hat{s}_{t+1}, \hat{\sigma}^2_{s_{t+1}}) \tag{5-37}$$

其中，均值 $\hat{s}_{t+1}$ 和方差 $\hat{\sigma}^2_{s_{t+1}}$ 分别为：

$$\begin{cases} \hat{s}_{t+1} = \boldsymbol{q}_{t+1}^{\mathrm{T}} \boldsymbol{f}_t \\ \boldsymbol{q}_{t+1} = \boldsymbol{K}_t^{-1} k(\boldsymbol{x}_t, x_{t+1}) \\ \hat{\sigma}^2_{s_{t+1}} = k(x_{t+1}, x_{t+1}) - \boldsymbol{q}_{t+1}^{\mathrm{T}} k(\boldsymbol{x}_t, x_{t+1}) \end{cases} \tag{5-38}$$

条件分布 $p(y_{t+1} \mid D_t)$ 可根据式(5-12)得到：

$$\begin{aligned} p(y_{t+1} \mid D_t) &= \int p(y_{t+1} \mid s_{t+1}) p(s_{t+1} \mid \boldsymbol{f}_t) p(\boldsymbol{f}_t \mid D_t) \mathrm{d}\boldsymbol{f}_t \mathrm{d}s_{t+1} \\ &= N(\hat{y}_{t+1}, \hat{\sigma}^2_{y_{t+1}}) \end{aligned} \tag{5-39}$$

其中，均值 $\hat{y}_{t+1}$ 和方差 $\hat{\sigma}^2_{y_{t+1}}$ 分别为：

$$\begin{cases} \hat{y}_{t+1} = \boldsymbol{q}_{t+1}^{T} (\boldsymbol{\mu}_t), \\ \hat{\sigma}^2_{y_{t+1}} = \hat{\sigma}^2_{s_{t+1}} + \boldsymbol{q}_{t+1}^{T} \Sigma_t \boldsymbol{q}_{t+1} + \sigma_n^2 \end{cases} \tag{5-40}$$

根据块数据稀疏化的 ALD 准则式(5-8)对输入样本作筛选，当有样本点加入字典向量时，根据高斯过程后验的迭代更新公式(5-15)可得隐函数向量的后验分布为：

$$\begin{cases} p(\boldsymbol{f}_{t+1} \mid D_{t+1}) = N(\boldsymbol{\mu}_{t+1}, \Sigma_{t+1}) \\ \boldsymbol{\mu}_{t+1} = \begin{bmatrix} \boldsymbol{\mu}_t \\ \hat{s}_{t+1} \end{bmatrix} + \dfrac{y_{t+1} - \hat{y}_{t+1}}{\hat{\sigma}^2_{y_{t+1}}} \begin{bmatrix} \boldsymbol{h}_{t+1} \\ \hat{\sigma}^2_{s_{t+1}} \end{bmatrix} \\ \Sigma_{t+1} = \begin{bmatrix} \Sigma t & \boldsymbol{h}_{t+1} \\ \boldsymbol{h}_{t+1}^{\mathrm{T}} & \hat{\sigma}^2_{s_{t+1}} \end{bmatrix} - \dfrac{1}{\hat{\sigma}^2_{y_{t+1}}} \begin{bmatrix} \boldsymbol{h}_{t+1} \\ \hat{\sigma}^2_{s_{t+1}} \end{bmatrix} \begin{bmatrix} \boldsymbol{h}_{t+1} \\ \hat{\sigma}^2_{s_{t+1}} \end{bmatrix}^{\mathrm{T}} \end{cases} \tag{5-41}$$

其中，$\boldsymbol{h}_{t+1} = \Sigma_t \boldsymbol{q}_{t+1}$。

根据式(5-16)，可得协方差矩阵的更新公式为：

$$\boldsymbol{K}_{t+1}^{-1} = \begin{bmatrix} \boldsymbol{K}_t^{-1} & \boldsymbol{0} \\ \boldsymbol{0}^{\mathrm{T}} & 0 \end{bmatrix} + \frac{1}{\hat{\sigma}^2_{s_{t+1}}} \begin{bmatrix} \boldsymbol{q}_{t+1} \\ -1 \end{bmatrix} \begin{bmatrix} \boldsymbol{q}_{t+1} \\ -1 \end{bmatrix}^{\mathrm{T}} \tag{5-42}$$

每隔一定的时间，智能体将训练过程中的经验样本 $B = \{(s_i, a_i, r_i, s_{i+1})\}_{i=1}^{B}$ 输入基于块数据稀疏化的受扰高斯过程建模算法中，算法的流程如算法 5.1 所示。

算法 5.1　受扰高斯过程建模算法流程

1: **procedure** PGP_MODELLING(B)　　▷B 为输入的块数据样本集
2: 　初始化字典向量为空集：$\boldsymbol{x}_t \leftarrow \varnothing$
3: 　初始化状态观测的噪声方差为 σ_n^2
4: 　初始化受扰高斯过程扰动强度 σ_{p}^2

---

while $B \neq \varnothing$ **do**

  从 B 中采样一个样本(s_t,a_t,r_t,s_{t+1})， 令 $x_t=[s_t,a_t],k_{t,t}=k(x_t,x_t)$

  if $\boldsymbol{x}_t=\varnothing$ **then**

    $\boldsymbol{K}_1^{-1}=[1/k_{t,t}],\mu_1=s_{t+1},\Sigma_1=[k_{t,t}+\sigma_p^2k_{t,t}],x_1=[x_1]$

  else

    $\boldsymbol{k}_t=k(\boldsymbol{x}_t,x_t),\boldsymbol{q}_{t+1}=\boldsymbol{K}_t^{-1}\boldsymbol{k}_t$

    计算 ALD 准则：$\delta^2=k_{t,t}-\boldsymbol{q}_{t+1}^{\mathrm{T}}\boldsymbol{k}_t$

    if $\delta^2<v$ **then**

      从 B 中去掉样本(s_t,a_t,r_t,s_{t+1})

      Continue

    end if

    $\hat{s}_{t+1}=f_0+\boldsymbol{q}_{t+1}^{\mathrm{T}}(\boldsymbol{f}_t-\boldsymbol{f}_0),\hat{\sigma}_{s_{t+1}}^2=k_{t,t}-\boldsymbol{q}_{t+1}^{\mathrm{T}}\boldsymbol{k}_t,\hat{y}_{t+1}=f_0+\boldsymbol{q}_{t+1}^{\mathrm{T}}(\boldsymbol{\mu}_t-\boldsymbol{f}_0)$

    $\hat{\sigma}_{y_{t+1}}^2=\hat{\sigma}_{s_{t+1}}^2+\boldsymbol{q}_{t+1}^{\mathrm{T}}\Sigma_t\boldsymbol{q}_{t+1}+\sigma_n^2,\boldsymbol{h}_{t+1}=\Sigma_t\boldsymbol{q}_{t+1}$

    $\Sigma_t\leftarrow\Sigma_t+\sigma_p^2\boldsymbol{k}_t\boldsymbol{k}_t^{\mathrm{T}}$

    根据式(5-41)更新$\boldsymbol{\mu}_{t+1}$和 $\sum_{t+1}$

    根据式(5-42)更新 $\boldsymbol{K}_{t+1}^{-1}$

    $\boldsymbol{x}_{t+1}=\boldsymbol{x}_t\cup x_t$

  end if

  从 B 中去掉样本(s_t,a_t,r_t,s_{t+1})

end while

end procedure

5.1.3.2 基于受扰高斯过程建模的强化学习算法

基于受扰高斯过程建模的强化学习系统框图如图 5-1 所示，智能体通过与环境真实地交互，将采集的样本存储至真实样本池 R 和高斯过程建模所需的经验池 B 中，其中 B 的容量较小，仅能存储一段局部时间的经验样本，而 R 的容量较大，能够存储全局时间内的所有样本。当 B 达到最大容量时，根据算法 5.1 逼近环境的状态转移函数和奖赏函数模型，基于所逼近的模型和当前策略产生大量虚拟样本，将其存储至虚拟样本池 R_f 中。当强化学习策略更新时，从真实样本池和虚拟样本池同时采样来更新智能体。考虑模型逼近误差所造成的复合误差影响，本小节采用如图 5-4a) 所示的多轨迹浅采样的方式来生成虚拟样本。与图 5-4b) 中的单轨迹深采样相比，多轨迹浅采样在得到相同采样样本的同时能够降低复合误差。假设受扰高斯过程逼近的系统模型每一步的误差为 e，共采样 T 个虚拟样本点，则采用单轨迹深度采样时，采样过程的复合误差为：

$$E=e[T+(T-1)+\cdots+1]\propto eT^2 \tag{5-43}$$

从上式可知，复合误差与采样步数的平方成正比。因此，在采样相同多样本点的条件下，n 条轨迹浅采样的复合误差是单轨迹深采样的$\frac{1}{n^2}$，因此，采用多轨迹浅采样生成虚拟样本点。

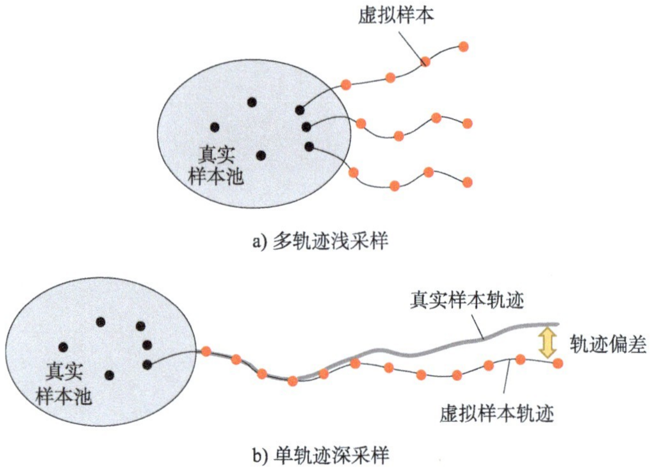

图 5-4　虚拟样本生成采样方式示意图

在本小节的受扰高斯过程建模强化学习方法中,受扰高斯过程作为逼近系统模型的方法,辅助强化学习策略的训练过程,从而实现无模型和有模型的强化学习方法融合。由于基于模型的强化学习方法具有收敛速度快、数据利用率高的特点,因此,引入高斯过程建模来实现基于模型的强化学习方法能够加速原本无模型强化学习方法的收敛。此外,受扰高斯过程所逼近的系统模型独立于强化学习方法,因此,可以嵌入多个常见的强化学习方法中,如 Q 学习、策略梯度方法等。这里主要采用确定策略梯度算法,并结合受扰高斯过程建模优化强化学习方法的学习过程。

确定策略梯度算法的目标是最大化累积折扣奖赏的期望,假设 t 时刻智能体所得到的奖赏信号为 r_t,则目标函数可表示为:

$$J = E_{s,a,r}\left[\sum_{t=1}^{T}\gamma^{t-1}r_t\right] \tag{5-44}$$

其中,$E_x[y]$ 为根据随机变量 x 的变化对变量 y 求期望;$\gamma\in[0,1]$ 为折扣因子;T 为一轮迭代的最大时间长度。确定策略梯度算法通常使用 Actor-Critic 框架来求解,策略网络(Actor)$\mu(s_t;\theta_\mu)$ 的目标是最大化目标函数式(5-44),评价网络(Critic)$Q(s_t,a_t;\theta_Q)$ 的目标是逼近动作值函数 $Q(s_t,a_t)$ 的真实值,其中 θ_μ 和 θ_Q 分别为策略网络和评价网络的网络权重。根据确定策略梯度定理,策略网络更新的梯度可根据下式得到:

$$\nabla_{\theta_\mu}J = E_{s_t}\left[\nabla_{a}Q(s_t,a;\theta_Q)\big|_{a=(s_t;\theta_\mu)}\nabla_{\theta_\mu}\mu(s_t;\theta_\mu)\right] \tag{5-45}$$

评价网络解决的是函数逼近的问题,因此,可通过最小化预测值与真实值的均方误差式(5-46)来更新网络权重:

$$\mathcal{L}(\theta_Q) = E_{s_t,a_t,r_{t+1}}\{[y_t - Q(s_t,a_t;\theta_Q)]^2\} \tag{5-46}$$

其中,优化目标为:

$$y_t = r_t + \gamma Q[s_{t+1},\mu(s_{t+1};\theta_\mu^-);\theta_Q^-] \tag{5-47}$$

为了稳定网络的更新过程,θ_μ^- 和 θ_Q^- 为缓慢更新的目标网络权重。

强化学习智能体根据策略网络 $\mu(s_t;\theta_\mu)$ 与环境交互,在学习的过程中将遇到的样本 (s_t,a_t,r_t,s_{t+1}) 存储至真实经验池和高斯过程建模真实经验池 B 中,由于高斯过程逼近的是局部时间模型,因此,当经验池 B 存储满后,根据算法 5.1 逼近环境的状态转移函数和奖赏函数分别为：

$$\hat{P} = (s_{t+1} | s_t, a_t) = GP(s_{t+1}; s_t; a_t) \tag{5-48}$$

$$\hat{r}(s_t, a_t) = GP(r_t; s_t; a_t) \tag{5-49}$$

现实中由于仿真环境的限制，智能体往往需要花费大量的时间与环境交互来采集学习样本数据。尤其对于 TORCS[12] 和 CARLA[16] 等智能驾驶仿真器，仿真器通常以 50Hz 的频率工作，严重限制了智能体与环境交互的速度上限，导致神经网络往往需要耗费大量时间才能完成训练。而受扰高斯过程建模强化学习算法能够有效缓解这一问题，智能体在状态 s_t 下计算控制动作 $a_t = \mu(s_t; \theta_\mu)$，根据式(5-48)所逼近的状态转移函数 $\hat{P}(s_{t+1} | s_t, a_t)$ 和式(5-49)所逼近的奖赏函数 $\hat{r}(s_t, a_t)$，可求得下一时刻状态 $\hat{s}_{t+1}$ 和奖赏值 $\hat{r}$，将虚拟样本 $(s_t, a_t, \hat{r}_t, \hat{s}_{t+1})$ 存储至虚拟经验池 R_{gp} 中。由于这一过程不需要智能体和环境真实交互，因此，可以短时间内生成大量样本。为了增加虚拟样本的多样性，在实际操作时可从真实经验池中采样 m 个初始样本点作为状态动作空间中每个采样轨迹的初始点，根据图 5-4 所示的多轨迹浅采样方式，每条轨迹前向迭代 k 步，共得到 mk 个虚拟样本点。为了防止虚拟样本生成过快而导致样本多样性的降低，可以让真实样本池补充一段时间的真实样本，每隔 K 步进行一次虚拟采样。由于本小节引入虚拟样本的目的是通过在虚拟状态动作空间进行探索，从而提高强化学习方法的数据利用率。而虚拟样本和真实样本的作用都是用于更新强化学习控制策略，因此只需保证产生虚拟样本的系统模型与环境模型相同即可。这使得对于虚拟样本质量的评价转化为对高斯过程逼近系统模型能力的评价，通过准确逼近系统模型来确保虚拟样本迁移的有效性。

更新策略网络和评价网络时，从真实经验池和 R_{gp} 中随机采样一个最小批训练数据，用真实样本和虚拟样本一起完成网络的训练。这一受扰高斯过程建模强化学习算法的流程如算法 5.2 所示。

算法 5.2　受扰高斯过程建模强化学习算法流程
随机初始化策略网络和评价网络权重：$\boldsymbol{\theta}_\mu, \boldsymbol{\theta}_Q$
初始化目标网络权重：$\boldsymbol{\theta}_\mu^- \leftarrow \boldsymbol{\theta}_\mu, \boldsymbol{\theta}_\mu^- \leftarrow \boldsymbol{\theta}_Q$
初始化真实经验池和虚拟经验池为空集：$R \leftarrow \emptyset, R_{gp} \leftarrow \emptyset$
初始化受扰高斯过程模型和建模真实经验池为空集：$M \leftarrow \emptyset, B \leftarrow \emptyset$
随机初始化动作探索噪声 N
for episode = 1, …, M **do**
从环境获得初始状态 s_1
for $t = 1, \cdots, T$ **do**
根据策略选择动作 $a_t = \mu(s_t; \boldsymbol{\theta}_\mu) + N$
执行动作 a_t，获得下一时刻状态 s_{t+1} 和奖赏值 r_t
将经验样本 (s_t, a_t, r_t, s_{t+1}) 存储至真实经验池 R 和 B
if mod$(t, K) = 0$ and M $\neq \emptyset$ **then**
从 R 中采样 m 个初始轨迹点

对每个初始轨迹点,用$\mu(\cdot;\boldsymbol{\theta}_\mu)$和 M 做 k 上海采样,做到虚拟样本

将虚拟样本存储至虚拟经验池 R_{gp}

end if

从真实经验池和 R_{gp} 中随机采样一个最小批训练数据

$y_i = r_i + \gamma Q(s_{i+1}, \mu(s_{i+1}l;\boldsymbol{\theta}_\mu^-);\boldsymbol{\theta}_\mu^-)$

最大化损失 $\mathcal{L} = \frac{1}{2N}\Sigma_i[y_i - Q(s_i, a_i|\boldsymbol{\theta}_Q)]^2$ 来更新 θ_Q

根据随机梯度上升法法更新 $\boldsymbol{\theta}_\mu$,更新梯度为式(5-45)

更新目标网络:$\boldsymbol{\theta}_\mu^- \leftarrow \tau\boldsymbol{\theta}_\mu + (1-\tau)\boldsymbol{\theta}_Q^-$,$\boldsymbol{\theta}_\mu^- \leftarrow \tau\boldsymbol{\theta}_\mu + (1-\tau)\boldsymbol{\theta}_\mu^-$

end for

if B 已达到最大容量 **then**

$M \leftarrow \text{PGP}_{\text{-MODELLING}}(\text{B})$ ▷根据算法 5.1 逼近环境模型

$B \leftarrow \emptyset$

end if

end for

5.1.4 车道保持仿真实验及结果分析

这里通过设计两组实验来验证所提方法的性能情况。在第一组实验中,验证所提出的受扰高斯过程算法对于系统模型的逼近性能,尤其是当系统模型变化时受扰高斯过程的性能表现。在第二组实验中,验证所提出的受扰高斯过程强化学习方法能否通过在虚拟状态动作空间中探索来提高强化学习算法在车道保持任务上的收敛速度。实验平台 CPU 为英特尔 Xeon E5-2620,GPU 为 1 块英伟达 Titan Xp,算法所用的深度学习框架为 TensorFlow。

5.1.4.1 受扰高斯过程模型逼近实验结果

首先验证受扰高斯过程方法对稳态的 Sinc-Linear 函数的拟合能力,同时对比了核回归最小二乘(KRLS-ALD)[53]方法、核回归最小二乘追踪(KRLS-T)[54]方法与 PGP 方法的逼近性能。最后,在非稳态非线性函数逼近问题上对比了这三种方法的性能,验证了 PGP 的有效性。在所有实验中,采用的核函数为径向基(Radial Basis Function,RBF)核函数:

$$k(x,x') = \alpha\exp\left(-\frac{\|x-x'\|^2}{2l^2}\right) \tag{5-50}$$

(1)稳态系统逼近结果。

稳态的非线性 Sinc-Linear 函数的表达式为:

$$y = \frac{\sin x_1}{x_1} + \frac{x_2}{10}, x_1, x_2 \in [-10, 10] \tag{5-51}$$

本组实验中,受扰高斯过程包含两个版本,即单个样本点输入的受扰高斯过程 PGP 和块数据输入的受扰高斯过程 PGP-chunk,每 C 步输入的 PGP-chunk 的数据块大小 $C=30$。RBF 核函数的超参数 α, l 通过离线高斯过程[51]计算得到,为 $\alpha=1, l=4.4$,所有的对比实验都采用相同的 RBF 超参数。由于所逼近的函数为稳态系统,不需要引入遗忘机制,因此,扰动强

度设为 0。除了 KRLS-ALD 的字典容量不受限外，其他方法的字典大小为 $M=80$。三种方法的逼近误差随输入样本数量的变化如图 5-5 所示。图中的曲线是 50 组实验的均值。由图 5-5 可知，PGP、PGP-chunk 和 KRLS-ALD 最终都可以取得很小的逼近误差，而 KRLS-T 在开始时几乎将所遇到的样本都加入字典向量中，这导致在超过第 3000 样本点后，KRLS-T 的字典向量中样本的相关性较强，在多个基之间来回选择，造成了信息的损失。PGP-chunk 在开始时误差保持不变是因为算法每次输入的样本数为 $C=30$，因此，当第 30 个样本时才开始工作，随后误差逐渐降低。

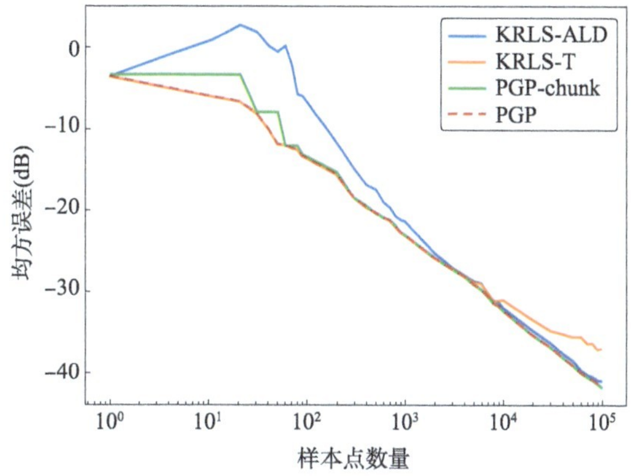

图 5-5　稳态系统逼近误差曲线

字典向量的容量大小对于逼近误差的影响如图 5-6 所示。这里对比了字典容量受限的 PGP、PGP-chunk 和 KRLS-T 三种方法，可以看出在字典容量较小时，三种方法的逼近误差均随着容量的增大而降低。当字典容量大于 120 时，此时已经有足够多的基能够近似表示样本空间，因此，最终误差不再随着字典容量的增大而变化。但是当字典容量的一定时，所提出的两种受扰高斯过程方法均比 KRLS-T 的误差更低，这一特点在字典容量较小时尤其明显，说明字典容量受限时受扰高斯过程方法能够更高效地利用数据。

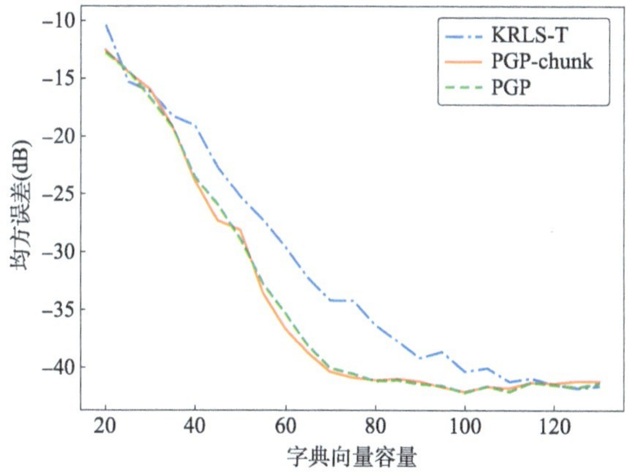

图 5-6　字典容量与逼近误差的关系曲线

(2)非稳态系统追踪结果。

在非稳态系统追踪实验中，由于 KRLS-ALD 不具有追踪非稳态系统的能力，故本小节验证 PGP、PGP-chunk 和 KRLS-T 三种方法在系统模型发生变化时它们的模型逼近性能。所逼近的非稳态系统模拟的是当信道参数突然变化时通信的输出结果变化，时序输入首先通过线性回归得到系统的响应，再通过双曲正切函数将响应幅值限制在[-1, 1]之间，即系统的模型为：

$$y_t = \tanh(\boldsymbol{h}^{\mathrm{T}}\boldsymbol{x}_t) \tag{5-52}$$

其中，输入为最近5个时刻的样本 $\boldsymbol{x}_t = [x_t, x_{t-1}, \cdots, x_{t-4}]^{\mathrm{T}}$，系统在前2500个时刻内参数为 $\boldsymbol{h}_1 = [1.000, -0.3817, -0.1411, 0.5789, 0.1910]^{\mathrm{T}}$，在第2500时刻突变为 $\boldsymbol{h}_2 = [1.000, -0.0870, 0.9852, -0.2826, -0.1711]^{\mathrm{T}}$，之后保持不变。信道的每一时刻输入为一个0均值的高斯信号 $x_t \in N(0, 0.5)$，模拟传感器的测量噪声，输出 y_t 受到高斯噪声 $N(0, 0.15)$ 的扰动。

在 KRLS-T 方法中，文献[54]提出了两种性能相当的遗忘方式，这里采用 B2P 法。RBF 核函数的参数为 $\alpha = 1, l = 2$。受扰高斯过程的扰动强度为 $\sigma_{\mathrm{p}} = 0.025$，输出扰动为 $\sigma_n = 0.05$，字典容量为 $M = 100$，块数据大小为 $C = 100$。

三种方法的追踪误差如图5-7所示，可以看出三种方法都能够准确逼近系统模型，并且当模型发生突变时能够逼近变化后的模型，但是受扰高斯过程方法能够更准确地逼近变化后的系统。由于数据的块状输入形式，PGP-chunk 在模型发生突变的初始阶段误差呈阶梯状下降，相较其他两种方法下降较慢，但是随着输入样本的增多，这种现象逐渐被消除。

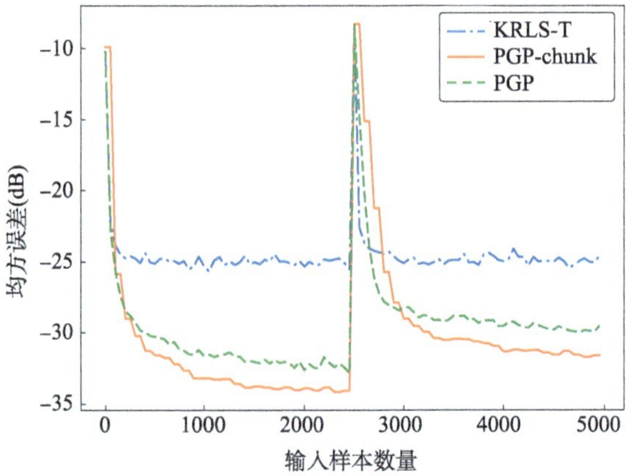

图5-7　非稳态系统追踪误差曲线

5.1.4.2　受扰高斯过程建模强化学习车辆横向控制实验结果

本小节首先验证受扰高斯过程对车辆横向控制中状态转移概率和奖赏函数的逼近性能，再根据算法5.2来训练车辆的横向控制器，对比采用受扰高斯过程建模前后智能体学习速度的变化情况。

(1)强化学习系统模型逼近结果。

针对强化学习车辆横向控制问题，状态由本车与车道中央的距离 d_t、本车偏航角 ψ_t 以及横纵向速度分量 $v_{x,t}, v_{y,t}$ 组成，定义为 $s_t = [d_t, \psi_t, v_{x,t}, v_{y,t}]$，状态的各个分量被归一化至[-1,1]区间，并对归一化后的状态引入高斯噪声 $N(0, 0.05^2)$ 来模拟传感器噪声。在 t 时刻智能体根据状态 s_t 和策略网络得到动作值 $a_t = \mu(s_t; \theta_\mu)$，VTORCS 仿真环境执行该动作后，反馈回下一时刻状态 s_{t+1} 和奖赏函数 r_t。在状态 s_{t+1} 中，由于本车横纵向速度可通过控制器局域网(Controller Area Network, CAN)总线从线控底盘得到，因此，逼近状态转移函数的高斯过程 $GP(s_{t+1}; s_t, a_t)$ 仅需要根据当前状态 s_t 和动作 a_t 逼近下一时刻的距离 d_{t+1} 和偏航角 ψ_{t+1}。逼近奖赏函数的高斯过程 $GP(r_t; s_t, a_t)$ 根据状态 s_t 和动作 a_t 预测系统返回的奖赏函

数 r_t。

数据集由随机智能体在赛道 G-track-3 上采集得到，随机动作通过在区间[−1,1]上的均匀采样得到，即 $a_t \sim U(-1,1)$。共采集到 2528 个样本点，以前 2000 个样本作为训练数据，后 528 个样本作为测试数据。

两个受扰高斯过程的核函数均为式(5-50)所示的 RBF 核函数，核函数的超参数、输出扰动噪声以及字典向量容量见表 5-1。

受扰高斯过程的超参数设置　　表 5-1

高斯过程	信号强度 α	核宽度 l	输出扰动噪声 σ_n	字典容量 C
$GP(s_{t+1};s_t,a_t)$	1.0	4	$1e^{-6}$	300
$GP(r_t;s_t,a_t)$	1.0	0.45	$1e^{-3}$	300

在测试集上，$GP(s_{t+1};s_t,a_t)$对偏航角和距离的预测如图 5-8 所示。由于当车辆行驶出当前车道时，归一化的本车与车道中央距离为 ±1(表示从左侧或右侧驶出车道)，而后被重新初始化至车道中央。从图 5-8 中距离变化子图可以看出，测试集上共包含了 7 组完整的随机智能体从初始点至驶出车道的过程。而偏航角和距离的真值曲线和预测曲线基本吻合，验证了受扰高斯过程能够很好地逼近系统状态转移函数。由于测试数据集中的状态动作 $GP(s_{t+1};s_t,a_t)$在训练过程中从未见到，通过 2000 个样本的训练后受扰高斯过程模型能够很好地泛化至测试集上。

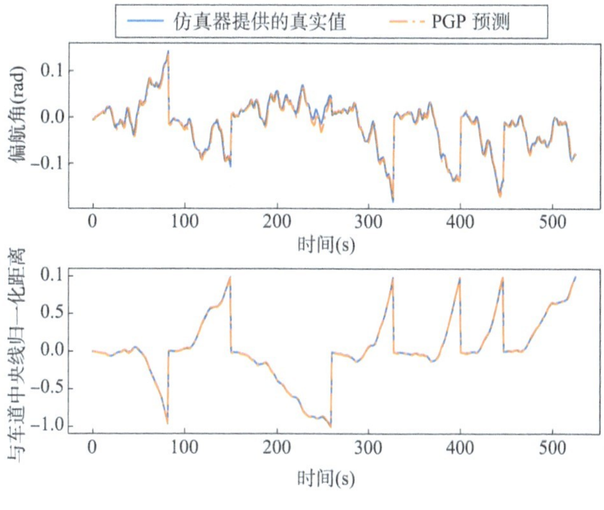

图 5-8　受扰高斯过程拟合状态转移函数曲线

$GP(r_t;s_t,a_t)$对奖赏函数的逼近如图 5-9 所示，其中图 5-9a)是训练数据集上的结果，图 5-9b) 是测试数据集上的结果。在上图最左侧训练的初始阶段，由于字典向量中没有数据，因此，受扰高斯过程的输出为均值 0。随着训练样本的加入，$GP(r_t;s_t,a_t)$能够迅速追踪奖赏函数的变化，橙色的预测曲线从 0 跳跃至奖赏真值附近。从图 5-9b) 可以看出，$GP(r_t;s_t,a_t)$能够准确地预测出测试集上的奖赏函数值，验证了受扰高斯过程较好的泛化性能。

(2)受扰高斯过程建模强化学习横向控制结果。

强化学习通过和环境不断的交互来提升智能体的策略，这使得智能体在仿真频率受限的智能驾驶仿真环境中学习速度缓慢。本小节验证了受扰高斯过程模型快速生成的虚拟训练样本能否加快智能体在车辆横向控制问题上的学习速度。

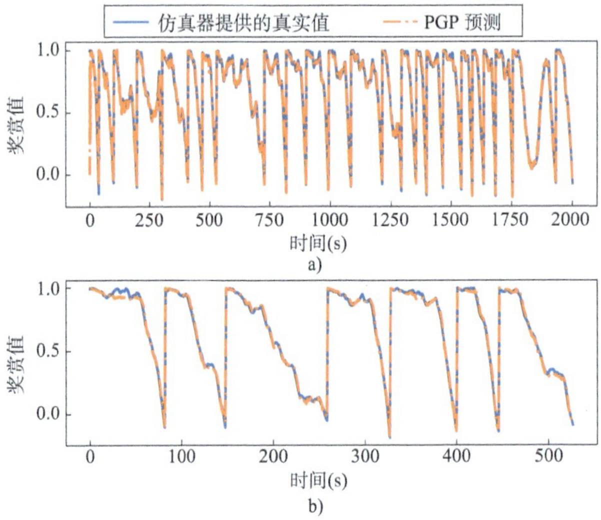

图 5-9　受扰高斯过程拟合奖赏函数曲线

无高斯过程的强化学习横向控制器记为 RL 控制器;带有受扰高斯过程建模的强化学习控制器记为 PGPRL 控制器。训练赛道选择为难易程度适中,直道、弯道和坡度较为平衡的 G-track-3 赛道。两个控制器的状态、动作、奖赏函数定义相同,每一轮训练的最大步数为 6500 步,当达到最大步数或车辆行驶出车道时当前一轮训练结束,训练过程中每一轮智能体得到的累积奖赏值随训练轮数的变化曲线如图 5-10 所示。从图中可以看出,两个控制器最终都能够成功学习到有效的横向控制策略,但 PGPRL 控制器在训练的过程中不仅以真实的训练样本为输入,同时以虚拟的训练样本为输入,因此,其收敛速度比 RL 控制器更快。此外,可以看到 PGPRL 控制器的学习曲线中间没有出现突然下降的情况,这说明引入虚拟样本混合训练的方式可以使得训练过程更加稳定,最终的得分也比仅用真实样本训练的 RL 控制器略高一些。

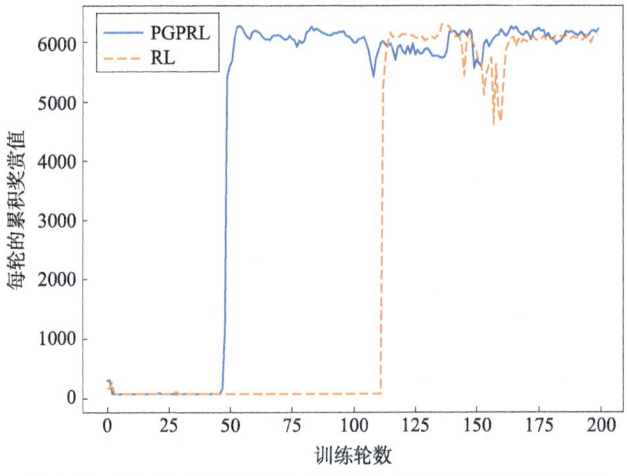

图 5-10　有无受扰高斯过程建模的强化学习横向控制学习曲线

表 5-2 列出了有无受扰高斯过程建模的强化学习横向控制器的收敛轮数和 4 个赛道上的测试得分。其中,初始收敛轮数表示两个控制器在训练过程中学习到的初始可用策略所

迭代的轮数,各个赛道的分数计算方式与表5-4的计算方式相同,均采用式(5-66),取5次实验的平均值。由表5-2可知,引入受扰高斯过程建模的PGPRL控制器可以大幅提高控制器的收敛速度,收敛后的控制器性能也比RL控制器略高,能够平滑地控制车辆行驶在车道中央。

强化学习和受扰高斯过程强化学习横向控制器性能比较　　表5-2

各赛道平均分数					
控制器	初始收敛轮数	Forza	Alpine-2	Eroad	G-track-3
RL	114	6373.2	4414.7	3593.1	3213.8
PGPRL	52	6374.8	4415.8	3592.6	3214.5

本节针对强化学习收敛速度慢以及常见智能驾驶仿真器的仿真频率受限等问题,提出了一种基于受扰高斯过程建模的强化学习方法。首先基于所提出的受扰高斯过程逼近强化学习系统模型,即状态转移函数和奖赏函数,随后根据当前控制策略和所逼近的模型不依赖于仿真平台来快速生成大量虚拟探索样本,最后用虚拟样本和真实样本混合更新控制策略。针对高斯过程建模时的块数据输入和系统模型发生变化时原高斯过程模型无法追踪的问题,提出了一种块数据稀疏化的受扰高斯过程。通过对单个样本数据或数据块做高斯噪声扰动,从而避免高斯过程在系统模型发生变化时无法准确追踪的问题。实验验证了受扰高斯过程在非稳态系统上能够准确逼近变化后的系统,在车辆横向控制问题上,受扰高斯过程能准确地逼近状态转移函数和奖赏函数。基于受扰高斯过程建模的强化学习控制器能够比单纯使用强化学习方法的控制器更快地收敛,并且学习过程更加稳定,验证了所提方法的有效性。

5.2 面向视觉场景下的多任务学习-强化学习车辆横向控制

5.2.1 视觉场景下的车辆横向控制方法介绍

常用的视觉横向控制方法主要分为端到端学习和多阶段学习两大类。端到端学习方法以图像作为输入,直接预测转向盘转角控制量。一个典型的例子是使用模仿学习,采用分类或回归的方式预测人类专家的驾驶动作。然而由于存在复合误差,一个小的预测误差可能会导致未来数据分布与专家数据分布的不同,以至于出现过拟合问题,因此,端到端学习方法通常需要大量训练样本或采用数据集成的方法来减小复合误差。另一类方法是感知与控制分离的多阶段学习方法,它采用模块串联的结构,感知模块预测关键道路特征,例如本车与车道线的距离、本车姿态和道路曲率等,控制模块基于这些特征输出合理的控制动作。现有的智能驾驶感知方法采取独立预测的方式来提取这些关键道路特征,然而这些特征的学习不是相互独立的,任务之间存在着较强的相关性。例如车道线的弯曲程度和道路曲率的估计是强相关的,这两个任务存在视觉特征的共享。为了利用共享特征来提高视觉感知的性能,减弱感知能力不足对后端控制的影响,可以通过同时解决多个相关任务,挖掘多个任务间所共有的一般性视觉特征,防止网络过拟合,提高其泛化性能。本节提出了一种基于多任务学习的关键道路特征提取方法，并结合强化学习实现视觉横向控制，提出了一种基于多任务的强化学习视觉车辆横向控制方法。该方法包含感知和控制两个部分，感知部分采用多任务卷积神经网络，以驾驶人视角的图像作为输入，提取关键道路特征；控制部分以所提取的特征为输入，根据所设计的基于道路几何结构的奖赏函数学习最优车道保持控制策略。最后通过仿真实验验证了所提方法的有效性。

5.2.2 基于视觉输入的车辆横向控制框架

下面从整体的角度介绍所提出的基于视觉输入的横向控制框架，并给出问题的描述。所提的框架如图 5-11 所示，共包含感知模块、控制模块和环境三个部分①。

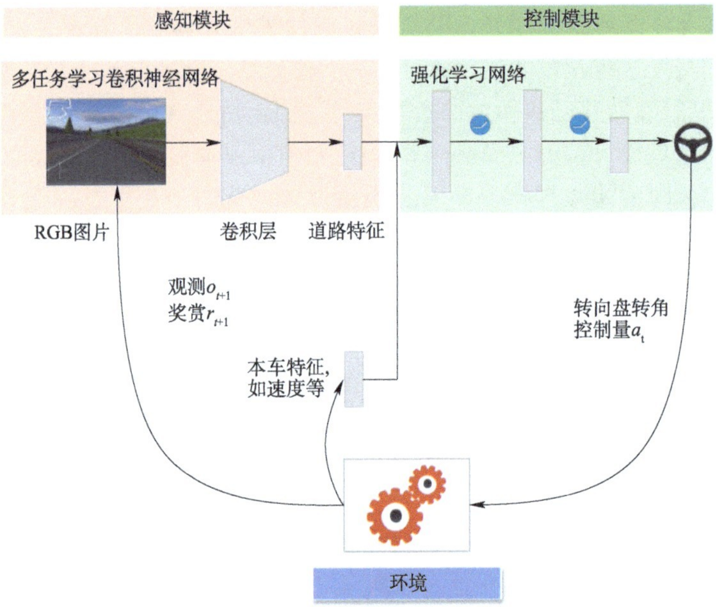

图 5-11 基于视觉输入的横向控制系统框图

在上述控制框架中，视觉输入的横向控制问题被看作是一个离散时间感知与控制问题。每一个时刻 t，环境给感知模块发送驾驶人视角的图像观测量 o_t，感知模块中的多任务学习卷积神经网络 $\phi(o_t;\boldsymbol{\theta}_{\mathrm{p}})$ 输出所提取的关键道路特征 ζ_t：

$$\zeta_t=\phi(o_t;\boldsymbol{\theta}_{\mathrm{p}}) \tag{5-53}$$

其中，$\boldsymbol{\theta}_{\mathrm{p}}$ 为感知网络的网络权重。感知模块将所提取的道路特征输入强化学习控制模块中，控制模块的策略网络以该特征 ζ_t 和当前本车自身特征 ω_t（例如本车的纵向和横向速度等）作为当前状态 $s_t=[\zeta_t,\omega_t]$，输出转向盘转角控制动作 a_t 表示为：

$$a_t=\phi(s_t;\boldsymbol{\theta}_{\mu}) \tag{5-54}$$

其中，$\boldsymbol{\theta}_{\mu}$ 为策略网络的网络权重。控制模块将动作 a_t 输出给环境，环境执行该动作并返回给感知模块下一时刻的驾驶人视角图像 o_{t+1} 和评判动作 a_t 优劣的奖赏信号 r_{t+1}，从而完成系

① https://github.com/DRL-CASIA/Autonomous-Driving/tree/master/Open-RL-Torcs。

统的一步迭代。系统的目标是优化网络权重 $\boldsymbol{\theta}_{\mathrm{p}}$ 和 $\boldsymbol{\theta}_{\mu}$，从而控制车辆按照预设的轨迹行驶。本节中所预设的轨迹为本车所在的车道中央线，以实现车道保持功能。

5.2.3 基于多任务学习的车辆环境感知

基于多任务学习的环境感知模块的目标是准确地从驾驶人视角输入图像中提取出关键道路特征。本小节首先介绍多个学习任务的选择，再介绍感知网络的损失函数定义，最后给出网络的结构。

5.2.3.1 多个学习任务的选择

环境感知网络以世界坐标系中的前方图像 o_t 为输入，通过式(5-53)将高维的图像特征映射至低维的道路特征，车道特征如本车与车道线的距离等被定义于车体坐标系中。对于驾驶人视角的图像，有多种学习任务可供选择，例如本车与车道线的距离、本车前进方向与车道中央切线方向的夹角、车道的朝向、车道的数量和车道的曲率等。由于控制模块工作于车体坐标系中，因此感知模块需要确定本车与车道的几何关系。本小节选择前三个学习任务，即预测本车与其所在车道的左右车道线距离 $d=[d_l,d_r]$、本车前进方向与车道切线的夹角 $\psi\in[-\pi,\pi]$、以及当前车道的朝向 $c\in\{\mathrm{left},\mathrm{straight},\mathrm{right}\}$，其中 d_l, d_r 分别表示本车距离左侧和右侧车道线的距离。距离 d 和偏航角 ψ 可以确定车辆在车道中的位置和姿态，第三个车道朝向学习任务用于宏观地描述当前的车道走向。准确地预测距离和偏角需要卷积核提取车道线的弯曲程度特征，而车道朝向分类任务将前方车道分为左转、直行和右转三个类别。正确地对车道朝向分类也需要卷积核提取车道线的弯曲特征，因此朝向分类任务的学习能够与距离和偏角预测任务共享视觉特征。通过联合地学习这三个相关任务，感知网络能够学习到与这些学习任务都有关的底层视觉特征，从而有效预防过拟合现象的发生。

5.2.3.2 多任务学习环境感知网络

当确定多个学习任务后，本小节介绍多任务学习环境感知网络的损失函数构建和优化。假设已有数据集 $\{(o_t,d_t,\psi_t,c_t)\}_{t=1}^{N}$，共包含 N 个样本，每个样本四元组 (o_t,d_t,ψ_t,c_t) 为 t 时刻驾驶人视角的图像 o_t、本车与车道线的距离 d_t、本车偏航角 ψ_t 以及当前车道朝向类别 c_t。本小节采用监督学习的方式训练多任务学习网络，让它同时预测距离、偏航角和车道朝向类别：

$$\hat{d}_t,\hat{\psi}_t,\hat{p}(c_{i,t})=\phi(o_t;\boldsymbol{\theta}_p) \tag{5-55}$$

其中，$\hat{d}_t$, $\hat{\psi}_t$ 为距离和偏航角的预测值；$\hat{p}(c_{i,t})$ 为 t 时刻车道朝向属于类别 c_i 的概率。距离预测和偏航角预测是回归任务，采用均方误差损失函数，车道朝向分类为分类任务，采用交叉熵损失函数。

(1)距离预测任务。

在距离预测任务中，每一时刻感知网络以 o_t 为输入，输出本车与车道线的距离 $\hat{d}\in R^5$。根据车辆在道路中的行驶情况，本车与车道线的位置关系有两种形式，如图 5-12 所示。在第 1 种情况中，本车行驶在车道内部，因此，需要预测的是本车中心线与其所在车道的左右车道线距离 d_1 和 d_2。在第 2 种情况中，本车属于压线行驶，此时不存在直接的左右车道线距离，因此需要预测的是本车中心线与左侧车道的左车道线距离 d_3、本车中心线与右侧车道的右侧车道线距离 d_4，以及本车中心线与所压车道线的距离 d_5。为了统一这两种情况，距离 $d=[d_1,d_2,d_3,d_4,d_5]$，当车辆行驶状态为情况 1 时，$d_3=d_4=d_5=0$，当车辆行驶状态为情况

2 时，$d_1=d_2=0$。根据均方误差，则本车与车道线距离预测任务的损失函数为：

$$\mathcal{L}_1=\frac{1}{M}\sum_{t=1}^{M}(d_t-\hat{d}_t)^{\mathrm{T}}(d_t-\hat{d}_t) \tag{5-56}$$

其中，M 为最小批中所包含的样本数量。

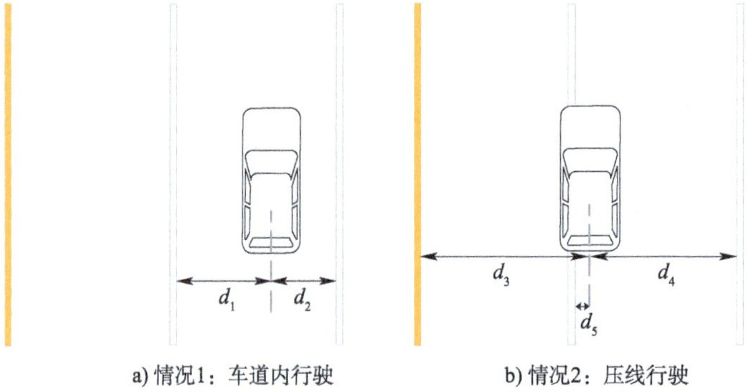

图 5-12　车辆与车道线几何关系图

(2) 偏航角预测任务。

偏航角预测任务与距离预测任务相似，每一时刻感知网络预测本车朝向与车道线切线朝向的夹角值。如图 5-13 所示，所预测的夹角是带方向的夹角值 $\psi_t\in[-\pi,\pi]$。本车车头朝向为在车道切线左侧时，夹角 ψ_t 为正；车头朝向在车道切线右侧时，夹角 ψ_t 为负。根据均方误差，本车朝向与车道切线的偏航角损失函数为：

$$\mathcal{L}_2=\frac{1}{M}\sum_{t=1}^{M}(\psi_t-\hat{\psi}_t)^2 \tag{5-57}$$

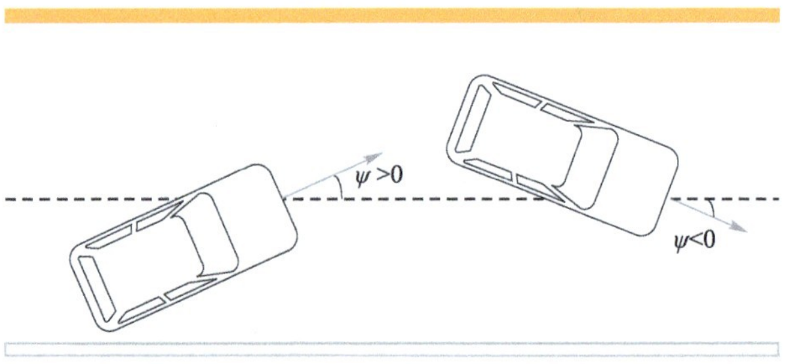

图 5-13　偏航角预测示意图

(3) 车道朝向分类任务。

在车道朝向分类任务中，前方道路的走向被分为左转、直行和右转道路三种类型，需要预测车道的朝向类别 c_t。根据交叉熵损失，车道朝向分类任务的损失函数为：

$$\mathcal{L}_3=\frac{1}{M}\sum_{t=1}^{M}-c_t\log[\hat{p}(c_{i,t})] \tag{5-58}$$

(4) 多任务学习损失函数。

根据上面三个学习任务的损失函数定义，多任务损失函数是距离预测损失、偏航角预测损失和车道朝向分类损失的加权和。为了防止网络的过拟合，提高网络的泛化性能，一种常用的方式是采用正则化约束，限制网络权重大小，防止某一单一特征的权重过大，本小节采用

二范数正则化函数实现对多任务学习网络的权重约束。因此,最终的多任务学习损失函数为:

$$\mathcal{L}(\boldsymbol{\theta}_{\mathrm{p}}) = \sum_{k=1}^{3} \lambda_k \mathcal{L}_k + \boldsymbol{\Phi}(\boldsymbol{\theta}_{\mathrm{p}}) \tag{5-59}$$

其中,λ_k 是第 k 个学习任务的损失权重。二范数正则化函数 $\boldsymbol{\Phi}(\theta_{\mathrm{p}})$ 的定义为:

$$\boldsymbol{\Phi}(\theta_{\mathrm{p}}) = \| \theta_{\mathrm{p}} \|_2^2 \tag{5-60}$$

通过随机梯度下降法,逐步迭代训练多任务学习网络,网络权重的更新方程为:

$$\boldsymbol{\theta}_{\mathrm{p}} \leftarrow \theta_{\mathrm{p}} - \alpha_{\mathrm{mtl}} \nabla \theta_{\mathrm{p}} \mathcal{L}(\boldsymbol{\theta}_{\mathrm{p}}) \tag{5-61}$$

其中,α_{mtl} 为网络更新的学习率。

5.2.3.3 多任务学习环境感知网络结构

多任务学习环境感知网络结构如图 5-14 所示。网络的输入为 3 通道的彩色图像 o_t,图像的分辨率大小为 280×210。根据网络权重是否共享可分为两个部分:多任务权重共享层和任务相关层。在多任务权重共享层中,距离预测、夹角预测和类别预测 3 个任务共用同一组网络权重,通过权重共享的方式学习与任务无关的底层特征。多任务权重共享层由 5 个卷积层和 3 个全连接层组成,它们的结构为:Conv(ch=96,k=11,s=4) - MaxPool(k_{mp}=3,s_{mp}=2) - Conv(ch=256,k=5,s=2) - MaxPool(k_{mp}=3,s_{mp}=2) - Conv(ch=384,k=3,s=2) - Conv(ch=384,k=3,s=2) - Conv(ch=256,k=3,s=2) - MaxPool(k_{mp}=3,s_{mp}=2 - FC(n=4096) - FC(n=1024) - FC(n=256)。其中,Conv(ch,k,s)表示卷积核数量为 ch、卷积核大小为 $k \times k$、移动步长为 $s \times s$ 的卷积层。MaxPool(k_{mp},s_{mp})表示模板大小为 $k_{\mathrm{mp}} \times k_{\mathrm{mp}}$、移动步长为 $s_{\mathrm{mp}} \times s_{\mathrm{mp}}$的最大值池化层。FC($n$)表示含有 n 个神经元的全连接层。多任务权重共享层最终将输入的图像降维为 256 维的特征。基于该特征,3 个任务相关层为输出层,网络结构分别为:FC(n=5)、FC(n=1)和 FC(n=3),分别输出预测的距离 $\hat{d}_t$、偏航角 $\hat{\psi}_t$ 和类别概率 $\hat{p}(c_{i,t})$。所有的隐藏层激活函数为线性整流单元 ReLU 函数,由于距离和偏航角学习任务预测的是归一化至区间[-1,1]的输出,因此,激活函数选用双曲正切函数:

$$\tanh(x) = \frac{e^x - e^{-x}}{e^x + e^{-x}} \tag{5-62}$$

道路朝向分类任务的输出层激活函数为 softmax 函数:

$$\mathrm{softmax}(x_i) = \frac{e^{x_i}}{\sum_{k=1}^{K} e^{x_k}} \tag{5-63}$$

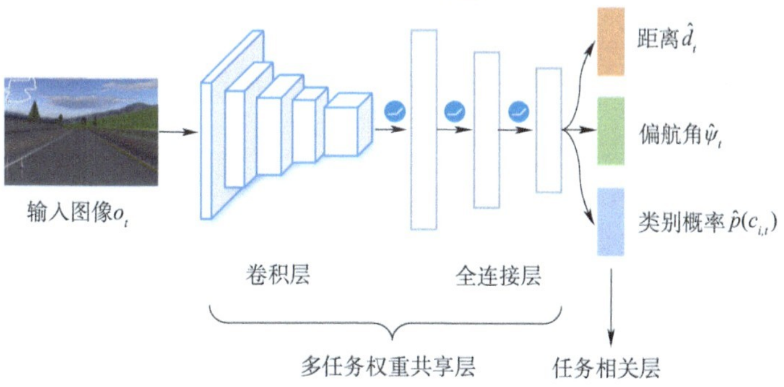

图 5-14 多任务学习环境感知网络结构图

为了防止过拟合,在所有全连接层之后加入了 Dropout(p_{drop})层,依概率 p_{drop} 去掉神经元与下一层的神经元之间的连接。

5.2.4 基于强化学习的车辆横向控制

当环境感知模块提取出关键道路特征后，强化学习横向控制模块基于所提取的特征和本车行驶特征，输出控制动作，控制本车行驶在车道中央。本小节所采用的强化学习方法为第2章中介绍的深度确定策略梯度 DDPG 算法。

5.2.4.1 强化学习横向控制系统构成

首先介绍强化学习横向控制的系统构成部分，它主要包括状态表示、动作定义和奖赏函数的设计。

(1)状态表示。

强化学习横向控制工作于道路坐标系中，多任务学习感知模块根据当前驾驶人视角图像预测道路坐标系中的关键道路特征 ζ_t。道路特征中的本车与车道线距离 $\hat{d}_t$ 和本车偏航角 $\hat{\psi}_t$ 可以在道路坐标系中确定本车的位置和姿态，即确定本车的静态特性。此外，在一些路况下还需要考虑本车的动态特性，例如转弯时本车的速度对于所采取的转向盘转角量具有直接影响，因此本小节在考虑静态特性的同时加入本车的横纵向速度这一动态特性。定义沿着道路方向的速度为纵向速度 $v_{x,t}$，与道路方向垂直的速度为横向速度 $v_{y,t}$。为了统一状态中所包含的距离、角度、速度等不同量纲，对状态做最大值归一化，将所有分量归一化至[-1,1]区间。在现实中传感器的测量往往带有噪声，因此本小节对归一化的状态引入高斯噪声 $N(0,0.05^2)$ 来模拟传感器噪声。最终带有噪声的强化学习状态表示为 $s_t=[\hat{d}_t,\hat{\psi}_t,v_{x,t},v_{y,t}]$。

(2)动作定义。

在横向控制中，转向盘转角的控制量为转向盘转向角的大小，通过除以转向比将其归一化至区间[-1,1]，负值表示向右转向，正值表示向左转向。为了平衡强化学习的探索与利用，本小节采用ϵ - greedy 方法，依探索概率ϵ对确定策略输出的动作做干扰，即：

$$a_t=\begin{cases}\mu(s_t;\theta_\mu) & p>\epsilon \\ \mu(s_t;\theta_\mu)+\beta N(0,0.05^2) & p\leqslant\epsilon\end{cases} \tag{5-64}$$

其中，系数β用于调节扰动的大小。

在训练的过程中，初始的探索概率为$\epsilon_{\text{init}}=1.0$，这使得智能体能够更多地探索动作空间，更偏向于探索。随着训练的不断进行，线性地衰减探索概率直至一个非常小的值，让智能体更多地执行网络所输出的控制动作，最大化累积奖赏值。本小节设置当训练到达最大的探索步数 $T_\epsilon=4e^5$ 时，探索概率降为0.1并一直保持在该数值，保证在后续的学习过程中有一个较小概率的探索。综上所述，探索概率的变化为：

$$\epsilon=\max\left(0.1,\epsilon_{init}-0.9\frac{t}{T_\epsilon}\right) \tag{5-65}$$

(3)奖赏函数。

作为强化学习系统的重要组成部分，奖赏函数通过奖励好的动作、惩罚坏的动作来驱动智能体学习到最优策略。在横向控制中，目标是控制车辆行驶在车道中央。因此当本车与车道中央线距离为0，本车偏航角为0时可达到最优。所以本小节基于本车在道路坐标系中的几何关系，设计了一种横向控制奖赏函数，其设计原理图如图5-15所示。由图5-15可知，奖赏信号是本车与车道中心线距离 d 和偏航角 ψ 的函数。由于目标是控制车辆在车道中央,需要最小化距离 d 和偏航角 ψ,因此,所设计的奖赏函数为:

$$r=\begin{cases}\cos(\psi)-\lambda\sin(|\psi|)-\dfrac{d}{w} & |\psi|<\dfrac{\pi}{2}\\ -2 & |\psi|\geqslant\dfrac{\pi}{2}\end{cases} \tag{5-66}$$

其中,w 是道路的半宽度;λ 是调节车头偏航角横纵向分量影响的调节因子。这里的偏航角 $\psi\in\left(-\dfrac{\pi}{2},\dfrac{\pi}{2}\right)$是带符号的锐角。当车辆驶出车道或者偏航角的绝对值大于$\dfrac{\pi}{2}$时,即车辆逆向行驶时,终结本轮训练并给智能体一个较大的惩罚 -2。

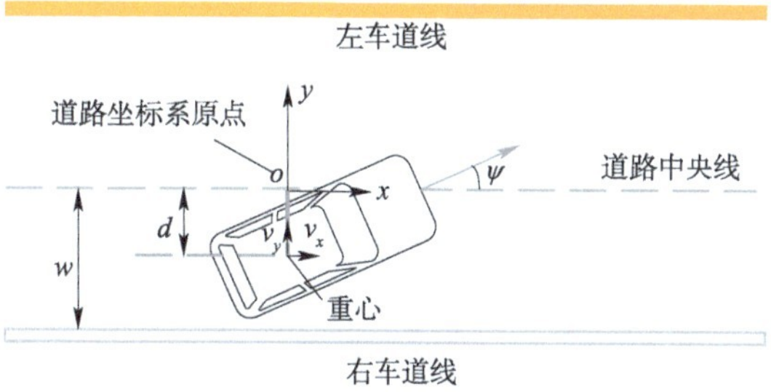

图 5-15　横向控制奖赏函数设计原理图

5.2.4.2　强化学习横向控制网络结构框图

强化学习横向控制网络由多个全连接层构成,如图 5-16 所示。其中左侧绿色的部分为策略网络,右侧橙色部分为评价网络。策略网络共包含两个全连接隐藏层,神经元数目分别为 150、100,输出层的神经元数目为 1,输出控制动作 a_t。策略网络的隐藏层激活函数为线性整流单元 ReLU 函数,输出层所输出的为归一化至[-1,1]区间的转向盘转角量,因此采用双曲正切函数。评价网络共包含四个全连接隐藏层,首先状态输入经过两个分别含有 150、100 个神经元的隐藏层映射至高维特征空间,之后与动作 a_t 经一个全连接隐藏层映射后的向量拼接,输入至最后一个含有 100 个神经元的隐藏层,输出层含有 1 个神经元,输出在状态 s_t 下执行动作 a_t 的动作值函数 $Q(s_t,a_t;\boldsymbol{\theta}_Q)$。评价函数的所有隐藏层激活函数为线性整流单元 ReLU 函数,输出层的激活函数为线性函数。

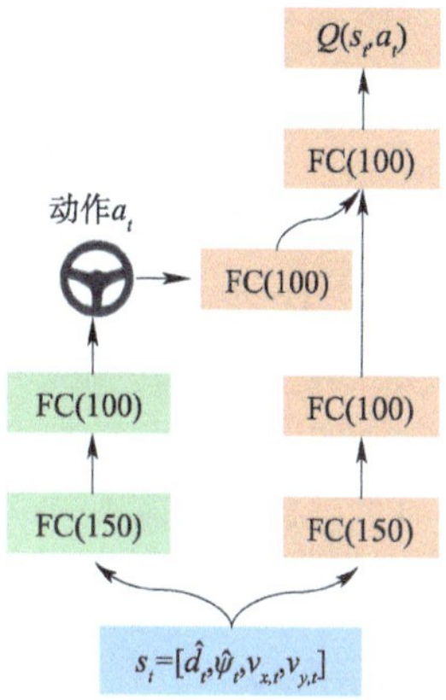

图 5-16　强化学习横向控制网络结构图

5.2.5　视觉车道保持仿真实验及结果分析

本小节在智能驾驶仿真平台 VTORCS 上验证了所提出的多任务学习环境感知方法和视觉输入强化学习横向控制的算法性能。

5.2.5.1　仿真平台与数据采集

实验平台 CPU 为英特尔 Xeon E5-2620,GPU 为 1 块英伟达 Titan Xp,算法所用的深度学习框架为 TensorFlow,所用的仿真平台为视觉输入的赛车游戏 VTORCS。

为了训练多任务学习环境感知网络,本节用预编程的数据采集车辆在 VTORCS 中的 9 个不同赛道上完成数据采集任务。数据采集所用的赛道如图5-17所示。为了增加数据集的多样性，每一个赛道都包含单车道、双车道和三车道3种情况，在每次预编程车辆采集数据时，它的初始位置和所要跟踪的目标轨迹都不同，共采集了60段视频，约12万张图片。由于所跟踪的目标轨迹不同，即使是在同一个赛道上，每一段视频中的图片都可保证不同。为了防止连续帧之间图片的相似性而导致测试样本失效，本小节以视频为单位，随机选择15段视频作为测试集，共包含约3万张图片，剩余的45段视频为训练集，共包含约9万张图片。

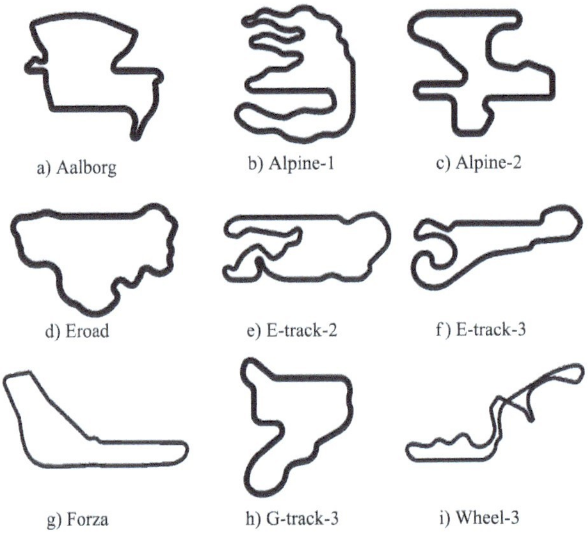

图5-17 环境感知数据采集所用到的赛道

5.2.5.2 多任务学习环境感知结果

在多任务学习环境感知实验中，优化器为带有动量因子0.9的随机梯度下降优化器，每个最小批中的样本数为32，初始学习率为1×10^{-3}且每隔10^4步衰减为原来的0.9，每组实验训练1.5×10^5步。图5-18展示了在多个任务之间采用不同的损失权重系数λ_k时距离预测、偏航角预测和车道朝向分类的训练损失函数变化曲线。图例中的系数分别表示距离预测、偏航角预测和车道朝向分类任务所占的损失权重。紫色的直线为采用单一任务学习训练相同步数时的损失函数。从图5-18中可以看到，多任务学习可以取得比单一任务学习更低的训练误差，尤其在图5-18a)、图5-18c)中，多任务学习可以大幅超越单一任务学习，这表明多任务学习能够提取与任务无关的基本特征，从整体上降低最终的学习误差。另一个现象是针对于某一个特定的任务，提升它的损失权重系数能够降低该任务最终收敛的训练误差。

表5-3展示了不同的损失权重系数的多任务学习网络在测试集上的结果。表格的上半部分表示单项任务学习的损失，下半部分表示多任务学习的损失。特定任务的最佳性能以粗体显示，所有的实验数据是根据相同训练步数的模型测试而得到。对于距离预测任务，多任务学习取得了最低的测试误差0.01739，这比采用单一任务学习的测试误差低3倍以上。对于偏航角预测任务，多任务学习也可取得比单一任务学习更低的测试误差。对于车道朝向分类任务，多任务学习的精度略低于单一任务学习，但两者的准确率均高于99%。对于特定的任务例如偏航角预测任务，测试误差呈现出倒钟形，测试误差随着损失权重系数的增大而减小，当权重系数超过某一阈值时，测试误差开始上升。

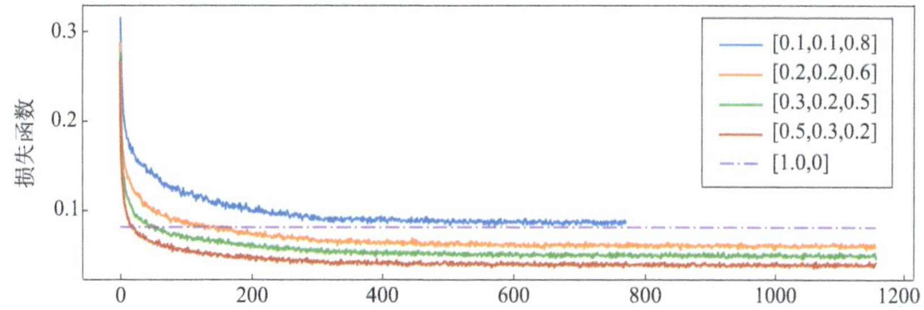

a) 距离损失函数

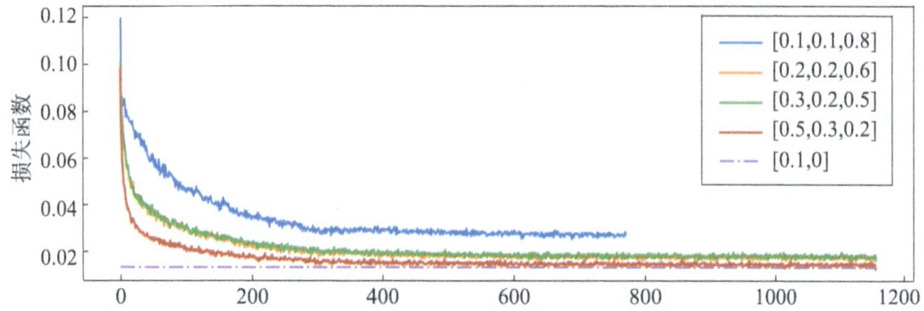

b) 偏航角损失函数

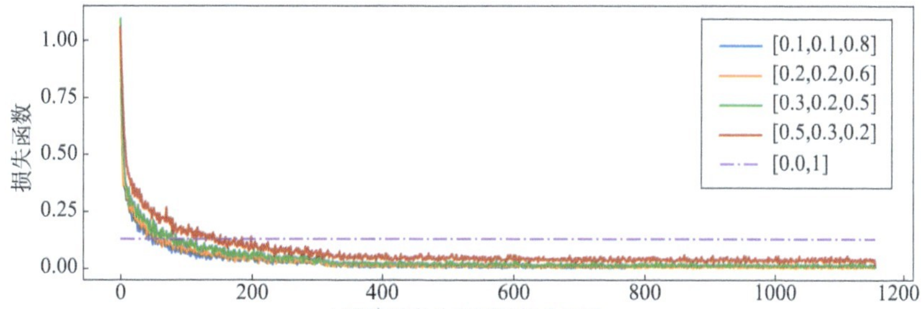

c) 道路朝向分类训练损失函数

图 5-18 三个学习任务采用不同损失权重系数的训练损失函数

不同损失权重系数的多任务学习网络在测试集上的结果 表 5-3

模 型	损失权重系数 λ_k			距离损失 $\mathcal{L}_1$	偏航角损失 $\mathcal{L}_2$	车道朝向准确率
	距离	偏航角	车道朝向			
距离模型	1	0	0	0.06771	—	—
偏航角模型	0	1	0	—	0.01304	—
车道朝向模型	0	0	1	—	—	**99.24%**
MTL 1	0.1	0.1	0.2	0.03841	0.01326	99.14%
MTL 2	0.2	0.2	0.6	0.02655	0.01233	99.15%
MTL 3	0.3	0.2	0.5	0.02253	**0.0115**	98.78%
MTL 4	0.5	0.3	0.2	**0.01739**	0.01838	98.03%

引入多任务学习的目的是得到更准确的环境感知结果。这里对比了本节所提出的方法和文献[55]的单任务学习基线模型。为了公平比较,采用预编程的控制器控制车辆沿着车道中央线行驶,多任务学习方法和基线模型分别预测后续强化学习控制模块需要的距离和偏航角,两次实验预编程车辆的初始位置相同。在赛道 G-track-3 上行驶完一圈的测试结果

如图 5-19 所示,图 5-19a)为本车与车道中央线的距离,图 5-19b)为本车偏航角,可以看出对于距离和偏航角的预测任务,多任务学习均可以取得更低的测试误差,与真实值更加吻合。这一特点对于视觉输入的控制尤为重要,如果在光照不足或者急弯处的感知结果不准确,很容易导致控制器输出动作的抖动甚至是导致车辆冲出车道。

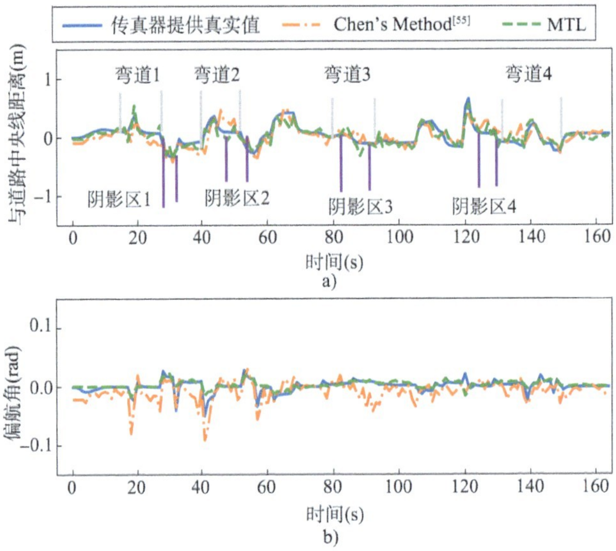

图 5-19　多任务学习与基线模型的感知结果对比

图 5-19 中还标注出了 4 个较大的拐弯和阴影遮挡的区域,可以看出在这些区域多任务学习感知网络也可以保持较好的预测性能,尤其是在偏航角预测中,所提出的多任务方法的预测值更加平滑。在 4 个光照不足的阴影区域,平均距离预测误差为 0.071m,平均偏航角预测误差为 0.003rad。

为了测试所训练的多任务环境感知网络是否能够迁移至未知赛道,本小节在从未使用过的 Dirt-3 赛道上行驶一圈测试所提出的模型。测试结果表明,本车与车道中央线的距离预测误差的均值为 0.107m,偏航角预测误差的均值为 0.004rad,这一指标和在已知的赛道 G-track-3 中的测试结果相仿,验证了所提出的多任务学习感知网络具有良好的场景迁移能力。

5.2.5.3　强化学习横向控制结果

在强化学习横向控制实验中,实验平台的仿真频率为 20Hz,折扣因子 $\gamma=0.99$,优化器为 Adam 优化器,策略网络和评价网络的学习率分别为 1×10^{-3}和 1×10^{-4},最大训练步数为 1×10^{-6}。当出现本车行驶出车道、本车逆向行驶或本轮最大步数达到 6500 步这 3 种情况中的任意一种时,本轮训练结束。挡位固定为 1 挡,归一化的加速踏板开度为 0.2,这可以保持车速在 60~75km/h 的区间内。

本小节一共在 3 个不同难易程度的赛道上训练了强化学习控制器,在后续实验中将其记为 RL 控制器。最简单的 Forza 赛道主要由直道构成,最困难的 Alpine-2 赛道包含很多急弯和上下坡等复杂路况。训练过程中每一轮学习的累积奖赏值曲线如图 5-20 所示。在训练的初始阶段,智能体在直道上行驶且性能很差,它会一直采取向左转或向右转直至行驶出赛道。通过一段时间的探索和学习,控制器能够控制本车行驶在车道内部,但是会出现左右抖动的情况。最终,在 3 个赛道上强化学习控制器都可以平滑地控制本车行驶在车道中央。

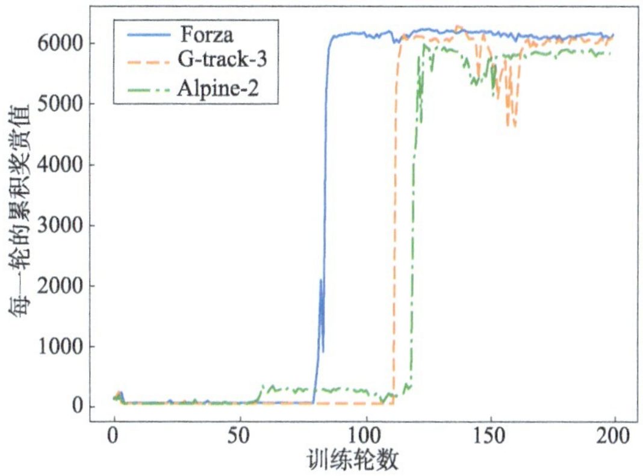

图 5-20 多个不同难度的赛道上强化学习控制器的训练曲线

训练时间方面，对于较简单的赛道 Forza，需要 18.3min 即可学习到一个初始可行的策略，在最难的赛道 Alpine-2 中，需要 45.8min 可以学习到初始可行策略。但是得益于强化学习良好的泛化性，在简单赛道 Forza 上训练的控制器也可以在困难赛道 Alpine-2 上成功控制车辆行驶在车道中央。

传统的基于车辆模型的横向控制方法有 LQR 和 MPC 等，下面对比了所提出的强化学习横向控制器和 LQR，MPC 控制器的性能。

（1）LQR 控制器。

由于目标是控制车辆行驶在车道中央，因此可以定义 t 时刻距离误差 $e_1(t)$ 和偏航角误差 $e_2(t)$ 分别为：

$$\begin{cases} e_1(t) = d(t) - d_0(t) \\ e_2(t) = \psi(t) - \psi_0(t) \end{cases} \tag{5-67}$$

其中，参考距离 $d_0(t) = 0$，参考偏航角 $\psi_0(t)$ 为道路切线方向与世界坐标系横轴的夹角。

定义 LQR 控制器的状态变量为 $\boldsymbol{x} = [e_1(t), \dot{e}_1(t), e_2(t), \dot{e}_2(t)]^{\mathrm{T}}$，根据车辆的动力学模型[56]可知，状态空间模型为：

$$\dot{\boldsymbol{x}} = \boldsymbol{A}\boldsymbol{x} + \boldsymbol{B}\delta(t) \tag{5-68}$$

其中，$\delta(t)$ 为前轮转向角。系统模型的定义为：

$$\begin{cases} \boldsymbol{A} = \begin{bmatrix} 0 & 1 & 0 & 0 \\ 0 & -\dfrac{2C_{\mathrm{f}} + 2C_{\mathrm{r}}}{mv_x} & \dfrac{2C_{\mathrm{f}} + 2C_{\mathrm{r}}}{m} & \dfrac{-2C_{\mathrm{f}}l_{\mathrm{f}} + 2C_{\mathrm{r}}l_{\mathrm{r}}}{mv_x} \\ 0 & 0 & 0 & 1 \\ 0 & \dfrac{-2C_{\mathrm{f}}l_{\mathrm{f}} + 2C_{\mathrm{r}}l_{\mathrm{r}}}{I_z v_x} & \dfrac{2C_{\mathrm{f}}l_{\mathrm{f}} - 2C_{\mathrm{r}}l_{\mathrm{r}}}{I_z} & -\dfrac{2C_{\mathrm{f}}l_{\mathrm{f}}^2 + 2C_{\mathrm{r}}l_{\mathrm{r}}^2}{I_z v_x} \end{bmatrix} \\ \boldsymbol{B} = \begin{bmatrix} 0 \\ \dfrac{2C_{\mathrm{f}}}{m} \\ 0 \\ \dfrac{2C_{\mathrm{f}}l_{\mathrm{f}}}{I_z} \end{bmatrix} \end{cases} \tag{5-69}$$

参数 C_f、C_r 分别为前轮和后轮的侧偏刚度，l_f、l_r 分别为质心到前后轮的纵向距离，m 为车的质量，I_z 为横摆转动惯量，v_x 为沿车辆前进方向的速度分量。定义代价矩阵为：

$$\begin{cases} \boldsymbol{Q}=\begin{bmatrix} q_1 & 0 & 0 & 0 \\ 0 & q_2 & 0 & 0 \\ 0 & 0 & q_3 & 0 \\ 0 & 0 & 0 & q_4 \end{bmatrix} \\ \boldsymbol{R}=\rho\boldsymbol{I} \end{cases} \tag{5-70}$$

其中，$q_1 \sim q_4$ 和 ρ 为需要调节的参数；$\boldsymbol{I}$ 为合适维度的单位矩阵。以 VTORCS 中的 car1-trb1 车辆作为本车，其相关参数为 $C_f=8e^4$，$C_r=8e^4$，$l_f=1.27$，$l_r=1.37$，$m=1150$ 和 $I_z=2e^3$。

(2)MPC 控制器。

MPC 控制器通过下面的非线性运动学模型[57]来控制前轮转向角：

$$\begin{cases} \dot{x}=v\cos(\psi+\beta) \\ \dot{y}=v\sin(\psi+\beta) \\ \dot{\psi}=\dfrac{v\cos\beta}{l_f+l_r}\tan(\delta) \\ \beta=\arctan\left(\dfrac{l_r}{l_f+l_r}\tan\delta\right) \end{cases} \tag{5-71}$$

其中，x、y 为本车的质心在惯性坐标系(X,Y)中的坐标值；ψ 为本车朝向与横轴之间的夹角；v 为本车速度；β 为侧滑角。

定义状态变量为 $\boldsymbol{\xi}=[x,y,\psi]^{\mathrm{T}}$，动作为前轮转角 $u=\delta\in U$，则根据式(5-71)，非线性动力学车辆模型可以被定义为：

$$\begin{cases} \dot{\boldsymbol{\xi}}=f^{\mathrm{dt}}(\boldsymbol{\xi},u) \\ \boldsymbol{\zeta}=h(\boldsymbol{\xi}) \end{cases} \tag{5-72}$$

其中，输出 ζ 的计算公式为：

$$h(\boldsymbol{\xi})=\begin{bmatrix} 0 & 1 & 0 \\ 0 & 0 & 1 \end{bmatrix}\xi \tag{5-73}$$

使用采样时间为 dt = 50ms 的欧拉法离散化式(5-72)中的车辆模型。给定参考轨迹为 $\boldsymbol{\zeta}_{\mathrm{ref}}=[y_{\mathrm{ref}},\psi_{\mathrm{ref}}]^{\mathrm{T}}$，预瞄时间为 H_{p}，则 MPC 控制器的目标是求解下面的带约束的有限时间最优控制问题：

$$s.t.\begin{cases} \min\limits_{U}\sum\limits_{i=1}^{H_{\mathrm{p}}}(\boldsymbol{\zeta}_i-\boldsymbol{\xi}_{\mathrm{ref},i})^{\mathrm{T}}\boldsymbol{Q}(\boldsymbol{\zeta}_i-\boldsymbol{\xi}_{\mathrm{ref},i})+\sum\limits_{i=1}^{H_{\mathrm{p}}-1}+\boldsymbol{u}_i^T\boldsymbol{R}\boldsymbol{u}_i \\ \boldsymbol{\xi}_{k+1}=f^{\mathrm{dt}}(\boldsymbol{\xi}_k,\boldsymbol{u}_k),k=1,\cdots,H_{\mathrm{p}} \\ \boldsymbol{\zeta}_k=h(\boldsymbol{\xi}_k),k=1,\cdots,H_{\mathrm{p}} \\ \delta_{\min}\leqslant u_k\leqslant\delta_{\max},k=1,\cdots,H_{\mathrm{p}}-1 \end{cases} \tag{5-74}$$

其中，$\boldsymbol{Q}$、$\boldsymbol{R}$ 为合适维度的对角代价矩阵，在实验中，所有的对角线元素被设为 1.0，参考轨迹为车道中央线。

(3)强化学习控制器。

所采用的强化学习控制器为前面所训练的横向控制器。状态为距离、角度和速度传感器的测量值。为了验证强化学习控制器在不同赛道之间的泛化性能,在所有的对比实验中,采用在赛道 G-track-3 上训练的模型。

在所有的对比实验中,在相同赛道上使用相同的车辆来对比三种控制器的性能。通过设置多种 LQR 控制器的惩罚因子和 MPC 控制器的预瞄时间,三种控制器在四种赛道上的性能比较见表 5-4。在 MPC 实验中,8 ~ 12 的预瞄区间可以覆盖前方 35 ~ 50 的道路。表 5-4 中的分数计算公式为式(5-66)。本小节从图 5-17 中选择了四个比较有代表性的赛道:第一个赛道为 Forza,主要由直道组成的简单赛道;第二个赛道为 Alpine-2,侧重于坡度变化;第三个赛道为 Eroad,包含了多种不同程度的弯道;第四个赛道为 G-track-3,直道、弯道和坡度比例比较均衡的赛道。

强化学习、LQR 和 MPC 三种横向控制器的性能比较　　表 5-4

赛道	LQR 实验设置					MPC 实验设置	分　数		
	q_1	q_2	q_3	q_4	ρ	H_p	LQR	MPC	RL
Forza	2.0	1.0	2.0	0.2	0.05	8	6333.1	6348.1	6372.3
Forza	2.0	0.2	2.0	0.1	0.01	10	6335.5	6346.3	6375.1
Forza	1.0	0.2	1.0	0.1	0.01	12	6335.9	6344.7	6372.9
Alpine-2	2.0	1.0	2.0	0	0.05	8	4400.0	4411.6	4415.6
Alpine-2	2.0	0.3	2.0	0	0.01	10	4364.0	4405.4	4419.4
Alpine-2	2.0	0.5	1.0	0	0.01	12	4400.1	4401.2	4415.9
Eroad	3.0	0.2	1.5	0	0.03	8	3585.9	3603.6	3592.8
Eroad	1.0	0.8	2.5	0	0.01	10	3591.9	3589.0	3593.9
Eroad	1.5	0.5	1.5	0.03	0.05	12	3520.9	3557.4	3592.9
G-track-3	2.0	1.0	2.0	1.0	0.05	8	3110.3	3210.5	3213.5
G-track-3	2.0	0.2	2.0	0.1	0.01	10	3209.4	3206.3	3212.4
G-track-3	1.0	0.2	1.0	0.1	0.01	12	3184.6	3187.1	3215.3

从表 5-4 中可以看出,强化学习控制器在所有的赛道上都能比 LQR 控制器取得更高的得分,它也能够在一些赛道上如 Forza 和 Alpine-2 比非线性 MPC 控制器的表现更好。此外,由于强化学习控制器是在 G-track-3 上训练且能够在其他赛道上超过 LQR 和 MPC,验证了强化学习控制器的有效性与泛化性,说明通过与环境交互而学习得到的无模型控制器能够学会车道保持任务。如果固定同一组 LQR 控制器的参数,其无法在 Alpine-2 和 G-track-3 上行驶完一整圈,而强化学习控制器却没有这个缺陷,这从侧面说明了强化学习控制器的优越性。本小节也尝试将强化学习的奖赏函数设置为类似于 LQR 和 MPC 的二次型形式,即 $r_t = -[0.3e_1(t)^2 + e_2(t)^2 + 0.03\delta(t)^2]$,训练后的控制器性能与式(5-66)中奖赏函数所训练的控制器性能相仿,例如新训练的控制器在 Forza 中的得分为 6373.9。

5.2.5.4　视觉输入横向控制结果

本小节验证了图 5-11 所示的视觉输入多任务学习-强化学习(Multi-task Learning and

Reinforcement Learning, MTL-RL）横向控制的性能。首先多任务环境感知网络以驾驶人视角图像 o_t 为输入，提取关键道路特征 ζ_t，强化学习横向控制器综合所提取的关键道路特征和本车自身的横纵向速度分量作为状态输入 s_t，输出归一化的转向盘转角控制量 a_t，完成视觉输入横向控制的一步迭代。

为了测试改变前端环境感知模块和后端控制模块的不同控制器之间的性能，本小节做了两组对比实验：多任务学习-强化学习与单任务学习-强化学习控制器对比实验以及 MTL-RL 与 MTL-LQR 控制器对比实验，具体内容如下。

（1）多任务学习与单任务学习对比。

首先，在赛道 G-track-3 上对比测试了所提出的 MTL-RL 控制器和文献[55]的单任务学习方法。由于文献[55]提出的方法为单任务学习环境感知方法但未使用强化学习控制器，为了公平对比，两种方法的环境感知模块分别为多任务学习和单任务学习环境感知，后端的控制模块都采用相同的强化学习控制器。

在赛道 G-track-3 的一整圈行驶过程中，本车与车道中央线的距离以及偏航角的变化如图 5-21 所示。图 5-21a）、图 5-21b）分别是 MTL-RL 控制器和文献[55]的方法的驾驶过程曲线，为了便于对比，采用蓝色实线表示车辆行驶过程中距离和偏航角的真实值。从图 5-21a）中可以看到，多任务环境感知网络能够较为准确地预测本车当前的行驶状态，这也使得基于视觉输入的控制器 MTL-RL 在 G-track-3 赛道中行驶完一圈的得分是 3175.9，该分数仅比以传感器采集的本车真实行驶状态为输入的 LQR 控制器的得分 3209.4 略低一点。从图 5-21a）中可以看出，多任务学习感知网络可以将最大的距离预测误差控制在 0.4m 之内。

在 $t = 80 \sim 100$s 之间的抖动主要是由于车辆行驶在光照条件较差的急弯上，预测误差导致了控制器输出在这段时间内的抖动。但是经过该区域后，强化学习控制器能够迅速消除抖动，平滑地将车辆控制在车道中央，此时本车与车道中央线的偏离距离和偏航角均约等于 0。此外，在 G-track-3 中的其他 3 个急弯和阴影区域，MTL-RL 控制器均可成功地将车辆控制在车道中央。在实际中，为了进一步提高整个控制系统的准确性与安全性，可以对控制器的工作区间作出限制。当车辆偏离车道中央一定距离时，可切换至基于规则的控制方式或采取人为接管的方式。

此外，图 5-21b）展示了对比方法的车辆行驶轨迹。可以看到车辆在 $t = 66$s 时驶出了赛道，主要原因是该路段含有带阴影的弯道，单任务学习感知方法在这种条件下预测误差较大，导致车辆失控冲出赛道。

（2）多任务学习-强化学习与多任务学习-LQR 控制器对比。

在本实验中，保持前端的多任务环境感知网络相同，对比后端采用不同控制器时的性能差异，具体对比了 MTL-RL 控制器和 MTL-LQR 控制器的性能。LQR 控制器的参数为表 5-4 中在 Alpine-2 赛道上性能最好的控制器参数，即 $(q_1, q_2, q_3, q_4, \rho) = (2, 0.5, 1.0, 0, 0.01)$。

两个视觉输入横向控制器在赛道 Alpine-2 中的行驶曲线如图 5-22 所示。可以看出，以驾驶人视角的图像作为输入，两个控制器都可以在 Alpine-2 赛道上行驶完一圈。MTL-RL 和 MTL-LQR 控制器的本车偏离车道中央距离的均值分别为 0.148m 和 0.175m，偏航角的均值都为 0.01rad。由于多任务学习环境感知结果相比较真实状态输入会带有更多的预测误差，因此 MTL-RL 控制器比 MTL-LQR 控制器对于噪声具有更强的鲁棒性。

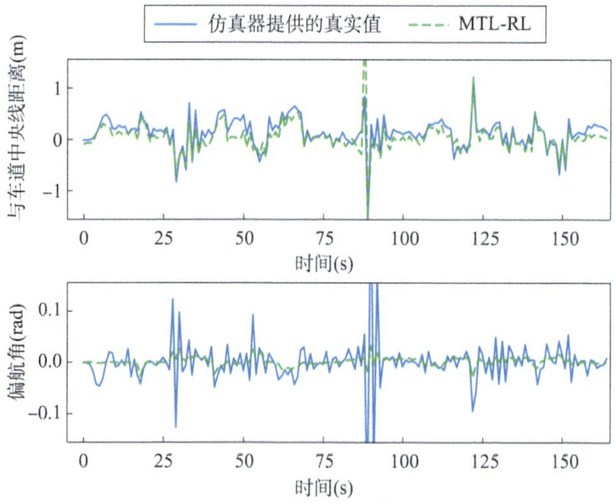

a) MTL-RL控制器行驶曲线

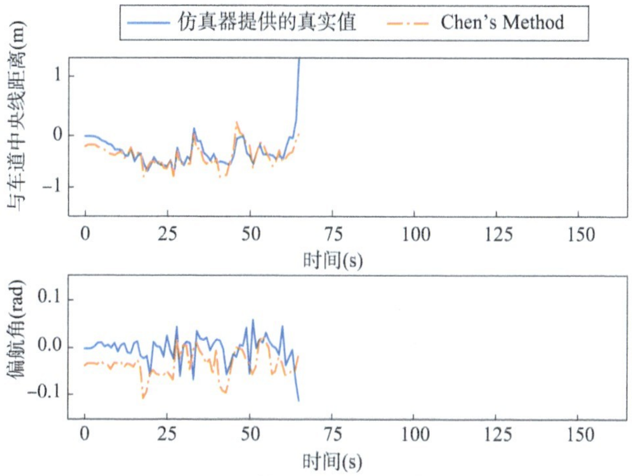

b) 文献[55]控制器行驶曲线

图 5-21　多任务学习与单任务学习性能对比

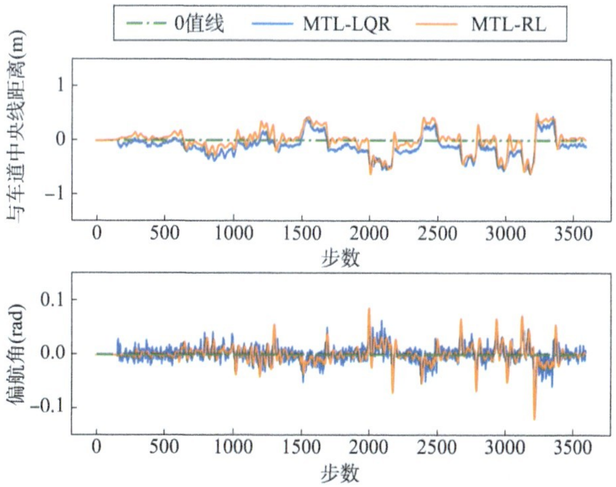

图 5-22　多任务学习-强化学习控制器与多任务学习-LQR 控制器性能对比

在本小节中，基于深度学习和强化学习方法，提出了一种视觉输入的车辆横向控制器方法。整个系统包含三个部分：多任务学习环境感知模块、强化学习横向控制模块和外部环境。多任务学习环境感知模块以驾驶人视角的图像作为输入，预测关键道路特征；强化学习控制模块以预测的道路特征和本车的横纵向速度分量特征为状态输入，计算转向盘转角控制量。通过这种两阶段的方法，多任务学习-强化学习控制器能够平滑地控制车辆行驶在车道中央。实验结果验证了所提出的多任务车道环境感知网络能够比单任务学习取得更准确地预测精度，强化学习横向控制器也比传统的 LQR 和 MPC 控制器性能更优，验证了所提方法的有效性。

CHAPTER 6

第6章 智能驾驶的变道超车策略

在驾驶场景中,由于快速通行的需求,当本车道的前车行驶速度过慢时需要合理地变道超车。当车道较多且车流较密集时,交通场景的复杂度较高,基于决策树的规则式上层决策方法难以应对未列入规则的交通情景,也容易做出互相矛盾的决策动作。因此,本章介绍了几种基于深度强化学习的变道决策方法,智能体从交互数据中学习最优变道策略,将输出的变道指令作为输入信号传递给规划器、控制器,完成变道超车。

针对变道超车场景,首先,为了提升基于学习决策方法的安全性与稳定性,本章引入基于规则的决策修正,提出带有规则约束的无模型强化学习变道超车方法;然后,探讨了不同形式的状态表征对深度强化学习智能体性能的影响,提出基于注意力机制的双重输入的状态表征方法;最后,为方便不同决策方法的性能对比,构建了基于 CARLA 仿真器的测试与评价体系,并对前述两种方法在统一的测试评价体系中进行了进一步验证。

6.1 基于强化学习与规则约束的变道超车方法

针对智能驾驶决策,基于学习的方法大多依赖于深度神经网络,其输入中加入小的扰动可能导致输出的巨大不同,缺乏安全性与稳定性的保证。而基于规则的决策方法具有良好的可解释性与稳定性,能够在很大程度上确保决策动作的安全性。但完全基于规则的决策方法通常需要大量人工设计的规则和大量的专家知识,如何处理未出现过的复杂驾驶场景是基于规则的传统方法面临的难题。因此,本节提出了一种结合规则约束的深度强化学习决策方法,应用于变道超车场景①。

6.1.1 结合强化学习与规则的变道决策方法框架

基于强化学习与规则约束的变道超车方法框架如图 6-1 所示,图中最右侧为深度强化学习的行为决策模型(高层决策器),输出车道保持和左右变道的上层动作,中间为下层规划与控制器(低层控制器),该部分考虑了车辆的轨迹预测结果,如果当前规划的轨迹与其他车辆的预测轨迹的最小距离小于设定阈值,则认为当前变道指令存在危险,底层控制将取消跟踪变道轨迹,切换为跟踪当前车道的轨迹,来实现更加安全的变道决策。

---

① 开源链接:https://github.com/DRL-CASIA/ICA-book/tree/main/Chapter_6。

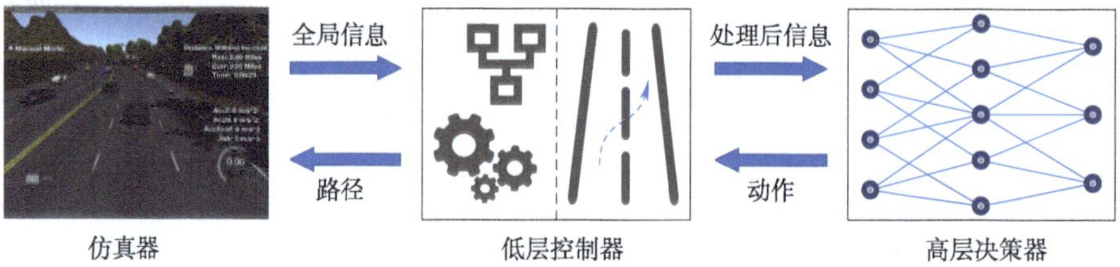

图 6-1　基于强化学习与规则约束的变道超车方法框架

6.1.1.1　上层决策深度强化学习算法

考虑在环境(针对本节,环境即为仿真器)中,智能体(Agent)根据观察,执行动作,与环境交互获得奖赏。在 t 时刻智能体从可选动作集 A 中选择一个合法动作 a_t,对于本节中的变道策略,$|A|=3$。智能体在仿真平台中执行该动作并影响下一步的状态和之后的奖赏。智能体观察不到仿真平台的内部状态,只能接收到环境提供的状态信息 s_t 以及奖赏 r_t,而且一般来说,奖赏大小可能取决于整个先前的动作和观察序列,有些动作的反馈只有经过很多个时间步骤之后才能得到。考虑到决策过程的马尔可夫性,这里强化学习的状态输入仅为当前状态 s_t,不考虑之前的状态以及采取的动作。

智能体的目标是通过以最大化未来奖赏的方式选择动作与仿真平台进行交互。因为有些动作的反馈只有在经过很多个时刻之后才能收到,所以当前时刻的回报由每一未来时刻的奖赏按折扣因子 $\gamma \in (0,1]$ 折扣之后的累加得到,即定义 t 时刻的回报值为:

$$G_t = \sum_{k=0}^{\infty} \gamma^k r_{t+k} = r_t + \gamma r_{t+1} + \gamma^2 r_{t+2} + \cdots \tag{6-1}$$

其中,r_t 是 t 时刻的奖赏,通过折扣因子这种方式可以将当前动作可能带来的延迟奖赏考虑进来。将最优动作值函数 $Q_*(s,a)$ 定义为通过执行某种策略可以实现的最大预期回报,在接收到状态序列之后,采取动作 a,则:

$$Q_*(s,a) = \max_{\pi} E[R_t | s_t = s, a_t = a, \pi] \tag{6-2}$$

其中,π 是状态到动作的映射策略。最优动作值函数服从 Bellman 方程的特性:如果下一时刻的状态序列 s' 对所有可能的下一步动作 a' 都是已知的,则最优策略是选择能够最大化期望动作值 $r + \gamma Q_*(s',a')$ 的动作。即最优值函数满足:

$$Q_*(s,a) = E_{s' \sim Env}[r + \gamma \max_{a'} Q_*(s',a') | s,a] \tag{6-3}$$

其中,Env 为环境。

许多强化学习算法背后的基本思想是通过使用 Bellman 方程作为迭代更新来估计动作值函数:$Q_{i+1}(s,a) = E[r + \gamma \max_{a'} Q_i(s',a') | s,a]$。这种值迭代算法迭代无穷多次时会收敛到最优动作值函数,即 $Q_i \to Q_*, i \to \infty$。

6.1.1.2　上层决策模型构建

(1)状态表示。

本小节采用 DQN 作为上层变道决策的网络模型,获取目标车辆及其相邻车辆的预设类别环境信息,并转化为环境表征。状态可以是连续值(定义为路面状态网格,包含自主车和周围障碍车的位置、速度等)。如图 6-2 所示,使用 $M \times N$ 大小的矩阵作为状态表征,M 和 N 值可根据不同驾驶场景进行定义,对于高速公路场景,在本小节中,设定 $M=45, N=3$。整个矩阵对应的是横向范围为本车所在车道及本车左、右车道共3个车道，纵向范围为本车前方60m、后方30m距离内的交通状况。矩阵中的每一行纵坐标为2m，考虑到实际中车辆的大小，一辆汽车占据4个单元格。用各辆汽车的标准化速度来填充每辆汽车对应的4个单元格，将本车及周围车辆的速度标准化到[0,0.5]区间，具体计算公式为：$v_n=0.5\cdot v/v_{\max}$，其中，v为车辆的速度，$v_{\max}$为所行驶路段允许的最大车速，v_n为车辆速度的标准化。本车(图6-2中所示的红色方块)速度的归一化值为正，其他车的归一化值为负(图6-2中所示的蓝色方块)。在道路中没有车的地方，对应的单元格填充一个默认值$v_{\text{default}}=1$。当涉及自主驾驶决策问题时，纵向速度和横向变道决策都需要考虑。

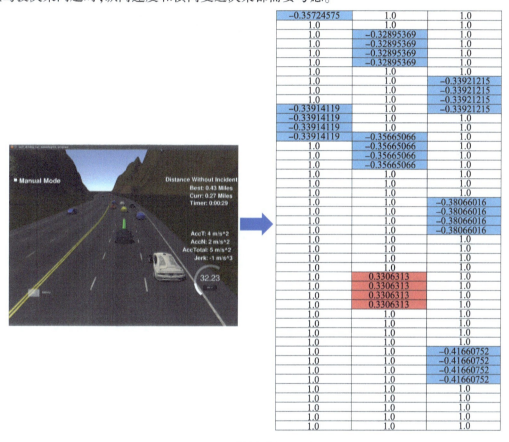

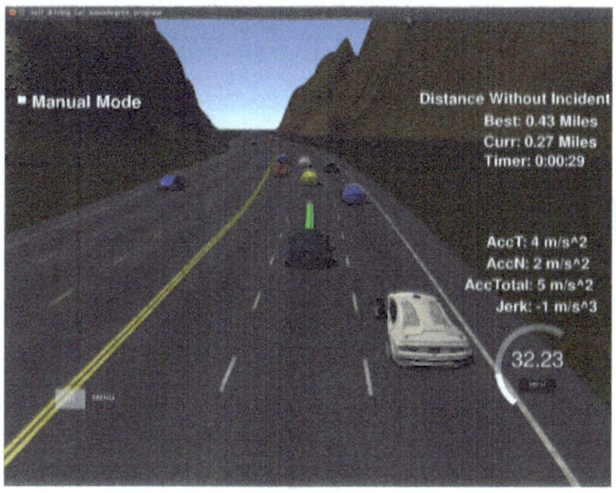

-0.35724575	1.0	1.0
1.0	1.0	1.0
1.0	-0.32895369	1.0
1.0	-0.32895369	1.0
1.0	-0.32895369	1.0
1.0	-0.32895369	1.0
1.0	1.0	1.0
1.0	1.0	-0.33921215
1.0	1.0	-0.33921215
1.0	1.0	-0.33921215
-0.33914119	1.0	-0.33921215
-0.33914119	1.0	1.0
-0.33914119	1.0	1.0
-0.33914119	-0.35665066	1.0
1.0	-0.35665066	1.0
1.0	-0.35665066	1.0
1.0	-0.35665066	1.0
1.0	1.0	1.0
1.0	1.0	1.0
1.0	1.0	1.0
1.0	1.0	-0.38066016
1.0	1.0	-0.38066016
1.0	1.0	-0.38066016
1.0	1.0	-0.38066016
1.0	1.0	1.0
1.0	1.0	1.0
1.0	1.0	1.0
1.0	1.0	1.0
1.0	0.3306313	1.0
1.0	0.3306313	1.0
1.0	0.3306313	1.0
1.0	0.3306313	1.0
1.0	1.0	1.0
1.0	1.0	1.0
1.0	1.0	1.0
1.0	1.0	1.0
1.0	1.0	-0.41660752
1.0	1.0	-0.41660752
1.0	1.0	-0.41660752
1.0	1.0	-0.41660752
1.0	1.0	1.0
1.0	1.0	1.0
1.0	1.0	1.0
1.0	1.0	1.0
1.0	1.0	1.0

图6-2 环境状态的栅格化表征

(2)动作定义。

本小节主要研究基于强化学习的变道决策问题，所以定义的动作空间是离散的(即保持当前车道行驶、左变道、右变道3个动作)。横向动作决策集合为：

$$A=\begin{cases}a_0,\text{车道保持}\\a_1,\text{向左变道}\\a_2,\text{向右变道}\end{cases}\tag{6-4}$$

(3)奖赏函数。

通常，在变道决策过程中，安全性和效率是最重要的考虑因素。在安全方面，自动驾驶汽车在行驶过程中应该能够避免碰撞，并且需要在规定的车道上行驶。因此，奖赏函数定义如下：第一，奖赏函数的第一部分基于是否发生碰撞而设计。如果一个变道决策在决策周期内导致碰撞，则会给智能体一个较大的惩罚 $r_{co} = -10.0$。第二，为了限制本车在规定的车道上行驶，当上层决策器作出会导致本车驶入非法车道或者驶离路面的决策时，称其为非法变道，会给智能体一个惩罚 $r_{ch1} = -5.0$。第三，为了让本车在不超过最高限速的前提下尽可能以快的速度行驶，在正常直线行驶的情况下，以本车的速度来定义基本奖赏 $r_v = \lambda(v - v_{ref})$，其中 v 表示自上次决策以来的一个决策周期内汽车的平均速度，$v_{ref} = 40\text{km/h}$ 为参考车速，$\lambda = 0.04$ 为调节系数。第四，为了防止本车频繁变道，一方面，如果本车前方没有障碍物阻挡，而智能体作出了变道决策，此时该决策没有意义，称其为无效变道，会给智能体一个变道惩罚 $r_{ch2} = -3.0$；另一方面，当变道发生时，没有前述意外情况发生，称其为合法变道，则一个小的惩罚 $r_{ch3} = -0.3$ 会被加到基本奖赏 r_v 中。总结起来，基于深度强化学习算法的奖赏函数 R 定义如下：

$$R(v) = \begin{cases} r_{co}, \text{发生碰撞} \\ r_{ch1}, \text{非法变道} \\ r_{ch2}, \text{无效变道} \\ \lambda(v - v_{ref}) + r_{ch3}, \text{合法变道} \\ \lambda(v - v_{ref}), \text{正常行驶} \end{cases} \tag{6-5}$$

6.1.1.3 规则约束的下层控制器

通过基于规则的下层校正器校正上层横向驾驶决策动作，获取目标车辆最终的横向驾驶决策动作。首先，基于上层横向驾驶决策动作，计算目标车辆下一时刻目标位置，根据目标车辆当前位置和目标位置，获取目标车辆下一时间段的行驶轨迹作为第一行驶轨迹，同时获取处在目标车道且与目标车辆纵向距离在一定阈值范围内的相邻车辆的位置、速度，依据相邻车辆的位置、速度，预测相邻车辆下一时间段行驶轨迹，作为第二行驶轨迹；基于第一行驶轨迹和第二行驶轨迹间的最短距离，分别计算附近车辆与目标车辆轨迹的最短距离，并设定安全阈值。下层校正器根据预设的规则获取上层横向驾驶决策动作的分类结果。

在本小节中，下层校正器为基于规则建立的分类器，下层校正器中的分类包括车辆非法变道、车辆安全变道。根据下层校正器对上层横向驾驶决策动作的分类，若为车辆非法变道则取消当前决策动作并保持当前车道行驶，若为车辆安全变道则执行上层横向驾驶决策动作。

动作修正示意如图 6-3 所示，具体的规则触发条件设计如下：

条件 1：如果车辆在最左侧车道且变道动作为向左变道或车辆在最右侧车道且变道动作为向右变道，则车辆非法变道；

条件 2：如果本车与其他车辆预测轨迹最短距离大于设定安全阈值，则车辆安全变道；

规则 1：如果满足条件 1，则取消当前决策动作，保持当前车道行驶；

规则 2：如果不满足条件 1，且不满足条件 2，则取消当前决策动作，保持当前车道行驶；

规则 3：如果不满足条件 1，但满足条件 2，则执行当前决策动作。

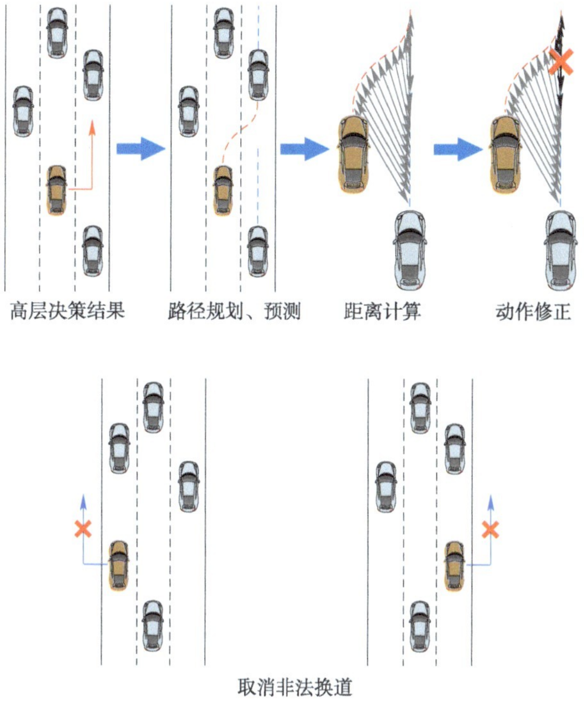

图 6-3 动作修正示意

6.1.2 试验及结果分析

6.1.2.1 仿真器

本小节研究中使用的是 Udacity 自动驾驶汽车项目 Path Planning Project 中的仿真器，仿真环境截图如图 6-4 所示，本小节只考虑道路右侧即自主车本侧的三条车道。图 6-4 中，中间车道的深色车辆由算法控制，即自主车，此外，仿真环境中还有一定数量的干扰车。该仿真器可以提供自主车的位置、速度和传感器融合数据(包括其他车辆的位置和速度)等信息。仿真环境中存在如下要求：自主车的最高速度不能超过每小时 50mile①；自主车应该尽量开得快，避免与其他汽车相撞；当前面有车堵住时，自主车可以设法安全地换车道；自主车的加速度不应超过 10m/s^2，并应能够在 6946m 左右的高速公路上完成一次完整的车道行驶。

6.1.2.2 试验设置

上层 DQN 决策模型的网络结构如图 6-5 所示，其由多个卷积层堆叠构成，首先环境栅格表征作为输入 1 输入网络后经过三层卷积层，得到特征层经过拉长，将二维的输入一维化，拼接一个三维的向量输入 2 之后连接两层全连接层，最终连接输出，对应动作集合中各动作的值函数，其中输入 2 的 3 个维度分别表示主车的标准化速度、主车左边是否存在车道(1 表示存在，0 表示不存在)、主车右边是否存在车道。将上层 DQN 决策模型的网络复制一份，分别用 $Q(s,a;\boldsymbol{\theta})$ 和 $Q(s,a;\boldsymbol{\theta}^-)$ 表示原网络和复制网络，并称 $Q(s,a;\boldsymbol{\theta}^-)$ 为目标网络。

---

① 1mile = 1609.344m。

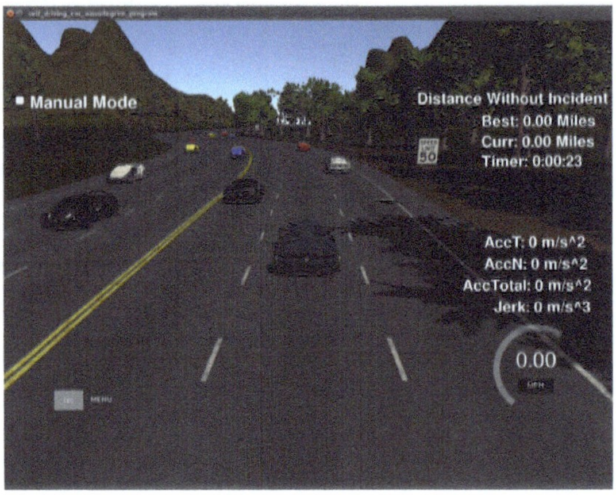

图 6-4　仿真环境截图

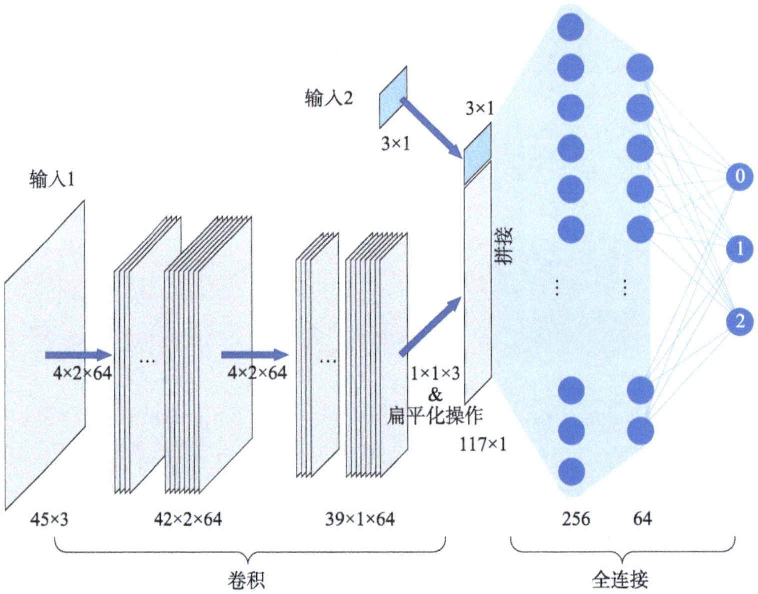

图 6-5　上层 DQN 决策模型的网络结构

上述深度神经网络参数的更新过程具体如下：首先，依据上一次决策到当前决策这两次决策周期之间的环境状态以及奖赏函数，计算上一次决策的奖赏值大小。然后，依据上一次决策动作的不同，将历史经验放入不同的经验池中，这个历史经验为一个四元组信息(s,a,r,s')，其中r为决策的奖赏值，即$r=R(\bar{v})$，$\bar{v}$表示一个决策周期内汽车的平均时速；当前时刻动作是根据当前时刻状态表征输入深度神经网络并利用ϵ-贪心策略得到。ϵ-贪心策略的主要思想是以ϵ的概率从动作集合中随机选择一个操作，以$1-\epsilon$的概率按贪心方法从动作空间中选择当前的最优操作。在本节的实验中，ϵ不是一个一成不变的值，而是会随着迭代次数的增加从初始值ϵ_0慢慢下降到$\epsilon_{\min}$：

$$\epsilon=\max(\epsilon_0\cdot\lambda_{\text{decay}}^{step},\epsilon_{\min}) \tag{6-6}$$

其中，*step* 为训练过程中的迭代步数。本小节设置$\epsilon_0=1.0$，$\lambda_{\text{decay}}=0.99985$，$\epsilon_{\min}=0.03$。其次，在智能体与环境进行不断交互的过程中持续采集历史经验，并存储到经验回放存储器中,得到训练样本集 $\boldsymbol{D}$。最后,按照一定比例分别从训练样本集的不同经验池中随机采样部分历史经验四元组构成训练最小集 $\boldsymbol{M}$,利用 DQN 算法更新深度神经网络参数。用 $Q(s,a;\boldsymbol{\theta}_i)$ 表示第 i 次迭代时网络的参数,训练的损失函数为:

$$L_i(\boldsymbol{\theta}_i) = \mathrm{E}_M[(r+\gamma\max_{a'}Q(s',a';\boldsymbol{\theta}_i^-) - Q(s,a;\boldsymbol{\theta}_i))^2] \tag{6-7}$$

其中,$\boldsymbol{\theta}_i^-$ 表示目标网络在迭代 i 次时的网络参数,$\gamma=0.9$ 为折扣因子。目标网络参数只在每 C 步利用原网络($\boldsymbol{\theta}_i$)参数进行更新(实验中设定 $C=10$),在两次更新过程中保持不变。

6.1.2.3 试验及结果

1)试验结果

本小节使用的仿真环境是 Udacity 的开源项目仿真环境,考虑道路右侧的三条车道,在仿真环境中最多有 12 辆干扰车出现在自动驾驶车辆的感知范围内。自动驾驶汽车的定位、速度和传感器融合数据(包括其他车辆的定位和速度)由模拟器提供,还有一个稀疏的道路点列表来表示周围高速公路的结构。该仿真环境提供的车辆位置基于 Frenet 坐标系,它是一种比传统笛卡儿坐标更直观的表示道路位置的方式。试验场景完整跑完一圈赛道需要 6min,相当于训练过程的 1 个轮次,整个训练过程由 100 个训练轮次组成,当某一轮次训练完成后,自主车回到初始点开始进行下一轮次的训练。

为了确保学习的高效性,使用经验回放时针对不同的动作单独存放历史样本,这样可以避免由于动作分布不均匀造成训练时间过慢。图 6-6 给出了规则约束下深度强化学习变道决策的训练效果。可以看出,随着训练时间增加,自主车的无效变道次数变得越来越少,同时平均速度也在逐步提升,这表明决策模型学习到了有效的变道策略。

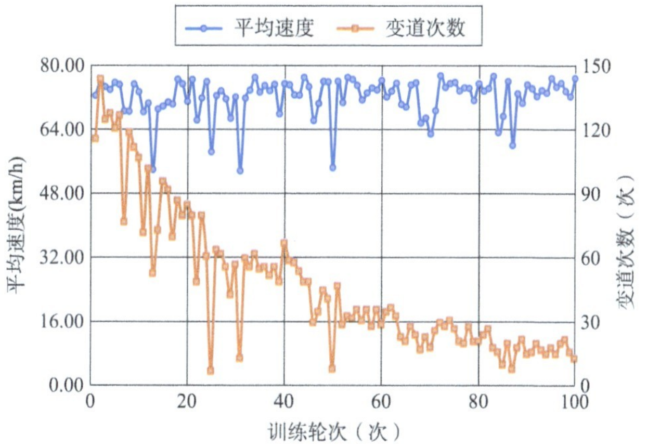

图 6-6 规则约束下的深度强化学习训练效果

为了比较算法的性能,我们将训练好的模型与几种不同的方法进行了对比,包括:带规则约束的随机变道策略(即上层决策采用随机动作,下层利用规则对其进行修正);基于规则的变道策略(即变道策略完全由规则输出)和纯 DQN 的变道策略(即只有基于 DQN 的上层决策,下层无规则修正),并给出了不同方法在同一测试环境下的性能指标对比,本小节使用的性能指标包括决策安全率、平均速度和平均变道次数,其中决策安全率为测试中未发生碰撞的次数占总测试次数的比例,反映变道决策的安全性,也是衡量变道决策性能最重要的指标。平均速度和平均变道次数反映变道决策的效率性,一个良好的变道决策智能体应当用尽量少的变道次数获得更高的安全性和平均速度。对于每种方法，进行了 10 次试验，结果见表 6-1。同时，本小节对比了几种不同方法在规则约束情况下的安全性，可以看出，相比于随机和规则的变道策略，DQN 的变道策略可以提高车辆的平均速度，但是 10 次测试中发生了 8 次碰撞。因此，无论是在效率还是安全性方面，规则约束下的深度强化学习变道决策方法都表现最好，证明了所提架构的可行性和有效性。

不同方法的变道性能比较　　表 6-1

决策方法	决策安全率	平均速度(km/h)	平均变道次数
随机策略 + 规则	0.6	71.74	152.6
规则策略	0.6	72.76	8.4
DQN 策略	0.2	74.27	37.4
DQN 策略 + 规则	0.8	75.61	8.8

2)案例分析

为了更直观地展示算法的性能，选取三种典型场景对基于规则的变道策略与规则约束的深度强化学习变道策略进行对比，体现规则、学习结合的变道策略相对单纯基于规则的变道策略的优势。所选取的三种典型场景分别如下。场景 1：主车在边道上，且本车道前方和中间车道前方均有其他车辆阻挡，主车是否能提前预判，避免被堵在边道；场景 2：主车在中间车道，本车道前方有其他车辆阻挡，某一侧的相邻车道较远处有其他车辆阻挡，主车是否能变道至另一侧没有车辆阻挡的相邻车道；场景 3：主车被堵在边道上，此时主车是否能在保障安全的前提下试图摆脱被堵。该三种场景的示意图如图 6-7 所示。

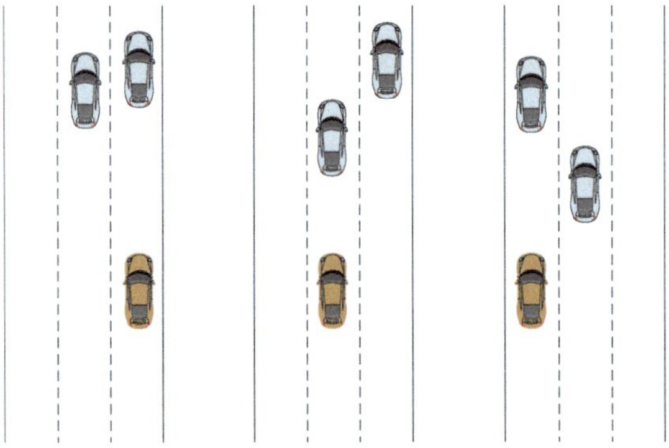

图 6-7　测试算法的典型场景

在上述展示的三种典型场景中，分别对基于规则的变道策略与规则约束的深度强化学习变道策略进行测试，结果截图如图 6-8 所示。

从图 6-8 中可以看到，场景 1 中，当主车处于边道且本车道、相邻车道均有其他车辆在前方时，基于规则的策略偏保守，一直采取跟车的方式，始终没有采取变道策略，因为在规则的策略看来没有必要采取向左变道策略，因而导致主车最终被堵在边道中，很长时间无法脱困。与之相比，采用智能方法学习的变道策略在距离前车还很远的时候就采取了向左变道策略，及时避免了主车被堵在边道中。

从图 6-9 中可以看到，场景 2 中，当主车处于中间车道，且相邻车道远方有前车阻挡时，基于规则的策略判断此时向左或者向右变道代价是一样的，其采取了向右变道的策略，最终导致主车被堵在边道中。而智能方法学习出的变道策略能够意识到相邻车道远方车辆的存在，从而变道至另一条没有车辆阻挡的车道上，避免了主车被堵在边道上情况的发生。需要注意的是，虽然图中展示的两种策略都是采取向右变道策略，但因为所展示的两种策略所处车况不同，规则约束的深度强化学习变道策略其实是更加智能的。

a) 场景1规则策略结果

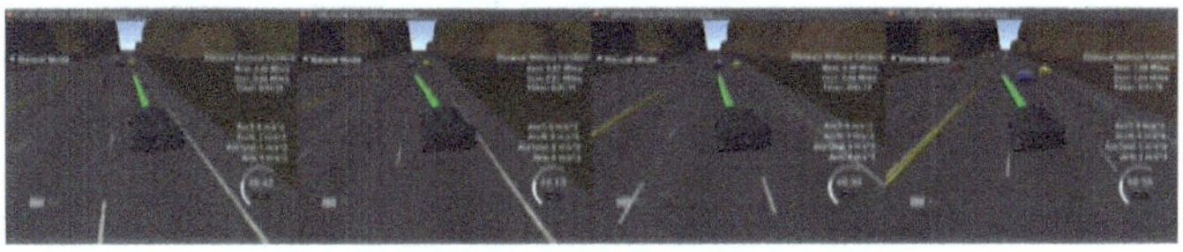

b) 场景1规则约束的深度强化学习变道策略结果

图 6-8 场景 1 两种策略结果对比

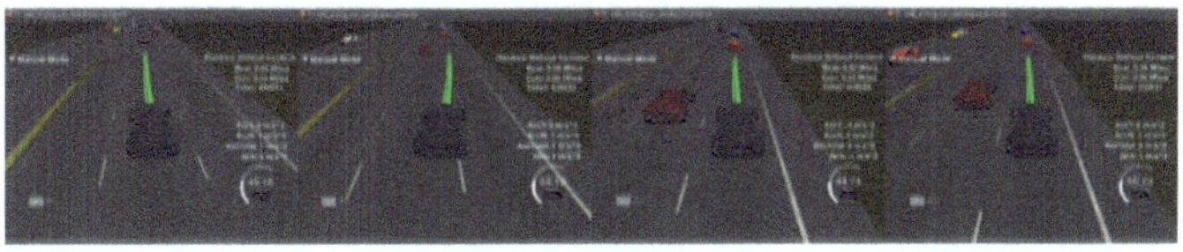

a) 场景2规则策略结果

b) 场景2规则约束的深度强化学习变道策略结果

图 6-9 场景 2 两种策略结果对比

从图 6-10 中可以看到，场景 3 中，在主车被堵在边道中时，基于规则的策略偏保守，一直采取跟车策略，即使纵向距离前车较远时也没有采取变道策略，导致主车长时间被堵在边道上。只有等相邻车道车辆自行走远时才有可能脱困，如果相邻车道车辆速度与前车相仿，主车将会被堵很长时间。而智能方法所学习到的策略在遇到主车被堵且纵向距离前车较近时也是采取跟车策略，避免碰撞到相邻车道车辆，一旦纵向距离前车及相邻车道前车较远时，能够及时采取变道策略，提前脱困，即使相邻车道车辆速度与前车相仿也不会影响主车脱困。

a) 场景3规则策略结果

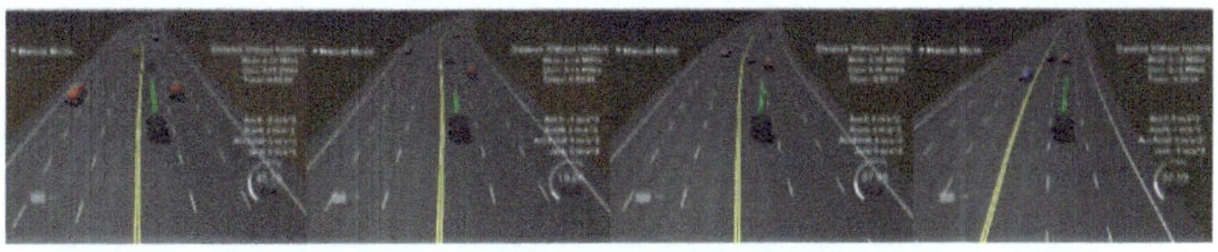

b) 场景3规则约束的深度强化学习变道策略结果

图 6-10 场景 3 两种策略结果对比

6.2 基于注意力机制的状态表征方法

针对变道超车场景下的智能驾驶决策,引入规则约束可以从决策输出的角度提升决策的性能,而不同的状态输入也会对智能体的性能产生影响。不同形式的状态表征有各自的优势:基于图像的状态表征可以直观捕捉车辆间的位姿关系与道路结构信息,基于向量的状态表征可以直接提供车辆的速度、位姿等信息。将不同类型的状态表征进行有机结合,可以提升状态输入的信息量。因此,在无模型深度强化学习变道决策基础上,本节提出了一种基于双重输入的状态表征,将局部鸟瞰图(bird' s-eye view,BEV)图像与向量输入相结合,并进一步实现了注意力机制和深度强化学习算法的结合,以提高变道决策的性能。在注意力机制中,自注意力(self-attention)被广泛使用。针对局部鸟瞰图的向量输入采用了不同的自注意力模型,以在决策过程中以更大的权重考虑关键交互车辆①。

6.2.1 双输入注意力表征的方法框架

对于不同形式的状态表征,本节采用不同的自注意力机制来提取状态特征。图 6-11 展示了所提出的基于注意力的深度强化学习变道超车决策框架,该框架结合了向量形式状态输入和局部鸟瞰图图像形式状态输入。对于局部鸟瞰图输入,可以捕捉到场景元素之间的关系,如车道与车辆以及主车与其他车辆的关系。对于向量输入,可以捕捉到主车与周围车辆之间更准确的空间距离互动关系。

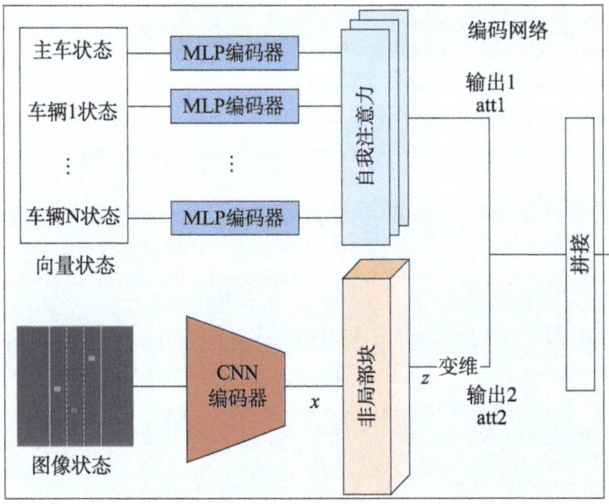

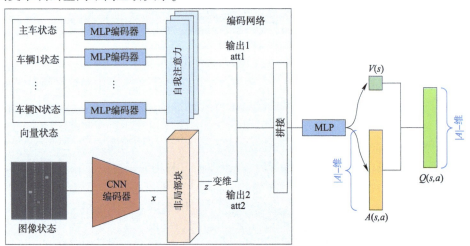

图 6-11 基于注意力的状态表征变道超车方法框架

首先,对于这两种输入,即基于向量的状态 ***Vec*** 和基于图像的状态 ***Img***,被分别送入各自的编码器:一个多层感知机(MLP)用于向量输入,一个卷积神经网络用于图像输入。接下来,两个编码器的输出被输入到相应的注意力模块,图中 x 和 z 分别为图像注意力模块的输入与输出,两部分的注意力结果 att_1 和 att_2 被拼接起来作为一个完整的特征。随后,这个特

① 开源链接:https://github.com/DRL-CASIA/ICV-book/tree/main/Chapter_6。

征经过竞争架构的多层感知机网络，输出最终的 Q 值。上述架构作为一个整体由深度强化学习方法来共同优化。

6.2.1.1 基于向量输入的注意力模型

针对向量输入，本小节采用的注意力模型为自我注意力(ego-attention)。在这种注意力模型中，只有本车状态存在查询编码，其结构如图 6-12a)所示。首先，主车编码(维度为 d_x)通过一个线性映射 $\boldsymbol{L}_q \in \mathrm{R}^{d_x \times d_k}$得到其查询向量 $\boldsymbol{Q} = [\boldsymbol{q}_0] \in \mathrm{R}^{1 \times d_k}$。将该查询与一组包含每个车辆描述性特征 $\boldsymbol{k}_i$ 的键 $\boldsymbol{K} = [\boldsymbol{k}_0, \cdots, \boldsymbol{k}_N]$进行比较，其中 $\boldsymbol{k}_i$ 使用共享线性映射 $\boldsymbol{L}_k \in \mathrm{R}^{d_x \times d_k}$计算。查询 $\boldsymbol{q}_0$ 和任一键 $\boldsymbol{k}_i$ 之间的相似性通过它们的点积 $\boldsymbol{q}_0\boldsymbol{k}_i^{\mathrm{T}}$ 进行评估。这些向量用 $1/\sqrt{d_k}$ 缩放之后，使用 softmax 函数 $\boldsymbol{\sigma}$ 进行归一化，即可得到一个注意力矩阵。用这个注意力矩阵来对一组输出值 $\boldsymbol{V} = [\boldsymbol{v}_0, \cdots, \boldsymbol{v}_N]$进行加权得到最终的注意力输出，其中每个值 $\boldsymbol{v}_i$ 是用共享线性映射 $\boldsymbol{L}_v \in \mathrm{R}^{d_x \times d_v}$计算的特征。总体来说，自我注意力模块的输出 att_1 为：

$$\mathrm{att}_1 = \sigma\left(\frac{\boldsymbol{Q}\boldsymbol{K}^{\mathrm{T}}}{\sqrt{d_k}}\right)\boldsymbol{V} \tag{6-8}$$

针对图像输入，考虑向量的维度大小为 $15 \times 7 = 105$。其中，15 表示考虑的主车及其周边一定距离范围内的车辆总数目，即周围车辆数目 $N = 14$(当周围车辆不足 14 辆时填充 0 值)，7 维向量分别表示车辆存在与否(1 维)、位置(2 维)、速度(2 维)、角度(2 维)信息。

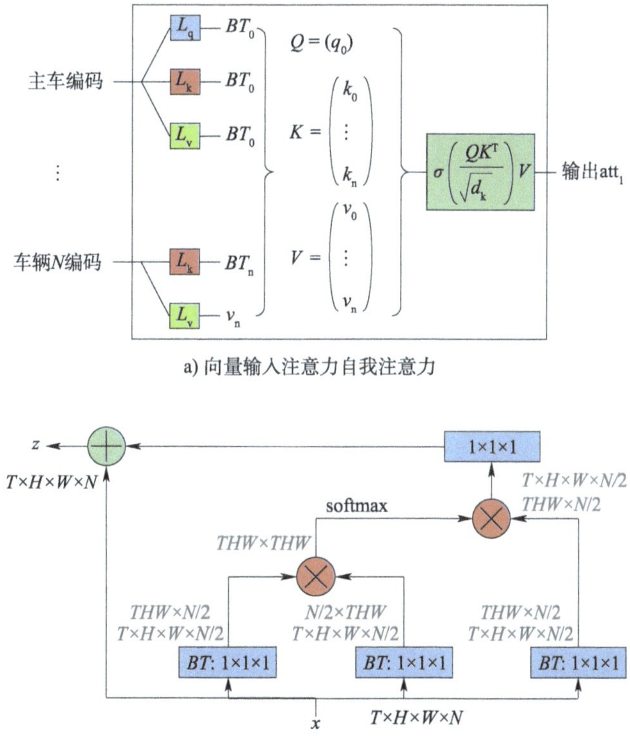

a) 向量输入注意力自我注意力

b) 图像输入注意力非局部块

图 6-12 不同形式输入的注意力模型

6.2.1.2 基于图像输入的注意力模型

针对图像输入，本小节采用的注意力模型为非局部块(non-local block)。在一些计算机视觉任务中,卷积神经网络通过堆叠多个卷积模块来形成大感受野(Receptive Field)卷积算子都是在空间上的局部操作,通过重复堆叠来捕获图像中更大范围的信息,这种方式存在一些不足:捕获大范围信息的效率低、需要精心设计模块和梯度、当需要在比较远位置之间传递信息时,局部操作较难实现。相较传统的卷积操作,非局部块通过计算任意两个位置之间的交互直接捕捉大范围依赖,而不用局限于相邻点,其相当于构造了一个和特征图谱尺寸一样大的卷积核,从而可以维持更多信息。另外,非局部块可以作为一个组件,易与其他网络结构相结合,其模型结构如图 6-12b)所示。其中,$\boldsymbol{x}$、$\boldsymbol{z}$ 分别为模块的输入与输出,$\boldsymbol{z}$ 经过维度变换后得到图像特征的注意力输出 att_2,$T \times H \times W \times N$ 为输入的维度,$\boldsymbol{\theta}$、$\boldsymbol{\phi}$、$\boldsymbol{g}$ 分别为查询编码、键编码和值编码层的参数。

尽管基于向量的状态包含了每辆车在道路上的位置,但它在捕捉道路结构和车辆之间的关系方面不是很直观。相比之下,基于局部鸟瞰图像的状态可以直接将车辆和道路结构作为输入,并从局部鸟瞰空间获得所有车辆的位置和航向信息。此外,基于图像的状态和卷积网络的结合也可以帮助提取不同车辆之间的位置关系。值得注意的是,基于图像的状态并不容易明确表示车辆的速度信息。将主车及周围车辆环境表示为灰度图像,作为带有社交注意力机制的深度强化学习变道超车方法的状态表征。这类图像可以表征本车以及周围车辆在道路中的位置,其中主车在图像中的位置是固定的。

6.2.2 试验与结果分析

对于两种不同形式的状态输入,即向量和图像,本小节进行了不同的试验,利用开源的 HighwayEnv 环境比较算法的有效性。该环境设定了一个离散的动作空间作为深度强化学习智能体的输出,包括主车的横向和纵向命令,即{不操作、向左变道、向右变道、加速和减速}。在某一时间步,只有一个横向或纵向的动作指令给到主车。因此,智能体需要连贯地执行一系列的动作才能产生一个特定的行为。例如,当需要从左边加速超越前面的车辆时,智能体需要在当前时间步输出左变道指令,然后在随后的几个时间步中输出加速动作指令。在 HighwayEnv 环境下进行多组试验,包括向量输入、带有自我注意力的向量输入、图像输入、带有非局部块的图像输入以及双重输入(带有自我注意的向量输入与带有非局部块的图像输入相结合)。每个不同的试验设置都进行了 10 次测试,每次测试都要经过 50 个时间步。同第 6.1 节,本小节使用决策安全率、平均速度和平均变道次数作为变道决策性能的评价指标,结果列于表 6-2 中。表中的决策安全率表示安全决策的比例,即在 10 次测试中没有发生碰撞的次数所占的比例;平均变道次数表示主车在这 10 次测试中采取变道动作次数的平均值。同时,本小节也类似 6.1 节中所使用的栅格状态表征方式进行了对比。在这里,为了单纯比较不同输入形式状态表征之间的性能,本小节没有引入 6.1 节中的规则约束。

从表 6-2 的结果中可以看出,单纯使用某一类型的状态表征作为输入的性能均不是最佳的,双输入结合不同的注意机制在所有的评价指标中都取得了最好的结果,包括 6.1 节中所使用的栅格形式状态表征。结果表明,结合向量和图像的双重输入是决策任务中更好的状态表征。同时,比较表格中的向量输入与向量 + 注意力输入、图像输入与图像 + 注意力输入,可以看到,使用注意力机制可以进一步提高原始状态输入的性能。这表明了所提出的方法的有效性,注意力机制对不同形式的状态输入都有积极的作用。

不同状态输入形式测试结果 表 6-2

输入类型	决策安全率	平均速度(km/h)	平均变道次数
栅格	0.8	25.25	18.8
向量	0.4	28.98	20.6
向量 + 注意力	0.9	28.17	12.7
图像	0.6	27.71	18.8
图像 + 注意力	0.7	29.69	13.8
向量注意力 + 图像注意力	0.9	29.81	8.0

此外,将训练后的非局部块进行可视化,结果如图 6-13 所示。图中给出了一些局部鸟瞰图的例子,并直观地展示了将它们输入到训练好的注意力模块的结果。图中最上面一行显示的是基于图像的原始状态;中间一行呈现的是非局部块中 softmax 部分的输出,对应于注意力的中间结果;最下面一行给出的是通过整个非局部块的图像状态的输出,代表整个注意力模块的结果。我们将输出变维到与输入相同的大小。从结果中可以看到,有周围车辆存在的区域有更高的权重,表明智能体对这些区域有更大的注意力。有趣的结果是,在经过注意力模块之后,智能体只注意靠近自己和在自己前面的车辆,而忽略了后面的车辆(图 6-13 中右下角的图片)。巧合的是,主车速度通常高于周围车辆,因而后方车辆对主车的影响较小。

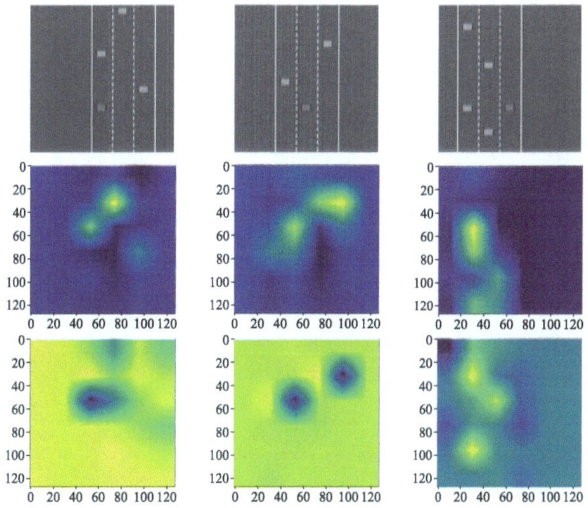

图 6-13 基于图像的状态表征和训练后的非局部块可视化示例

6.3 面向变道超车场景的测试评价体系

针对驾驶决策,除了改进决策方法,也需要标准的测试评价体系来对不同的深度强化学习决策方法的性能进行衡量。为方便不同的决策方法在变道超车场景下的对比实验工作,同时为变道超车决策算法测试评价提供便利,本节开发了基于 CARLA 仿真器的变道超车场景的测试与评价体系。开源的 CARLA 仿真器提供了丰富的传感器信号、较为逼真的车辆运动学、现成的环境车辆行为控制和对强化学习训练较为友好的车辆控制接口,适合用于强化学习的测试平台的搭建。因此,本小节选用 CARLA 仿真器,在其基础上构建面向变道超车场景的测试评价体系①。

6.3.1 面向变道超车场景的测试评价体系框架

图 6-14 总结了面向变道超车场景的强化学习训练、测试、评价体系框架。

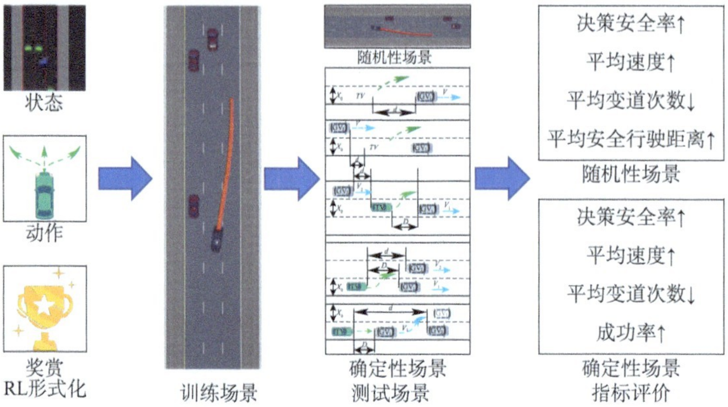

图 6-14 面向变道超车场景的强化学习训练、测试、评价体系

本小节借助 CARLA 自动驾驶仿真模拟器,为变道任务设计了训练和测试场景,测试场景包括随机性和确定性两部分,其中确定性测试场景包含五大类共计四百余例;这五大类包括:直行遇本车道目标车辆、直行遇相邻车道目标车辆、三车道直行换道遇目标车道目标车辆、三车道直行遇前方低速车辆和相邻车道车辆,以及直行遇前车切出后有慢速车辆,这五大类分别为随机性和确定性的测试场景中的智能体提供了评价指标;将变道决策问题形式化为基于图像状态的马尔可夫决策过程,并定义了动作空间和奖赏函数;另外,也将 6.1 节和 6.2 节的方法在本节的评价体系中进行了测试。

6.3.2 训练与测试场景

1)训练场景

在设计训练场景时,通常希望能够覆盖尽可能多的情况,因此,本小节设计的训练场景是用随机交通流构建的。首先建立一个可以导入 CARLA 的三车道高速公路地图,并选择其中一部分进行训练场景生成。随机训练场景的生成方法如下:首先,在路段的车道中心随机生成主车,三条车道随机选择,然后在主车后方 30m 和前方 180m 范围内的车道中心随机生成 6 ~ 12 辆社会车辆。主车的目标速度是 60km/h,而社会车辆的预期速度是 20 ~ 40km/h 的随机值。训练场景示意图如图 6-15 所示。

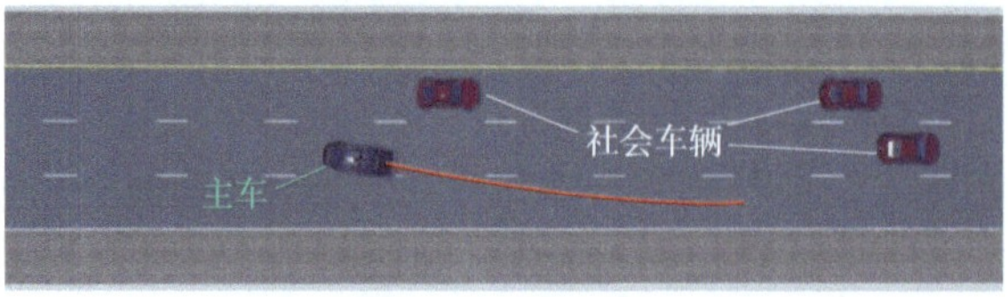

图 6-15 训练场景示意

① 开源链接:http://github.com/DRL-CASIA/ICA-book/tree/main/Chapter_6。

对于强化学习的训练过程来说,奖赏函数的设计也很重要。针对变道决策问题,奖赏设计通常需要综合考虑决策的安全性和效率性,因此,总奖赏函数可由碰撞负奖赏、速度正奖赏和变道负奖赏三部分构成,其中碰撞负奖赏是为了提高决策安全性,速度正奖赏和变道负奖赏是为了提高决策效率性。为了学习出的策略能够尽量保证安全性,即尽量避免碰撞发生,需要在训练过程中因智能体的不合理决策而导致碰撞发生时对智能体施加比较大的负奖赏,以对较为危险的决策动作进行抑制,为了学习出的策略能够有较高的通行效率,需要对智能体施加与速度正相关的正奖赏,以激励智能体的决策结果带来较高的行驶速度;为了学习出的策略能够避免无效及不合法的变道动作产生,需要对智能体施加一定的变道负奖赏,以避免智能体进行频繁的变道动作。决策结果的安全性保证更为重要,因此,通常碰撞负奖赏的绝对值要大于速度正奖赏和变道负奖赏的绝对值。

2)测试场景

随机交通流中出现的情况多样,适合用于测试场景的设计。因此,本小节首先设计与训练场景类似的随机测试场景,每次测试总距离为400m。但同时,随机交通流中周围车辆产生的位置、速度随机,无法明确评估智能体对一些典型场景的处理能力(例如主车前方存在一辆静止车辆),需要引入确定性的测试场景,即场景生成的各参数确定。本小节参考中关村智能交通产业联盟的团体标准《自动驾驶仿真测试场景要求》(T/CMAX 21002—2020),选取了其中典型的三类变道超车逻辑场景并补充了两类逻辑场景,共同构成五大类确定性的逻辑场景(图6-16),包括直行遇本车道目标车辆、直行遇相邻车道目标车辆、三车道直行换道遇目标车道目标车辆、三车道直行遇前方低速车辆和相邻车道车辆,以及直行遇前车切出后有慢速车辆,通过参数实例化得到四百余个具体的测试场景。图6-16中,测试车辆TV在一条直道上行驶,目标速度为V_T。d和D分别表示TV与不同目标车辆GV之间的距离。以图6-16c)为例,一个以目标速度V_1行驶的目标车辆GV_1放置在TV前方,TV和GV_1之间的纵向距离为D。TV左侧的相邻车道上放置了一辆目标速度V_2行驶的目标车辆GV_2,TV与GV_2之间的纵向距离为d。所有的随机性和确定性测试场景提供了一系列不同的工况来测试主车智能体的智能。

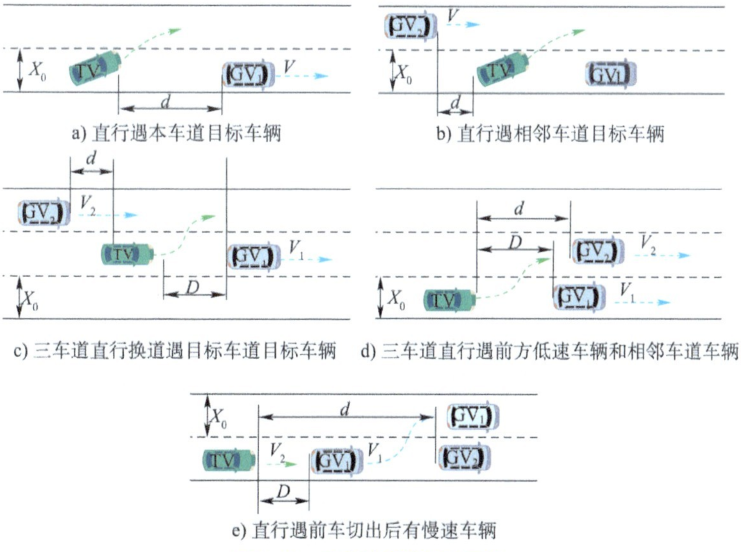

a) 直行遇本车道目标车辆　b) 直行遇相邻车道目标车辆

c) 三车道直行换道遇目标车道目标车辆　d) 三车道直行遇前方低速车辆和相邻车道车辆

e) 直行遇前车切出后有慢速车辆

图6-16　确定性测试场景示意

6.3.3 评价指标

对于随机性和确定性测试场景,本小节定义的指标延续了6.1节和6.2节中的性能指标,包括决策安全率、平均速度和平均变道次数。其中,决策安全率为测试中未发生碰撞的轮次占总测试轮次的比例,反映变道决策的安全性,也是衡量变道决策性能最重要的指标。平均速度和平均变道次数分别为所有测试轮次中主车速度的平均值、主车变道次数的平均值,反映变道决策的效率性。一个良好的变道决策智能体应当用尽量少的变道次数获得更高的安全性和平均速度,但平均变道次数这个指标也不一定是越低越好,极限情况下,智能体的行为极其保守,采取变道的次数为0,平均变道次数也为0,这显然不是一个好的策略。

对于随机测试场景,除决策安全率、平均速度和平均变道次数指标外,本小节新增了一个性能指标:平均安全行驶距离,它指的是所有测试轮次中碰撞发生前(发生碰撞轮次)或到达终点前(未发生碰撞轮次)主车已安全行驶距离的平均值。不同的测试轮次中主车可能都发生了碰撞,但是在碰撞发生前车辆已经安全行驶的距离可能不同,平均安全行驶距离这个指标进一步细化了决策安全性的评估。

对于确定性测试场景,除决策安全率、平均速度和平均变道次数指标外,本小节新增了一个性能指标:成功率。在大多数确定性测试场景中,都要求主车完成变道来对前方的车辆进行超越来完成场景,因此,本小节把场景结束时主车处于初始车道以外的车道的场景定义为成功变道场景。成功率即为成功变道场景数目占总确定性场景数目的比例。确定性场景没有使用平均安全行驶距离的原因是智能体完成每个场景所需要的行驶距离均不同,平均安全行驶距离不能公平反映不同智能体的安全性,确定性场景更加侧重场景完成度的评估,因此,用成功率替代平均安全行驶距离。

6.3.4 测试结果

1)结合强化学习与规则的变道决策方法测试验证

为了进一步验证6.1节中结合强化学习与规则的变道决策方法的有效性,本小节在设计的随机性和确定性的高速公路场景中对智能体与结合规则的智能体进行测试,结果总结在表6-3中。从表6-3中的结果可以看出,针对随机性场景和确定性场景有相同的结论:引入规则约束之后,决策的各项性能指标均超过了原来的智能体,体现出决策的安全性和效率性均有提高。表中的结果进一步验证了将基于学习的决策和基于规则的决策进行结合,可以提升变道决策智能体的性能。

结合强化学习与规则的测试统计结果　　表6-3

随机性场景的测试统计结果				
决策方法	决策安全率	平均速度(km/h)	平均变道次数	平均安全行驶距离(m)
DQN策略	0.66	30.31	10.95	323.41
DQN策略+规则	0.97	37.22	2.08	386.98

续上表

确定性场景的测试统计结果				
决策方法	决策安全率	平均速度 (km/h)	平均变道次数	成功率
DQN 策略	0.74	52.57	6.97	0.67
DQN 策略 + 规则	0.90	56.61	1.38	0.95

2)基于注意力机制的状态表征方法方法测试验证

为了进一步验证6.2节中所提方法的有效性,本节利用CARLA仿真器,对不同形式的状态表征的智能体进行训练,并且将训练完成的智能体在构建的变道超车测试评价体系中进行评估。状态表征的形式包括6.1节中所使用的栅格表征、6.2节中所使用的向量+图像结合注意力的双输入表征及其各种消融变体表征,得到结果见表6-4。从表6-4中可以看出,栅格形式的表征在CARLA仿真器中学习出的是极其保守的策略,在所有测试轮次中均没有采取变道动作。在某些情况下,主车未及时变道同时纵向减速不及时(纵向决策不由强化学习算法输出)可能会导致与前车之间发生碰撞,所以这种始终不变道的保守策略也不能达到100%的安全性。虽然这种保守的决策方式总体来说安全性较高,且在平均变道次数这个指标上达到了最低,但其行驶的效率也是低下的。另外,对比向量输入与向量+注意力输入、图像输入与图像+注意力输入可以看到,引入注意力的智能体的综合表现均优于原始的状态输入智能体,这与6.2节中的试验结论一致。同时,引入双输入和注意力的智能体在安全率这一重要指标中达到了最高,且其他指标均接近几种智能体间的最好结果,在不引入规则约束情况下综合表现最优。此外,试验也将基于规则的约束引入双输入表征的智能体,在各项性能指标上也超越了原始的双输入表征,再次验证了6.1节中方法的有效性。

不同形式状态表征在随机性场景下的测试统计结果 表6-4

输入类型	决策安全率	平均速度(km/h)	平均变道次数	平均安全行驶距离(m)
栅格	0.94	26.85	0.0	381.25
向量	0.75	26.44	1.21	329.24
向量 + 注意力	0.82	29.06	0.89	344.22
图像	0.92	37.12	3.50	379.71
图像 + 注意力	0.93	37.15	4.47	384.08
向量注意力 + 图像注意力	0.94	36.61	1.67	386.87
向量注意力 + 图像 注意力 + 规则	0.97	37.27	0.95	389.50

CHAPTER 7

第 7 章 智能驾驶的路口通行策略

交叉路口是最常见的城市交通场景之一，智能汽车在交叉路口通行任务中面临着巨大的挑战。对于由红绿灯控制的路口，根据交通规则的约束，交通流之间存在特定的交互关系。因而形成了特定的交互场景。在这些交互场景中，智能车辆要根据环境中其他车辆的运动状态来进行自身运动的决策、规划和控制。在这种密集的交通流中，智能车辆要考虑车辆之间的潜在交互和碰撞风险，做出安全的决策控制动作。

本章针对路口通行任务中和其他环境车辆的交互问题，提出了基于强化学习的决策控制方法，能够根据场景中的车辆感知得到的信息，输出车辆的控制指令，并利用安全约束修正提升安全性。针对路口通行的任务提出了一组测试场景①，并且证明基于强化学习的控制方法能够很好地处理交叉路口通行的任务。本章中所提出的强化学习方法的总体框架如图 7-1 所示。本章将所提出的方法称为 SAT（Safety model with ATtention mechanism）算法，SAT 算法基于 Actor-Critic 架构设计，在 TD3 算法的基础上融合了安全层约束的注意力机制，并将整个框架扩展到了多任务的训练机制下，从而使得单一智能体能够同时处理不同的路口通行任务。本章中，首先介绍了安全层网络的设计，包括合理设计安全约束而对碰撞安全性约束条件进行表征，进而引出了安全层网络的具体结构和训练方法。其次，阐述了基于注意力机制的策略网络设计，注意力机制能够自主地对环境中交互车辆的信息进行提取并将其用于动作的生成，从而得到更好的算法性能和可解释性。之后，针对多任务训练框架的设计进行了介绍，将多任务的编码与状态-动作值估计网络结合。最后，介绍了在 SUMO 和 CARLA 两种仿真环境下的试验设计和细节，对比了试验结果②。

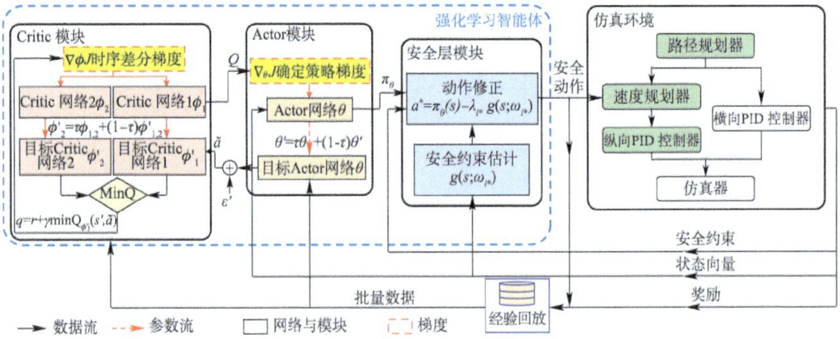

图 7-1 算法的总体结构框图

① 开源链接：https://github.com/DRL-CASIA/ICV-book/tree/main Chapter_7。

② 开源链接：https://github.com/DRL-CASIA/ICV-book/tree/main Chapter_7。

7.1 基于安全强化学习的动作修正方法

安全性是智能驾驶研究的重点内容。对此，安全强化学习的方法能够很好地将安全性和强化学习智能探索的优点进行结合。一种典型的安全强化学习方法思路是显式地将安全约束融合到强化学习任务当中。对于一般的安全强化学习任务，可以具有以下形式：

$$\begin{cases}\max_{\theta}\left[\sum_{t=0}^{\infty}\gamma^{t}R(s_t,\mu_{\theta}(s_t))\right]\\ \bar{c}_i(s_t)\leqslant C_i,\ \forall i\in[K]\end{cases}\tag{7-1}$$

其中，c_i 表示当前时刻状态在环境中对应的单个量化约束值，脚标 $i\in[K]$ 表示总 K 个约束当中的第 i 个，C_i 表示该约束项的数值上限，μ_{θ} 表示以 $\boldsymbol{\theta}$ 为参数的策略网络。由此可以看出，由于每个状态对应了一个约束值，而这种映射关系并不能显式地获得，因此，可以引入一种近似模型，从而根据当前状态的约束值，对下一时刻的约束值进行预测。考虑一阶的情形，则有：

$$c_i(s,a)\approx\bar{c}_i(s)+g^{\mathrm{T}}(s;\boldsymbol{\omega}_i)a\tag{7-2}$$

其中，$g(s;\boldsymbol{\omega}_i)$ 表示用于预测的神经网络；s 表示当前时刻的状态；$\boldsymbol{\omega}_i$ 表示网络参数。其基本结构如图 7-2 所示，网络的输出与当前时刻的动作相乘，得到相邻时刻变化量的预测值，从而能够根据当前时刻的约束值估计下一时刻的约束值。

针对上述强化学习问题，需要显式地定义约束关系，并给出相应的数值计算方法。对于车辆和智能驾驶一类问题，一个直观的思路就是使用碰撞时的运动学关系作为约束的边界，从而得到本车与环境车辆之间允许的相对位置姿态区间。

安全层网络可以在确定的数据集上用监督学习的方法进行训练，整理为优化问题则为：

$$\arg\min_{w_i}\sum_{(s,a,s')\in D}\left[\bar{c}_i(s')-(\bar{c}_i(s)+g^{\mathrm{T}}(s;\boldsymbol{\omega}_i)a)\right]^2\tag{7-3}$$

其中，D 为训练数据集。在完成安全层的训练之后，可以将安全层网络向强化学习问题中进行融合，原始的强化学习目标可以整理为：

图 7-2 安全层网络结构

$$\begin{cases}\arg\min_{a}\frac{1}{2}\|a-\mu_{\theta}(s)\|^2\\ c_i(s,a)\leqslant C_i,\ \forall i\in[K]\end{cases}\tag{7-4}$$

其中，μ_{θ} 表示原始的强化学习策略，a 在此处作为优化变量表示真实的输出动作。代入训练好的安全层网络可以得到强化学习训练目标为：

$$\begin{cases}a^{*}=\arg\min_{a}\frac{1}{2}\|a-\mu_{\theta}(s)\|^2\\ \bar{c}_i(s)+g^{\mathrm{T}}(s;w_i)a\leqslant C_i,\ \forall_{i}\in[K]\end{cases}\tag{7-5}$$

此时，可以直观理解为强化学习求解马尔可夫过程所得到的最优解实际上是原始强化学习最优解在安全约束区域内的投影。因此，这个形式可以根据 KKT 条件给出最优解的解析解，即：

$$a^* = \mu_\theta(s) - \lambda_i^* g(s;\omega_i) \tag{7-6}$$

其中，λ_i^* 为拉格朗日常数：

$$\lambda_i^* = \left[\frac{g^{\mathrm{T}}(s;w_i)\mu_\theta(s) + \bar{c}_i(s) - C_i}{g^{\mathrm{T}}(s;w_i)g(s;w_i)}\right]^+ \tag{7-7}$$

因此，可以根据神经网络对安全约束的预测结果，当前时刻的状态和原始强化学习算法输出的动作共同计算动作的修正量，从而获得满足安全约束的动作值。

7.2 基于注意力机制的重要交互车辆选取模块

基于强化学习的智能决策方法通过与环境交互采样的方式不断获得训练数据，丰富自身经验回放池，通过不断迭代更新采样的方式，逐步提升自身策略的表现，从而实现累计奖赏最大化的训练目标。在奖赏函数设计合理的情况下，强化学习算法就能够收敛到所期望的策略，从而具备安全、高效的智能驾驶决策能力。对于强化学习智能体的设计，首先要设计合理的状态表征使算法自主地关注到即将与本车发生交互的环境车辆，保证对环境的充分感知能力；其次要设计合理的奖赏函数，从而保证能够加速智能体的探索效率，更快收敛到期望的目标策略；最后，还需要选取合理的强化学习算法结构，从而保证智能体更新经验的效率，能够最大化利用采集数据中的经验并且对于不同的环境状态保持足够的判别能力。经过训练的强化学习智能体，应该有能力选择合理的时机和速度安全高效地穿过稠密交通流，在路口场景下同时完成图 7-3 所示的左转、右转与直行任务，是复杂城市交互场景智能决策需要处理的关键任务。图 7-3 所示为复杂城市交互场景下车辆通过交叉路口的主要场景和交互情况。不失一般性，可以在标准结构的十字路口场景下讨论此类问题，当智能车辆通过路口时，存在几个不同的潜在交互车流，这些潜在的交互方式有一部分由交通信号灯决定，不一定会同时出现。

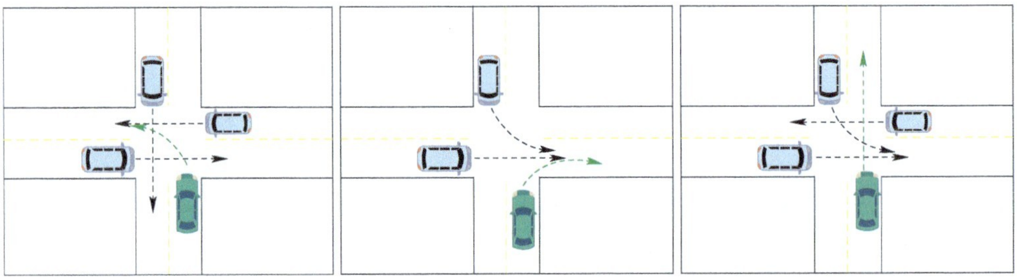

图 7-3　路口通行场景下的无保护左转/右转/直行任务

考虑到实际交互车辆和最终决策之间的相关性，结合注意力机制和深度强化学习算法，构建深度神经网络，通过在 TD3 算法的 Actor 网络中嵌入社交注意力模块，成功地让智能体自主地在周围的环境车辆中将注意力分配给可能发生交互的个体，在加强了深度强化学习算法可解释性的同时，提升了其决策性能。注意力机制模型及关键交互车辆选取效果如图 7-4 所示，可以看到，在包括本车与 5 辆最近环境车在内的 6 辆车中，紫色越深代表注意力越大。

Actor 网络的结构如图 7-5 所示。具体而言，智能体首先从环境中得到完整的状态向量，其中包含了主车状态、环境车状态和任务编码这三个主要部分，状态向量进入 Actor 网络后，再进行拆分并分别进入各自的编码器中进行处理，其中对于环境车状态而言，处理每辆车状态向量的编码器参数都是共享的，编码器输出包括本车和全部环境车的特征。之后要将车辆状态的编码特征分别输入三组线性层 $\boldsymbol{L}_q \in \mathrm{R}^{d_x \times d_k}$,$\boldsymbol{L}_k \in \mathrm{R}^{d_x \times d_k}$,和 $\boldsymbol{L}_v \in \mathrm{R}^{d_x \times d_v}$中进行处理,从而计算得到问询向量(Query),键向量(Key)与值向量(Value),其中 d_x 表示单个车辆特征向量的维度,d_k 表示 Query 和 Key 向量的长度,d_v 表示 Value 向量的长度。Query 向量 $\boldsymbol{Q}^A = [\boldsymbol{q}_e] \in \mathrm{R}^{1 \times d_k}$是根据主车特征向量的嵌入 L_q 得到的,而 Key 向量 $\boldsymbol{K} = [k_e, k_1, \cdots, k_n] \in \mathrm{R}^{(1+n) \times d_k}$和 Value 向量 $\boldsymbol{V} = [v_e, v_1, \cdots, v_n] \in \mathrm{R}^{(1+n) \times d_v}$是同时根据主车和环境车特征向量的嵌入 $\boldsymbol{L}_k$ 和 $\boldsymbol{L}_v$ 组合得到的。Query 向量与 Key 向量之间的相似度可以用二者的点积 $\boldsymbol{q}_e \boldsymbol{k}_j^{\mathrm{T}}, i \in [1,2,\cdots,n]$表示,Key 向量中包含了全部 6 辆车的嵌入信息,对于某一辆车而言,其点乘积占全部点乘积和的比例,即为该车的注意力权值,比例越大,主车对该车的注意力也就越大。相似度经过系数 $1/\sqrt{d_k}$ 放缩后,可以使用 softmax 函数 σ 进行归一化,所得到的结果称为注意力矩阵,归一化的分量值就表示主车对周围环境车辆的注意力分配程度。最后,根据注意力矩阵和 Value 向量的叉积得到注意力张量,用于网络前传。

$$\text{attention tensor} = \sigma\left(\frac{\boldsymbol{Q}^A \boldsymbol{K}^{\mathrm{T}}}{\sqrt{d_k}}\right)\boldsymbol{V} \tag{7-8}$$

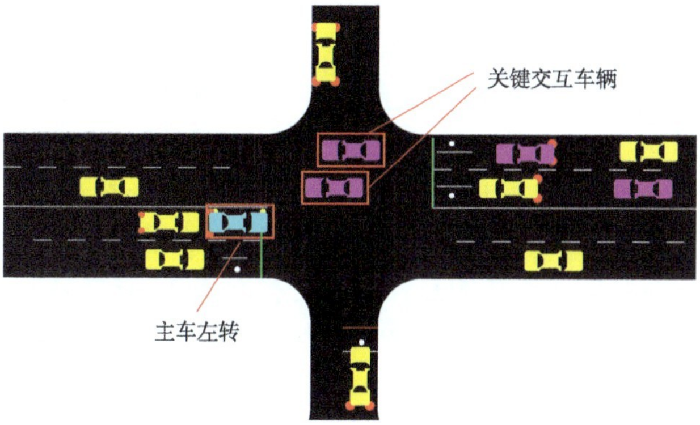

图 7-4 注意力机制模型及关键交互车辆选取效果

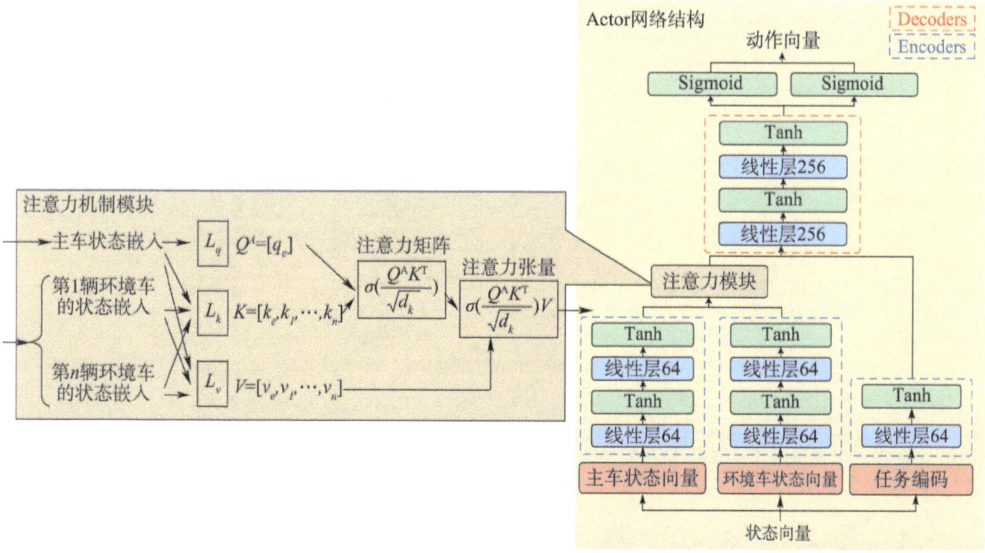

图 7-5 Actor 网络结构

7.3 基于多任务架构的强化学习训练框架

在交叉路口通行任务中，根据主车转向方向的不同对应了多种路口转向任务。由于在不同的转向任务中，环境车辆的行驶方向不同，环境车辆的相对运动也不同。一种传统的方法是针对每个任务，对智能体进行单独训练，但这种训练方式会导致训练过程复杂且所得到的模型泛化性能较差。因此，本节针对路口通行任务提出了一种多任务强化学习训练框架，希望能够使用一个模型同时解决不同行驶方向的导航任务。为此，将任务编码引入状态表征向量当中，并改进了 TD3 算法中神经网络的结构，同时在 3 个任务下对智能体进行训练，使所得到的智能体具有更好的泛化性能。多任务强化学习框架主要包括两部分内容，一方面是多任务编码设计，另一方面是算法网络结构的改进。对于编码的设计方式，针对路口通行任务，本节使用 4 维的独热向量对左转、直行和右转任务进行表征，一般情况下，多任务问题可以假设全部任务来自某个任务集当中，$G=\{g_1,g_s,g_r,g_c\}$ 任务集合包含左转、直行和右转的子任务，它们可以分别用 3 维的独热向量[1,0,0]，[0,1,0]，[0,0,1]表示，同时可引入 g_c 表示一般性的驾驶子任务，如通行效率等；因此，在车辆实际执行左转、直行和右转的任务时，其任务编码向量分别为[1,0,0,1]，[0,1,0,1]，[0,0,1,1]，其中前三维代表了独特的转向子任务，最后一维代表了共有的一般性子任务。

引入的任务编码与原状态向量进行连接后作为完整的状态向量输入网络中。针对本章所提出的 Actor-Critic 架构，其网络结构需要适应多任务训练框架，本节中所采用的网络结构如图 7-6 所示。Critic 网络的主要功能是针对当前状态和 Actor 网络所产生的动作，给出一个价值估计。在这个网络中使用与 Actor 网络类似的，但不含注意力模块的编码方式对状态向量和任务向量进行编码，同时还需要对 Actor 网络产生的动作进行编码。在得到所有的编码结果后将它们连接起来输入解码器网络中，最终得到当前状态-动作的价值估计。

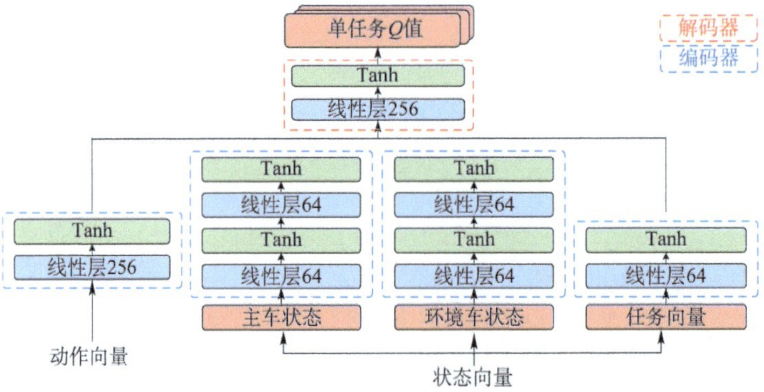

图 7-6 Critic 网络结构

7.4 路口通行仿真试验及结果分析

7.4.1 路口通行试验的强化学习设置

状态空间：在本节中选取环境车辆的状态真值用于状态表征，从而能够高效地对强化学习智能体进行训练。在路口通行问题中,设置强化学习的状态向量为长度34维的矢量,该状态矢量主要由两部分构成,分别是主车运动学信息以及环境车运动学信息。针对路口通行的场景,表征主车运动学信息的状态矢量共4维,分别是本车当前时刻的行驶速度标量以及本车所处相对路口位置的3维独热编码。考虑本车当前时刻在全局坐标系下的速度矢量为:

$$\boldsymbol{V} = [v_x, v_y, v_z] \tag{7-9}$$

则车辆在当前时刻的行驶速度为速度矢量的二范数:

$$V = \|\boldsymbol{V}\|_2 = \sqrt{v_x, v_y, v_z} \tag{7-10}$$

主车所处相对路口位置的3维独热编码是重要的状态信息。如图7-7所示,绿色轨迹线为交叉路口区域以外的路段,蓝色轨迹线表示交叉路口区域内部的路段。在本实验中使用了一组3维独热编码代表了主车可能处于的3个相对路口区域的位置:主车行驶进入交叉路口区域之前,主车处于交叉路口区域当中,以及主车驶离交叉路口区域之后,分别对应三组独热编码:

$$\boldsymbol{s}_{1-\mathrm{hot}}(1) = [1,0,0] \quad \boldsymbol{s}_{1-\mathrm{hot}}(2) = [0,1,0] \quad \boldsymbol{s}_{1-\mathrm{hot}}(3) = [0,0,1] \tag{7-11}$$

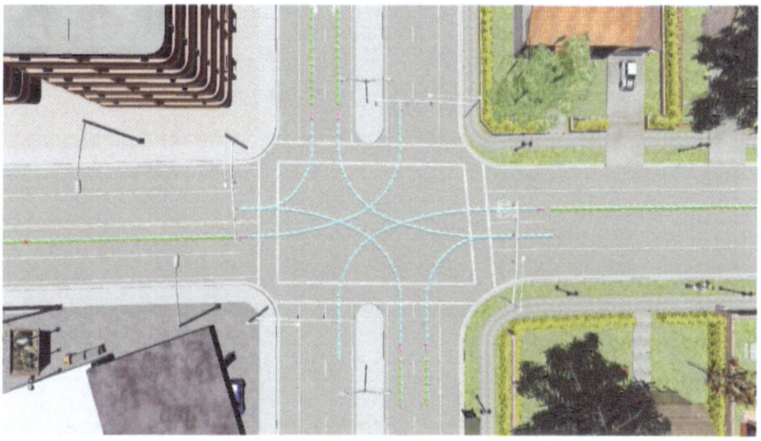

图7-7 车辆通过路口时的轨迹和区域

因此,得到主车的状态矢量为当前所处区域的编码以及瞬时的行驶速度标量:

$$\boldsymbol{s}_e = [S_{1-\mathrm{hot}}, V] \tag{7-12}$$

对于周围的环境车,也可以使用运动学信息用于状态表征。这些运动学信息包括了每一辆环境车相对主车的相对位置、姿态和相对速度。严格来说,车辆是在三维空间内运动的,但在大多数情况下,车辆垂直方向运动带来的影响可以忽略,因此,只考虑简化的二维平面内的运动学信息。在全局坐标系下,环境车相对主车的位置矢量为:

$$\boldsymbol{R}_{n2e}^{\mathrm{F_w}} = \boldsymbol{R}_{n}^{\mathrm{F_w}} - \boldsymbol{R}_{e}^{\mathrm{F_w}} \tag{7-13}$$

其中,$\boldsymbol{R}_{n}^{\mathrm{F_w}}$ 和 $\boldsymbol{R}_{e}^{\mathrm{F_w}}$ 分别表示世界坐标系下环境车辆和主车的位置矢量。仅考虑平面运动的情况下,主车坐标系 x 轴与车身正方向固连,则相对世界坐标系的偏航角为 yaw 时,从世界坐标系到主车坐标系的坐标变换矩阵为:

$$\boldsymbol{T}_{\mathrm{w2e}} = \begin{bmatrix} \cos(\mathrm{yaw}) & \sin(\mathrm{yaw}) \\ -\sin(\mathrm{yaw}) & \cos(\mathrm{yaw}) \end{bmatrix} \tag{7-14}$$

则环境车相对主车的相对位置矢量在主车坐标系下的坐标为:

$$\boldsymbol{R}_{n2e}^{F_e}=\boldsymbol{T}_{w2e}\boldsymbol{R}_{n2e}^{F_w}=(x_{n2e}^{F_e},y_{n2e}^{F_e}) \tag{7-15}$$

同理,仅考虑二维平面内的运动,环境车对主车的速度为:

$$\boldsymbol{V}_{n2e}^{F_w}=\boldsymbol{V}_{n}^{F_w}-\boldsymbol{V}_{e}^{F_w} \tag{7-16}$$

则环境车在主车坐标系中的相对速度为:

$$\boldsymbol{V}_{n2e}^{F_e}=\boldsymbol{T}_{w2e}\boldsymbol{V}_{n2e}^{F_w}=(v_x|_{n2e}^{F_e},v_y|_{n2e}^{F_e}) \tag{7-17}$$

除此之外,也需要考虑环境车辆与主车之间的相对姿态,由于本章中只考虑车辆在二维平面内的运动,因此,可以用相对偏航角来刻画车辆之间的相对姿态:

$$\mathrm{yaw}_{n2e}=\mathrm{yaw}_n-\mathrm{yaw}_e \tag{7-18}$$

针对姿态角,通常使用去正余弦的方法进行归一化,在本小节使用相对偏航角的正弦值和余弦值来表征相对姿态信息。综上所述,对于某一辆环境车辆,可以得到其状态向量:

$$\boldsymbol{s}_i=[x_{n2e}^{F_e},y_{n2e}^{F_e},v_x|_{n2e}^{F_e},v_y|_{n2e}^{F_e},\cos(\mathrm{yaw}_{n2e}),\sin(\mathrm{yaw}_{n2e})],i=1,2,\cdots,5 \tag{7-19}$$

在本小节,选取主车周围最近的 5 辆车用于状态表征。为了更好地对环境车辆进行初筛,本小节设计了一种基于规则的环境车辆筛选机制,其判别条件为:①环境车辆与主车之间的距离小于 100m;②环境车辆位于主车的前方。

以上两个条件能够提高状态表征的效率,从而改进强化学习的训练效果。除此之外,当周围环境中车辆足够多时,按照环境车辆与主车之间相对距离的由小到大排列选取 5 辆环境车;当车辆数目不足 5 辆时,则需要对状态向量进行手工补充,假象在最远位置处存在一个静止的环境车辆,则其状态矢量为:

$$\boldsymbol{s}_{\mathrm{padding}}=[100,0,0,0,1,0] \tag{7-20}$$

针对多任务的试验,状态向量进一步扩展为 38 维,即在原始状态向量之后扩展任务对应的编码项。如上一节中所述对于左转、右转和直行任务,额外增加的任务向量分别为 [1,0,0,1], [0,1,0,1],[0,0,1,1],其中前三维代表了独特的转向子任务,最后一维代表了共有的一般性子任务,以此融合不同任务。

动作空间:本小节主要研究的是自动驾驶车辆在路口的高层决策问题,所以通过强化学习算法来控制主车的目标速度。具体而言,Actor 网络的输出为 2 维归一化向量(a^+,a^-),该向量首先通过线性运算被映射到一个标量 a:

$$a=a^+-a^- \tag{7-21}$$

得到网络输出 a 后,将其裁剪至[0,1]区间,再将裁剪后的值线性映射到目标速度区间[0,32.4km/h]内。主车的目标速度给定后,会由控制器模块进行速度跟踪,逐渐跟踪到目标速度。与此同时,车辆的横向控制根据车辆预先规划的路径确定,由控制模块分别对轨迹点和目标速度进行跟踪,给出主车的实际控制动作(包括加速踏板和转向盘转角)并传递给仿真器,实现对主车的控制。

奖赏函数:针对这一类强化学习问题,在本小节中采用奖赏调试的方式设计奖赏函数。针对不同的事件,给出对应的奖赏值。奖赏函数共分为 4 个部分,第一部分是碰撞损失,在主车与环境车辆之间发生碰撞时获得;第二部分是成功奖赏,当主车成功到达路径终点时获得;第三部分是超时损失,当主车在限定时间内未能到达路径终点时获得;最后是单步损失,即在每个时间步均获得此奖赏,以鼓励车辆快速前进,避免主车陷入原地不动的策略。

$$r=\begin{cases}+150,\text{成功到达终点}\\-650,\text{发生碰撞}\\-150,\text{超时}\\-015,\text{每个时间步}\end{cases}\tag{7-22}$$

7.4.2 基于SUMO仿真器的路口通行实验

SUMO是一款开源免费的交通系统仿真软件,可以模拟出不同交通场景下的交通流。本小节在SUMO仿真器中构建了强化学习的训练和测试环境,用于验证所提出的方法。

7.4.2.1 训练场景设计

路口通行训练场景为图7-4所示的双向四车道十字形交叉路口。在此场景中,由算法控制的车辆称为主车,其他车辆称为环境车。其中,环境车由可调整的随机交通流生成并管理,其行为由SUMO仿真器的自动驾驶行为管理器控制。主车置于y轴正方向距离路口10m位置处,在其他方向上部署随机交通流。在行驶过程中主车会跟踪路径,不会做出变道行为。用于训练随机交通流生成方法为:首先在各个方向上选取环境车辆出生点,出生点位于车道中心,到路口的距离在40~50m之间,根据路段长度适当调整。环境车辆的生成间隔一定的时间,间隔时间为随机变量,服从[0,12]区间上的均匀分布。环境车辆的最高速度设定为40km/h,当没有受阻塞时能够达到最大速度。环境车辆在行驶过程中,会对跟车速度和距离进行控制,其算法结构与IDM(Intelligent Driver Model)基本一致。任意环境车辆只感知其他环境车辆,避免碰撞,但并不会对本车做出任何避让行为。环境车辆在到达路口时会随机地决定转向的方向,其行为的随机性可以通过设置随机种子数调整,若使用相同的随机种子,则能够获得一致分布的随机行为。

7.4.2.2 试验结果

针对本小节中所提出的安全层网络,首先用随机策略采集数据用于安全层网络的预训练,训练曲线如图7-8所示。

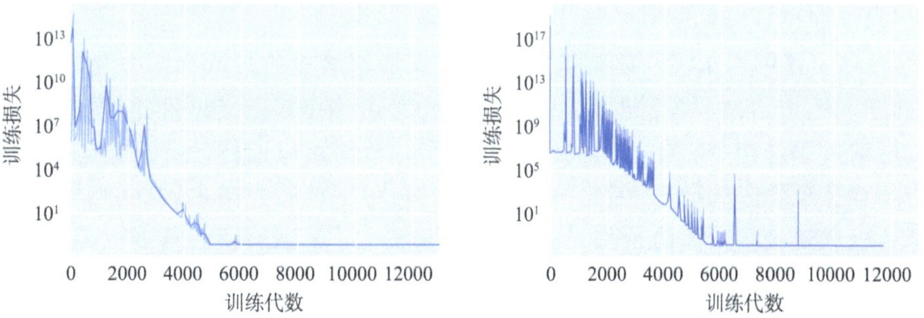

a) 左转任务的安全层网络训练曲线　　b) 多任务的安全层网络训练曲线

图7-8 安全层训练曲线

本节对比了SAT算法、IDM跟驰模型控制方法和目前SUMO环境下的最佳性能(State Of The Art,SOTA)方法的试验结果,在十字路口场景的稠密交通流中完成左转、直行和右转三个任务所展现的不同性能,具体性能指标的比较见表7-1。

强化学习方法与传统控制方法性能对比　　表7-1

场　景	控 制 器	成功率(%)	平均通行时间(s)	最大速度(km/h)
左转	SAT 方法	**97.1**	9.40	**32.36**
	SOTA 方法	96.9	12.37	—
	IDM	73.40	**8.51**	32.08
直行	SAT 方法	**100**	**5.21**	**32.36**
	SOTA 方法	**100**	5.29	—
	IDM	**100**	5.51	31.97
右转	SAT 方法	**99.5**	**6.62**	27.32
	SOTA 方法	96.3	7.47	—
	IDM	97.3	8.47	**31.00**

通过表7-1结果分析可以得出,无保护左转路口通行人工干预率(碰撞率)小于3%,在相同交通信号控制下相较传统IDM方法碰撞率降低20%以上。而对于右转任务,在成功率相比IDM方法提升了2.2%的同时,通行时间缩短了1.85s,意味着通行效率提升了20%以上;在左转和右转任务中,SAT方法的通行效率相比于SOTA方法分别提升了24%和11%,三个任务的平均通行效率提升了约12%。

7.4.3 基于CARLA仿真器的路口通行试验

在SUMO仿真器中部署的试验能够与目前的SOTA算法进行直接对比。但SUMO仿真器并未考虑真实的车辆动力学模型,并且在车辆换道时采用了离散车道的设置。这一特点造成了两方面不足,首先是有可能导致车辆坐标突变,从而与真实物理系统的不一致,第二是无法考虑车辆控制过程中相对车道中心线的运动,无法考察有扰动误差情况下的算法性能。CARLA仿真器是Intel实验室联合巴塞罗那自治大学计算机视觉中心,开放的自动驾驶仿真环境,考虑了更加完善的车辆动力学和真实物理世界渲染,因此,将SUMO试验向CARLA仿真器中进行迁移,从而进一步验证算法在路口通行场景下的性能表现。

7.4.3.1　轨迹规划和车辆控制

CARLA仿真器中对车辆的控制指令为加速或制动踏板的开度和归一化的转向盘控制量,而强化学习模块给出了车辆的高层行为决策,因此,中间需要规划控制模块将强化学习输出的高层速度跟踪指令转化为车辆的控制动作。针对路口通行任务,在车辆行驶的过程中不考虑车辆换道驾驶的行为,因此,每个车辆在确定了转向方向之后,就能根据地图信息确定一条可行驶轨迹。依照这条预先确定的行驶轨迹对车辆的转向角进行控制,强化学习的策略网络输出车辆当前的纵向速度跟踪控制动作。

7.4.3.2　训练场景设计

在强化学习训练的过程中,环境交通流的设置对于训练效果有决定性的影响。针对路口通行的智能驾驶任务,交通流主要有两方面的设计内容,首先是环境车辆在行驶过程中面对交互场景会产生的决策行为,另一方面是交通流中的车辆分布或生成条件。针对交通流中车辆的行为策略,本节采用了一种自动紧急制动(Automatic Emergency Braking,AEB)的方法，即针对车辆车身坐标系正前方一定距离的区域内进行障碍物检测，如果发现存在其他车辆，则对本车采取制动措施，从而避免碰撞的发生。针对交通流的车辆生成问题，车辆的行驶轨迹由车辆行驶的转向方向确定，在行驶过程中由横向控制器对轨迹进行跟踪。由于车辆采取了 AEB 的行驶策略，在整个行进过程中始终保持固定的车速，因此，在设定车辆的生成规则时，需要确定车辆的行驶速度和间距，从而保证交通流具有一定的密度和速度范围分布。本小节选取了 CARLA Town03 地图中的十字路口作为训练和测试场景，如图 7-9 所示。本试验中所选取的十字路口的车道方向与全局惯性坐标系的 x 和 y 轴分别固连。环境交通流的起点分别设置为 $+x$，$-x$ 和 $-y$ 方向的车道上，生成点距离路口区域 40～50m 不等，该距离小于所在道路实际长度，生成点位于车道中心线上。主车生成点位于 $+y$ 方向的车道上，距离路口区域的距离为 10m，实际所在车道根据转向任务的不同而分别选取该路段上的左侧或右侧车道。在训练时，设置主车初始速度为 10.8km/h，沿车身向前。针对所选取的十字路口，在考虑主车生成点位于 $+y$ 方向的情况下，环境交通流有 4 个可选的生成点，分别位于 $+x$，$-x$ 和 $-y$ 方向的车道上。

图 7-9 路口通行任务的训练场景为双向四车道十字路口

左转任务的交通流在 $-y\_0$ 和 $-y\_1$ 两条道路上同时生成，$-y\_0$ 车道上的车辆直行，$-y\_1$ 车道上的车辆右转。$-y\_0$ 车道上生成车辆的分布定义为：车辆间距为[10m, 30m]上的随机分布，车辆速度为[10km/h,35km/h]上的随机分布；$-y\_1$ 车道上生成车辆的分布定义为：车辆间距为[10m, 30m]区间上的随机分布，车辆速度为[10km/h,35km/h]区间上的随机分布。

直行任务的交通流在 $-x$ 和 $-y\_0$ 两条道路上同时生成，$-y\_0$ 车道上的交通流车辆左转，$-x$ 车道上的交通流车辆直行。$-y\_0$ 车道上生成车辆的分布定义为：车辆间距为[10m,30m]区间上的随机分布，车辆速度为[10km/h, 35km/h]区间上的随机分布；$-x$ 车道上生成车辆的分布定义为：车辆间距为[10m, 30m]区间上的随机分布，车辆速度为[10km/h, 35km/h]区间上的随机分布。

右转任务的交通流在 $+x$ 道路上生成，$+x$ 车道上的交通流车辆右转。$+x$ 车道上生成车辆的分布定义为：车辆间距为[10m, 30m]区间上的随机分布，车辆速度为[10km/h, 35km/h]区间上的随机分布。

7.4.3.3 基于随机过程的交通流设计方法

为了提升强化学习智能体的泛化性能，可以考虑尽可能扩大训练交通流的参数分布范围。随着目标速度等参数的范围扩大，交通流内部可能出现冲突问题，即后车的速度比前车快，在行驶过程中受到前车阻塞而减速，不能达到预设的目标速度。

针对车辆速度分布偏移的问题，本小节基于随机过程提出了一种交通流参数随机生成的方法，使交通流的参数分布尽量均匀，从而能够在训练阶段探索尽可能多的场景，同时能够削弱阻塞效应,避免车辆之间的相互阻塞,最终提升训练效果。如前面所述,车辆速度和间距为一定区间上的随机分布,但每个时刻的分布概率密度函数仍然可能存在差别,其确定方法可以由一个随机过程来确定。此外,本小节提出了一种基于奥恩斯坦-乌伦贝克过程(Ornstein-Uhlenbeck process,OU 过程)的交通流参数生成方法。该方法利用了 OU 过程的特点,一方面能够使特点参数的最终分布概率密度函数接近高斯分布,同时也能够限制同一参数在前后相邻时刻的差别不会过大,这样的参数设计,能够更好地满足交通流参数生成的需求。OU 过程是一种随机过程,其随机差分方程(SDE)形式为:

$$dX_t = \theta(\mu - X_t)\,d_t + \sigma dW_t \tag{7-23}$$

其中,$\theta,\sigma>0$,W_t 表示维纳运动,μ 表示随机变量的期望。其常微分方程(ODE)解析解可以求得:

$$X_{t+\tau} = (1-e^{-\theta\tau})\mu + X_t e^{-\theta\tau} + \sigma\int_t^{t+\tau} e^{-\theta(\tau-s)}\,dW_s \tag{7-24}$$

其中,右侧第一项表示采样值围绕均值附近的回归,第二项表示初始时刻的状态的影响,最后一项表示随机运动的累积影响。ODE 转换为离散形式则得到自回归过程:

$$X_{t+\tau} = A + BX_t + C\varepsilon_{t+\tau} \tag{7-25}$$

其中:

$$A = (1-e^{-\theta\tau})\mu, B = e^{-\theta\tau}, C = \sigma\int_t^{t+\tau} e^{-\theta(\tau-s)}\,dW_s \tag{7-26}$$

从 SDE 和 ODE 可以看出,OU 随机过程具有两个主要特点,第一是基于高斯噪声进行探索,最终得到的累积概率密度分布满足高斯分布;第二是探索过程考虑了“惯性”,也就是后一时刻的采样值在前一时刻的采样值附近波动,从而避免了采样值的巨大波动,一个典型的 OU 过程如图 7-10 所示。

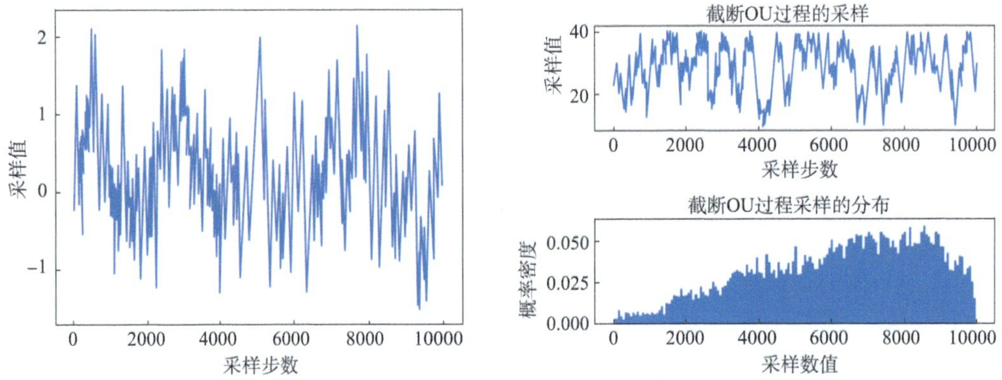

图 7-10 原始的与截断的 OU 过程

OU 过程的特性对于交通流参数生成问题有显然的帮助,其高斯分布的特性,通过合理选取分布参数,能够尽量遍历参数的目标区间,从而实现相对充分的探索;其“惯性”特性能够使前后相邻生成的车辆之间参数变化范围相对缩小,使用 OU 过程确定车辆目标速度时,能够避免后车目标速度远大于前车目标速度,从而出现后车受前车阻塞的情况。但是原始定义的 OU 过程在整个实数域内采样,在实际问题中需要在指定区间上进行采样,因此,需要约束随机过程的上下界。针对受限随机过程,本小节采用了一种简化的处理。考虑随机过程到区间边界附近时，下一次采样有可能超过边界范围，此时采用一种类似“反射”的方式处理，其计算方式如下。

算法　基于硬约束 OU 过程的交通流参数采样算法

1：使用式(7-25)初始化 $\hat{X}_{t+\tau}$

2：Loop

3：使用式(7-23)对 $\hat{X}_{t+\tau}$进行采样

4：检查 $\hat{X}_{t+\tau}\notin[x_{\mathrm{l}},x_{\mathrm{u}}]$

5：EndLoop

其中，$\hat{X}_{t+\tau}$表示 OU 过程的一次采样，x_{l}，x_{u} 分别为采样区间的上下边界。也就是当且仅当采样范围满足区间约束时，接受该采样的值，否则，就重新随机采样。如果直接截断超过边界的部分而使用边界值代替，会造成边界点上的概率密度函数累积过大，而采用这种方式，可以直观理解为超过边界的采样值被“反射”回了允许的区间内，从而获得了更加均衡的概率密度分布。

本小节中所使用的截断 OU 过程，在最终的累积采样概率密度分布上能够接近高斯分布，同时又能具备原始 OU 过程的“惯性”优点。将截断 OU 过程和几种原始的随机过程进行比较，如图 7-11 所示。可见，截断 OU 过程在最终的分布上能够接近高斯分布而且保留了“惯性”特性，而且本小节所采用的截断方法能够很好地解决直接截断时造成的边界点上概率密度过大的问题。

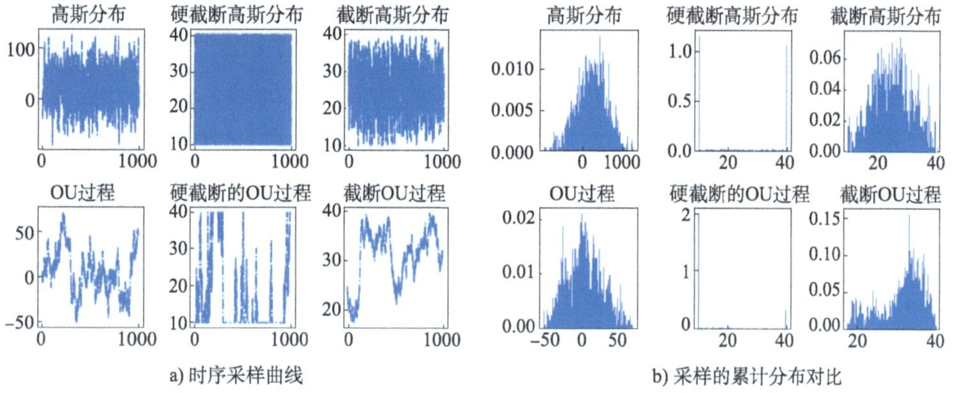

图 7-11　截断 OU 过程与其他随机过程对比

当确定了环境车辆的目标速度之后，另外一个需要确定的参数是后一个时刻生成的车辆与前一时刻生成车辆之间的间距。在这一参数的设置上，本小节直接给出一个先验的假设，总体上若一个车辆的速度越快，则距离前车的间距也就越大，这一假设符合实际道路上的车辆行驶的规律，同时对于速度相对更快的车辆，保留更大的间距也能够在一定程度上降低车辆堵塞的可能性。由此，考虑在车辆间距与目标速度之间建立形成线性映射：

$$V:[\alpha_V,\beta_V]\rightarrow D:[\alpha_D,\beta_D] \tag{7-27}$$

其中，V 和 D 分别表示速度和距离的采样区间；α 和 β 表示区间的边界。从而对于任意的采样得到的目标速度，能够得到一个对应的距离映射值：

$$\hat{D}=\alpha_D+\frac{\hat{V}-\alpha_V}{\beta_V-\alpha_V}(\beta_D-\alpha_D) \tag{7-28}$$

通过这个映射值，根据前述分析，可以使用截断高斯分布来采样一个实际的车辆距离值。而这个距离的映射值，则可以作为截断高斯分布的均值。截断高斯分布是受限区间上的高斯分布，其概率密度分布可以写作：

$$\psi(\bar{\mu},\bar{\sigma},a,b;x)=\begin{cases}0 & x\leqslant a\\ \dfrac{\phi(\bar{\mu},\bar{\sigma}^2;x)}{\Phi(\bar{\mu},\bar{\sigma}^2;b)-\Phi(\bar{\mu},\bar{\sigma}^2;a)} & a<x<b\\ 0 & b\leqslant x\end{cases} \tag{7-29}$$

截断高斯分布直观上可以理解为高斯分布将超出区间范围两侧的概率密度分布“补充”到了区间内。在根据线性映射关系确定了目标间距之后，可以确定截断高斯分布的均值，其另一个参数方差可以根据区间范围参数确定。对于截断高斯分布，不妨假设区间范围是 n 倍的方差，即：

$$\beta_D-\alpha_D=n\sigma \tag{7-30}$$

由此可知，n 在一定程度上反映了概率密度分布曲线的平滑程度。例如，当给定不同的目标速度区间时，令 $n=3$，使用截断高斯分布采样车辆间距，可以得到概率密度直方图如图 7-12 所示。

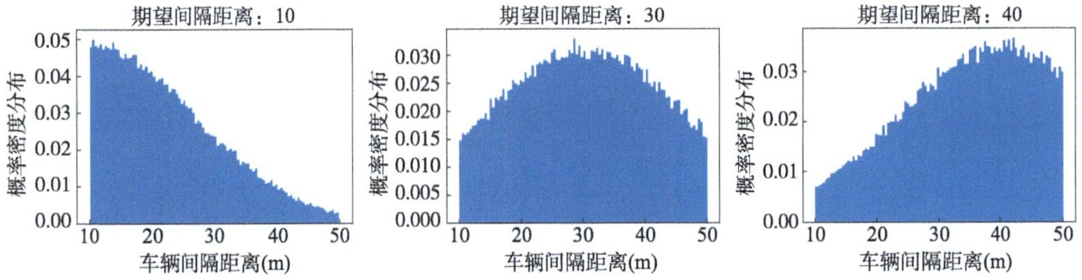

图 7-12　基于截断高斯采样的车辆间距参数概率密度直方图

基于以上所提出的交通流参数确定方法，在实际的训练过程中使用该方法生成了环境交通流，首先采样后一时刻的车辆目标速度，然后根据采样得到的目标速度确定车辆间距的分布，再从这个分布中采样得到该车辆与前一车辆的间距。在单次训练中所记录的交通流参数采样结果如图 7-13 所示。

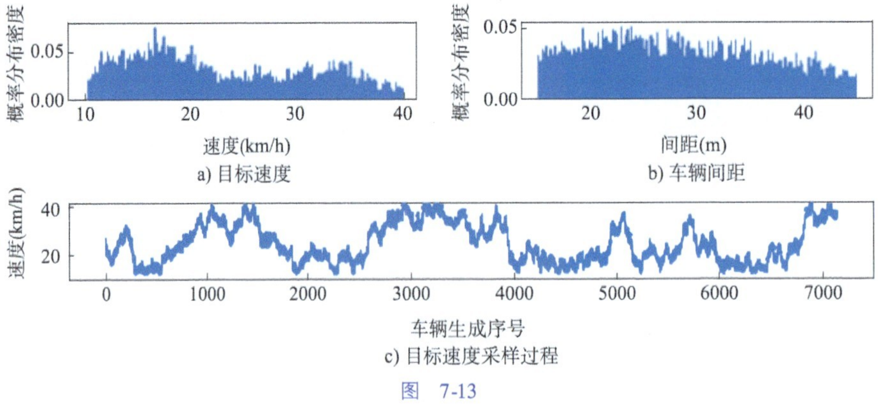

图　7-13

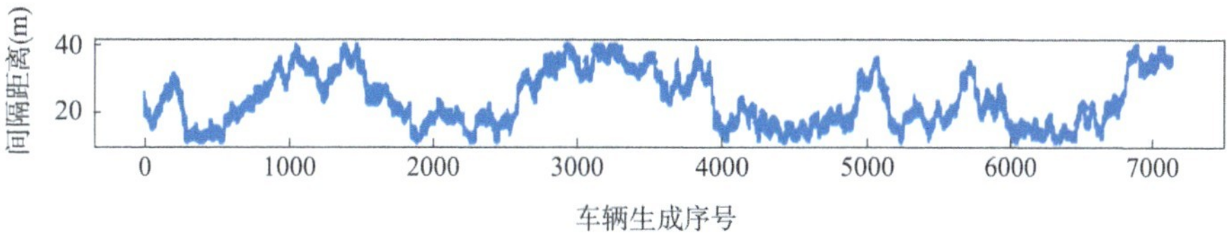

d) 车辆间隔距离的取值

图 7-13 单次训练中的交通流参数采样分布:起始方向 $-y\_0$,车辆生成总数为 7140

7.4.3.4 测试场景设计

类似训练场景的设计方式,本小节提出了测试场景的构造方法。在所选定的交叉路口场景下,在 $+x$, $-x$ 和 $-y$ 方向的车道上部署环境交通流。正如前面所讨论的,交通流设计主要包含两方面的设计内容。交通流的设计规则首先是生成规则。在测试场景中,通过车辆的生成间隔时间来控制交通流的密度。在每个车道上设置交通流起始点并开始连续生成车辆,车辆生成之间的时间间隔为[5s,10s]区间上的均匀分布。同时,还需要引入额外的距离规则,以避免车辆在生成时发生碰撞。具体而言,就是当最后生成的车辆距离原始车辆生成点的距离大于 3m 时,才执行车辆生成的操作。交通流设计原则的另一方面,是交通流车辆在交互过程中的行为模型。为了能够更好地产生可泛化且能够满足测试需求的交通流,测试场景中使用了 CARLA 仿真器内部提供的 AutoPilot 模块进行车辆行为控制。CARLA AutoPilot 是一种基于规则的车辆控制架构,通过一系列可自定义的行为参数,对车辆行驶中的行为进行定义。这些可定义的参数中包括期望行驶速度、相对测试车辆的碰撞检测率和最小跟车距离等。在测试场景中,期望行驶速度设置为[45km/h,55km/h]区间上的随机分布,同时设置交通流生成的车辆对测试车辆的碰撞检测概率设为零,也就是不会主动避免与测试车辆的碰撞,从而构造出更加严苛的测试环境。

测试过程中,在 CARLA 仿真器 0.9.11 版本中搭建测试场景(图 7-14),根据所述的设计方法对测试场景进行初始化,测试车辆与目标车辆均由程序控制,其中目标车辆按照场景既定规则运行,由规划、控制模块输出车辆控制量至目标车辆,算法输入、输出均为测试车辆目标速度,由规划、控制模块输出车辆控制量至测试车辆。统计测试过程中测试车辆成功率和通行效率。路口通行任务的成功率计算方式为:成功率 = 成功通过次数/总测试次数,一次测试中,若测试车辆与环境车辆发生碰撞,则判定为碰撞风险无法避免,需要人工接管才能避免碰撞;若车辆超过场景允许最大通行时间,则认为车辆无法找到最佳通行时机,需要人工接管才能通过。通行效率的比较方法为:统计测试车辆在全部测试场景中成功通行情况下的通行时间,与基于智能驾驶模型的方法进行对比,若平均通行时间少于基于智能驾驶模型,则认为通行效率高于传统控制方法。

7.4.3.5 试验结果分析

1)强化学习训练过程分析

针对不同的路口通行任务,即左转、右转和直行任务,根据任务的转向分别进行训练。由于训练阶段交通流是交替出现的,因此,在同一个训练任务中,智能体需要同时学习并适应不同方向的交互车流。以左转任务为例,主车需要完成路口左转任务,此时包含的逻辑场景有 2 种,第一种是对向连续交通流车辆直行,第二种是对向连续交通流车辆右转。此时主车在训练过程中,需要避让两个方向上可能出现的车辆,从而提升了网络的泛化能力和训练效率。图 7-15 ~ 图 7-20 分别展示了主车在左转、右转和直行三类任务中的强化学习训练曲线和交通流参数生成过程。首先是强化学习智能体的累积奖赏曲线以及智能体在训练场景中的成功率，可以看到三组训练任务中都能较快收敛，如图 7-15 所示。此外，还可以看到在每个完整的训练过程中交通流的参数生成过程，在左转和直行任务的训练中，由于同时存在两个方向上的交互交通流，因此，均有两组随机交通流参数生成曲线。可以看到，在训练过程中，交通流参数能够较均匀地覆盖目标参数范围。

图 7-14　交叉路口通行测试场景

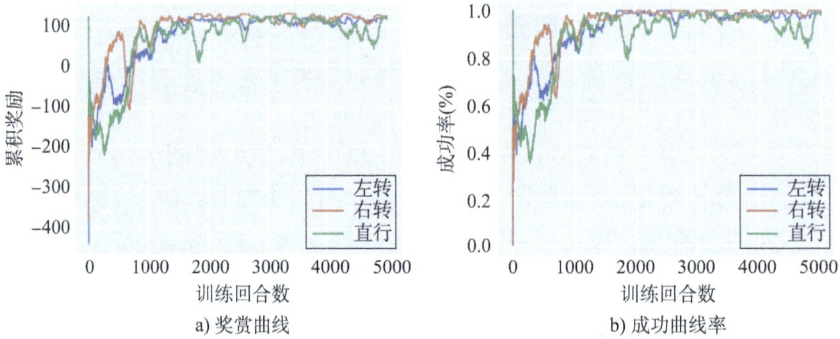

图 7-15　全部任务的强化学习训练曲线

针对本章所提出的方法，在 CARLA 环境下也开展了消融试验，对比不同算法模块对于智能体实际训练效果的影响，训练曲线如图 7-18 和图 7-19 所示。图 7-18 展示了左转任务下的消融试验效果，其中 TD3 算法作为基线方法提供了对比的基准，可以看到由于安全层网络的引入，智能体在训练过程中获得了更快的收敛速度。且随着训练代数超过 3000，智能体的训练趋于收敛状态，引入了注意力机制和安全层网络的智能体获得了相对更优的表现。而注意力机制的引入，在训练过程的初期带来了较大的波动，单随着训练过程逐渐收敛，能够看到注意力机制对于智能体性能的提升作用。图 7-19 中展示了多任务强化学习的训练过程，可以看到在多任务场景下，几种不同设置的智能体训练也有着类似的规律，而由于右转和直行任务的引入，总体上的任务训练难度有所降低，因此，获得了更加平缓的训练曲线。通过消融试验的效果，可以看出本章所提出的算法设计方法能够改善强化学习的训练过程和效果。

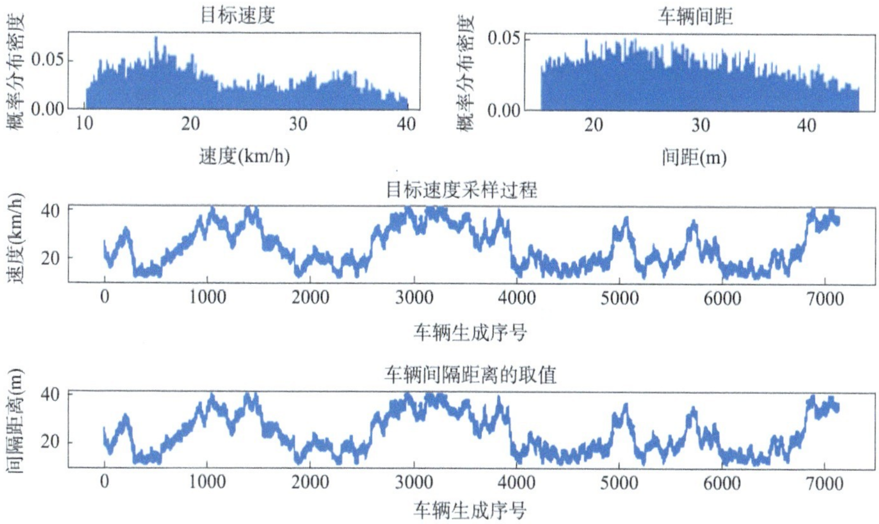

a) 直行环境车辆参数生成过程：起始方向-y_0,车辆生成总数为7140

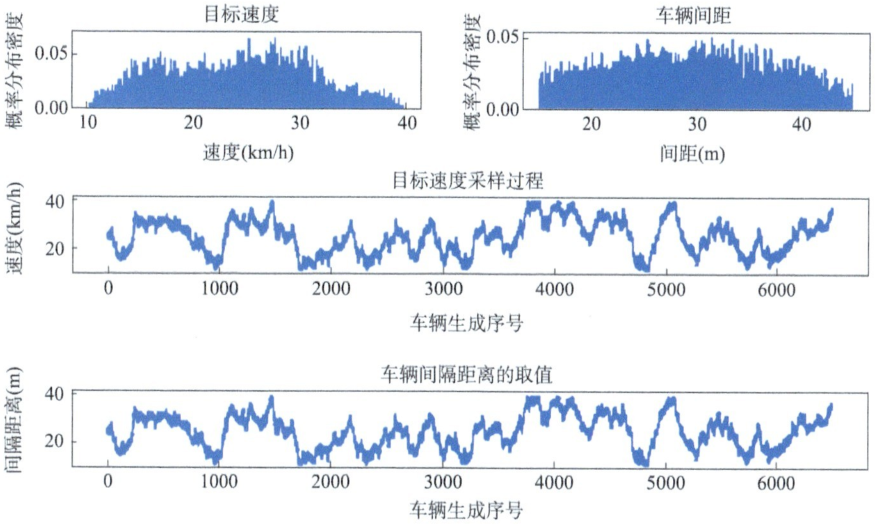

b) 右转环境车辆参数生成过程：起始方向-y_1,车辆生成总数为6510

图 7-16　左转任务的交通流参数生成过程

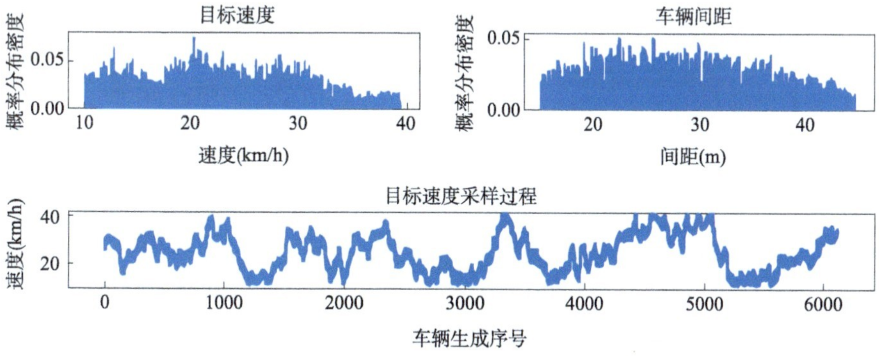

图　7-17

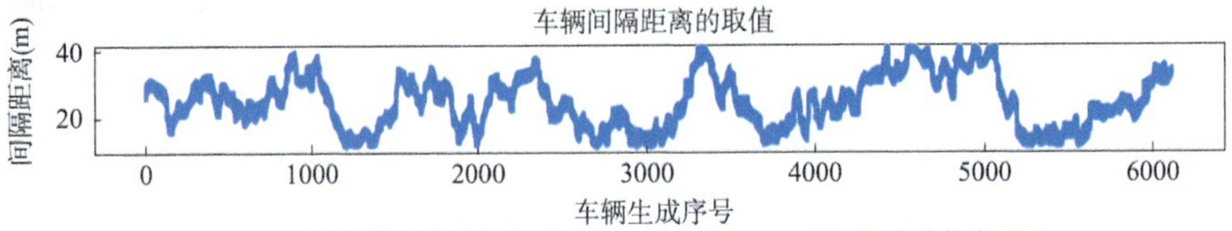

a) 直行环境车辆参数生成过程：起始方向$-x$，车辆生成总数为5989

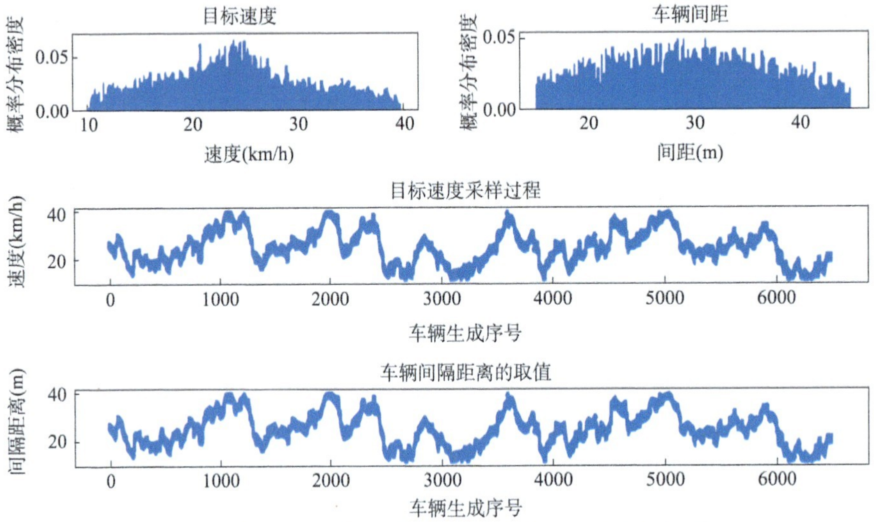

b) 左转环境车辆参数生成过程：起始方向$-y_0$，车辆生成总数为6070

图 7-17　直行任务的交通流参数生成过程

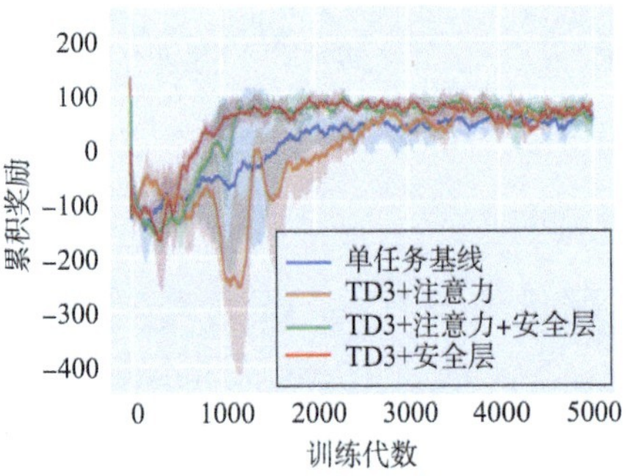

a) 奖赏曲线

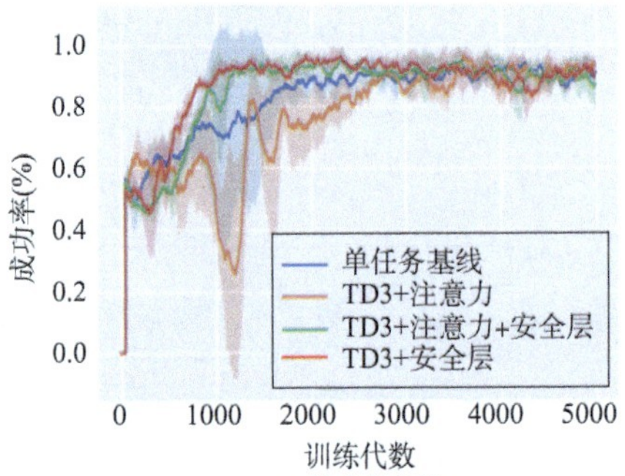

b) 成功率曲线

图 7-18　左转任务的强化学习训练曲线对比

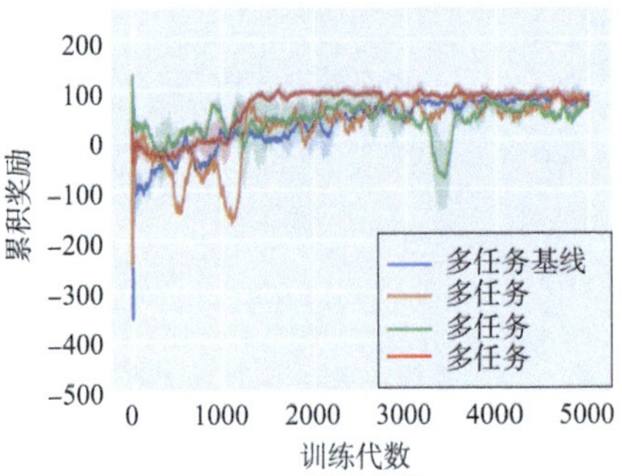

a) 奖赏曲线

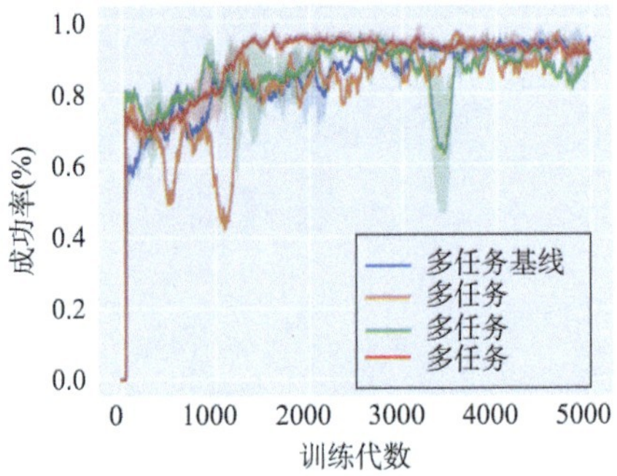

b) 成功率曲线

图 7-19　多任务的强化学习训练曲线

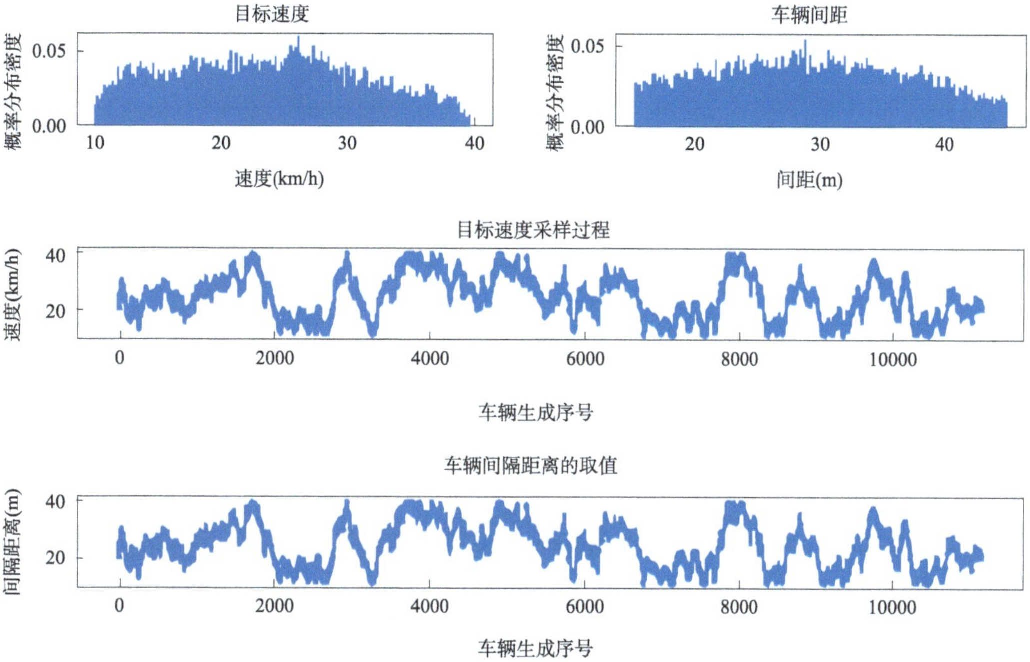

图 7-20　右转任务的直行环境车辆参数生成过程：起始方向 $-x$，车辆生成总数为 11187

2）测试结果

在 CARLA 中所部属的场景下运行测试程序，得到测试结果见表 7-2。在表中可以看到消融试验的结果，在所提出的测试场景中，本小节所介绍的算法能够取得比其他方法更优的效果。首先在平均成功率上，能够体现出安全层网络的优势。安全层网络能够针对每个时间步上策略网络产生的动作进行安全修正，尽量避免碰撞的发生，从而提升车辆行驶的安全性。同时可以看出，随着注意力机制的引入，尽管在训练的波动程度上有所增加，但是注意力机制同样能够提升算法的训练效果。同时，安全层网络也将多任务框架与单任务框架进行了比较，可以看到多任务框架下的安全强化学习方法能够适应不同的任务，并且在消融试验上同样能够体现出所提出方法的有效性。

CARLA 环境下的测试结果　　表 7-2

任务框架	算法	平均成功率(%)	平均通行时间(s)
单任务	随机策略	37.5	14.5
	随机策略 + 安全层	39.4	15.2
	TD3	88.6	13.0
	TD3 + 安全层	89.1	11.7
	TD3 + 注意力	81.8	11.6
	SAT(所提方法)	89.6	10.5

续上表

任务框架	算法	平均成功率(%)	平均通行时间(s)
多任务	随机策略	63.1	13.4
	随机策略+安全层	63.6	13.5
	TD3	88.1	11.2
	TD3+安全层	88.5	8.8
	TD3+注意力	88.0	8.3
	SAT(所提方法)	91.2	9.6

7.4.4 算法复杂度分析

7.4.4.1 时间复杂度

评估神经网络模型时间复杂度的常用指标是浮点数运算次数(floating point operations, FLOPs)。针对本小节提出的算法,可以得到其各模块和总计的 FLOPs,见表 7-3。

时间复杂度分析　表 7-3

网络模块	浮点数运算次数	网络数量	单类总计	合计
Actor 模块	260608	2	521216	2581248 FLOPs (2.58×10^{-3}G FLOPs)
Critic 模块	252416	4	1009664	
安全层网络	1050368	1	1050368	

7.4.4.2 空间复杂度

评估神经网络模型空间复杂度的常用指标是训练参数量。针对本小节提出的算法,可以得到其各模块和总计的参数数量,见表 7-4。此外,本小节开展试验所使用的平台配置见表 7-5。

空间复杂度　表 7-4

网络模块	单个网络参数个数	网络数量	单类总计	合计
Actor 模块	2277312	2	4554624	5592717
Critic 模块	127427	4	509708	
安全层网络	528385	1	528385	

试验平台　表 7-5

中央处理器	Intel Xeon(R) CPU E5-2620 v4 ×2
图形处理器	NVIDIA GeForce RTX 2080ti ×4
系统内存	128GB
操作系统	Ubuntu16.04LTS

本章提出了一种基于注意力机制和多任务框架的安全强化学习决策控制方法,称为

SAT 算法。针对安全约束的设计,SAT 算法采用了基于瞬时碰撞时间的定义方式,能够较准确地描述在交叉路口场景下车辆之间碰撞的发生情况。同时,在 SAT 算法的策略网络中,引入了注意力机制,用于改进算法性能并提高可解释性。此外,本章还将所提出的算法扩展到了多任务的训练框架之下,使得 SAT 智能体能够同时对不同任务的动作价值进行预测,从而能够同时对不同的通行任务进行训练。最后,本章在 SUMO 和 CARLA 仿真环境下部署了训练和测试场景开展试验。试验结果证明,SAT 方法在平均成功率和平均通行时间上都具有优势,在 SUMO 环境中超过了当前的 SOTA 方法,同时在 CARLA 环境下提供了一组算法性能基线。

CHAPTER 8

第8章 智能驾驶的多场景通行策略

大部分自动驾驶领域的强化学习研究均集中在单一固定场景下开展,多场景通行的决策控制以及性能均衡问题尚且涉足不多,总体思路是从研究任务分解或者值函数分解的角度进行探索,如文献[64]将值函数分解类型的分层强化学习算法应用到城市路口环境决策场景上,其将一个具有双车道直行主路和单车道汇入诸如汇车场景下的决策值函数分解为双车道直行以及单车道交汇场景两部分值函数的组合形式,通过单独训练两个子策略来解决两个子场景问题,从而得到两部分值函数,最终在面对更大场景问题,利用组合形式生成的值函数指导策略生成,该方法对于问题的设定以及问题分解的形式都比较简单,很难将其推广到更多实际场景中。文献[65]提出一种分层强化学习算法和模仿学习算法的结合方法,其同样希望在驾驶中实现安全性和效率性的均衡。在该文章的分层架构中,底层由模仿学习算法从专家数据中学习得到行为策略,并通过上层强化学习算法进行选择。该方法主要的问题在于底层策略通过模仿学习训练引入了模仿学习自身存在的诸多问题导致性能不高,另外上层强化学习算法进行切换策略训练时也未考虑到如何优化切换策略,防止过于频繁地切换决策引起整体性能下降。综合来看,目前基于任务分解和值函数分解等手段是实现实际复杂多场景问题性能均衡的一个思路,但仍然有需要研究的地方。例如,如何对任务进行分解而不至于过于局限于相关任务而具有一定通用性。又如,如何实现高效率的切换,真正做到综合性能优于切换的宏动作或子策略。本章主要研究多复杂场景下的驾驶决策问题,针对城市复杂交互场景单一强化学习策略设计较难做到性能最优的问题,综合运用风格奖赏设计以及场景分解和分层强化学习算法,对以上问题进行研究。

8.1 分层强化学习原理

分层强化学习(Hierarchical Reinforcement Learning)简称为 HRL,主要思想在于将一个完整的强化学习任务分解为多个子任务或者子策略使得问题得到简化。由于分层结构的引入,对于更高一层的策略来说,具有了一定的问题抽象能力,因此底层的策略也更加关注简单的问题。如果上层策略的决策时间间隔大于底层策略时间间隔,那么其还具有了时间抽象的能力。综合来说,分层强化学习相比强化学习具有更强的迁移能力、适应更大规模的问题、更好的抽象和表示能力等优势。

对于分层强化学习来说,分层机制通过对状态空间和动作空间分割划分,可以有效避免传统强化学习的维度灾难问题,另外通过多种技能组合的方式训练得到的智能体在面对新环境时更易保留部分有用技能,以实现更好的环境迁移性能。对于复杂城市驾驶场景来说,存在道路几何形状、车流密度、限速、路口与非路口等区别,同一套驾驶策略难以适应不同情况的挑战,因此,同样需要多策略分层架构。具体而言,按照分层的方式或分层的上下级关系,分层强化学习可以分为三类技术路线,其中一类称为基于特定问题的分层强化学习,即上下层级的抽象划分需要依赖专家外部知识或者环境中特定的任务结构,上层策略为下层策略指定任务目标,经典工作如封建网络(Feudal)、分层抽象机(Hierarchies of Abstract Machines,HAM)以及 MAXQ 分层强化学习。另一类称为基于 Option 的分层强化学习,上层策略在不同底层策略间切换实现整体策略最优,这种切换方式可以称作时间抽象。这方面的经典工作如 Sutton 等人在 1999 年提出的 Option 概念,以及 Bacon 等人 2017 年提出的 Option-Critic 框架。最后一类为基于目标依赖的分层强化学习,主要做法是选取一定的目标,使智能体向这些目标训练,这种方法的难点在于选取合适的目标。

8.1.1 基于特定问题的分层强化学习方法

封建网络(Feudal)[66]于 1992 年提出的较早期的多级分层控制方法,其思想来自封建等级制度,封建模型的最上层为管理者,基于抽象的状态空间为下一层级的工人来分发任务,当下一层级的工人成功执行接收到的任务命令后会获得奖赏。不同层次的控制遵循两个原则:①奖赏隐藏,即只要工人满足上一层级管理者的任务即可获得奖赏,其他层级的奖赏对于该工人均是隐藏的,工人的目标为完成其直属上级分发的任务;②信息隐藏,即低层级的工人不知道上层的管理者给其直属上级定的任务及目标,即低层级工人不用知道高层级管理者之间的信息,只了解直属上级分发的任务信息。封建网络是一种可解释性较高的方法,不足在于只能用于解决一类状态空间可以被整齐地划分的特定问题。

HAM 方法[67]发表于 1997 年,其核心思想是通过先验知识设计状态机来降低 MDP 复杂度,再求解简化 MDP 的最优策略。这里引入了状态机的几种状态:①Action state,即选择原始动作与环境交互;②Call state,即调用另一个状态机;③Choice state,即非确定地选择当前状态机的下一状态;④Stop state,即终止当前状态机,返回到调用的地方。将环境状态和状态机状态增广为新的状态空间,利用封建网络方法学习当前状态机下可以获得最大化收益的策略。HAM 方法需要依赖专家知识来设计状态机,在面对复杂问题时,状态机的设计将变得非常困难。

MAXQ[68]是一个值分解的分层框架,通过对任务进行值函数分解可获得多个子任务,每个子任务对应一个 MDP。MAXQ 分解由两类节点组成:①Max 节点定义了分解过程中不同的子行为;②Q 节点用来表征每一个子行为的不同操作,与当前子任务有关。Max 节点与 Q 节点的不同使得 Max 节点可以在不同子任务间共享。与 HAM 类似,MAXQ 的值分解也需要依赖专家知识,同样限制了其应用范围。

8.1.2 基于 Option 的分层强化学习方法

基于 Option 的分层[69]强化学习,也是分层强化学习领域最主流的方法之一。概括来说,Option 框架是一种时间扩展形式的决策框架,一个 Option 可以指代一件事、一个动作等,因此,Option 是对传统强化学习中动作的概念扩展,其既可以是原始意义上的动作,也可以是一个动作序列,例如 Option 用来表示开门这件事,其会包含开门的策略:到达门边、握住门把手、旋转打开。时间扩展的意思是说智能体保持执行 Option 的状态不变。由于 Option 带有对时间的扩展,因此,在做决策时还需要决定何时终止该 Option。

关于带有时间变量的决策属于半马尔可夫决策 SMDP(Semi-Markov-Decision-Process, SMDP)范畴,作为 MDP 的扩展,SMDP 用于对随机控制问题进行建模,SMDP 的每个状态都具有一定的持续时间,并且持续时间为一个连续随机变量。SMDP 可以定义为如下六元组形式 $<\boldsymbol{S},\boldsymbol{A},\boldsymbol{P},\tau,R,\gamma>$,其中 τ 表示每个状态的持续时间,也可表示每个状态下动作的执行时间。相应地,SMDP 的状态转移函数由 $P(s'|s,a)$ 变为 $P(s',\tau|s,a)$,奖赏函数 $R(s_t,a_t)$ 表示在状态 s_t 执行动作 a_t 后持续时间 τ 下的累计奖赏,SMDP 设定下的贝尔曼方程可以表示为:

$$V(s)=r(s,a)+\sum_{s',\tau}\gamma^{\tau}P(s',\tau|s,a)V(s') \tag{8-1}$$

Option 框架对连续时间值 τ 进行一定简化,在选择某个 Option 后的每个离散时间对动作是否继续执行进行判断,因此,Option 框架是一种介于离散时间 MDP 和连续时间 SMDP 中间的决策框架,如图 8-1 所示。图中一条完整轨迹代表一个完整的决策过程,每一个实心或空心圆点代表一次决策动作,因此,可以直观看出 SMDP 与 MDP 的区别是每次决策时间间隔为一个变量而非固定间隔。而 Option 框架介于两者之间,空心圆点代表 Option。其每次决策时间间隔虽然也为一个变化量但它是离散时间间隔的倍数。目前,基于 Option 框架的分层强化学习的研究重点包括发现 Option 子目标,发现宏动作及 Option 与元强化学习的结合等方向。目前,Option 框架的不足在于其很难扩展到有大量子行为的任务。此外,训练 Option 通常效率低下,因为通常一次只训练一个 Option,Option 之间没有共享机制。

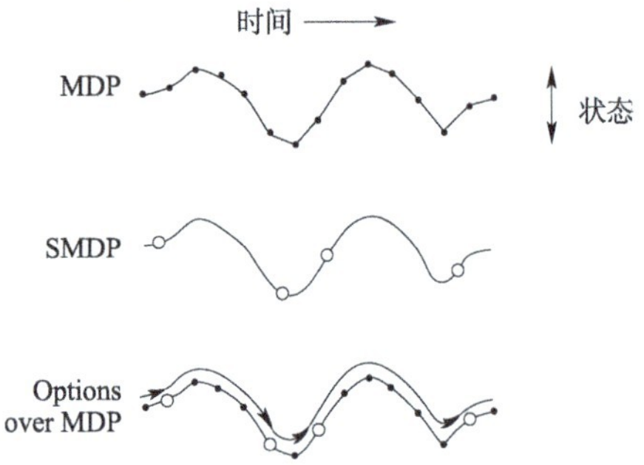

图 8-1 MDP、SMDP 与 Option 框架示意图

8.1.3 基于目标依赖的分层强化学习方法

基于目标依赖的分层强化学习[70]为了扩展至具有大量子行为的任务,利用一个目标向量来表示不同的子行为,当一个高层管理者激活一个子任务后,目标向量被用于跟下层的工人通信子行为。目标向量可以是离散的用于表达有限数量的抽象,也可以是连续的用于表达无限数量的可能的抽象。由于目标依赖的分层强化学习算法经常共享模块如状态表征等,一个目标的学习经验也会对其他相关的子目标有用,这使得基于目标依赖的分层强化学习算法在子行为之间的泛化性更强。对于目标依赖的算法,需要处理以下两个重要的问题:①目标的表示形式,如将原状态空间映射至更小的潜空间,当目标向量的空间维度太大时,训练出能够表达所有可能的子行为是很困难的,而当目标向量的空间维度太小时,有些行为可能无法使用所选择的目标空间来表达;②当子行为的表征形式确定后,需要处理如何对各种子行为进行抽样,使得训练更高效的问题。

8.2 基于分层框架的多风格驾驶策略切换

本节针对多复杂场景下的驾驶决策,分别设计了基于场景分类规则和基于 Option 的多风格策略切换分层框架。

8.2.1 基于场景分类的多风格切换策略

该分层框架的上层为基于规则的场景分类任务,底层为多风格驾驶策略。

本小节首先设计了保守、正常和激进三类驾驶风格的奖赏函数,基于强化学习训练不同风格的底层驾驶策略,进一步设计了基于规则的场景分类方法,针对场景类型的难易程度选择不同驾驶风格的底层驾驶策略。同时,为了提升紧急情况下的安全性,对驾驶策略输出的动作进行安全修正,即当主车同车道前方最近车辆距离小于安全距离时以及当路口最近车辆距离小于安全距离时输出最大减速度进行制动,以避免碰撞的发生。最终得到控制动作,整个流程如图 8-2 所示。

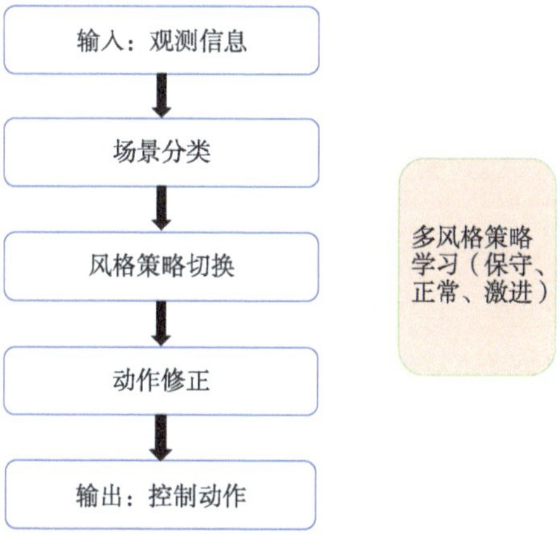

图 8-2 基于场景风类的多风格切换流程图

基于强化学习的多风格切换策略的设计,选用第 2 章介绍的 PPO 算法,算法的输入为一个 29 维的观察向量,其由三部分内容组成:主车自身状态、相同车道周围车辆状态以及交叉路口的非相同车道车辆状态。具体包括:主车距离车道中线距离、主车朝向与前方 10 个道路点朝向误差、主车速度、主车当前转角、相同车道最近其他车辆距离、相同车道最近其他车辆碰撞时间、相同车道最近其他车辆相对速度、交叉路口最近车辆相对位置、交叉路口最近车辆距离、交叉路口最近车辆碰撞时间、交叉路口最近车辆相对速度。动作空间为连续三维动作,包含有加速变量[0,1],制动变量[0,1],转向盘转角变量[-1,1]。

为了体现不同的驾驶风格,设计了不同侧重的奖赏函数以及针对不同底层策略的风格迥异的奖赏函数权重,如下:

$$\begin{cases} r_{\text{center}} = -1 \times \| \text{距离车辆最近的车道中心点的距离} \| \\ r_{\text{crash}} = -5 \end{cases} \tag{8-2}$$

$$r_{\text{lane}} = \begin{cases} 0.08 \times r_{\text{forward}}, \text{行驶在最空道路} \\ 0, \text{其他情况} \end{cases} \tag{8-3}$$

$$r_{\text{speed}} = \begin{cases} -\sum_{i=1}^{10} \text{v} \times w_i \times e_i, \text{直道} \\ -\sum_{i=1}^{10} \text{v} \times w_i \times e_o, \text{弯道} \end{cases} \tag{8-4}$$

$$r_{distance} = -5 \times (d_{safe} - d_{closest}) \tag{8-5}$$

其中，r_{center}代表沿车道中心线行驶的奖赏；r_{crash}代表碰撞带来的惩罚；r_{lane}代表车道选择奖赏，具体来说 r_{lane}用来鼓励车辆保持在一条其他车辆稀少的空车道上以快速行驶，空车道与否依靠主车与前方车辆距离来进行判断；$r_{forward}$代表了对于车辆前进的奖赏（如果没有此项可能导致最终训练得到的智能体为了保证安全不发生碰撞而停止前进），$r_{forward}$定义为归一化后的前后连续两个时间步内车辆前进的距离；r_{speed}代表最大速度惩罚，在定义中对其进行了直道和弯道两种情况划分。直道时，定义 e_i 为主车朝向与车道中心线朝向偏差，e_i 计算位置与10个离散位点一一对应。弯道时，只选择 e_0 进行计算，是为了鼓励车辆朝向尽量与当前转弯处朝向一致而与未来道路朝向无关。w_i 代表一系列权重系数，总共10个，该值随着距离增加不断下降以表示当前点附近对奖励占更大比重，其具体设定为[10.0, 9.8, 9.6, 9.4, 9.0, 8.4, 7.4, 5.8, 3.2, 0.0]。这种奖赏设计方式的好处是，在直道情况下为了保持较高车速同时降低惩罚值，主车不得不尽量保持速度方向与道路朝向一致性。而在弯道情况下由于无法缩减朝向差异性，主车不得不采取降速策略。$r_{distance}$代表跟车安全距离惩罚，通过计算主车与前车距离 $d_{closest}$以及对应车速下的安全跟车距离 d_{safe}的差值得到，其中 d_{safe}的计算方式为 $d_{safe} = \left(\frac{v}{v_{limit}}\right) + 3$，$v_{limit}$为当前路段限速，$v$ 为主车速度。

基于以上奖赏项通过调整不同项之间的权重系数来体现不同的驾驶风格，三类驾驶风格的权重系数设计见表8-1。在底层策略训练阶段，首先在所有地图上训练一个PPO元驾驶策略，在此基础上进一步根据不同风格的奖赏权重系数和新的学习率在特定地图上训练三类风格的底层驾驶策略，如图8-3所示。

三类驾驶风格奖赏设计权重系数　　表8-1

驾驶风格	参数				
	r_{center}	r_{crash}	r_{lane}	r_{speed}	$r_{distance}$
保守	0.15	1	0	0.8	0.8
激进	0.1	1	1	0.5	0.8
正常	0.1	1	0.6	0.8	0

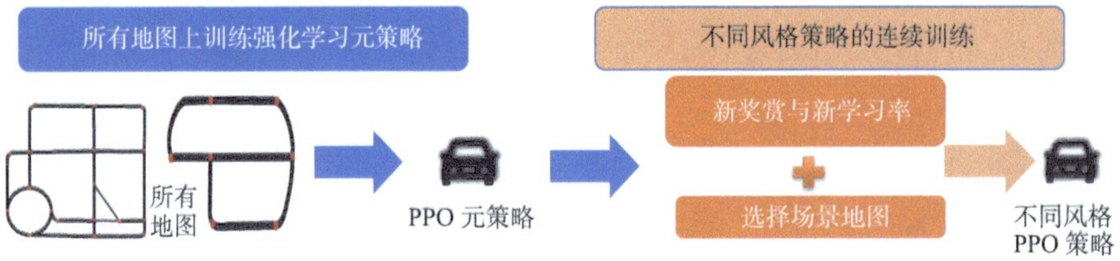

图8-3　多风格策略训练过程

在训练好底层策略后，接着基于规则设计上层的场景分类。本节主要根据道路前方50个道路点来判断不同的道路形状，具体而言，将场景根据道路类型分成5类，分别是多车道直路、死路、环岛、直角转弯、“之”字形路，划分的方式如图8-4所示。其中，车道朝向误差指前方第 i 个道路点与第 $i-1$ 个道路点朝向之差。对于直路场景，选择激进策略从而实现快速通行，对于直角弯、环岛和“之”字形路，选择保守策略来减少碰撞的发生；对于其他道路结构，均采用正常的驾驶策略。

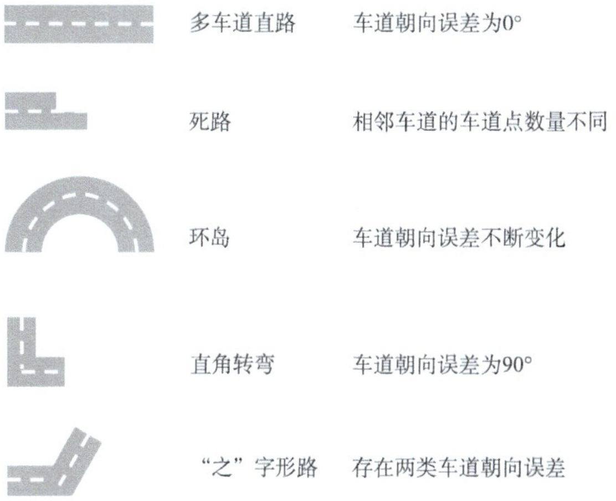

图 8-4 5 类场景类型

同时为了提升安全性，本节还设计了一些紧急制动的规则作为应急处理：当主车同车道前方最近车辆距离小于安全距离时或当前路口最近车辆距离小于安全距离时，输出最大减速度进行制动以避免碰撞的发生。

8.2.2 基于 Option 的多风格策略切换

考虑到驾驶风格行为数量较少，本小节采用基于 Option 框架的分层强化学习来实现风格切换策略。具体来说，对于一个 Option，ω 由三部分组成，策略 $\pi:\boldsymbol{S}\times\boldsymbol{A}\rightarrow[0,1]$、终止条件 $\beta:S^{+}\rightarrow[0,1]$ 以及初始状态集合 $\boldsymbol{I}\subseteq\boldsymbol{S}$。对于一个 Option，$\omega(I,\pi,\beta)$ 在状态 s_t 是可选择的，当且仅当 $s_t\in\boldsymbol{I}$ 时成立。当一个 Option 被选择执行后，具体每个时间步执行的动作方式与 MDP 执行方式一致由策略 π 给出，整个过程直到该 Option 根据终止条件函数 β 概率采样达到终止时间为止。如果存在有一个可供选择的 Option 集合 $\boldsymbol{\Omega}$，则从中按照一定上层策略 π_{Ω} 选择新的 Option 继续执行。参照传统强化学习相关概念，定义针对 Option 的价值函数 $V_{\Omega}(s)$ 以及状态-动作价值函数 $Q_{\Omega}(s,\omega)$ 如下：

$$V_{\Omega}(s_t)=\mathrm{E}(r_{t+1}+\gamma r_{t+2}+\gamma^{k-1}r_{t+k}+\gamma^{k}V_{\Omega}(s_{t+k})\mid\pi_{\Omega},s_0=s) \tag{8-6}$$

$$Q_{\Omega}(s_t,\omega)=r_{t+1}+\mathrm{E}(\gamma r_{t+2}+\gamma^{k-1}r_{t+k}+\gamma^{k}V_{\Omega}(s_{t+k})\mid\pi_{\Omega},s_0=s,\omega_0=\omega) \tag{8-7}$$

进一步，Option 的动作价值函数 $Q_{\Omega}(s,\omega)$ 可以表示为底层动作策略 π_{ω} 和动作价值函数 $Q_U(s,\omega,a)$，其表达式如下：

$$Q_{\Omega}(s,\omega)=\sum_{a}\pi_{\omega}(a\mid s)Q_U(s,\omega,a) \tag{8-8}$$

其中：

$$Q_U(s,\omega,a)=r(s,a)+\gamma\sum_{s'}P(s'\mid s,a)U(\omega,s') \tag{8-9}$$

$$U(\omega,s')=[1-\beta_{\omega}(s')]Q_{\Omega}(s',\omega)+\beta_{\omega}(s')V_{\Omega}(s') \tag{8-10}$$

有了以上定义后，便可以按照传统强化学习的封建网络算法形式优化上层 Option 策略 π_{Ω} 以及底层策略 π_{ω}。但是原始的 Option 优化框架在实际应用时并不能取得很好的效果，一方面原因在于上层策略和底层策略的训练耦合效应严重，上层策略的稳定性严重依赖于底层策略的性能以及底层策略的差异性。以两个子策略训练为例，两个性能相近的子策略会导致上层策略的频繁切换，而上层策略的频繁切换又会导致子策略的优化困难。另一方面，让子策略的训练体现出不同风格特性也十分困难。因此，在实际应用时，采用底层子策略和上层策略分开训练的 Option-Critic 算法，整个训练过程如图 8-5 所示。

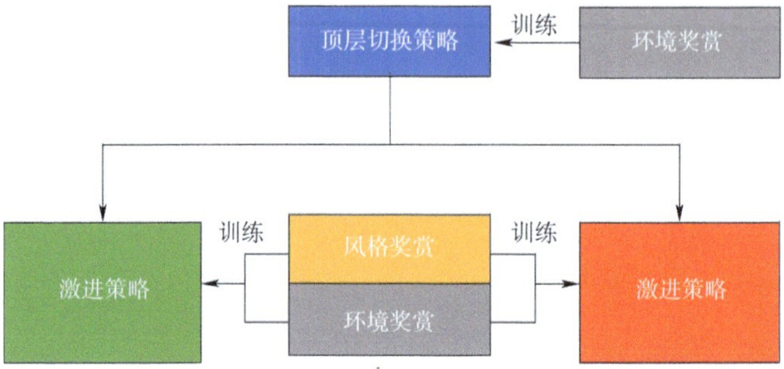

图 8-5　子策略和切换策略训练框架

底层子策略的训练包含了环境奖赏以及风格奖赏两部分，而上层切换策略的训练为了体现对于整体综合性能的考虑而去掉了风格奖赏。采取先训练底层子策略，后训练上层切换策略的顺序为自底向上训练。另外，相比于传统的 Option-Critic 算法中底层策略为 ϵ-greedy 的训练方式，本小节策略训练选用了性能更加稳定的 PPO 算法。

在底层策略训练完成之后，利用训练好的多风格底层策略进行上层切换策略的训练。切换策略训练效果严重依赖于底层策略训练质量以及策略的差异，在试验过程中，不够差异化的底层策略经常会导致上层策略的发散。为了体现出底层策略较为明显的风格差异，本小节在分层强化学习算法中，设计了两类底层策略的风格迥异的奖赏函数权重系数，见表 8-2。

两类驾驶风格奖赏设计权重系数　　表 8-2

驾驶风格	安全距离	参数		
		r_{lane}	r_{speed}	$r_{distance}$
保守	$(v/15\text{m/s})\times100+3$	0	0.8	0.8
激进	$(v/18\text{m/s})\times100+3$	1	0.5	0.8

两个底层子策略网络和上层切换策略网络的输入状态与上一小节相同，均为一个 29 维度的观察向量。两个底层策略网络结构为[29,256,256,6]的三层全连接网络，底层策略价值网络结构为[29,256,256,1]的三层全连接网络，上层条件终止网络以及价值网络的结构均为[29,256,256,2]，并且它们共享前两层网络权重参数。

8.3 多场景通行仿真试验及结果分析

对于具体训练设置，采用开源的 SMARTS 模拟器作为训练环境，该模拟器提供了不同城市道路场景下的车流模拟。在训练时使用了多种类型地图，如图 8-6 所示。训练场景包含多种类型地图，其中 simple_loop 和 sharp_loop 两类主要考察主车对于车道保持、跟随、换道的技能，只存在较少的车辆交互。round about_loop、intersection_loop、merge_loop 三类地图在简单道路的基础上分别增加了环岛、路口、会车等交互场景。而 all_loop 场景则包含了以上全部道路特征，为最综合的场景。测试场景使用 all_loop 场景，随机交通流，场景时间长度为 1000 步，对 50 次测试结果取平均性能。

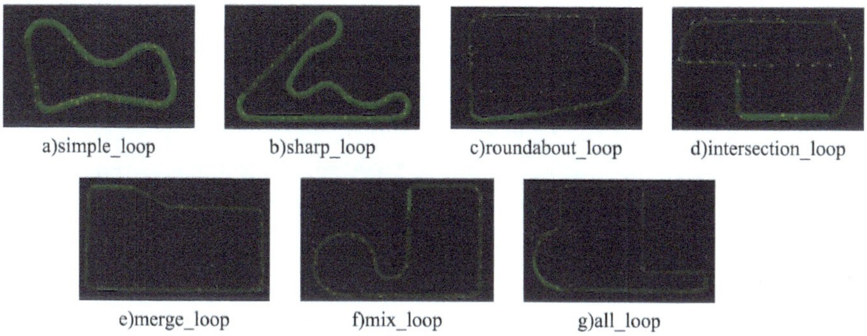

图 8-6 训练场景地图

8.3.1 基于场景分类的多风格策略切换结果

该方案是在所有训练场景地图上进行的算法训练，在分布式人工智能大会 DAI 2020 SMARTS Competition of Autonomous Driving 比赛中的测试场景中进行测试。首先分析该多场景通行策略在不同训练地图上取得的平均累计奖赏（表 8-3），可以看出，基于场景分类的多风格切换策略在不同地图中的均能取得很好的性能。

不同风格策略的平均累计奖赏 表 8-3

地图类型	激进风格	正常风格	保守风格	多风格切换
sharp_loop	6.93	6.31	2.45	6.68
roundabout	0.79	2.41	1.86	2.20
all_loop	3.04	3.41	3.66	3.67

为了分析所设计的紧急制动的应急处理规则所带来的效果，考虑对比带有该动作修正和没有该动作修正情况下基于场景分类的多风格切换策略的平均累计奖赏（表 8-4）。可以看出，动作修正同样在不同地图场景中为主车性能带来了一定程度的提升。最后，将训练好的策略提交比赛，在未见过的多复杂场景通行任务中取得了第一名的成绩，相应的结果见表 8-5。

动作修正对平均累计奖赏的影响 表 8-4

地图类型	有动作修正	无动作修正
Its_merge	1.321	1.279
roundabout_merge	2.734	2.242
all_loop	3.074	2.872

基于场景分类的多风格切换策略测试结果　　表 8-5

Results											
#	User	Entries	Date of Last Entry	Team Name	welghtend avg score▲	Simple Loop▲	Sharp Loop▲	Loop with only roundabout ▲	Loopwith only merge ▲	Loop with only intersections ▲	loop with mixed sections ▲	loop with all sections ▲
1	Guo-Youtian	5	10/14/20	CASIA DRL Team	**0.572** (1)	0.63 (2)	**0.67** (1)	0.59 (2)	0.32 (20)	0.49 (5)	**0.53** (2)	**0.66** (1)
2	alombard	2	10/14/20		0.557 (2)	**0.69** (1)	0.64 (3)	**0.64** (1)	0.42 (8)	0.48 (6)	0.47 (9)	0.60 (2)
3	zhenghaixue	12	10/14/20	wait a minute	0.531 (2)	0.58 (4)	0.60 (6)	0.49 (8)	0.44 (5)	0.51 (3)	0.50 (4)	0.56 (4)
4	wcf951029	7	10/13/20	neusmartcar	0.520 (4)	0.51 (8)	0.60 (5)	0.45 (16)	**0.48** (2)	0.52 (2)	0.53 (3)	0.52 (8)
5	vsis-xq	5	10/14/20	SDU-DRL-Team	0.499 (5)	0.58 (3)	0.65 (2)	0.47 (13)	0.34 (18)	**0.55** (1)	0.43 (15)	0.51 (9)

8.3.2　基于分层强化学习的多风格策略切换结果

在训练上层策略的过程中，重点关注了两种子策略的平均保持步长指标，如果两者的平均保持步长均过低，则表明上层策略在频繁切换子策略而并没有学到有效的切换策略。如图 8-7 所示，随着训练时间的延长，上层策略在大部分时间内选择了激进的策略，而在少部分时间内才采用保守策略，这与驾驶员平时对于开车的直觉相符，只有在少数拥堵或危险情况下才会变得保守。

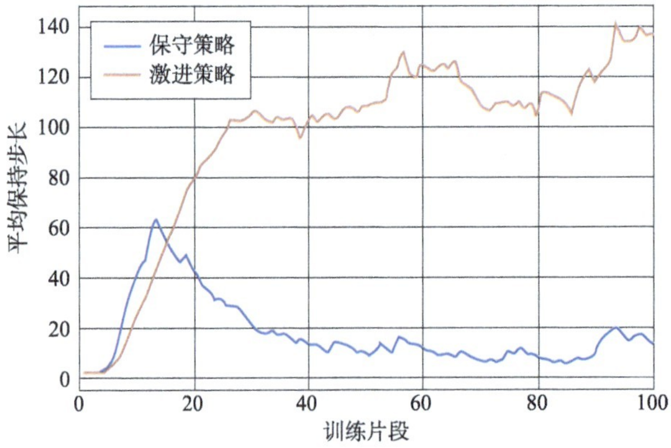

图 8-7　两种子策略在训练过程中的平均保持步长变化

为了更好地分析分层强化学习学到的切换规则的合理性，根据 50 次测试结果，将上层策略选择保守子策略的位置打印在 all_loop 地图上进行可视化。如图 8-8 所示，红点位置代表保守策略位置，绿色线条为车道线，整个场景起点位置为“S”表示，终点位置由“E”表示。右侧为部分道路局部放大图，可以看出上层策略会在路口转弯处以及车流密集的车道等交互性强且相对危险的场景下采取保守策略,而在其他直路和环境车流较少的路段采取激进策略。相比之下,同样将基于规则切换的保守子策略执行位置可视化到地图上,如图 8-9 所示,可以看出,基于规则的切换相比基于学习的方法缺少很大灵活性,在大部分单车道车流密集的道路均采用了保守策略。

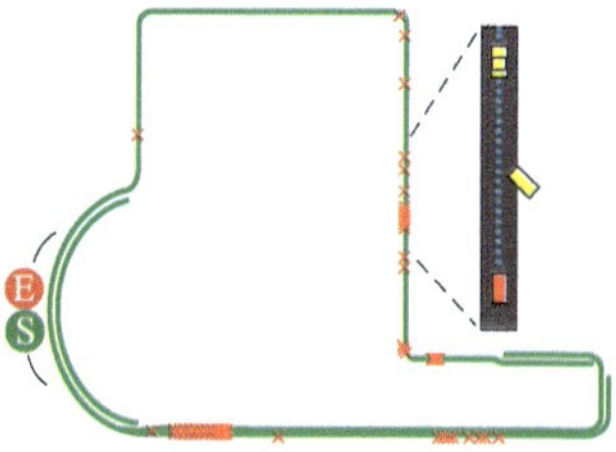

图 8-8 基于分层强化学习的保守子策略执行位置

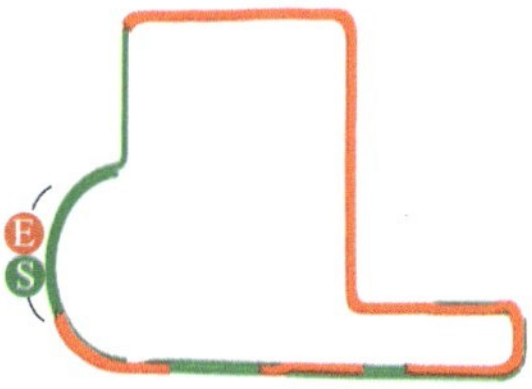

图 8-9 基于规则的保守子策略切换位置

本章主要针对城市复杂交互环境下多样化场景特点对传统单策略强化学习算法提出的挑战,研究了如何利用场景分类和分层强化学习算法多复杂场景通行的决策控制问题。对于分层强化学习,研究了基于 Option 的多风格策略切换,采用了底层策略和上层策略分开训练的 Option-Critic 算法,将上下层解耦,保证了底层策略训练的有效性,通过设计不同风格的奖赏函数利用 PPO 训练得到风格多样的底层策略,进一步基于学习算法完成对上层切换策略的训练。最终,将基于场景分类的多风格策略切换和基于 Option-Critic 的多风格策略切换部署于 SMARTS 仿真器的多个复杂场景,其中,基于场景分类的多风格策略切换获得 2020 分布式人工智能大会 SMARTS 挑战赛第一名。同时,实验发现基于 Option-Critic 的多风格策略切换对多复杂场景具有更好的适应性,可以更好地实现多场景通行下效率与安全之间的权衡。

参考文献

[1] FAM H, ZHU F, LIU C, et al. Baidu apollo em motion planner [J]. arXiv preprint arXiv: 1807.08048, 2018.

[2] MNIH V, KAVUKCUOGLU K, SILVER D, et al. Human-level control through deep reinforcementl earning[J]. Nature, 2015, 518(7540): 529-533.

[3] WANG J, ZHANG Q, ZHAO D, et al. Lane change decision-making through deep reinforcementl earning with rule based constraints[C]. 2019 International Joint Conference on Neural-Networks (IJCNN). IEEE, 2019: 1-6.

[4] HUANG J, XIE S, SUN J, et al. Learning driving decisions by imitating drivers' control behaviors[J]. arXiv preprint arXiv: 1912.00191, 2019.

[5] LIU Y, ZHANG Q, ZHAO D. A reinforcement learning benchmark for autonomous driving in intersection scenarios[C]. 2021 IEEE Symposium Series on Computational Inelligence (SSCI). IEEE, 2021: 1-8.

[6] GUAN Y, REN Y, MA H, et al. Learn collision-free self-driving skills at urban intersections with model-based reinforcement learning[C]. 2021 IEEE International Intelligent Transportation Systems Conference (ITSC). IEEE, 2021: 3462-3469.

[7] GAO F, GENG P, GUO J, et al. Apollorl: a reinforcement learning platform for autonomous driving[J]. arXiv preprint arXiv: 2201.12609, 2022.

[8] BOJARSKI M, DEL TESTA D, DWORAKOWSKI D, et al. End to end learning for self-driving cars[J]. arXiv preprint arXiv: 1604.07316, 2016.

[9] BANSAL M, KRIZHEVSKY A, OGALE A. Chauffeurnet: Learning to drive by imitating the best and synthesizing the worst[J]. arXiv preprint arXiv: 1812.03079, 2018.

[10] MNIH V, BADIA A P, MIRZA M, et al. Asynchronous methods for deep reinforcement learning [C]. International conference on machine learning. PMLR, 2016: 1928-1937.

[11] KENDALL A, HAWKE J, JANZ D, et al. Learning to drive in a day[C]. 2019 International Conference on Robotics and Automation (ICRA). IEEE, 2019: 8248-8254.

[12] BERNHARD W, ERIC E, CHRISTOPHE G, et al. TORCS, the open racing car simulator [EB/OL]. 2014. htp://www.torcs.org.

[13] LI D, ZHAO D, ZHANG Q, et al. Reinforcement learning and deep learning based lateral control for autonomous driving [application notes] [J]. IEEE Computational Intelligence Magazine, 2019, 14(2): 83-98.

[14] KRAJZEWICZ D, HERTKORN G, ROSSEL C. et al. Sumo (simulation of urban mobilty) an open-source traffic simulation[C]. Proceedings of the 4th middle East Symposium on Simulation and Modelling (MESM20002). 2002: 183-187.

[15] KHETERPAL N, PARVATE K, WU C, et al. Flow: Deep reinforcement learning for control in sumo[J]. EPiC Series in Engineering, 2018(2): 134-151.

[16] DOSOVITSKIY A, ROS G, CODEVILLA F, et al. Carla: an open urban driving simulator [C]. Conference on Robot Learning. 2017:1-16.

[17] CAI P, LEE Y, LUO Y, et al. Summit: A simulator for urban driving in massive mixed traffic [C]. 2020 IEEE International Conference on Robotics and Automation (ICRA). IEEE, 2020:4023-4029.

[18] ZHOU M, LUO J, VILLELLA J, et al. Smarts: Scalable multi-agent reinforcement learning training school for autonomous driving [C]. Proceedings of Conference on Robot Learning. 2020.

[19] LEURENT E. An environment for autonomous driving decision-making [J/OL]. GitHubrepository, 2018. htps://github.com/eleurent/highway-en

[20] SHAH S, DEY D, LOVETT C, et al. Airsim: High-fidelity visual and physical simulation for autonomous vehicles [C]. Field and service robotics. Springer, 2018:621-635.

[21] Udacity simulator [J/OL]. GitHub repository. htts://https//github.com/udacity/self-driving-car-sim.

[22] WATKINS C J C H. Learning from delayed rewards [J]. 1989.

[23] RUMMERY G A, NIRANJAN M. On-line q-lerning using connectionist systems: volume 37 [M]. Citeseer, 1994.

[24] VAN HASSELT H, GUEZ A, SILVER D. Deep reinforcement learning with double q-learning [C]. Proceedings of the AAAI Conference on Artificial Intelligence, 2016(30).

[25] WANG Z, SCHAUL T, HESSEL M, et al. Dueling network architectures for deep reinforcement learning [C]. International conference on machine learning. PMLR. 2016:1995-2003.

[26] SCHAUL T, QUAN J. ANTONOGLOU I et al. Prioritized experience replay [J]. arXiv preprint arXiv:1511.05952. 2015.

[27] HESSEL M, MODAYIL J. VAN HASSELT H. et al. Rainbow: Combining improvements in deep reinforcement learning [C]. Proceedings of the AAAI Conference on Artificial Intelligence, 2018(32).

[28] CERON J S O, CASTRO P S. Revisiting rainbow: Promoting more insightful and inclusive deep reinforcement learning research [C]. International Conference on Machine Learning. PMLR. 2021:1373-1383.

[29] SILVER D, LEVER G, HEESS N, et al. Deterministic policy gradient algorithms[C]. International Conference on Machine Learning. PMLR, 2014:387-395.

[30] LILLICRAP T P, HUNT J J, PRITZEL A, et al. Continuous control with deep reinforcement learning[J]. arXiv preprint arXiv: 1509.02971, 2015.

[31] FUJIMOTO S, HOOF H, MEGER D. Addressing function approximation error in actor-critic methods[C]. International Conference on Machine Learning. PMLR, 2018:1587-1596.

[32] SCHULMAN J, LEVINE S, ABBEEL P, et al. Trust region policy optimization [C]. International conference on machine learning. PMLR, 2015:1889-1897.

[33] SCHULMAN J, WOLSKI F, DHARIWAL P, et al. Proximal policy optimization algorithms

[J]. arXiv preprint arXiv:1707.06347.2017.
[34] MITSCHKE M. WALLENTOWITZ H. Dynamik der kraftfahrzeuge [M]. Springer-Verlag. 2013.
[35] YI K, MOON I K. A driver-adaptive stop-and-go cruise control strategy [C]. IEEE International Conference on Networking, Sensing and Control. 2004: volume 1. IEEE. 2004: 601-606.
[36] HANSELMAN H. Hardware-in-the-loop simulation for development and test of electronic control units [C]. Proceedings of the Real Time System'93 Conference. 1993:13-15.
[37] SUTTON R S, Barto A G. Reinforcement learning: An introduction [M]. MIT press, 2018.
[38] ZHAO D, HU Z, XIA Z, et al. Full-range adaptive cruise control based on supervised adaptive dynamic programming [J]. Neurocomputing. 2014(125):57-67.
[39] FANCHER P, BAREKET Z, ERVIN R. Human-centered design of an acc-with-braking and forward-crash-warning system [J]. Vehicle System Dynamics, 2001. 36(2-3):203-223.
[40] HOFFMANN E R. MORTIMER R G. Scaling of relative velocity between vehicles [J] Accident Anaysis & Prevention, 1996, 28(4):415-421.
[41] KHALIL H K. Nonlinear systems third edition [J]. Patience Hall, 2002:115.
[42] NAUS G J, VUGTS R P, PLOEG J. et al. String-stable cacc design and experimental validationg A frequency-domain approach [J]. IEEE Transactions on vehicular technology, 2010. 59(9):4268-4279.
[43] PLOEG J, SEMSAR-KAZEROONI E, LIJSTER G, et al. Graceful degradation of cooperative adaptive cruise control [J]. IEEE Transactions on Intelligent Transportation Systems, 2014, 16(1):488-497.
[44] PLOEG J, VAN D W N, Nijmeijer H. Lp string stability of cascaded systems: Application to vehicle platooning [J]. IEEE Transactions on Control Systems Technology, 2013, 22(2): 786-793.
[45] MOON Y S, PARK P. KWON W H. et al. Delay-dependent robust stabilization of uncertain state-delayed systems [J]. International Journal of control. 2001. 74(14):1447-1455.
[46] EL GHAOUI L, OUSTRY F, AitRami M. A cone complementarity linearization algorithm for static output-feedback and related problems [J]. IEEE transactions on automatic control, 1997. 42(8):1171-1176.
[47] BOYD S, BOYD S P, VANDENBERGHE L. Convex optimization [M]. Cambridge university press, 2004.
[48] MILANÉS V, SHLADOVER S E, SPRING J, et al. Cooperative adaptive cruise control in real trafficsituations [J]. IEEE Transactions on intelligent transportation systems, 2013, 15(1): 296. 305.
[49] PLOEG J, SCHEEPERS B T, VAN N E. et al. Design and experimental evaluation of cooperative adaptive cruise control [C]. 2011 14th International IEEE Conference on Intelligent Transportation Systems (ITSC). IEEE. 2011:260-265.

[50] Vehicle and fuel emissions testing: Dynamometer drive schedules [EB/OL]. 2018. https://www. epa. gov/vehicle-and-fuel-emissions-testing/dynamometer-drive-schedules.

[51] WILLIAMS C K, RASMUSSEN C E. Gaussian Processes for Machine Learning: number 3 [M]. MIT Press Cambridge. MA. 2006.

[52] XIA Z, ZHAO D. Online reinforcement learning control by Bayesian inference [J]. IET Control Theory and Applications, 2016. 10(12): 1331-1338.

[53] ENGEL Y, MANNOR S, MRIR R. The kernel recursive least-squares algorithm [J]. IEEE Transactions on Signal Processing, 2004, 52(8): 2275-2285.

[54] VAN V S, LÁZARO-GREDILLA M, Santamaría I. Kernel recursive least-squares tracker for time-varying regression [J]. IEEE Transactions on Neural Networks and Learning Systems, 2012. 23(8): 1313-1326.

[55] CHEN C, SEFF A, KORNHAUSER A, et al. DeepDriving: learning affordance for direct perception in autonomous driving [C]. IEEE International Conference on Computer Vision. 2015: 2722-2730.

[56] RAJAMANI R. Vehicle Dynamics and Control [M]. Springer Science & Business Media. 2011.

[57] KONG J, PFEIFFER M, SCHILDBACH G, et al. Kinematic and dynamic vehicle models for autonomous driving control design [C]. IEEE Intelligent Vehicles Symposium. 2015: 1094-1099.

[58] LEURENT E, MERCAT J. Social attention for autonomous decision-making in dense traffic [J]. arXiv preprint arXiv: 1911. 12250. 2019.

[59] WANG X, GIRSHICK R, GUPTA A, et al. Non-local neural networks [C]. Proceedings of the IEEE Conference on Computer Vision and Pattern Recognition. 2018: 7794-7803.

[60] China ITS Industry Alliance. Requirements of simulation scenario set for automated driving vehicle [EB/OL]. 2020. http://www. ttbz. org. cn/StandardManage/Detail/38842/.

[61] LIU Y, ZHANG Q, ZHAO D. Multi-task safe reinforcement learning for navigating intersections in dense traffic[J]. arXiv preprint arXiv: 2202. 09644, 2022.

[62] KAI S, Wang B, CHEN D, et al. A multi-task reinforcement learning approach for navigating unsignalized intersections [C]. 2020 IEEE Intelligent Vehicles Symposium (IV). IEEEs, 2020.

[63] FINCH S. Ornstein-uhlenbeck process [J]. 2004.

[64] BOUTON M, NAKHAEI A, FUJIMURA K, et al. Safe reinforcement learning with scene decomposition for navigating complex urban environments [C]. 2019 IEEE Intelligent Vehicles Symposium(IV). IEEE, 2019: 1469-1476.

[65] CAO Z, BIYIK E, WANG W Z, et al. Reinforcement learning based control of imitative policies for near-accident driving [J]. arXiv preprint arXiv: 2007. 00178, 2020.

[66] DAYAN P, HINTON G E. Feudal reinforcement learning[J]. Advances in neural information processing systems, 1992, 5.

[67] PARR R, RUSSELL S. Reinforcement learning with hierarchies of machines[J]. Advances in neural information processing systems, 1997, 10.

[68] THOMAS G DIETTERICH. The Maxq method for hierarchical reinforcement learning [C]. International Conference on Machine Learning, 1998.

[69] BACON P L, HARB J,PRECUP D. The option-critic architecture[C], Proceedings of the AAAI Conference on Artificial Intelligence. 2017, 31(1).

[70] KULKARNI T D, NARASIMHAN K, SAEEDI A, et al. Hierarchical deep reinforcement learning: Integrating temporal abstraction and intrinsic motivation[J]. Advances in neural information processing systems, 2016, 29.